U0683431

神的由来

陈泰先◎编著

中國華僑出版社

图书在版编目（CIP）数据

神的由来 / 陈泰先编著. —北京：中国华侨出版社，2011.9

ISBN 978 - 7 - 5113 - 1608 - 0

Ⅰ.①各…　Ⅱ.①陈…　Ⅲ.①神—介绍—中国

Ⅳ.①B933

中国版本图书馆 CIP 数据核字 (2011) 第 148305 号

●神的由来

编　　著 / 陈泰先

责任编辑 / 骁　晖

装帧设计 / 杨旭升

责任校对 / 李江亭

经　　销 / 新华书店

开　　本 / 787 × 1092 毫米　1/16　印张 / 19.5　字数 / 425 千字

印　　刷 / 中国电影出版社印刷厂

版　　次 / 2011 年 12 月第 1 版　2011 年 12 月第 1 次印刷

印　　数 / 4000 册

书　　号 / ISBN 978 - 7 - 5113 - 1608 - 0

定　　价 / 38. 00 元

中国华侨出版社　北京市朝阳区静安里 26 号通成达大厦 3 层　邮编 100028

法律顾问：陈鹰律师事务所

编辑部：（010）64443979　64443056

发行部：（010）64443051　传真：（010）64439708

网　址：www.oveaschin.com

E - mail：oveaschin@ sina.com

前　言

首先要说明，“神”是由人创造的，并赋予了他们超人的力量。在人类还没有出现之前，世界也没有什么所谓的神仙。神仙，最初人们只是想通过某种方式来表达自己的一些愿望，很单纯，只是后来人类社会的不断发展，人们所要解决的问题越来越多，加之人类社会的层次之分、职业之分，人们就通过各种手法创造了各种各样的神仙。因此神仙也可以看做是社会的另外一种反映。正如恩格斯所说：“其实神不过是由于人在自己不发达的意识的混乱材料中的反映而创造出来的。”人类创造了社会的同时，也创造了丰富多彩的神仙的世界。世界上有很多造神传统很强的国家，其中中国便是最具特色的国家之一。中国人创造的本土神仙可谓名目繁多，数不胜数。

家人平安、人生幸福、吉祥如意是每一个人内心祈求的美好愿望。但现实生活中，并不是人们所期盼的那样，相反，人生总会有坎坷、病痛、烦恼，于是，神仙便派上了用场。比如，“福”的概念早已深入人心，自古以来，“福”是人们孜孜以求，极力向往的人生大目标，于是福神便应运而生。人们虔诚膜拜，希望降福家门，福运绵长。福神作为民俗中的幸福之神，深受人们的欢迎和崇拜。随着时空的不断延伸，各类各样的关于福神的传说也纷纷出炉。同样，禄神和寿星也是最受欢迎、信仰范围最广的民间吉祥神。福禄寿神常常被人们并称，这三位神仙备受人们欢迎。

又如，崇拜财神，希望财神保佑自己发财，已成为很多人的美好愿望。旧时除夕之夜，人们总要“迎财神”“祭财神”，以讨个“财神到家，越过越发”的吉利。在北方民间还流传着这样的顺口溜：“大年五更开房门，高高兴兴迎财神；摇钱树上拴金马，聚宝盆里站金人。”所有这些，都充分地体现了财神这位吉祥神在人们心目中的位置，同时，也体现了人们对其崇拜的程度。

所以说，神仙世界是人类世界的一个组成部分，人们在人类世界里找不到的企望、寄托、慰藉，都可以在神仙的世界里去寻找。想求功名的人就会祈求禄神，让自己官场得意；想健康长寿的人就会祈求寿星老，让自己增寿增福，长命百岁；想发财的人就会祈求财神，让自己财运兴旺，家财万贯；想获得美满婚姻的人就会祈求月下老人，让自己找到相知相爱的另一半，白头偕老；想延续香火的人就会祈求送子观音，让自己如愿以偿，后继有人，等等。

民俗文化是人民的文化，其主流是健康的，充满了纯朴和真诚。随着时代的发展，神的地位和功能也在发生着变化。今天的各路神仙的神味已淡，而人情味变浓，成为吉祥的象征。但是我们必须看到，造神过程的本身是一个消极的过程，很多是因为人类的盲目麻木或者无知造成的。在某种程度上，阻碍了社会的发展。

本书参阅了大量资料，系统地收集整理了两百多个神仙的由来、传说、功能和相关信息。本书覆盖范围广，神仙种类繁多，文字通俗易懂，使人读来趣味盎然。可以这样说，本书对中国乃至世界的文化渊源做了一个大概的梳理，包括世界佛教、中国道教、民间传说、地方风俗等文化领域，在这些领域中最为著名、信仰最为普遍的各路神仙基本上都被我们涉猎。

相信，本书一定能够满足广大读者对神仙世界的猎奇心和探知欲，并成为广大读者的精神世界的一个忠实朋友！

目录

保佑全家平安的神——灶神的由来……………………………………………………(1)
主管招财进宝的神仙——财神的由来………………………………………………(2)
主管财运的神仙——利市仙官的由来………………………………………………(4)
主管寿命的神仙——寿星老人的由来………………………………………………(5)
长寿的女神仙——女寿星麻姑的由来………………………………………………(6)
拜官之神——禄神的由来……………………………………………………………(8)
佳吉之神——喜神的由来……………………………………………………………(9)
祈福之神——福神的由来……………………………………………………………(11)
驱除邪鬼，保佑平安——门神的由来………………………………………………(13)
专门捉鬼的神仙——钟馗的由来……………………………………………………(15)
主管人间功名的神仙——文昌帝君的由来…………………………………………(16)
专管男女婚配的神仙——月下老人的由来…………………………………………(17)
护子吉祥神——七星娘娘的由来……………………………………………………(19)
喜庆之神——和合二仙的由来………………………………………………………(20)
嫦娥偷吃仙药成神仙——月神的由来………………………………………………(21)
救助众生，送子添丁——送子观音的由来…………………………………………(22)
花蕊夫人编造的神话——送子神张仙的由来………………………………………(23)
保佑产妇平安的助产神——顺天圣母的由来………………………………………(24)
主宰文人命运的神仙——魁星的由来………………………………………………(27)
城市的守护神——城隍爷的由来……………………………………………………(27)
管理一方土地的神仙——土地爷的由来……………………………………………(29)
保佑一路平安的神仙——路神的由来………………………………………………(30)
先行开道、驱鬼护丧的神仙——开路神的由来……………………………………(31)
镇鬼压邪的神仙——镇鬼神石敢当的由来…………………………………………(32)
保佑渔人出海平安的神仙——海神娘娘的由来……………………………………(33)
保佑行船安全的神仙——船神的由来………………………………………………(35)
吉祥之神——床神的由来……………………………………………………………(36)

主管水井的神仙——井神的由来……(37)
厕所中的平安神——厕神的由来……(38)
窑工的保护神——窑神的由来……(39)
陶工的保护神——陶神的由来……(40)
李隆基梨园行戏曲——老郎神的由来……(41)
监狱中的神仙——狱神的由来……(43)
杜康造酒——酒神的由来……(44)
保佑茶业兴隆的神仙——茶神的由来……(45)
养蚕者的保护神——蚕神的由来……(47)
专管降雨的神仙——雨神的由来……(49)
保佑风调雨顺的神仙——龙王爷的由来……(50)
主管打雷的神仙——雷公的由来……(51)
主管闪电的神仙——电母的由来……(53)
主管刮风的神仙——风伯的由来……(54)
刘猛将军勒令治虫——驱蝗神的由来……(55)
江河湖海的守护神——水神的由来……(56)
保佑五谷丰登的神仙——五谷神的由来……(59)
耕牛的保护神——牛王神的由来……(61)
总管百花的神仙——花神的由来……(63)
狩猎者的保护神——猎神的由来……(64)
制盐人的保护神——盐神的由来……(66)
酿醋业的保护神——醋神的由来……(67)
药材商人的保护神——药王神的由来……(68)
驱除疾病的神仙——保生大帝的由来……(70)
木匠的祖师爷——工匠神的由来……(71)
染织者的保护神——梅葛二圣的由来……(72)
苍颉造字——造字神的由来……(74)
造纸行业的保护神——纸神的由来……(75)
纺织者供奉的女神——棉纺织祖师的由来……(76)
郑成功收复台湾——开台始祖的由来……(78)
福建漳州的地方保护神——开漳圣王的由来……(79)
福建泉州的地方保护神——广泽尊王的由来……(80)
广东潮民地方保护神——三山神的由来……(82)
神农尝百草——药王的由来……(84)
山民的守护神——山神的由来……(85)
泰山保护神——东岳泰山神的由来……(88)

衡山保护神——南岳衡山神的由来…………………………………………（89）
嵩山保护神——中岳嵩山神的由来…………………………………………（90）
华山保护神——西岳华山神的由来…………………………………………（91）
恒山保护神——北岳恒山神的由来…………………………………………（93）
创造人类的女神——女娲神的由来…………………………………………（94）
神话传说中的男祖神——始祖神的由来……………………………………（95）
祝融以石取火，被封为神——火神的由来…………………………………（96）
年轻恋人的保护神——泗州大圣的由来……………………………………（98）
英勇的战神——关圣帝君的由来……………………………………………（99）
华佗医术高明，从凡人中被神化——神医的由来…………………………（101）
算卦最准的奇人——水府仙伯的由来………………………………………（103）
太白金星转世，李白坐鲸上天庭——诗仙的由来…………………………（104）
颜真卿罗浮成仙——北极判官的由来………………………………………（106）
吴道子笔下有神——道教画仙的由来………………………………………（107）
道教最高尊神——三清的由来………………………………………………（109）
道教四位天帝——四御的由来………………………………………………（111）
开天辟地的神仙——玉清元始天尊的由来…………………………………（113）
东方太阳神——东王公的由来………………………………………………（114）
天庭中的帝王——玉皇大帝的由来…………………………………………（115）
统领众仙女的圣母——王母娘娘的由来……………………………………（116）
位列四御之一的大神仙——后土娘娘的由来………………………………（118）
轩辕黄帝的传说——中华始祖神的由来……………………………………（119）
主宰人间祸福的三位大神——三官大帝的由来……………………………（121）
道教始祖老子的传说——太上老君的由来…………………………………（121）
淮南王刘安飞天成仙——太极真人的由来…………………………………（124）
魏伯阳炼丹成仙——万古丹王的由来………………………………………（126）
茅氏三兄弟求道成仙——三茅真君的由来…………………………………（127）
张道陵伏妖降魔济众生——张天师的由来…………………………………（129）
葛玄炼丹，身怀仙术——太极左仙翁的由来………………………………（130）
葛洪修道成仙——葛仙翁的由来……………………………………………（132）
陶弘景潜心修道——山中宰相的由来………………………………………（134）
八仙过海，各显神通——八仙的由来………………………………………（136）
李玄附体跛脚乞丐——铁拐李的由来………………………………………（137）
钟离权遇仙人点化，弃武求道——太极左宫真人的由来…………………（139）
倒骑白驴、手拿简板的神仙——张果老的由来……………………………（140）
钟离权十试吕洞宾——纯阳真人的由来……………………………………（142）

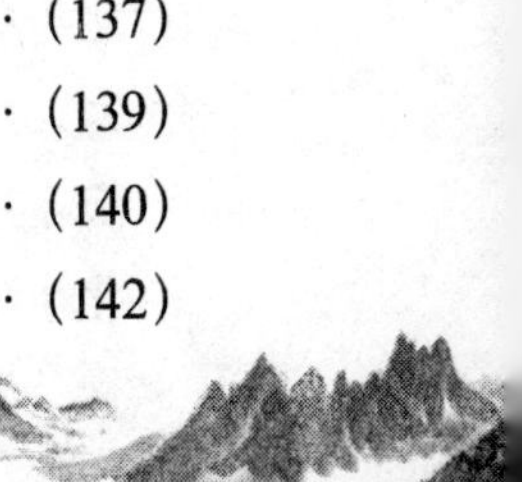

何秀姑遇道成仙——何仙姑的由来…………………………………………(144)
放荡少年拜师成仙——韩湘子的由来……………………………………(145)
许坚乘白鹤飞天成仙——蓝采和的由来…………………………………(146)
国舅改过自新，弃恶从善——曹国舅的由来……………………………(148)
陈抟潜心修炼睡功——鼾睡神仙的由来…………………………………(149)
“仙人海蟾在贝家”——刘海的由来……………………………………(153)
王重阳创立全真教——重阳子的由来……………………………………(154)
马钰的传说——丹阳子的由来……………………………………………(157)
谭处端的传说——长真子的由来…………………………………………(159)
刘处玄的传说——长生子的由来…………………………………………(160)
王处一九年修道——玉阳子的由来………………………………………(162)
头顶石塔苦修六年的郝大通——广宁子的由来…………………………(163)
孙不二的传说——清静散人的由来………………………………………(164)
丘处机振兴全真教——丘真人的由来……………………………………(166)
张三丰遇仙得道——邋遢神仙的由来……………………………………(169)
收服青龟恶蟒两恶的神仙——玄天上帝的由来…………………………(172)
精于养生，长生不老——彭祖的由来……………………………………(174)
徐福渡东海求仙丹——求仙使者的由来…………………………………(175)
许逊斩蛟除恶——许真君的由来…………………………………………(176)
修道成仙——左慈成仙的由来……………………………………………(179)
吹箫引凤飞上天——萧史成仙的由来……………………………………(180)
种玉的仙人——阳翁伯成仙的由来………………………………………(181)
书生变大鸟——王次仲成仙的由来………………………………………(181)
修道成仙的韦震——玉子的由来…………………………………………(182)
乘白鹤升天的老者——益州老父的由来…………………………………(183)
仙人托梦唐玄宗——九天使者的由来……………………………………(184)
长生不老的仙人——柏叶仙人的由来……………………………………(185)
陈应祈雨救民受人敬仰——清水祖师的由来……………………………(186)
姜子牙助周灭商——姜太公的由来………………………………………(187)
第一战神——二郎神的由来………………………………………………(189)
美猴王成仙——齐天大圣的由来…………………………………………(191)
仙人三试费长房——役使鬼神的由来……………………………………(192)
北斗众星之母——斗姆的由来……………………………………………(194)
为人消灾增福的神仙——五斗星君的由来………………………………(195)
南斗注生——南斗星君的由来……………………………………………(196)
北斗注死——北斗星君的由来……………………………………………(197)

从战神到“和平使者”——太白金星的由来……(199)
人头鸟身的女神——九天玄女的由来……(200)
马王爷三只眼——灵官马元帅的由来……(201)
道教护法神将——王灵官的由来……(203)
道教护法天将——三十六天将的由来……(205)
考查记录功劳的神仙——四值功曹的由来……(206)
行风雷、制鬼神的天将——六丁六甲的由来……(207)
掌管本命年的神仙——六十甲子神的由来……(209)
真武肚肠变龟蛇——龟蛇二将的由来……(210)
道观守卫神——青龙白虎的由来……(211)
伺候大神仙的小神仙——金童玉女的由来……(212)
黄初平放羊成仙——黄大仙的由来……(214)
住在河边的仙人——河上公的由来……(215)
岳飞抗金受人敬仰被奉为神——武元帅的由来……(216)
父子二人皆得道，兄弟十洞封尊王——杨府侯王的由来……(217)
专管世人生死的神仙——太阴元君的由来……(218)
专管人间善恶的神仙——碧霞元君的由来……(219)
骊山女除暴安良被奉为神——骊山老母的由来……(220)
悉达多修性成佛——如来佛的由来……(221)
专为众生除去痛苦的神仙——药师佛的由来……(223)
三世佛之一——阿弥陀佛的由来……(224)
大肚笑脸之佛——弥勒佛的由来……(226)
佛教七尊——七佛的由来……(228)
三千古佛的“班头”——燃灯佛的由来……(229)
密宗至高无上的本尊——大日如来的由来……(230)
一切烦恼皆不动——阿閦佛的由来……(232)
佛门大财神——宝生佛的由来……(233)
专司万法成就之德的佛——不空成就佛的由来……(234)
摩尼创立摩尼教——摩尼佛的由来……(235)
仗剑骑青狮的菩萨——文殊菩萨的由来……(237)
辅助释迦，超度众生——普贤菩萨的由来……(239)
最具有同情心的神仙——观音菩萨的由来……(241)
九华山的教主——地藏菩萨的由来……(247)
观世音的左胁侍——善财童子的由来……(249)
观世音的右胁侍——龙女的由来……(251)
修得道，功德圆满——十二圆觉的由来……(252)

佛的四大弟子——四大罗汉的由来……………………………………………………（255）
十六弟子受命传佛——十六罗汉的由来………………………………………………（256）
众人修成正果——五百罗汉的由来……………………………………………………（262）
专管人间不平事——济公活佛的由来…………………………………………………（264）
疯僧扫秦，惩恶扬善——风波和尚的由来……………………………………………（265）
专门护持佛法的神仙——二十诸天的由来……………………………………………（267）
古印度三大神之首——大梵天王的由来………………………………………………（268）
众神之王——帝释天的由来……………………………………………………………（269）
佛教护法天神——大自在天的由来……………………………………………………（271）
巡行世间，赏罚善恶——散脂大将的由来……………………………………………（272）
主管智慧福德的天神——辩才天的由来………………………………………………（272）
吉祥天女——大功德天的由来…………………………………………………………（273）
大地神女——坚牢地神的由来…………………………………………………………（274）
佛教的最早护法神——菩提树神的由来………………………………………………（275）
母夜叉弃恶从善——鬼子母的由来……………………………………………………（276）
世界的保护神——日宫天子的由来……………………………………………………（277）
佛教护法神——月宫天子的由来………………………………………………………（278）
护法神将——四大天王的由来…………………………………………………………（279）
佛门护法神将——哼哈二将的由来……………………………………………………（281）
天兵天将的统帅——托塔李天王的由来………………………………………………（282）
三太子的传说——哪吒的由来…………………………………………………………（284）
护佛神将——韦驮的由来………………………………………………………………（286）
佛教护法神——天龙八部的由来………………………………………………………（287）
天龙八部之一——紧那罗王的由来……………………………………………………（289）
佛教中的鬼神——夜叉的由来…………………………………………………………（291）
佛教中的恶鬼——罗刹的由来…………………………………………………………（291）
佛教护戒神——戒神的由来……………………………………………………………（293）
佛家寺院里的护法神——伽蓝的由来…………………………………………………（294）
掌管阴间之王——阎罗王的由来………………………………………………………（295）
日断阳间事，夜判阴间案的崔府君——判官的由来…………………………………（297）
冥间地府神灵——十殿阎王的由来……………………………………………………（298）
阴间的勾魂鬼——黑无常、白无常的由来……………………………………………（300）

保佑全家平安的神——灶神的由来

灶神，民间俗称“灶王爷”“灶君菩萨”。古时候，上至王侯，下至百姓，家家户户无不供奉灶神。到了近代，也仍然是民间供奉最普遍的神。

在中国农历春节之前，有个重要的祭祀活动，便是送“灶王爷”升天，等新年过后又将他请回。

关于灶王爷的由来，还有一个传说。

从前有一个姓张名仁的男子，他跟妻子李义两人相依为命，靠着耕种农田生活，虽然日子过得辛苦，然而两人深深相爱，倒也快活。新婚几年后，产下一子，取名张诚，更是为两人带来了很多欢乐。张诚出生3年后，当地一连两年未下半滴雨水，使得靠着种地为生的张家，顿时陷入困境中。收成虽不好，但所欠的租金仍是要给的，于是张仁只好每天到深山中砍柴，再担到集市上卖，用卖柴所挣的钱，养活全家。

这情况维持了几年的时光，不幸的是，有一天，张仁打柴回家，在半路上连人带柴滚到山沟中，摔断了双腿，生活的重担便落在他的妻子李义身上。为了解决生活的困难，刚好镇上的地主建造新家，需要人手帮忙，李义便踏上帮佣之路。地主给她的工钱虽高，但做的事相对也就增多，日夜操劳的李义疲惫不堪，一想到家人因为这样可以解决温饱，也只有继续支撑下去。李义离家后，担心家里无人做饭，便拜托一个熟人，偷偷地将剩下的饭菜带给家人。几个月过后，地主家准备庆祝新居落成，李义也更加忙碌，而此时带饭之人却因生病连续几天没来，饿了几天的张仁，忍不住跑到地主家找寻李义。李义怕被别人知道，偷偷将丈夫安置在柴房。哪知人算不如天算，当李义正为宴会忙碌之时，忽然听见门外一阵混乱，有人大喊着：“柴房失火了！”这话像雷击中了李义，当场放下手边的事，连忙冲到柴房一看，发现火势已经一发不可收拾，她发疯似的想进入柴房救张仁，但火势太大，众人全力阻止她，来不及救夫的李义最后昏死过去。

火势慢慢地消退，张仁也一命呜呼，渐渐醒来的李义，虽然承受不了这事实，但在伤心之余，也只能带着张仁的骨灰回

家。张仁死后，李义十分怀念他，不时责备自己害死了丈夫，于是她将骨灰放在灶炉上，每日按时供奉他，每遇祭拜的节日，总会献上几炷香跟好吃的东西，并且找来木匠师傅，将张仁的生辰刻在木板上，也就是农历的十二月二十三日。在这天，李义会用张仁生前喜欢的食物，像糖果、年糕等祭拜，希望张仁在天之灵能够安息。

岁月如梭，张仁的儿子张诚慢慢地长大，跟他的父亲一样勤奋，对母亲也十分孝顺。他平日看到母亲，总是对着一块木板说话，心里有些疑问，于是李义将他父亲的事，从头到尾诉说一遍。张诚听完后，安慰李义说："昨天夜里，我曾经梦见父亲的身影，父亲和蔼地对我说，玉皇大帝将他封为灶神，负责管理人间的柴米油盐之事。"李义信以为真。后来李义过世，张诚便将她跟张仁的牌位摆在一块，每年共同祭拜两人。就这么代代相传下去，人们便以灶神供奉着，保佑全家人畜兴旺。

关于灶神还有一种说法，有的说，灶王爷姓张，名单，字子郭。他长得像个美女，常常穿着黄色的衣服，披散着长发，从锅灶里出来。如果人们此时呼唤他的名字就能免除灾祸，否则，见到他就会死去。张单有一个妻子，叫卿忌，即灶王奶奶。两人并肩而坐，一起享受民间的供品。

在中国灶神的传说不止一个，而对灶神的祭拜可能由火神而来，因为厨事在人们心中颇为重要。而灶神向天庭告状之事，在葛洪的《抱朴子·微旨》中有记载。天帝会因灶神所禀报的罪行，给人们在寿命上有所惩罚，有的减寿3天，有的则是300天。于是人们在农历腊月二十三晚上祭拜灶神的时候，总会在"灶王爷"的嘴边涂上糖，希望灶神能为家人说些甜甜蜜蜜的好话。而因灶神是厨房之神，脸跟身体会被油污弄脏，故在每年祭拜之时，会替他穿上新衣，希望他保佑全家平安。

主管招财进宝的神仙——财神的由来

在众多的民间俗神中，财神是著名的神仙之一。在世俗人们的心目中，财神可以和福禄寿三神相提并论。财神在民间流传着多种不同版本的说法，其一认为，到了明代，财神的职位被固定在某一个或几个神身上，其中最主要的是武财神赵公明、关羽；文财神比干、范蠡。

文财神为文官打扮，头戴宰相纱帽，手执如意金钩，身穿蟒袍，足登元宝，五绺长髯，飘洒胸前。据说这就是比干。

比干是商纣王的叔父，为人忠正耿直。比干见纣王荒淫无道，不理朝政，常常直言劝谏。对于比干的劝谏，纣王不但不听，反而认为他是在无理取闹。有一次，比干强谏，使

得纣王大怒，说道：“我听说圣人心中有7个窍，今天我倒要看看你的心是不是有7个窍！”说完便叫人把比干的心挖了出来。比干心地纯正，率直无私，是我国上古时期最有名的大忠臣。因此后代世俗将其奉为财神。民间传说，比干怒视纣王，自己将心摘下，掷于地上，走出王官，来到民间，广散财宝。他虽然没了心，但因吃了姜子牙的灵丹妙药，并没有死去。因为没了心，也就没偏没向，办事公道，所以深受人们的爱戴和称赞，并被人们供奉为财神。

另一位文财神，倒是一个曾经从商、发了财的大富豪。他就是春秋时期越国的范蠡。范蠡本是越王勾践手下的一位大臣，他足智多谋，帮助越王打败了吴王夫差成就了霸业。越王大赏功臣，但是不见了范蠡。原来，他隐姓埋名逃到齐国去了。在齐国，他经营农业和商业，发了大财。因为他是在功名利禄场中经受过风吹雨打的，把金钱看得很淡薄，所以他3次发财，3次都把所得钱财分散给穷人和亲戚朋友们。范蠡能发家致富，又能散财于民，在人们心目中有很高的地位，因此被奉为文财神。

在民间，武财神多指赵公明。关于赵公明的传说，由来已久。但是他成为财神，却源于元明间的《三教源流搜神大全》。书中所描绘的赵公明形象为：头戴铁冠，手执铁鞭，面黑而金须，身骑黑虎。这是后世所供武财神赵公明元帅的典型形象。在《封神演义》里，赵公明是峨眉山的道仙，他武艺高强，并有黑虎、铁鞭和百发百中的海珠、缚龙索等法宝。姜子牙封神时，赵公明被封为“金龙如意正一龙虎玄坛真君之神，统领下有招财神、纳珍神、招宝神、利市神四位正神。他们专司“迎祥纳福，追逃捕亡”。至此，赵公明已真正有了财神的模样。

至于赐财功能，《三教源流搜神大全》说：“买卖求财，公能使之宜利和合。但有公平之事，可以对神祷，无不如意。”

赵公明司财，使人致富的功能深入人心，深受人们的欢迎。民间所供赵公明财神像，皆顶盔披甲，著战袍，执铁鞭，黑面浓须，形象威猛。周围常画有聚宝盆、大元宝、宝珠、珊瑚等物，以加强财源茂盛的气氛。

此外，民间还以关羽为武财神。关羽是一位“身兼数职”的神仙，财神是其功能之一。

崇拜财神，希望财神保佑自己发财，已成为人们的普遍心理。旧时除夕之夜，人们总要“迎财神”“祭财神”，以讨个“财神到家，越过越发”的吉利。在北方民间还流传着这样的顺口溜：“大年五更开房门，高高兴兴迎财神；摇钱树上拴金马，聚宝盆里站金人。”所有这些，都充分地体现了财神这位吉祥神在人们心目中的位置，同时，也体现了人们对其崇拜的程度。

主管财运的神仙——利市仙官的由来

利市仙官是我国北方民间信奉的一位财神，据说供奉他就可以使人发财。在《封神演义》里，他的名字叫姚少司，是武士赵公明的徒弟，后来被姜子牙封为迎祥纳福之神。迎祥纳福，包括发财，所以被信奉为财神也是自然的。“利市”在古语里有三个意思，一是指在做买卖时得到的利润，二是指吉利和好运气，三是指喜庆或节日的喜钱。由此可以知道，人们给这位财神起了“利市”这个名字是很有道理的。因为，做生意得了利润不就发财了吗？发了财还不是一件吉利事？发了财，遇到吉利事，都可以说是碰到了好运气。节日里得到喜钱，自然是增加了财富。总之，这个名字的诸多意思，说明他不仅是一位财神，也是一位福神、吉祥神。人们信奉他，是希望能发财、能获得幸福、能碰到好运气，一切吉祥如意。

古代绘画上的利市仙官像，气度不凡，好像一位宰相。据《虞裕谈撰》记载说，元代的时候，民间信仰中还有利市婆官，这可能是人们给利市仙官这位财神选择的配偶，犹如给土地爷配上个土地奶奶一样。这说明，民间信奉利市神在元代已经很普遍了。

到了近代，一到旧历的新年，有的人，特别是商人，还把利市仙官相贴到门上，意思是希望发财、吉利。有的是单独贴利市仙官，还有的与招财童子图相配对，贴于两扇门上。招财童子，据说就是佛教中的善财童子。善财童子降生的时候，各种珍宝就自然涌出来。人们把他奉为招财童子，意思自然希望招财进宝了。“招财童子”和“利市仙官”两幅画相配贴于门上，招财童子像旁有一联语：“招财童子至”，利市仙官像旁有一联语：“利市仙官来”。两位财神都来了，自已也就可以发财了。

主管寿命的神仙——寿星老人的由来

寿星是寿神中影响最大的一个神灵。

寿星，也叫南极老人星或南极仙翁。相传从秦朝的时候开始立祠祭祀，开始人们认为他能掌管国运的长短，后来，民间逐渐把他看作是主宰凡人寿命的神仙。他的形象是一个身材不高，弯背弓腰、慈眉善目、笑容可掬的白发老翁，大脑门，头很长，一只手里拄着一个弯弯曲曲的长拐仗，一只手上托着鲜桃。有时，他还骑在仙鹿上，将福、禄、寿集于一身。

寿星，古代有两个意义。一是二十八宿中的角、亢二星宿。《尔雅·释天》中说："寿星，角、亢也。"角宿是东方苍龙七宿的第一宿，亢宿是第二宿。郭濮注释说："角亢，位于各宿之首，是列宿之长，所以叫寿星。但是这第一个意义只用于天文学。秦汉以后用的是第二个意义，就是南极老人星。"《史记·天官书》记载："在西宫狼星附近有一颗大星，叫南极老人星。老人星出现，天下就太平、安定；不出现，就会有兵刃战乱之事。"唐代张守节进一步解释说："老人一星，在孤星的南面，也叫南极星，为天子显示寿命长短的征兆。老人星出现，国运长久，天下太平无事，所以称作寿昌；如果不出现老人星，就是天子的忧患了。"

中国古代祭祀寿星是从秦代开始的，到了东汉时期，就把祭祀寿星跟敬老活动结合起来了。据《汉书》和《后汉书》记载，南极老人星常在秋分时出现在南郊。所以，朝廷在每年的农历八月，在国都的老人庙祭祀南极寿星。同时在这个月，对年过70的老人，要授与拐杖，还给他们吃很烂的粥，对80、90的老人另外还增加赏赐。所谓的拐杖，就是一根手杖，长9尺，上端装饰着鸠鸟的模型。据说鸠鸟是"不噎之鸟"，这样做，是希望"老人不噎"。到了唐宋时代，又把"角"、"亢"的意义和"南极老人"的意义合并起来，并在一起祭祀，寿星也开始有了人的形象。

据《见闻录》记载：北宋仁宗嘉祐八年（1063年）冬十一月，京师有一位道人在市上走来走去为行人算封，样子长得十分古怪，有好事的人偷偷地把他的容貌画了下来。后来，宫中近侍把他引荐给皇上，皇上赐酒给他，他当时就喝了七斗，然后离宫而去。第二天，管理观测星象的官属写来奏章，说寿星靠近了皇帝的座位，忽然那位道士又不知去向。仁宗感慨地长叹了很久。

到了明代，对寿星的祭祀，虽然被排除在国家祀典之外，但民间还很普遍。关于南极仙翁的故事，在民间广为流传，流传的形式也多种多样。明代有《白蛇传》弹词，后来改为《雷峰塔》等，直到后来的《三仙宝传》，南极仙翁都是以一个好心肠的老神仙的形象出现的。后来，《白蛇传》又被改编成戏曲，搬上舞台演出。著名短篇小说集《警世通言》中的《福禄寿三星度世》，专门讲了南极寿星的故事。民间常把寿星、福星、禄星凑在一块儿，合称为福禄寿。这三位神仙分别代表着福运、官禄、长寿，最受人们的尊奉。

我国民间对祝寿很是看重，有很多传统风俗习惯。有些老年人在作寿时，在屋子里的正面墙上挂着画有福禄寿的中堂，两侧挂着一幅寿联，上面写着：

福如东海；

寿比南山。

还有的上面这样写着。

名高北斗；

寿比南山。

人们对那些高寿的人常常称为“寿星”“老寿星”“寿星老儿”“寿星老人”等，既亲切又含有敬意。人们对祝寿还有很多说道。如小孩10岁的生日叫“爱子寿”。“20不做寿”，只说过生日。40不做寿，因为“四”与“死”谐音，犯忌讳。另外还有“男不做十，女不做九”的说法，这是因为在有些地区的方言中，“十”与“贼”谐音；“九”与“鸠”谐音，认为是不吉利。人们在寿辰那天，一般的人家要吃“长寿面”和煮鸡蛋，有的还把鸡蛋放在桌面案儿上来回滚动，说是滚运气。对于有钱的人家就不同了。他们要搭戏台，请戏班子唱“祝寿戏”。至于《红楼梦》中的贾府，对“老祖宗”的生日更是大肆讲究。不仅要搭台唱戏，还要宴请宾客，还有很多人进贡上礼，祝寿的人络绎不绝。

长寿的女神仙——女寿星麻姑的由来

在民间与长寿有关的神仙很多，其中有一位漂亮的女寿星麻姑。

麻姑相传是古代的仙女，曾于牟州东南姑馀山修道，有一说仙人王方平是她的哥哥。

东汉桓帝的时候，有个名为蔡经的大官，跟仙人王方平是至交好友。一天中午，烈日高照，突然从远处传来一阵鼓箫乐声，接着又是人马杂踏声，响彻整个天空，原来是王方平身穿道服，驾着五彩金龙，从云端渐渐地降临蔡经家中。当然少不了一番闲话家常，

交谈玄理，话说到一半，王方平便对蔡经说："让我介绍麻姑给你认识吧！"蔡经正疑惑麻姑是谁时，只见王方平向天空喊着："有请仙姑下凡一游，不知是否赏脸？"不久后，听到一个清脆悦耳的女子声音说道："麻姑奉旨前来。记得上次一别，已经过了五百年，好不容易能得仙人相邀，何有不赴会的道理，只是麻姑有要事，需前往蓬莱仙岛，待要事完毕后必定赴约。"说完后，蔡经闻到一股清香飘远，只觉有一阵愉快舒畅的感受，但味道渐渐散去，感到很失望。剩下两人继续聊，经过一个时辰，从天空传来一阵阵的仙乐，蔡经抬头一看，在高高的云端，有一位年约十八九岁的美丽佳人从天而降，长得非常清秀，梳着一头亮发，余发则散落在腰间，穿着文彩绣衣，其光耀目，世间没有。令蔡经特别注意的是，她手掌有像鸟般的爪子。

王方平两人赶紧起身向前迎接，请仙姑上坐贵席。坐定后，麻姑单手一摇，招来女侍端着各式佳肴，碗盘是金子所做，佳肴多半是些素果，却瑞气满庭。麻姑请两人食用，接着对王方平说："距上次相见已久，沧海三度化作桑田，刚才到蓬莱仙岛时，又见海水比往昔少了一半，是不是又将化为陆地？"王方平感叹说："圣人如果存活，大概也会感叹，叹大海又将起尘烟。"蔡经的妻儿听说有仙女下凡，十分好奇想看看她长得什么样子，于是躲在花园入口偷看。麻姑是仙女，怎会不知有人偷看，又知蔡经之妻刚刚生产，秽气之身不可近，连忙对她说："如果要看我待在那里就好，千万不要过来。"接着又跟蔡经要一堆米，撒在四周围，结果一颗颗的米粒，都化作珍珠，借此去去秽气。王方平见麻姑耍起仙术，开玩笑说："没想到仙姑还真有赤子之心，玩起这类把戏。"

当时蔡经正在注视麻姑的手，觉得她手上的爪子，能用来抓抓背痒倒是不错。这念头一动，王方平却已知，暗中施法对蔡经打上一鞭，蔡经突然感觉背部有火烧般的痛，知道是王方平所致，赶紧向麻姑道歉。王方平说："麻姑乃是天上的仙女，怎可如此异想天开，太没有分寸。"宴会只好一哄而散，王方平带着麻姑飞回天界，消失得毫无踪影。

江西省有个麻姑山，道家称附近的圣地为二十八洞天。据书籍记载，麻姑得道之处，山中有一座会仙馆，传说就是蔡经家的旧址。山顶有座神坛，唐代的颜真卿曾到此处写下"麻姑仙坛记"碑。对仙人不敬就会招受处罚，像故事中蔡经对麻姑的手好奇一样，一有邪念马上则会被仙人责罚，所以后代对仙人总是保持尊敬的态度。

麻姑形象多为美丽仙女模样，或腾云，伴以飞鹤；或骑鹿，伴以青松；或直身托盘作贡献状。

拜官之神——禄神的由来

禄神是掌管文运利禄的神灵。古代封建社会以科举取士，士人一旦通过科举考试，便可以得到高官厚禄，这是士人一心向往的，由此便产生了禄神崇拜。由于古代的科举考试主要是写文章，禄神崇拜便也包含对文运的祈求，所以禄神又不仅仅是士人的主宰神，也是一般崇拜文化、崇拜文才的老百姓所喜爱的吉祥神。

禄神原也是星神，称“文昌”“文曲星”“禄星”。在北斗星之上有6颗星，合起来称为文昌宫。其中的第六颗星即是人们崇拜的禄星。隋唐科举制度产生之后，禄星遂成为士人命运的主宰神。

主管功名利禄的神灵，除了禄星及由其演变而成的文昌帝君以外，还有魁星及魁星人神。魁星的名声远没有文昌星君那么大，但也有一定的影响。

另外民间还有传说，禄神是唐朝著名大臣狄仁杰。狄仁杰是山西太原府河阳县人。他丰姿俊雅，学富五车，品行也很好。唐太宗贞观十一年大开科举，招考天下士人，狄仁杰也上京应试。他走到一个叫临青的地方，在一个客店住下。夜里对灯独坐，展书阅读。到了初更时分，忽然听见门闩打开的声音，一位楚楚动人的女子走了进来。狄仁杰心里很惊讶，只得起身施礼说：“小娘子深夜至此，有何见教？”女子莞尔一笑，说道：“贱妾年轻失偶，长夜无聊，今幸郎君光临，特来陪伴。”狄仁杰心想，虽然深夜无人，但皇天不可欺，便对那女子说：“我写几句诗给你看，再做道理。”于是提笔写道：“美色人间至乐春，我淫人妇妇淫人。若将美色思亡妇，遍体蛆钻灭色心。”女子听后，顿时醒悟，忙对狄仁杰拜倒说：“郎君真是一个君子。”

京城中有一个名叫李淳风的道士，平日占候吉凶十分灵验。他预知唐室日后将有女主杀戮篡位之祸，便密奏唐太宗。太宗笑道：“妇人哪能称帝！你既知未来天意，可知今科状元是谁？”李淳风答道：“待臣魂游天府，便知分晓。”于是沐浴斋戒，焚香望天祝祷，然后卧于殿侧睡着了，过了一会醒来，对唐太宗说：“天榜已见今科状元姓名，乃是‘火犬二人之杰’。还有彩旗一对，上书‘美色人间至乐春，我淫人妇妇淫人。若将美色思亡妇，遍体蛆钻灭色心。’”太宗听后，命李淳风将所说姓名写下，封存在金柜内。等到揭榜那天取出一对，状元名叫狄仁杰，正应了李淳风所说的“火犬二人之杰”。

狄仁杰高中状元后官至宰相，辅佐有功，流芳百世，故后人有诗盛赞他说：“己身守志避邪缘，尚勉孀姬节要坚。切戒一时云雨娱，名留万载感苍天。”在科举时代，士子的追求就是当官，由于狄仁杰是唐朝开科第一位状元，后来官居一品，所以被后人奉为加官进禄的神也就很自然了。

祭祀禄神还演变成在喜庆节日里民俗表演的一项必不可少的保留节目。一般在正式演出之前，由身穿大红官袍，戴白色面具，手捧巨大朝笏的装扮成禄神的演员先上场，笑容可掬地绕场一周，祝愿大家鸿运当头，升官发财。祭祀禄神的民间化，更多地体现在新年贴禄神年画的习俗中。禄神年画有两种，一种禄神年画，绘文昌帝君，亦即梓潼神像，无非是着官帽官袍之类的形象。另一种禄神民俗年画，则采用谐音借代的方法，用鹿来代替禄神，其吉祥色彩更为浓厚。有时鹿与福神或寿神同出现在一画中，鹿代表禄神，即象征利禄。

佳吉之神——喜神的由来

喜神又名吉神，或佳神。喜神在民间诸神中是一个特殊的神仙，它虽然是中国民间老百姓流传的八瑞神中的一个吉祥神，但既无偶像图绘，也不多见于经传，完全是个神龛在人们心里的“抽象神”，或可以说是个“精神神仙”。但它又的的确确是人们奉祀的重要神仙。

人的愿望大都是为着追求喜乐高兴，而不是悲哀烦恼，一些阴阳术士为了谋生，便迎合人们趋吉避凶的心理需要，刻意造一位喜神出来。因喜神正好适应了民间婚姻年庆等喜庆活动的需要，于是受到老百姓的热烈欢迎，才逐渐地在民间推广开来。

旧时春节里，民间有很多趋吉避凶的习俗，正月初一迎喜神就是其中之一。相传喜神是和诸神一起在腊月二十三这天升天去汇报人间的事情，正月初一返回来过春节。如果谁家迎来喜神，这一年里就会事事顺利，处处有喜，不遇灾病。因此，初一早上大家放完爆竹回到屋里的第一件事，就是拜天地、迎喜神、祭祀祖先。南方人还在祭祖之后，查看历书上所载今年的吉利方向，点燃灯笼火把，提壶挈酒，奉香鸣爆，开门出行，迎接喜神，称“出天方”或“出行”，浙江叫“出寻”，上海叫“兜喜神方”。

在浙江绍兴，旧时正月初一一开门，人们就出行“走喜神方”，行前，须从历书找出喜神所在的方向，然后循此方向而行。譬如历书中说“大利东北，不利西南”，则从自家门出来后，须向东北方向进发，而不朝西南方向举步，以此求得喜神护佑，获取佳运。

在四川成都，每当新春佳节来临之际，市民们都要携家结友，出南门，访武侯，拜忠义，祈吉祥，是谓“游喜神方”。现在，“游喜神方”的民俗活动已经成为武侯祠博物馆的一个特色。

在山西农村，春节后，民间习惯选择第一个吉日，外出郊游，称为迎喜节，亦称游喜神。吕梁地区一般在正月初一日或初二日进行，晋南的霍县等地则在正月初三，晋北地区则习惯选择在春节后的戊日或癸日。吕梁地区迎喜神，还盛行在郊外相邀饮酒。临县一带，至今还流传着迎喜神的歌曲：“粘户红笺墨色新，衣冠揖让蔼然亲。香灯提出明如海，都向村前迎喜神。”形象地描绘出了古时迎喜神的热闹场面。农村里一般是事先由年长有威信的人到占卜先生家里去讨得喜神的信息，然后带着人们去接喜神，同时还要赶上一群牛、驴、骡、马。当人们到达目的地后，按照辈分的大小，面向喜神来的方向跪下，烧纸磕头，心里默默地祷告，祈求得到幸福，万事如意。祷告完鸣放鞭炮，迎喜神的活动便达到了高潮。阵阵响亮的鞭炮声使旁边的牲畜受惊而狂奔乱跳，而老人们则说这是因为牲畜看到了喜神，人们为了图个吉利，也都有意不说破。从中我们不难看出，喜神是人们臆想中的济世救物的神灵。

奉祀喜神，尤以婚嫁为最。结婚乃人生一大乐事，早在北宋时就有四喜诗：“久旱逢甘雨，他乡遇故知；洞房花烛夜，金榜题名时。”古人把婚娶作为大喜，甚至把洞房花烛夜称作是“小登科”，故举行婚礼俗称办喜事。办喜事当然离不开迎喜神了。旧时的习俗是新娘坐立须正对喜神所在方位，这样才能保一生喜乐。推算出喜神此时的方位后，花轿口必须对着该方向，新娘子上轿后要停一会儿，叫做迎喜神，然后才能启程。

喜神本无具体的形象，后来人们为了便于奉祀，便创造出各种各样的喜神来。例如曾经有这样一个传说，说是在唐玄宗年间，秀才钟景期到长安应试。一日闲游于街头，误入葛太古花园，见葛女孟霞，心生爱慕，演出了一场类似西厢记的故事，定下终生。后安禄山范阳兵变，葛太古被困，葛孟霞亦隐迹白云庵为尼。钟景期在金殿上直斥安禄山，获罪流放四川，在清峰山得紫霞真人传授武艺，考中武状元，帮助郭子仪平定安禄山，重建唐朝。后来葛孟霞被送入郭子仪王府内，与钟景期重逢，终于结为夫妻。唐皇颁旨封葛孟霞为“贞静一品夫人”，封钟景期为“平北公”。民间将这一对英雄佳人的故事广为传颂，并同时把他们封为“喜神”。

祈福之神——福神的由来

一生过得美满幸福安康，相信是每一个人的最大心愿。什么是“福”？古人曾将“福”的主要内容概括为以下5个方面，称为“五福”：“一为寿，命不夭折而且福寿绵长，二为富，钱财富足而且地位尊贵，三为康宁，身体健康而且心灵安宁，四为攸好德，生性仁善而且宽厚宁静，五为考终命，能预先知道自己的死期。”现代人则希望全家人身体健康，老人长寿，钱粮、用物丰盈，凡事顺心如意，心想事成。商人希望生意兴隆，年年发财；农家希望五谷丰登，六畜兴旺；读书人希望自己头脑聪明，出人头地；做官的希望官运亨通，步步高升……总之，每一个人，每个家庭都希望能美满如意，所谓“福星高照”。因此，自古以来，人们在这种心理支配下，设想出一种能够降福于人的神来。但此神究竟是谁，谁也说不清楚，道不明白。

福神与许多神灵一样，也经历了一个由自然神灵到人物神灵的演化历程。最初的福神为星辰，称“福星”。

太阳系5颗行星在先秦时被称为“岁星、荧惑、填星、太白、辰星”，汉朝人又改称为“木星、火星、土星、金星、水星”，“木星（即岁星）”又是5颗行星中最引人注目的一颗。福星即木星。木星何以会被奉为福星呢？这是与我国古代的天文历法及相关民俗有关。天文历法是古人根据天体运行的规律而制定的，其中一种即是根据木星运行规律而制定的历法。古人将木星的运动路径，自北向西、向南、向东划分为12段，木星围绕太阳转动的速度，正好为地球的1/12；这样，木星每进一宫，便代表地球的一年。因此，木星又叫岁星。由于岁星有标示着旧的一年结束而新的一年开始的意义，所以成为了后来人们辞旧迎新时遥祀的对象。祭祀岁星时，人们总是祈望着自己在新的一年里能获得好运、平安无事，岁星遂成为降福的福星。于是，民间便传说在年末岁首之际，福星要降临于人间赐福。这样，人们除夕之际都会静静地等待着岁星的降临，以求获得福运，来年幸福吉祥，家运兴旺。由此便形成了流传至今的守岁习俗。

后来，福星被逐渐地人格化，成为福神。福神中影响最大的要算道教的天官神了，因此有了所谓“天官赐福”的说法。天官源于道教的三官，即天官、地官、水官。传说天官赐福，地官赦罪，水官解厄，又传说天官为上元，正月十五日生；地官为中元，七月十五日生；水官为下元，十月十五日生。旧时各地有三官殿、三官庙、三官宫。每逢三元日，进庙烧香者络绎不绝。三官之中，天官最为尊贵，其赐福神职也最受民间欢迎，遂成为广为流传的吉祥神。逢年过节或喜庆的日子，老百姓都要祭祀天官以求赐福。旧时衙署壁画常绘有天官神像，年画《天官赐福》、《指日升高》等均以天官为主体形象，一身朝服装束，红色袍服，龙绣玉带，手执大如意，足蹬朝鞋，慈眉悦目，五绺长髯，显示出吉祥喜庆、雍容华贵的气象。民间建房时，上梁要挂块红布，上书“紫微高照”（天官为紫微帝君），以祈求天官给家宅带来平安与幸福。天官赐福也成为广泛传诵的民间吉祥祝词。

另外还有一种福神是由历史人物附会而来的，那就是道州（今湖南道县）刺史阳城。阳城之所以被民间祀为福神，据史书记载，是因为他做了一件受到百姓爱戴的大好事。古时道州出了许多矮人，人称为矮民，皇帝每年都要派人从道州选几百名长得比较好看的男性矮民进宫，供他当做奴隶玩耍。阳城上任后很反对这种做法，便根据民意写了一封奏折，说：“臣按五典，本土只有矮民，无矮奴也。”皇帝看后马上觉悟了，从此不再要道州上贡矮民。道州百姓为感谢阳城，便立祠绘像供奉，阳城遂成为道州的福神。后来，天下黎民百姓知道了阳城的事迹，都绘他的像敬奉，以为可以解厄降福。因为阳城长得比较矮胖，所以后人所绘福神也多为胖老头。这就清楚地说明，能为人民群众谋求幸福的人，也就是人民心目中的“福神”。

各地关于福神的传说也不尽相同。有把天官或天官的第二助手说为“福神”，也有将这第二助手绘成怀抱婴儿的“送子张仙”的。民间还以刘海为福神。刘海是五代时人，仕燕王为相，后学道成仙，传说中是个仙童，前额垂着整齐的短发，骑在金蟾上，手里舞着一串钱。金蟾为仙宫灵物，古人以为得之可致富。刘海戏金蟾，步步钓金钱，表示财源广进、大富大贵之意，过去人们常将刘海戏蟾的剪纸、绘画请回家中，以求财祈福，刘海于是成为传统文化中的“福神”。

旧时民间有新年祭祖的的习俗，祭祖的主要目的是祈求祖灵的福佑，祖神实际上也就是家族的福神，所以旧时浙江一带称祭祖为祝福。祭毕祖神，要用煮过祭物的汤汁煮年糕或者煮面吃，叫“散福”，表示将祖神所赐之福散发给了家里的每一个人。此外，在民俗中，福神或福星还经常与寿星、禄神相提并称，称为福、禄、寿三星，作为一组神仙群体，分别象征着幸福、官禄和长寿，备受人们的欢迎和崇拜。

驱除邪鬼，保佑平安——门神的由来

神荼、郁垒是古代传说中的驱除邪鬼、保佑平安的门神。古人祭祀门神，一是认为凡人所在之处，神无不在，为了报答门神的恩德，便按时祭祀。一是依靠门神驱邪保安。《白毛女》中喜儿唱的“门神门神骑红马，贴在门上守住家；门神门神扛大刀，大鬼小鬼进不来”。正是反映了民间百姓的这种心理。最初的两个门神，是用桃木雕成的两个神像，人们把他们悬挂在门上。其实，他们两个就是神将神荼和郁垒的化身。

传说，东海的一座山上有一颗大桃树，树干盘曲、茂叶覆盖，绵延三千里。上面有金鸡，下面有两个神仙，是兄弟二人，一个叫神荼，一个叫郁垒。他们站在桃树下，监视着百鬼的行踪，遇到有无端造祸、残害人类的恶鬼，他们就用苇索把鬼绑起来，送到山下喂老虎。后来，人们每逢大年三十儿，便在门前立个桃木削成的人形，还画上神荼、郁垒像，用来驱除邪恶。关于这两位神仙的由来，还有几种不同的说法。有书记载，这棵大桃树，上有天鸡，下有二神，天快亮的时候，天鸡飞下，啄食恶鬼，恶鬼便四处逃跑。还有书记载，山上有两个门，西南门叫神门，由神荼守卫，凡有邪神进山偷桃，神荼就用木剑砍他的脖子，用桃枝穿透他的腮，把他投到海中去喂恶龙。东北门叫鬼门，由郁垒守卫，如遇贪吃的鬼上树偷桃，就用苇索捆上他，用桃弓把他射到山下，让猛虎吃掉。这两位神仙各有十名壮士做助手。二位神仙既然能降服恶鬼，他们本身的形象，在人们的想象中当然也十分狰狞可怕。《三教源流搜神大全》中有一幅画，是二位大神的尊容。他们坦胸露乳，毛发耸立，如头上长角一般，眉峰突起，头顶成丘，横眉立目，冷笑中藏着杀机，真是十足的一幅凶煞神的模样。正因为如此，恶鬼才望而生畏，闻风而逃。后来，人们索性不挂图形，只在门上悬挂上一根桃木，或者用毛笔写上两位神仙的尊名，或者画上些咒语条符，这样，邪神恶鬼便望而却步了。

门神是我国民间信仰时间最长，流传最广的保护神之一。到了唐代，门神的位置被另外两个人所代替，他们就是秦琼和尉迟恭。

秦叔宝与尉迟恭是唐代人，是著名的武将，因为李世民害怕有鬼魂骚扰，派他们守在门口，没想到真有辟邪的效用，人们于是把他们画在纸上，贴于门板作为避邪驱鬼之用，故后代称之为门神。

传说唐代有一位算命师袁守诚，让他算过命的人，都称赞他神准无比，只要一开摊，便是门庭若市这一年，在泾河捕鱼的渔民，不知为什么，总是无法捕到鱼，所有的人叫苦连天，几乎快要活不下去了。人们听说城中有这么一位算命奇人，他们赶紧前往拜访，请袁守诚指点方向。神奇的是，此后每次都可丰收回航。虽然人间欢乐，却苦了水底众生，泾河龙王的大臣向他报告，最近河中的鱼虾大量减少，如果再这样下去，将会有灭亡的可能，而罪魁祸首便是城中的算命的袁守诚。泾河龙王见事态严重，便想会会这位神算。泾河龙王伪装成凡人，来到算命摊前，向袁守诚请教明日的雨势情况，算命师说会下三尺三寸四十八点的雨。泾河龙王心想："好大的口气，我这雨神都不知道下多少雨，竟然能预测多少雨量，你输定了。"泾河龙王便跟算命师打赌，赢的话送他黄金，若输便要砸摊。

没想到龙王一回府，就接获玉帝圣旨，要他明日下雨，内容与袁守诚所言竟丝毫不差，龙王虽惊吓他的能力，但为获胜便故意多下了一点，隔时龙王按照约定来到算命摊，来势汹汹地准备砸摊，袁守诚却不慌不忙地对他说："在砸我的算命摊之前，先救救你的命吧，玉帝已知你偷改雨量一事，现在找人要砍你的龙头，你还有心砸我的摊吗？"龙王情急之下，连忙请教解围之法。袁守诚说："现在能救你的只有唐太宗，因为杀你之人，就是他的大臣魏徵，只要他答应救你，就可能逃过这劫数。"

这晚，太宗梦见龙王来访，苦苦哀求他救命，太宗则问："朕如何才能救你的命呢？"龙王说："只要明天皇上缠住魏徵，不让魏徵杀我即可。"太宗见龙王可怜，便说："这简单，我会尽量帮忙的。"隔天一早，太宗以下棋为由，将魏徵召唤至宫中，这一下便下个不停。几个时辰过去，魏徵已经疲惫不堪，心想今日皇上怎如此有兴致，好几个时辰却不疲惫，虽然他早已疲倦，却也只能苦撑，最后终于打起瞌睡。太宗见魏徵如此辛劳，难得一梦，不忍吵醒他，就在魏徵入睡不久，却见秦叔宝慌慌张张地提着一个血淋淋的头，来到太宗的面前，太宗仔细一瞧，发现正是龙王之头，回头看看魏徵仍在睡梦中，赶紧摇醒他问："魏徵你瞧瞧，这是怎么一同事呢？"魏徵发现梦中之事成真，答曰："我刚刚入梦时，梦见天帝下诏，要臣行处斩之刑，我想这就是臣梦中所斩的龙头。"太宗一则以喜，一则以忧，喜则能获得这样的贤臣，忧为无法救回泾河龙王之命。

这事过后，太宗常常梦见龙王化为鬼魂，找他索命，每晚不得安宁，都无法按时早朝，身体日渐消瘦，众臣看在眼里着急不已，为了让太宗安然入睡，武将秦叔宝与尉迟恭两人自愿守在皇寝外，保护皇上安全。奇妙的事发生了，自从秦叔宝两人待在皇寝外当守卫后，龙王的鬼魂便不敢作怪，唐太宗也得以安然入睡，可是秦叔宝两人是肉作的，这样每晚守夜总是太劳累，太宗虽体恤他们的辛苦，却又担心他们一走龙王又回来。这时有大臣提议，不如请国内最好的画匠，为两人作图，再贴于皇寝门口。按照大臣的提议，贴秦叔宝两人的画像在皇寝门口，从此以后鬼魂果真不再作怪。

门神的故事有许多类型，像文门神与武门神等，门神按照各地的习俗有所不同，有的以吉祥物像麒麟、鹤等来代替；门神一词最早出现在《礼记》，原始的意义可能是祭拜之

时守住门口之人。这段故事便是武门神的传说，而魏徵斩龙王一事，在《西游记》中也有详尽的记载。

专门捉鬼的神仙——钟馗的由来

钟馗是中国古代传说中赫赫有名的斩鬼之神，宋元以后，他迅速地取代了原来的两位门神的地位。

古人在举行驱疫逐鬼的仪式时，往往“挥终葵，扬玉斧”，所谓终葵，就是逐鬼之椎。后世人认为它有避邪的功用，便改终葵为钟馗，并且作为人名。六朝以后，取名钟馗的人很多，时间长了，人们竟然忘记了终葵原来是逐鬼之器，而误认为是逐鬼的人了，以至于后来推演出钟馗捉鬼的故事来。

传说，钟馗的父亲叫钟惠，母亲是谭氏。有一天，谭氏梦见金甲神人手捧着红日，她一口将红日吞入肚中，从此有了身孕。等到怀胎足月，她又梦见五彩香烟萦绕在她的身边。神人告诉她，腹中的小孩是上界武曲之星，日后必成正果。谭氏醒来后，生下一个婴儿。当时亮光四射，紫气腾腾。钟慧给婴儿取名钟馗。钟馗6岁的时候，拜邹先生为师，邹先生很赏识他。他10岁的时候，又到余南华先生门下求学，学习很刻苦。先生说他是“天纵之奇英，士林翘楚”。他处处显露出不凡，这一切被玉皇大帝看在眼里。玉皇大帝派一位神人化成一位美女，到书院引诱钟馗，钟馗不为女色所动。玉皇大帝满意地夸奖他，说他心存正大，行为端正，有金石不渝的高尚情操。还说要让他掌管人间的善恶，收服天下的妖魔，也应该使他日后金榜题名。过了些日子，钟惠病重，钟馗虔诚祈祷，愿以身代父，又写一篇祷告文章，请求天地保佑父亲病愈。玉皇大帝知道了，命天使取来一粒仙丹，下凡治愈钟惠。钟惠病好后，在庆50大寿的时候，他的好友张宪前来祝寿。张宪看见钟馗的文才不俗，就把独生女儿许配给钟馗。玉帝的天使下凡托梦给钟馗，又赐给他宝剑和神笔，并对他说：“用这支笔记录人间的善恶，用这把剑除掉世上的妖魔。”后来，钟馗应张宪的邀请，到张家读书。张家的女儿名叫秀英，年方十六，生得花容月貌，诗词歌赋、琴棋书画、样样精通。钟馗在张家读书，专心致

志，目不斜视。过了一年，到了考试的日子，钟馗拜别了张宪夫妇，前往京城应试。一路上，钟馗用神笔宝剑斩妖除怪。京都会试，他没有考中，觉得功名未就，羞返故里。于是他和仆人前往终南山避居苦读。钟馗后来又去京都会试，中了头名，但因面貌奇丑，被皇帝免除头名状元。钟馗一气之下，触阶身亡。玉皇大帝闻知，封他为“驱魔大神”。钟馗到了阴间，遍游阴曹地府，斩妖劈邪，剪除鬼魅。后来，他又带着冤念，率领众鬼卒，来到人世间，杀斩了无数阳间小鬼。

门神钟馗镇鬼避邪的地位在民间影响很大，他的画像，从宫廷到民间受到广泛的欢迎。人们不但春节时挂钟馗像，端午节时也把他请出来，用来驱邪除祟。

主管人间功名的神仙——文昌帝君的由来

文昌帝君是主管人间功名利禄的神仙。他在读书人心目中有很高的地位，深受读书人的崇拜。

文昌，本是星官名，包括6颗星，即斗魁之上6星的总称。古代星相家将其解释为主大富大贵的吉星，道教则将其尊为主宰功名禄位之神，因此，又叫它“文星”。隋唐科举制度确立以后，文昌星更加被士人崇拜，宜称文昌“职司文武爵禄科举之本”。因此，各地纷纷修建文昌宫、文昌祠、文昌阁等，以祭祀主宰功名利禄的文昌神。这些文昌宫的“祖庙”就是四川梓潼县的文昌宫。而这座文昌宫的前身则是“亚子祠”，是为了纪念晋代的张亚子而修建的。

张亚子又叫张恶子，是历史上有名的孝子，对母亲极其孝顺。张亚子在晋朝做官，不幸战死。死后，百姓给他立了一座庙。最初，他是被当作雷神祭祀的，以后逐渐演变为梓潼的神明，叫“梓潼神”。宋元道士假托梓潼神降笔作了所谓的《清河内传》，说他生于周初，后来经过73代，西晋末年降生在四川为张亚子，成为梓潼神，并说玉皇大帝命他掌管文昌府和人间禄籍。

唐代安史之乱，唐玄宗逃往四川。传说梓潼神在万里桥迎接唐玄宗，唐玄宗便封其为左丞相。后来唐僖宗因避内乱也入蜀，封梓潼神为济顺王。由于唐朝皇帝大力推崇，梓潼神的名气大振，并逐渐与文昌神合二为一。到了元代，仁宗皇帝封梓潼神为：“辅文开化文昌司禄宏仁帝君”，简称“文昌帝君”。由此，文昌帝君作为一位吉祥神，在民间广泛流传。

专管男女婚配的神仙——月下老人的由来

月下老人又称“月老”，是我国神话传说中专管男女婚配的媒神，是有情人虔心寄托自己美好姻缘的幸运之神。

所谓姻缘天注定，芸芸众生的婚姻大事，都是由上天冥冥中决定的，而负责这件差事的，相传是神仙中的月下老人。

唐朝时期，有个名叫韦固的年轻人，他的父母很早病故，所以自他懂事以来，便是一个人游学各地，最后停留在宋城。韦固老大不小却无妻相伴，宋城中便有人自愿为韦固说媒，介绍城中的好姑娘，于是安排两人清晨在龙兴寺门前相亲。到了相亲的当天，韦固迫不及待地赶往约定地点，希望早一步见到美人，那时天尚未明，月亮仍挂天上。到达龙兴寺时，韦固在石阶前见到一位老人，老先生正对着月光看书，他好奇地凑上一瞧，发现书本上尽是些奇文怪字，一个也不认识。这对堂堂的读书人，是个重大的打击，于是韦固开口问老人，这是什么文字。

老人看一看韦固后说：“这并非凡间的文字。”

韦固又问：“借问若非人间的文字，那老先生又是哪里人？”

老人回答说：“我是天上的神仙。”

韦固虽然有点吃惊，不过书中的文字并非人间所有，觉得可能真的遇到神仙，再赶紧问问看这是什么书。

老人说：“此书是姻缘簿，凡是人间的姻缘都由此书记载。”

恰好韦固正为婚姻烦恼，便请神仙帮忙查看何时才有姻缘。

老人翻翻书本对照着说：“公子的姻缘我已经排定。”

老人再从口袋中拿出一条红丝说：“这就是姻缘线，我将线各绑在男女的脚踝，这被绑的男女便是一对夫妻。”

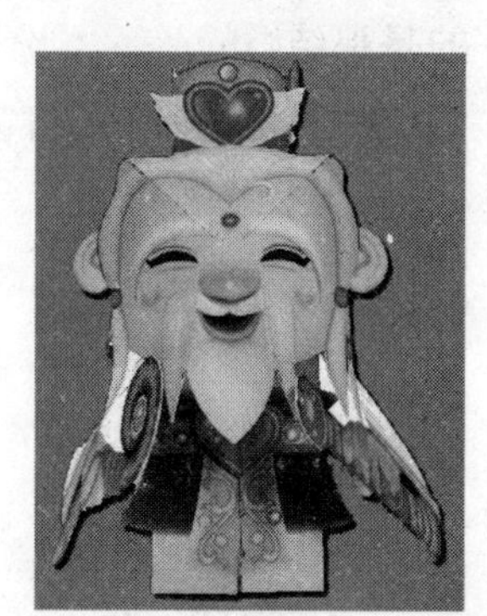

韦固追问说：“现在我的妻子在哪儿？什么时候才会结婚呢？”

老人说：“公子的妻子今年3岁，两人的婚期是在14年后。”

韦固求婚心切，怎能忍耐如此久的等待，十分激动地问：

“如果真的如此神准，那我的妻子是何许人也？”

老人说：“公子的娘子住在南店的北边，我知道你想看看她吧！等天一亮我就带你去见她。”

晨光刚刚乍现，老人也在收拾书卷准备离开，韦固于是便跟着老人来到菜市场，迎面而来的妇人抱着一位小女孩，老人指着小女孩说：“这就是你命中的妻子。”

韦固大怒说：“如果你说的是真的，我将杀了这位女孩。”一回头，老人已消失踪影。

回到家的韦固，越想越气，暗中找来仆人，给他一万钱做酬劳，要他除掉那位小女孩。仆人不敢违背主人的命令，畏畏缩缩地来到菜市场，找寻主人所说的母女，一看到她们，便举起藏在袖口的刀子，闭上眼睛，往小女孩的脸上一刺，刺中小女孩后，头也不回地逃跑，他知道自己犯下大罪，连夜收拾包袱离开韦府。小女孩的命大，仆人的那一刀没有要了她的性命，却也在她的眉中间留下伤痕，不过算是不幸中之大幸。

韦固隔天一早发现仆人不见，心想应该是闯下大祸。后来韦固赶考应试，但都是名落孙山，让韦固十分沮丧，幸好当时的政策是，只要祖上有功于国，便可在朝担任官职，因此在祖荫的庇护下，韦固转任相州参军。多年后，韦固终于娶得美人归。洞房花烛夜，韦固掀开头巾，发现妻子十分的年轻貌美，年约十七八岁，化着当时流行的妆，眉间有个花钿，心想能娶到这样的娇妻，已经心满意足。婚后韦固渐渐地感到疑惑，他的妻子不论是什么时候，总是带着花钿，洗澡、睡觉都一样，于是找个机会问她，为什么不拿掉眉间的花钿，他的妻子便老老实实地说起自己的过去。

她气愤地说：“我刚刚出生父亲就早逝，母亲和哥哥也跟着去世，市场的一位妇人看我可怜，把我接回家抚养。我3岁那年，在市场被人所伤，留下眉间的疤痕。几年之后，叔父将我接回，一直到现在。”

韦固听完妻子的故事，突然想起年轻时的一段奇遇，那月下所见的老人，曾对自己说的总总话语，于是问妻子，是不是曾住过某地，妻子虽然惊讶他为何知道，却也只是点点头没多问。韦固才终于相信，当时所遇见的真是神仙，是掌管凡间姻缘的月下老人。

故事的发展虽不是以月下老人为主角，却也凸显这个神奇人物。因此在各地的传说中，月下老人成为掌管婚姻的神仙，在中国的庙宇中，随处可见月下老人的庙，有的附属在大的庙宇，其中以杭州的“月下老人庙祠”最出名，当地有着这样一副对联：“愿天下有情人都成为眷属，是前生注定事莫错过姻缘。”每个时代对婚姻的态度都不同，但相同的是那结婚的心，不论是月下老人，还是《西厢记》中的红娘，即使能帮助男女结为婚姻，婚姻是一辈子的事，是要靠新人们的努力，幸福才会真正来临。

护子吉祥神——七星娘娘的由来

在我国南方和我国台湾地区一带，民间曾盛行供奉七星娘娘。七星娘娘又叫七娘妈、七星妈、七娘夫人、七星夫人，塑像或画像为七位端庄温柔的妇女。

七星娘娘本是织女星。织女被说成是天帝之女或天帝的外孙女，是一位专司桑木与丝织的女神。织女星被神化和人格化以后，与牛郎星相爱的故事在中国家喻户晓。织女星在天琴座，共有3颗星。但织女如何一分为七，成了七星娘娘呢？这大概是由民间流传的七仙女的故事附会而成。七仙女本来都是织女，在老百姓心目中变成七星自然也不是什么难事。

在民间，七星娘娘被奉为保护孩子平安和健康的神。古代医学远远不如今天发达，孩童幼嫩抵抗力差，常受各种疾病侵袭。为了确保孩子健康成长，世间即将希望寄托在神明身上。这样，七星娘娘作为护子吉神之一，很受人们崇拜。孩童疾病缠身时，人们便去七星娘娘的神像面前跪拜祈祷，有的还让孩子认七星娘娘作“干妈”，想求得七星娘娘的保佑，使孩子平安无事。有的家长还给孩子买来铸有七星娘娘名号的“长命锁”或书有“干妈”大名的护身符，让孩子戴在脖子上，以示吉利。

大概人们感到七星娘娘如同人间父母，把孩子拉扯大了，还要帮助他们解决终身大事，所以民间又有七星娘娘将尘世成年的未婚男女分门别类呈报天庭的说法。传说每年七月七过后，七星娘娘就把造好的未婚男女花名册送交月下老人。月下老人检点后，便仔细审查每个人的品行相貌，脾气秉性，然后把他们组合成最佳配偶并登入婚姻册子。传说月下老人还要用粘土将每对情侣塑成泥人，然后用红线把他们的脚栓上，晒干后再放入配偶堂，算是完成了任务。

喜庆之神——和合二仙的由来

和合二仙是最受人们欢迎的民间神祇之一。他们被视为欢喜之神。在民间，和合二仙指的是寒山与拾得。《事物原会》说："和合神乃天台山僧寒山与拾得也。"

寒山，又叫寒山子，是唐代僧人。寒山在唐贞观年间隐居天台山寒岩，因而自号"寒山子"。他常去国清寺，"望空噪骂"，寺僧轰他，则哈哈大笑而去。寒山在国清寺还当过一段烧火打杂和尚。后来，他"于寒岩终身石穴，缝泯无迹"。看来，寒山和济公一样，也是一个不同寻常的和尚。

拾得与寒山齐名，二人相提并称。拾得也是唐贞观时人，从小是个孤儿。相传天台山的封干禅师走山路，在赤诚道侧拾到一小孩，就把他带到天台国清寺当了小和尚，并给他起了个名叫"拾得"。

寒山与拾得非常要好，二人常吟诗唱偈，并有诗题于山林间。他二人都写了很多诗，并被后人集录成卷。拾得在国清寺的厨房干杂活时，常把剩饭菜送给寒山吃。二人可谓"贫贱之交"了。至于他俩的交情，在民间还有这样一个传说：寒山和拾得同住在北方的一个村子里，虽异姓而亲如兄弟。二人同时爱着一个女子而寒山不知。临婚时，寒山始知，于是弃家到苏州枫桥，削发为僧，拾得听说后，也离开家到江南来寻找寒山。探得其住处后，乃折一盛开荷花前往礼之。寒山知得，急持一盒斋饭出迎。拾得也出了家，二人在此开山立庙曰"寒山寺"。

中国民俗中，常用汉语的谐音双关来表达某种寓意。一人持荷，"荷"与"和"同音，取"和谐"之意；一人捧盒，"盒"与"合"同音，取"合好"之意。寒山正式成为"和神"，拾得正式成为"合神"，是在清朝初期。清初雍正十一年（1733年）封天台拾得为和圣，寒山为合圣。因此，和合二仙又称作和合二圣。和合二仙图旧时常年悬挂于中堂者，取谐好吉利之意。又常于婚礼时悬挂，象征夫妻恩爱，百年和好。在民间，以和合二仙为题材的画也很多，流传也十分广泛。

嫦娥偷吃仙药成神仙——月神的由来

月神是中国民间最流行的吉祥神之一。

崇拜月神，在中国由来已久，在世界各国也很普遍，这是源于原始信仰中的天体崇拜。古人对月亮的盈缺抱有极大的神秘感，而月球表面上的不规则黑斑，又诱发出人们的种种幻想。在古代的漫漫长夜里，月亮给人带来了光明。夜空中最明亮的自然是月亮，所以月亮又称“大明”，并常与太阳并称。汉字“明”字是个会意字，即“日月为明”。月亮以其光明给人们的生活和生产带来便利，当然就受到人们的喜爱和崇拜。我国月亮神话中，最有名的要算“嫦娥奔月”了。

嫦娥传说是羿的妻子。据《淮南子》记载，羿本是一位天神，帝尧时，天上有10个太阳一齐出来，烧焦了庄嫁，晒死了草木，百姓简直不能生存下去了。于是帝尧派羿到凡间去救助百姓。羿用神弓神箭一连射下了9个太阳，还除去了大地上的毒蛇猛兽，使百姓们得以安居乐业。

不料，被射下的9个太阳是天帝的9个儿子，天帝十分恼怒，便将羿及妻子嫦娥都贬在人间，不得上天。但他俩还想回到天界去，听说王母娘娘有不死之药，羿便去寻找。王母娘娘很同情羿的遭遇，便把药给了他，并说：“这药，你们夫妇俩吃了准保长生不死，要是一人吃了，还能升天成神。”谁想，嫦娥知道详情，有了私心，就偷偷一个人吃掉了，果然身轻体轻飘飞上了天，她怕到天廷受到仙众耻笑，只好奔往月亮。这就是广为流传的“嫦娥奔月”。《山海经》《搜神记》等古籍中，都有类似的记载。嫦娥奔月后成了月亮的主人，即成了月神。

月亮上的暗影，古人想象为兔子和桂树。兔子在人们心目中是个十分可爱的小动物，还附会出“白兔捣药”的说法，借玉兔宣扬长生不老。古代印度也认为月中有兔，并被佛教所吸收利用。

民间传说，月神常化为月华，降临到人间，遇之者拜求福禄即得。但更常见的习俗，是向月光菩萨祈求美满姻缘，甚至单相思的恋人也要请月神来评理：明代有一首《桂枝儿》唱得有趣。

闷来时独坐在月光下，想我亲亲想我的冤家。月光菩萨，你与我鉴察：我待他的真情，我待他的真情，哥！他待我是假！

男女谈情说爱常常在花前月下，月光菩萨是一位慈悲为怀的女神，情人们当然愿意在她面前发誓或请她来鉴察评理。

有趣的是，我国许多少数民族也盛行拜月神的风俗，其中不少与爱恋有关。如苗族的“跳月”，每逢中秋之夜，月光遍照山寨，村民们合家欢聚后，都要到山林空地上，载歌载舞，举行“跳月”活动。青年男女在此时相互寻找心上人，倾吐爱慕之情，永结百年之好。

有些地区还盛行“偷月亮菜”的习俗。中秋之夜，姑娘们选好自己心上人家的菜园子，去采摘瓜菜，“偷”得别人家的葱和菜，暗示着即将遇到如意郎君了。所以流传着“偷着葱，嫁好郎；偷着菜，嫁好婿”的民谚。侗族姑娘则公开去“偷”，“偷”完还高声叫喊：“喂！你的瓜菜我扯走了，你去我家去吃油菜吧！”原来，她们是借月神娘娘来牵红线呐！如果能摘到一个并蒂的瓜果，就会大喜过望，认为这暗示着将来小两口的爱情生活美满幸福。因此，成对生长的豆角，成了姑娘们猎取的对象。古朴的拜月习俗，包含着纯真的审美情趣。

救助众生，送子添丁——送子观音的由来

观音菩萨为佛国诸菩萨之首，其在世俗中的影响和名声，决不亚于佛祖释迦牟尼。在妇女信徒的心目中，对观音的崇拜甚至超过了如来佛祖。

观世音被“引进”中国，在华夏大地上安家落户以后，经历了一个十分曲折而又有趣的衍变过程。他的身世不但被彻底中国化了，成了汉家的“公主”——妙庄王的三女儿，而且性别也完全由“男”而变成了“女”，最后成为端庄雍容、慈善安祥的中国古代贵妇人的模样。

由于佛教宣称观音菩萨慈悲为怀，救助众生，人们便在她的众多功能之中，又加上了一项“送子”功能。这完全是世俗的需要，并非出自佛教经典。这也正说明，外来神明要想在中国扎根落户，必须中国化与世俗化。

佛教中，有六观音、七观音、三十三应现身、三十三观音、千手千眼观音，还有白观音（藏传佛教之白度母）、绿观音（藏传佛教之绿度母），等等，都是为了度化世人解脱一切苦难，破除一切欲望而变的各种化身，并没有一个“送子观音”。“送子观音”是

地地道道的民间创造。既然民间造出了送子观音，自然会有不少“灵应”出现。据清人赵翼《陔余丛考》记载：

许洄妻孙氏临产，痛苦万分，默祷观世音保佑，恍惚见白氅妇抱一金色木龙与之，遂生男。

产妇生产时，痛苦万状，求告无援时，是可以叫喊出任何声音的。信奉观音的人，自然会喊出“观音菩萨”来。“观世音”，是什么意思呢？佛经上说：“世有危难，称名自归，菩萨观其音声，即得解脱也。”。神通广大的观世音，在众生受苦时，只须口念她的大名。无论何时何地，观音“观”到这个声音，立刻前往解救。

再者，产妇在昏迷恍惚中，眼前会“出现”各种物像幻觉的，“看见”观音菩萨前来送子，在虔诚者的幻觉中是可以出现的，“日有所思，夜有所梦！”这也不足为奇。

此外，产妇声称“见到”观音菩萨前来“送子”，那么自己所生之子，当然不同凡响，身价百倍。母以子贵，产妇自己在家族中的地位也自然高了许多，宁可说其有，决不说其无，产妇们何乐而不为？

由于人们崇拜送子观音，所以，那些没有儿女的妇女，希望得到一点心灵的慰藉，寄托一点希望，常到观音面前烧香求子。到观音庙里去“窃取”佛桌上供奉的莲灯，因为“灯”与“丁”谐音，偷来观音的“神灯”，家里自然会“添丁”。还有一些人家，怕儿女长不大，活不长，便要送到观音庙去“寄名”，把孩子交给观音菩萨“照看”，才认为万无一失。

花蕊夫人编造的神话——送子神张仙的由来

张仙又称张仙爷，旧时民间信仰很广。张仙的“神姿”与一般神仙不同，他穿着一身华丽的贵族服装，长得面如敷粉，唇若涂朱，五绺长髯，飘洒胸前，是一位地地道道的美男子。过去世俗家庭常把张仙爷供在屋里，将他的纸像挂在烟囱左边。据说家里烟囱冲着天，会有天狗顺烟囱钻进屋里吓唬小孩，传染天花，祸害儿女。只要张仙守住烟囱口，天狗就不敢钻到屋里来了。张仙的画像一般是左手张弓，右手执弹，作仰面直射状，右上角

还常画有一只天狗，是一副打猎的模样。

张仙的雕像或塑像很少，大多是画像。他的来历源于五代后蜀的皇帝孟昶。孟昶便是张仙的前身。

孟昶的父亲在四川建立了后蜀，但只当了几个月的皇帝就死了。孟昶继位时只有16岁，他想办法收拾了威胁自己的几个权臣，算是个精明干炼的君主。可是，他在生活上又非常荒淫奢侈，因此，没过几年，后蜀便被赵匡胤所灭，孟昶投降了大宋，但是，没过几天，便被赵匡胤杀了。

孟昶有个心爱的妃子叫花蕊夫人，在后蜀兵败以后也被送到汴京，召入皇宫。花蕊夫人进入宋宫以后，时时怀念孟昶，就画了一张孟昶挟着弹弓射猎的画像，奉祀在室内。一天，赵匡胤入宫，见到这幅画像，问画的是谁，花蕊夫人诡称道："此我蜀中张仙神，祀之令人有子。"以后，这种说法传入民间，遂为祈子之祀。并且还为之编写了一副对联："打出天狗去，引进子孙来。"横批是："子孙绳绳。"

不管怎么说，花蕊夫人编造的"神话"，使孟昶成了"张仙"，受到后世的奉祀。

保佑产妇平安的助产神——顺天圣母的由来

人们常常把妇女的分娩，叫作"过鬼门关""下地狱"，是说不但十分痛苦，而且往往有性命之忧，弄不好，大人小孩都难得保全。在医学技术很落后的古代，更是这样。即使后来分娩条件改善了，难产的阴影还时时在影响着产妇的安危。因此，妇女们祈望有一位神明保佑自己生产顺利，于是助产神应运而生。中国古代的助产神，除了送子娘娘以外，还有一位专职神——顺天圣母。

顺天圣母叫陈靖姑或陈进姑，世称临水夫人、顺懿夫人、大奶夫人。相传陈靖姑生于唐代大历元年（766年）的正月十五，福建古田县临水乡人，父亲陈昌做过户部侍中，母亲姓葛，她还有一个隐居山中学道的哥哥叫陈守元。她小时候聪明可爱，17岁给哥哥送饭，半路上遇见一位饥饿的老太太倒在山路边，不禁动了恻隐之心，便把饭给她吃了。不想这位老太太是位有道行的仙人，教给善良的靖姑法术。后来家乡一带有白蛇为害，闽惠宗王廷钧听说陈靖姑有本事，下诏让靖姑除害。陈靖姑带剑入洞，杀死蛇妖，为民除害。陈靖姑的事迹传遍天下，惠帝封她为"顺懿夫人"。

陈靖姑斩蛇妖，为民除害事，还载于《三教源流搜神大全》《闽杂记》《台湾县志》等书中。在我国古代，蛇是对人们生命安全威胁很大的动物，特别是它们丑恶残忍的形态、习性，令人毛骨悚然，十分恐惧。古人认为蛇为凶神、恶神。迷信蛇的出现是凶兆的信仰由来已久，在《左传》中就记载着有关蛇的凶兆迷信。所以，斩蛇除妖被视为为民除害的英雄壮举，斩蛇者理所当然受到人们的崇拜和尊敬。刘邦斩白蛇起义、孙叔敖杀两头蛇、少女李寄斩蛇为民除害等，在历史上最为著名。陈靖姑有斩蛇除害的功德，自然深得百姓爱戴。但陈靖姑只是杀蛇还成不了神，她的“神迹”主要是在“救人产难”上。

据清人谢金銮《台湾县志》记载：

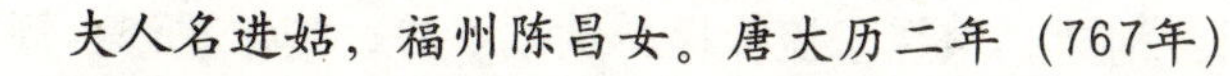

夫人名进姑，福州陈昌女。唐大历二年（767年）生，嫁刘杞。孕数月，会大旱，脱胎祈雨，寻卒，年底二十四岁。卒时自言：“吾死必为神，救人产难。”建宁徐清叟子妇，孕十七月不娩，神见形疗之，产蛇数斗。古田临水乡有白蛇洞吐气为疫疠，一日乡人见朱衣人仗剑斩蛇，语之曰：“我江南下渡陈昌女也。”言讫不见。乃主庙于洞侧。自后灵迹甚著。

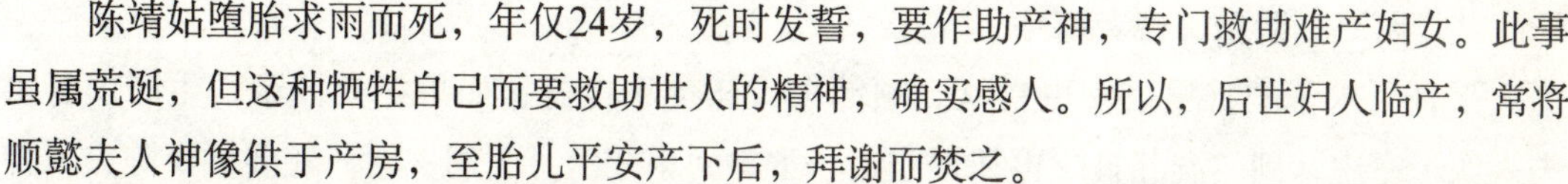

陈靖姑堕胎求雨而死，年仅24岁，死时发誓，要作助产神，专门救助难产妇女。此事虽属荒诞，但这种牺牲自己而要救助世人的精神，确实感人。所以，后世妇人临产，常将顺懿夫人神像供于产房，至胎儿平安产下后，拜谢而焚之。

建宁徐清叟在历史上确有其人，是南宁宁宗嘉定进士，他为官清正，官至参知政事（副宰相）、资政殿大学士。他的儿媳怀孕17个月不分娩，陈靖姑幻形去治疗，产蛇数斗，实属荒唐。《建宁县志》说法倒有些合理：

宋时浦城的徐清叟儿媳难产，梦见陈夫人相救，保住了母子性命，问其姓名里居，只是说“古田人，姓陈”。后来徐清叟到福州做官，派人到古田访查，见了庙中神像，方悟是陈夫人幻身相救。于是奏清朝廷，加赠了封号。

相传后唐皇后难产，危在旦夕，陈夫人听到此事，便运法术化身来到后宫，帮助皇后生下了太子。宫娥上奏，龙心大悦，马上敕封陈靖姑为“都天镇国显应崇福顺意大奶夫人”，并在井闽为其修庙。于是大奶夫人陈靖姑名声大噪，“法大行于世，去保童男童女，催生护幼，妖不为灾”，民间各地纷纷建庙祭祀。

至于陈靖姑又叫“陈进姑”，则由于民间对其不断神化而附会的仙话。相传观音菩萨赴仙会返回南海，忽见福州恶气冲天——蛇妖兴灾，为害百姓，遂“剪一指甲化做金光一道，直透陈长者葛氏投胎。时生于大历元年甲寅岁，正月十五日寅时诞生，瑞气祥光罩体，异香绕阁，金鼓声若有群仙护送而进者，因讳‘进姑’。”陈靖姑被说成是观音菩萨的指甲所化，本来就是仙体，代表观音菩萨降临人间除害救人，特别是救助那些难产妇女。

对百姓有特殊贡献者，被群众和信徒神化后，还常要与高级神明发生关系，往往还沾亲带故。这是民间造神最爱使用的方法之一，不胜枚举。《说岳全传》岳飞被说成如来佛祖头顶的大鹏金翅鸟所化，《北游记》中的玄武又被说成是玉皇大帝的化身等比比皆是。

历代统治者对民间神祇一般不予干涉，而对那些比较实惠的神祇如福禄寿喜财神等，则大力提倡，至于那些对皇家有功德的民间神祇如顺天圣母陈靖姑、海神娘娘妈祖、保生大帝吴本等，更是极力推崇扶植。

顺天圣母陈靖姑因是福建人，故在南方广有影响。旧时各地都建有顺懿夫人庙（有的叫注生娘娘庙），临水夫人庙，我国台湾地区至今尚存有不少座。但全国最有名气的顺懿夫人庙，当首推福建古田县的临水宫。此庙位于古田县东大桥镇中村，创建于唐德宗贞元六年（790年），元朝时重修了仪门、前殿，增建了梳妆楼、饮福亭等。清末重修，规模更为壮观宏伟。此庙为助产神陈靖姑的祖庙，地位最高。

因陈夫人“灵应”显著，故深受民间特别是妇女们的崇拜。在南方许多地区，在农历正月十五上元节顺天圣母陈靖姑诞辰日，届时民间要举行盛大的祭祀活动。预先要挑选多福长寿的老太太数人，为庙中的神像沐浴更衣，然后各位官员行礼，信女焚香膜拜，络绎不绝。到了夜晚，还要抬着圣母神像巡行街市，张灯结彩，鼓吹喧闹。还有儿童数百人，皆执花灯跨马列队前，观者塞路。

平日，求子的善男信女也常常到顺懿夫人庙焚香虔祷。如果妇女怀孕，生产前必供夫人像于室中，到“洗儿日”再礼拜叩谢一番。到小儿满月、周岁时，还要供奉陈夫人神像，供奉祭品香烛。有些人家还要请来沿街说唱的艺人，到家说唱陈夫人功德，叫做“唱夫人”。

陈靖姑助产的事迹虽说不少，但其中传说居多。看来，这位顺天圣母助产神大约是位稳婆（接生婆）或女巫之类的人物，为乡里特别是产妇们做过一些好事，遂被人们增饰附会出许多助产神异功能，成为受祀千年、恩泽百世的产妇救星。

主宰文人命运的神仙——魁星的由来

魁星是主宰文人命运的神仙。对魁星的崇拜，源于古人的奎宿崇拜。

“奎宿”是星官名称，又叫“天豕”“封豕”，为二十八宿中西方白虎七宿的第一宿。奎宿有16颗星，包括仙女座的9颗星和双鱼座的7颗星。在古代，奎星被人们附会为主管文运之神，并把“奎星”改为“魁星”。

由于“魁”与“奎”同音，并有“首”的意思，所以科举取得高第也称为“魁”，于是又有了“经魁”、“五魁”的说法。科举考试进士第一名称状元，又称魁甲，乡试考中的举人第一名称解元，又称魁解。

魁星的典型形象为一赤发蓝面之鬼，他立于鳌头之上，一脚向后翘起如大弯钩，一手捧斗，另一手执笔，意思是用笔点定科举中试人的名字。此即所谓“魁星点斗，独占鳌头”被视为应试者考中之征兆。唐宋时，皇宫正殿的台阶正中石板上，雕有龙和鳌的图像，考中的进士要站在宫殿台阶下迎榜，而状元按规定要站在鳌头上，故称“独占鳌头”。

学而优则仕。魁星掌管着文人功名成败的命运，故与文昌帝君一样，深受广大读书人的崇拜。人们把魁星看作吉祥喜庆之神，因此在全国各地大修魁星楼、魁星阁，并雕塑了大量的魁星像。

城市的守护神——城隍爷的由来

古代修建城池，多有护城的河渠，管理河渠的神叫“水庸”。城隍爷即由“水庸”演

变而来，逐渐成为整个城市的守护神。

城隍爷是一个城市的守护神，上对玉皇大帝负责，土地神则是他的部属。城隍爷的任务本在保护城民，后来演化成掌管幽冥鬼事，鬼魂报到的头一关便是这里。

关于城隍爷的传说，有许多不同的故事。

唐代的洪洲，有个司马官叫做王简易，有一天突然晕倒不醒，家人赶紧请大夫诊治，都说他已经没有生命迹象，可以准备替他办理后事。正当家人嚎啕大哭，留下伤心的眼泪时，王简易突然间又醒过来，家人被他吓一跳，觉得是王简易死不瞑目，所以他的鬼魂回来作祟。王简易先安抚大家的情绪，说他其实并没有过世，然后说起梦中的景象。刚刚他坐在厅上休息，朦胧间有个鬼差，手里拿着一道符令，说奉城隍爷的命令特地来捉拿他，王简易一脸狐疑地跟着他走，不知经过多少处，才来到城隍庙。庙口聚集着一些人在纷纷议论说，像王简易这样好人，做了蛮多善事，理当修了许多功德，怎么会来到城隍庙呢？王简易被身旁的景象吓到，才刚刚见到城隍爷，就赶紧地向他祈求释放。城隍爷像没听见似的继续跟身旁的鬼官说话，他命令左右手查看王简易的生死簿，左右手翻翻手中的簿子说，王简易的阳寿未尽，理当不在此处，于是释放他回府。

另外传说在明代，有一个青年姓宋，他勤奋努力地苦读多年，终于顺利地通过乡试准备进行下一关的考验，谁知在临试的前一天，生了一场大病。生病的他整天不能做事，只能躺在床上养病，就在他脑子浑浑噩噩间，看见有个身穿官服的衙役，没敲门就闯进房来，高高地举起公文对他说："本官奉命带你前往考场应试，你不需要带些什么，只管跟我走便是。"说完不让他开口，拉着他直奔考场的方向，不知是他的脑子仍不清楚，还是什么原因，总觉得突然一瞬间就来到考场。

考场是座雄伟的宫殿，大殿的正上方坐着一些监考官，两眼睁大地直视他。正殿的下方则摆着两张桌椅，其中一张已经有个少年坐定，衙役则安排他到另一张坐下。考官一声令下地说出考试题目，便让他们两个一起作答。先前的身体不适，都在这个时刻抛诸千里外，宋姓青年略加思索如何做答后，便洋洋洒洒地挥毫，在白纸上做答。等两人一停笔，试卷就让监考官收走。不等放榜之日，监考官当场批改起来，很快地就有答案。考官批阅完试卷后，特地念出宋所写的文章，他说："心存功利去做好事，即使所做的好事再怎样的伟大，都不能给他任何奖励；另外无意地去做坏事，不论结果如何的严重，都不应该给他任何的责罚。"考官们边听边点头，最后互相交头接耳讨论，最后由正中央的考官对他说："现在有个城隍爷的缺位，我们讨论过后都觉得你是最佳人选。"宋经过他们的解说才明白，自己早已因病身亡。忍不住地悲从中来，哭着向考官求请，说自己的府上仍有老母需要扶养，

如果就此离开人间，担心母亲无人照顾，恳请官爷放他回阳间服侍母亲。原本回阳是逆天行事，但查看生死簿后，发现他尚有阳寿，于是让他回到阳间，等母亲寿终正寝，再回阴间上任，在这期间职位由另一名考生代理。宋听完，叩头拜谢考官，由衙役带他回到原来的房间，发现家人以为他已经过世，准备替他办丧事，宋赶紧地回魂，起身后向家人说明这段奇遇。

如果说阎罗殿是“政治中心”，那城隍爷就是“县府”，人死后都要送到城隍爷那一关，只要在世做过坏事，在城隍爷眼里都会一一显露。各地对城隍爷都有不同的禁忌，像在江苏一带，城隍爷出巡的时候，围观的群众不可以喊出任何声音，如果触犯禁忌，就等同喊出自己的名字，灵魂会被神明摄走。

管理一方土地的神仙——土地爷的由来

土地爷是中国古代民间普遍信奉的管理本地区的神。

“民无土不立”，所以，对土地神的信仰，在很古的时候就形成了。不过，起初人们供奉的是抽象化了的大地之神。相传，土地神是古时候共工氏的儿子句龙，他能够平水土，所以百姓祀奉他为社神，也叫他土地爷。土地庙中，土地神的形象几乎全是身穿长袍，须发皆白，老态龙钟的老人。到了人类社会有了统一的“王”和“天子”，对土地神的祭祀，就被中央政权垄断了。各诸侯、大夫、以至于平民百姓所祭祀的土地神，便成了具体的地方保护神，跟城隍神一样，也由自然之神衍化为人鬼之神了。于是便有了某某人死后做了土地神的说法。

相传，有一个叫蒋子文的人，是广陵人，汉朝末年做秣陵尉，捕贼追到钟山下，盗贼击伤了他的前额，不一会儿就死了。到了孙权建立东吴政权的时候，有一个蒋子文手下的旧吏见到了他，他对这名旧吏说：“我应当做这儿的土地神，为下界百姓造福，你可以向百姓宣传，给我立庙，否则一定要有大祸。”于是朝廷派使者封蒋子文为中都侯。

另据《夷坚支志》载：侯官县市井小民杨文昌，以做扇子为业。为人纯朴正直，安分守己，每次卖扇子的时候，都有一定的价格，不论谁来买扇子，都不随便加价。一旦积攒下一点钱物，便专门用来供养老母，自己的吃用十分节俭，街坊邻居都很敬重他。有一天，他走到街上，忽然倒在地上，呼吸也好像停止了。不一会儿又醒过来，他对路上的人说："刚才看见一个穿黄衣服的人，手里拿着文牒，外面写着'拜呈交代'，接过一看，里面写道：杨文昌可以做画眉山的土地神，接替郑大良。我答应说：'好吧！'就醒过来了。这一定不是件好事，我很发愁。"有一个跟他不错的人，扶着他回到家里。杨文昌告别老母和妻子儿女，洗澡更衣以后就死去了。当时是南宋庆元元年（1195年）春天，到了这年年底，有一位商人到闽地来，杨文昌的儿子趁他来买扇子的机会，跟他谈到父亲临死时的情况。商人说："画眉山正是西川嘉州。郡里的人都谈论着，今年二月里，很多人梦见新土地神上任。现在土地庙比过去灵验多了，当地人供奉得十分恭谨虔诚。"杨文昌的儿子这才知道父亲已经成了土地神。又据《嘉祐杂志》载：钱尚父正在睡觉，水烧开了，一个小童就往里边倒凉水。钱尚父说："我正想往里倒水，这小孩能预先知道我的心理，不能留他。"于是就把他杀了。后来看见小孩变成了厉鬼，向他索命，便封小孩为霸国侯，让他永远做临安的土地神。

土地神在中国古代民间受到广泛的信奉。人们传说二月初二是土地神的生日，也有的说六月初六或腊月初八的。人们在土地神生日这天杀鸡宰羊，虔诚供祭，祈求土地神保佑人间五谷丰登，人畜兴旺。"春社""秋社"是祭祀土地神的传统节日。

保佑一路平安的神仙——路神的由来

古时候，原始先民外出时都要祭祀路神，意思是求路神保护自己一路平安。古人把出行前祭祀路神称之为"祖"。这种习俗一直沿袭到后来。到了近代，仍然有这种遗风，例如人们过年时在车上贴有"车行千里路，人马保平安"的对联，并于车前烧纸，也是在祭祀路神。

路神在历史上是有不同说法的。有的认为，古时传说的路神，是黄帝的元妃（正妻）嫘祖，也作雷祖、累祖，嫘祖是西陵氏的女儿（西陵，国名）。据说，嫘祖随黄帝周游，死于途中，所以黄帝祭祀她为路神。历来人们都知道嫘祖是最早教给人们养蚕的，但一直为人们供奉为路神了。有的说，路神是共工的儿子，名修。修好远游，有时坐车远游，有时步行远游，凡舟车所到，凡足迹所达之地，他都看遍那里山光水色、地理民情。传说他很凶恶，死在远游的道上，后来被人们奉为路神了。可是人们有时也发出疑问：古人为什么要把一位凶恶的人奉为路神呢?

古人祭祀路神，起源是很早的。《诗经》中有“韩侯出祖”的语句，意思是韩侯外出前要祭祀路神；《春秋左氏传》中记载说：“襄公将适楚，梦周公祖而遣之”，其中的“祖”也是指祭祀路神。可见早在周时，人们就开始祭祀路神了。这个路神，实际是人们信仰中的行路保护神，它与古史传说中的开路神方相氏，是稍有区别的，但是又有联系。

古之方相氏，掌上蒙有熊皮，黄金四目，穿着黑红的衣裳，执戈扬眉，目的是开辟道路，避开险道之害，他不是为了求保护，而是要去斗争。后来，民间送丧，都要令人扮方相走在灵柩前，目的是开路除险。据说这个方相氏是与嫘祖有关的。黄帝周游天下，元妃嫘祖死于道路，黄帝令次妃好嫫去监护尸体。好嫫就置方相于尸体旁以防夜，此后方相渐渐衍化为开路神了。

总之，古时候人们外出在路上是时常遇到危险，所以才创造出路神、开路神等神灵，企图通过它们的保佑而一路平安。

先行开道、驱鬼护丧的神仙——开路神的由来

方相是民间传说中的驱鬼护丧之神，也叫开路神或险道神，也有称之叫阡陌将军的。旧时举丧，扎成人形，说是用它开道护柩，就能驱除墓室周围的鬼怪。也有的说是用它驱赶瘟神疫鬼的。

关于方相神的由来，可追溯到黄帝。据说，黄帝周游时，元妃嫘祖死在路上，黄帝就派次妃好嫫监护，于是就设置方相这个官位。《周礼》中记载，每当举行大丧的时候，便有4名武夫走在灵柩的前面，方相的形象是罩着熊皮，头上戴着假面具，上面镶着黄金铸成的四只眼睛，穿着黑衣红袍，一手持剑，一手拿盾，到了墓穴以后，他们挥剑，遍击四面八方，据说这样就能驱除鬼怪。由此看来，当时的这种开路神是由人来扮演的。到了汉代，方相又因为大丧小丧而有了区别。四品以上的官，用四目的方相，四品以下的官，就不能劳驾这位尊神了，只能用两目的“魌头”。

还有的传说方相和方弼哥俩都是商纣王的武臣，哥哥方弼身高三丈六尺，弟弟方相身高三丈四尺，赤面四眼，

勇力过人。当时，纣王的儿子殷郊、殷洪触怒了父王，纣王下令杀他们。方相、方弼知道后，就把两位太子背在背上逃离王宫。他们逃了一段路程以后，因为没有钱粮，不能再继续前行，方弼、方相就请两位太子自行方便。方弼哥俩则来到黄河边上，用木筏摆渡行人，随意勒索，控制了渡口。有一天，周将散宜生向灵宝法师借来定风珠，来到渡口，方弼哥俩摆渡他过河后，就把定风珠抢走逃跑了，散宜生还不知道他们两个是什么人。不久，有一个叛商归周的武将叫黄飞虎的人遇见方弼、方相，向他俩索要定风珠，他俩便把定风珠奉还给他，黄飞虎又劝他们哥俩归顺周朝。方弼哥俩便随黄飞虎来到了西岐。后来，方弼和方相都在同商朝作战时战死。等到周王攻克商纣后，姜子牙敕封方弼为显道神、方相为开路神。

还有的地方传说，方相身高一丈多，头宽三尺，红色的胡须长三尺五寸，一幅蓝色的面孔，头戴束发金冠，身穿红战袍，脚穿黑皮靴，左手拿着玉印，右手拿着方天画戟。传说出殡的时候，用他先行开道，就能迫使凶煞恶鬼藏形。这样一来，人们便把他看作是护送灵柩的吉祥神。

镇鬼压邪的神仙——镇鬼神石敢当的由来

中国民间传说有镇鬼神石敢当，相传他能镇鬼压邪、保民安康，所以人们常于巷陌桥道的入口处冲立一小石人或小石碑，上刻“石敢当”三字，以为这样就可以压驱凶灾了。也有的把刻有“石敢当”三字的小石碑立于门前的，还有的竖于街口的墙壁上，或者埋于宅基之下，总之都是为了镇鬼邪求幸福。信奉“石敢当”的风俗盛于南方，北方较少，北方信奉较多者为山东。山东的信奉，多于村落巷口立石，刻“泰山石敢当”5字，而且据说他能在暮夜里到村里人家去治病，所以又有“石大夫”之称。

据一些古史材料说，“石敢当”是一位勇士，姓石，名敢当，“敢当”即所向无敌的意思。大概就是因为它有“所向无敌”的品格，所以才被人们信奉为驱鬼压邪的神灵了。《淮南万毕术》中说：丸石于宅四隅，则鬼能殃也。意思是：把“石敢当”埋于住宅四角，就可以免受鬼的灾殃了。中国民间信奉“石敢当”，早在汉代就开始了。西汉史游的《急就章》中就曾有“师猛虎，石敢当，所不侵，龙未央”的记述，其中可能包含着“石敢当”雄猛如虎的意思。有些地方刻有“石敢当”

三字的小石碑上绘有虎头，可能就是源于这种认识的。南北朝时，北周著名的文学家庾信的《小园赋》中有“镇宅以埋石”的描写，可见南北朝时就有把“石敢当”埋于宅基下的风俗习惯了。

宋朝庆历年间，福建莆田县县官张纬，在重修县衙署时在地下掘得一块石头，上面刻有“石敢当，镇百鬼，厌灾殃，官利福，百姓康。风教盛，礼乐张”二十一字，落款为“唐大历五年县令郑押字记”。由此可知，信奉“石敢当”的风习在唐代时已经很兴盛了。但是，作为勇士的“石敢当”，古史材料却很少记载，只有《姓源珠玑》中有零星介绍：五代的时候，后唐的石敬塘任河东节度使，有刘智远作他的押衙。应顺元年，后唐闵帝李从厚即位，这年3月，风翔节度使潞王从珂与发生兵变者背叛朝廷，大兵攻入洛阳，闵帝出逃到了卫州，见到了石敬塘。石敬唐与闵帝在屋内议事，押衙刘智远派力士石敢当守卫，石敢当持铁槌侍立门旁。叛军来到，石敢当抡铁槌勇敢厮杀，格斗而死。后人因为石敢当有逢凶化吉、御侮防危的能力，所以于桥头路口处立石，刻其姓名“石敢当”来保佑民间安康。还有人写了下面这首诗来赞颂他的事迹。

甲胄当年一武臣，镇安天下护居民。捍冲道路三叉口，埋没泥涂百战身。铜柱承陪闵紫塞，玉关守御老红尘。英雄往来休相问，见尽英雄来往人。

这是今天能够见到的镇鬼神石敢当生平事迹的唯一具体材料。他是因为勇敢而被尊奉为神灵的。

保佑渔人出海平安的神仙——海神娘娘的由来

许多与海洋为邻的国家都有海神崇拜，中国也有自己的海神娘娘。她就是天后娘娘。

天后又称妈祖，她的庙宇天后宫或妈祖庙遍布我国东南沿海以至东南亚地区，仅我国台湾地区就有妈祖庙500余座！可见其影响之大。

据说海神娘娘妈祖的前身是个海家姑娘，原名叫林默，祖籍福建莆田湄州屿，生于宋太祖建隆元年（960年），死于宋太宗雍熙四年（987年），只活了27岁。她的父亲林愿，作过巡检之类的小官。林默生下来从不啼哭，所以给她取名“默”，长大后又叫默娘。像别的许多由人成“仙”的神明一样，林默的出生也披上了神异的色彩。林默母“尝梦南海观音与以优钵花，吞之，已而孕，十四月始免娩身，得（林默）”，“诞之日，异香闻里许，经旬不散”。刚1周岁，见诸神像“手作欲拜状”。5岁能诵《观音经》，11岁“能婆

娑按节乐神”。长大后，林默能预知祸福，懂得天象，会医药，能给人看病治疗，人们十分爱戴她，看来，默娘是个年轻女巫之类的人物。而她最大的能耐，则是对海事有着不同凡响的“灵感”。

一次，林愿与4子分别坐5艘船去福州办事。林默与母亲在家中等待。夜晚，林默忽然手脚乱动。母亲赶忙推醒她，问女儿是否作了恶梦。林默睁眼道：“不好，爸他们的船遇上风暴了。”母亲大惊失色。林默埋怨母亲道：“我两手各拉住一条船，两脚又挂住了两只，嘴上还叼着一只，本来没事了，可您一喊，我嘴一张，叼着的那只船给刮跑了。”林默说完大哭：“我大哥性命难保了！”

几天后，父兄们回来，哭诉海上遇风暴事，大哥的船沉没海中，并说风作时，见一女子牵5条桅索而行，渡波涛若平地。全家这才明白，林默当时瞑目而睡，“乃出元神救弟兄也”。此事越传越神，林默名声大震。

林姑娘长大后，誓不嫁人，经常乘船渡海云游岛屿间。凭一身好水性和一颗菩萨心肠，在海上多次救护遇难的渔民和商人，被人们呼为神女、龙女。她的海上救难行善事迹，在莆田地区广泛流传。在一次抢救遇险船民时，因风浪太大，不幸遇难而死。乡亲们不愿承认林默死去，却认为她已“开化”——变成了女神。有人编造说，林默升化时“闻空中乐声，氤氲有绛云若乘，自天而下，神乘之上升”。后来还有人见她“常穿朱衣，飞翻海上”。于是，莆田百姓修了个祠堂来纪念她，这是最早的海神庙。

宋徽宗宣和五年（1123年），给事中路允迪奉旨出使高丽，率8艘大船行于渤海，遇风暴，沉7艘，路允迪惊恐万分，速闭目祈告：“神女下凡！保我平安！神女下凡，保我平安！”路允迪忽觉船体平稳，睁眼一看，果然有穿红衣神女站在船樯上。靠了神女保佑，他独船驶向高丽，完成了出使任务。徽宗亲赐“顺济”匾额。

此后，官船和民船常有在海上遇险而得林默娘“显灵”保佑得以平安无事，甚至传说神女驾风帮官兵剿灭江口海寇。因此，神女的影响越来越广，香火由最初的莆田地区，逐渐扩展到从南到北，沿海一带的极广大区域。

神女的“灵迹”得到了从宋到清历代帝王的褒奖。帝王们在七八百年间对神女的册封多达40余次，封号累计竟有五六十字，如“辅国护圣”“护国庇民”“宏仁普济”“昭灵显佑”等。林默的地位，由最初的林姑娘而为夫人、为妃、为天妃、圣妃，直高升至天后。不仅民间祭祀，朝廷也派大臣致祭，并载入国家祀典。

妈祖天后的显赫，与古代船运和渔业密切相关。南宋建都临安（今杭州），属沿海城市。南方各沿海城镇经常通过海运，把粮食和物资运往临安。元朝南粮北运，史称“漕运”，多走海路。古语云：“天下至计，莫于粮；天下至险，莫于海”。天有不测风云，在当时条件下，海运非常危险，根本没有保障，船工渔民葬身渔腹是家常便饭。朝廷为了安定民心，百姓也要找到一位海上保护神，以增加安全感，于是天后妈祖成为最佳人选。这样，与漕运、通商和渔业有关的许多沿海城镇如天津、扬州、南京、平江、周泾、泉州、兴化等地，都纷纷修建了妈祖庙或天后宫。

明代航海业极为发达，三宝太监郑和七下西洋，是举世闻名的壮举。郑和多次宣称在海上屡得“天妃神显灵应，默伽佑相”；因此，永乐帝命令在湄州、长乐、太仓及北京建天妃庙宇。永乐帝还亲自写了《南京弘师普济天妃宫碑》碑文，盛赞天妃“功德”。

天后宫数以千计，但称得上天后宫之首的要属天后故里——福建莆田湄州祖庙。此庙创建于北宋雍熙四年（987年），已有千年历史。祖庙规模宏伟，富丽堂皇。庙宇前临大海，潮汐吞吐，激响回音，有“湄屿潮音”之誉。农历三月二十三是妈祖诞辰，朝拜者人山人海，还有我国台湾地区“湄州妈祖进香团”前来进香，香客多达数万，甚至数十万人。

以后，随着海外发展的繁荣，天后也漂洋过海，在东南亚一些地区安了家，受到人们的供奉和膜拜。妈祖尤受到我国台湾地区民众的崇拜，我国台湾地区的妈祖庙、天后宫有510座，著名的有十几座，而北港的朝天宫是其中最负盛名的一座。北港朝天宫是我国台湾地区最古老的妈祖庙，建于清朝康熙年间，有300年历史。这里的妈祖像是由湄州请来的，因而被认为是莆田湄州妈祖庙的“分灵”，所以，每隔几年都要抬着妈祖像到湄州挂香一次，表示对妈祖的崇拜和对祖宗的怀念。朝天宫在全台香火最盛，每逢妈祖诞辰，进香人数竟超过一百万人，北港镇上的爆竹纸屑，积起厚厚的几层。据称，今天的妈祖信徒，全球有一亿人以上。

保佑行船安全的神仙——船神的由来

在古代，船是重要的交通工具。尤其在水乡，人们的生产生活更是离不开船。为了行船安全，不出灾祸，人们也找了两位保护神，他们是孟公和孟婆。

孟公、孟婆的来历已不大清楚了。唐人段公路在《北户录·鸡骨卜》中说：“船神呼为孟公、孟姥，其来尚矣。”梁简文帝在《船神记》

中说：“船神的名字叫冯耳。”《五行书》则说：“下船后拜三次，呼喊三声他的名字，能消除多种弊害。”另外，有人认为：“玄冥为水官，死为水神。冥、孟声音相似，或云冥父冥姥，因玄冥也。”这种说法似乎有点道理，但也不大圆满。

过去行船多借助风力，尤其帆船，与风力的关系更大，因此，孟婆又被附会成为司风的风神。

船是渔家的命根子，旧时渔船上都供有船神，又叫船菩萨。船神两旁总有两个小木头人，即千里眼和顺风耳。人们希望神明保佑，眼观千里，耳灌顺风，行船下海，平安吉利。

吉祥之神——床神的由来

人们生活起居离不开床，人的一生有1/3是在床上度过的。为了歇得安稳踏实，人们自然要祭祀床神了。这与民间祭祀井神、门神与灶神等，目的是一样的。

祭祀床神由来已久。旧时不但新郎新娘入洞房要拜床神，就连妇女生孩子，儿童出疹出天花时，都要祭拜床神。

床神如同灶王爷与灶王奶奶一样，有床公、床婆两位。在南方床神又称“公婆母”，公婆母在母亲心目中，就是儿女的保护神。母亲不但自己祭拜，还要抱着婴儿跪拜，在孩子长到15岁之前，母子俩仍一同祭拜。

床公床婆一般没有塑像和画像，有时在床头摆上一只插着焚香的粗瓷碗，就是“公婆母”的神位了。俗传床婆贪杯，而床公好茶，所以人们一般用酒来祭祀床婆，而用茶来祭祀床公，据说这叫作“男茶女酒”。祭床神时，置茶酒糕果于寝室，祈求床神保佑终岁安寝。祭祀床神的时间各地不一，有的在除夕接灶神后，跟着祭床神。有的地区则在农历正月十六祭床神。祭床神之俗，南方胜于北方，至近代已渐渐衰微了。

床公床婆到底是何许人呢？有一种说法，认为是周文王夫妇。床公床婆还有自己的“官名”。在北京朝阳门外东岳庙里，正院的西配殿叫广嗣殿，里面供奉的都是送子娘娘和子孙爷，主神叫天监生明素真君和九天卫房圣母元君，这男女二神据说就是床公床婆，他们那长长的名字就是他们的“官名”。

总的看来，床神是民间供奉的一位吉祥

神。人们祭祀床神是为了求得他们的保佑，以获得生活的安稳和宁静以及子女们的健康成长。

主管水井的神仙——井神的由来

中国的民间信仰，并不受正统教派的局限，万物有灵的观念十分流行，大部分信仰都带有浓厚的原始宗教色彩，于是天界幽冥、江河湖海、土石山岳乃至门户井灶，无不有神。其中有些与人们生活息息相关，属于家神之类，井神就为其中之一。

饮水、用水是人们生活的首要问题，除了一些河水外，大部分城乡人民在很长的历史时期内，饮水、用水要靠井水。以北京城为例，清代北京胡同中，多半有水井，有些胡同中还有两三眼水井。由于水井太多，又很重要，所以北京以“井”命名的胡同很多，竟成为京城最多的地名，如井儿胡同、二眼井、三眼井、柳树井、甜水井、湿井胡同、干井胡同、王府井等多达60余条。水井造福人类，古人自然要感激、祭祀吉祥的井神了。

祀井传统极其久远，为远古时的“五祀”之一，所谓“五祀”，是指古代祭祀的五种神祇，包括门、户、井、灶、土地。

祭井神的习俗各地相似，一般是每逢农历除夕时封井，春节后第一次挑水时要烧纸祭井。每逢节日要在井边供井神，须有甜食祭祀，以求井水清甜无毒，水源充足。有的地区打新井时，要坚一面红白布条做的旗，以保井水充裕，娶妻生子，增添人丁，也要到井台上焚化冥褚纸，有一些地方生小孩第三天，分送喜面时，要往井里倒一碗。产妇产后第一次上井挑水时，一定要敬拜井神。还有求雨时，人们往往去古老的大井里担水插柳枝，请井神帮忙，助龙王降雨。

民间传说，大年三十井神要去东海，向龙王汇报一年的供水情况，初二回来后要恭候玉皇大帝视察工作，所以人们初一不挑水，初二一大早再去挑水，叫“抢财”。但有的地方却在正月初一去井上挑水抢财，谁去的最早，谁抢的“财”就越多。

在南方一些地方，民间流传着“井妈照镜”的说法，相传正月初一这一天，是井妈梳妆打扮的日子。人们以一天为一日，而井妈却是一年为一日，初一这天就是她的清早了。所以这一天，井水是禁止汲用的。因为井里的水面，是井妈的镜子，如果搅动了水面，井妈当然无镜可照，必然生气，在这一年里就不会施恩赐福给这家人了。

这些不同的风俗和传说，显示了人们对井水的依赖与重视，对井神的敬奉和崇拜，反映了人们酬神求福的心理。

井神一般没有自己的庙宇，塑像也很少。但也有少量井旁造有神龛，供奉井神，有的井神还是两尊石像，并肩而坐，一男一女，这是井神夫妇叫做“水井公”“水井妈”，如同土地公公、土地奶奶一样。民间常常将人和物神化，然后又将神世俗化，反映了民间造神的特点。

厕所中的平安神——厕神的由来

我国的民俗宗教，突出的特点之一就是“多神教”，人们崇拜的神明多、范围广，乃至茅厕，都有神灵所主。厕神主要是紫姑神、坑三姑娘和三霄娘娘。

紫姑，相传是唐代人，姓何名媚，字丽卿，山东莱阳人。周武则天时，寿阳刺史李景害死了何媚的丈夫，把何媚纳为妾。李景的大老婆为人刻毒，见何媚年轻漂亮，不由又妒又恨，怎肯容她？于是在正月十五元宵节夜里，趁何媚上厕所时，把她害死在厕中。何媚的冤魂不散，后来李景去厕所，“急闻啼哭声，常隐隐出现，且有刀兵呵喝状，人著灵异。”这事让武则天知道了，很同情何媚，封她为厕神。后来，也有的说是让天庭知道了，天帝悯之，封为厕神。

紫姑既然成了神，自然受到人们尤其是妇女崇拜。女人们用纸偶或木偶作成一个紫姑神，在元宵节之夜于厕中祭之，并念念有词，“子胥不在，曹夫亦去，小姑可出。”曹夫，即大妇，是那个母老虎。子胥是指李景，也不是个好东西。小姑则指紫姑——何媚。意思是两个狗东西都不在家，紫姑你可以放心出现了。据说，如果这时偶像动弹，那就是神来了，用此来占卜吉凶，可知祸福。

有一种说法，紫姑就是戚姑。“紫”与“戚”音相近。戚姑是汉高祖刘邦的妃子，后被吕后砍掉了手脚，变成了“人猪”，死在厕所中。后人对戚夫人的惨死是同情的。因“戚”与“七”音同，有的地方又称厕神为“七姑”，还有称作“三姑”的，三姑，又被附会成三位姑娘，叫“坑三姑娘”，坑是指北方的茅坑、粪坑。古代的厕神虽有不同的叫法，但历来都是女性，女性每天要上厕所，放个男神总不大方便。古代妇女在家庭地位低，生育也认为污秽不净之事，常被迫在厕中生产。所以厕神主要是妇女祭拜。

坑三姑娘到了《封神演义》里，又成了三仙岛上的三位仙姑，即云霄、琼霄、碧霄三姐妹。她们还有个亲哥哥，就是大名鼎鼎的财神爷赵公明。赵公明助商打周，被周将射死。三霄姐妹大怒，一齐来为哥哥报仇，开始她们以混元金斗及金蛟剪屡战屡胜。后元始天尊和老子临阵，收去了她们的法宝，三人都送了命。姜子牙奉元始天尊法旨封神时，三霄娘娘被封为“感应随世仙姑”，执掌混元金斗，专擅先后之天，凡一应仙、凡、人、皇、诸侯、天子、贵、贱、贤、愚，落地先从金斗转动，不得越此！书中并加以说明，“以上三姑，正是坑三姑娘之神。混元金斗即人间净桶。凡人之生育，俱从此化生也。”过去婴儿出生，先要落在净桶里，虽天子、圣贤降生亦不免，厕神也很威风荣耀。

三霄娘娘、紫姑之类虽名为厕神，但受人崇奉并非主要主厕事，而是为预测福祸，占卜诸事。

旧时，常有卖三霄和紫姑神码的，祭祀时烧化。三霄姑娘和坑三娘娘的神码，红纸上印有并列三女，是民间木板印刷。三霄的塑像为娘娘模样，三位合祀。一些庙观的“百子堂”中常供有她们的神像。今天武当山的金殿、南岩和紫霄宫中，还有她们的神像。

窑工的保护神——窑神的由来

早在原始社会，人们就学会了制作陶器，陶器的发明是人类的一大进步。最初烧制陶器是露天烧陶，以后有了专门烧制陶器的陶窑。在烧陶的基础上，逐渐发展到烧制砖瓦瓷器等，烧制砖瓦陶瓷也成为重要的手工艺之一，成为一种专门的行业。窑工们为了纪念和感谢陶瓷业的行业神，并希望得其保佑，所以无不供奉窑神，修建许多窑神庙。

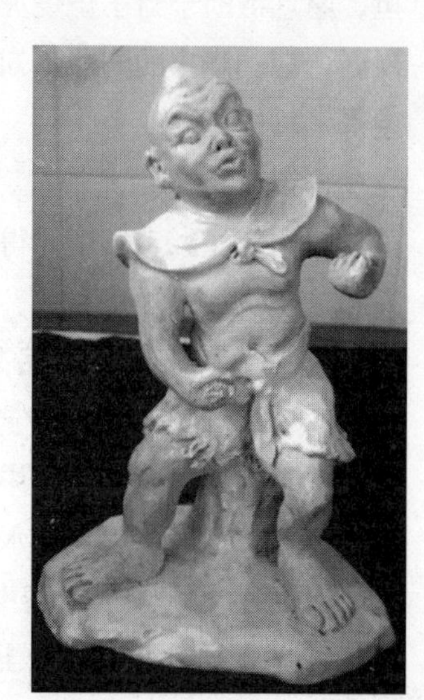

中国陶瓷闻名世界，素有“瓷国”之称，而景德镇则有“瓷都”之誉。后北宋朝廷派官在此监制御用瓷器，此后景德镇的官窑专门烧制朝廷贡品，这里成为全国制瓷业中心。明朝初年，朱元璋下令在此建立御窑厂，派督陶官常驻，监制瓷器解京，专供皇室使用。御窑厂规模宏大，分工精细，工艺高超，是我国烧造时间最长、规模最大、水平最高的官办瓷厂。就在这座御窑厂内有一座风火仙庙，供奉保护陶瓷业的窑神童宾。

这位地位很高的御窑厂保护神童宾，实有其人，他原本是极普通的陶工。明万历年间，太监潘相奉旨在此督造御瓷。潘太监为人凶恶，四乡摊派窑工，乡里人怕做苦工没人愿去。童宾挺身而出代乡里人去做窑工。相传当时给朝廷烧制一件特大瓷器，但烧制多次没有成功，窑工整日被鞭打，还不给饭吃。童宾见了很难过，决心献出自己的血肉之躯，烧成大瓷器。于是，在烧陶时，童宾猛然跳入窑火中，人们开窑一看，大瓷器果然烧成了。窑工们收其遗骨，葬于凤凰山，感其恩德，在窑厂内修风火仙庙祭祀童宾。童宾被作为火神和窑工保护神来供奉。

到了清朝，又有督造官在窑火中看见童宾“显灵”指挥工作的传说，于是扩建风火仙庙，督陶使唐英还题了庙额“佑陶灵祠”，字用青花瓷板烧成嵌于庙门。童宾跳入火中促成瓷器烧成，不一定确有其事，但童宾是一位见义勇为、为陶瓷业作出了牺牲和贡献的陶工，则是确定无疑的。他受到了人们的爱戴，被工人们视为行业保护神。

陶工的保护神——陶神的由来

四川灌县青城山丈人峰下有一座著名的道观建福宫。建福宫原名“丈人观”，殿内龛中有一位白髯飘洒、峨冠博带的神像，这位主神就是五岳丈人宁封子。

宁封子何许人也？为何在此享受人间烟火呢？原来，宁封子是黄帝的专门管理制造陶器诸事的官员。宁封子很会烧陶器，技艺数一数二。一天，他正在烧陶，有个人路过这里，愿意帮助宁封子烧烧火，宁封子同意了。不料这位不速之客出手不凡，他烧的火能出现五色烟，烧出的陶器不知比宁封子烧的高出多少倍。宁封子大惊，便拜这位奇人为师，遂得了真传。

据说，后来蚩尤作乱，黄帝斗不败蚩尤，就来请教宁封子，请他出主意。宁封子授黄帝《龙蹻经》，黄帝才得以驾云龙以游八极。黄帝打败蚩尤后，便拜宁封子为“五岳丈人”，让他主管川岳百神。

宁封子的来历还有另外一种传说。四川灌县青城山建福宫后面有座山，叫“丈人山”。这是轩辕帝问道于宁封丈人的地方，宁封子因封于此山，故名“宁封”。当时洪水泛滥，百姓们只好住在山中洞穴里，每天要到山下取水，没有盛水的器物，便用潮湿的泥土捏成盆状器皿，用来盛水，但这种器皿非常不结实，极易碎裂。

有一次，宁封子在洞中烧烤野兽，他忽然发现火坑中的硬泥块，十分结实坚硬，悟出了烧制陶器的道理。宁封烧出了第一批陶器，成了制陶专家，被黄帝封为陶正。一天

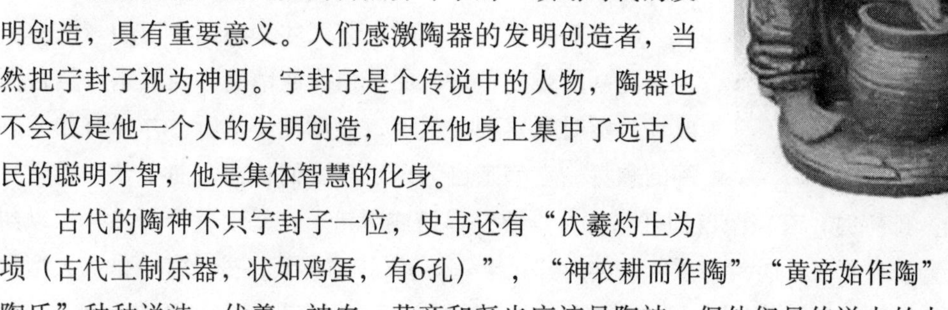

他在窑中架火烧陶，宁封爬上窑顶添柴，不料窑已烧空，窑顶突然坍塌，宁封子不幸葬身火窟。人们在烟火中看到宁封子随着烟气上升，于是大家说宁封子火化后成仙了。如此，宁封子便被敬为陶神，又叫“宁封子”、“宁封真人”。

陶器的出现，是人类向自然界斗争的一项划时代的发明创造，具有重要意义。人们感激陶器的发明创造者，当然把宁封子视为神明。宁封子是个传说中的人物，陶器也不会仅是他一个人的发明创造，但在他身上集中了远古人民的聪明才智，他是集体智慧的化身。

古代的陶神不只宁封子一位，史书还有“伏羲灼土为埙（古代土制乐器，状如鸡蛋，有6孔）”，“神农耕而作陶”“黄帝始作陶”“帝尧为陶氏”种种说法，伏羲、神农、黄帝和尧也应该是陶神，但他们是传说中的大人物，伏羲、神农是三皇中的二皇，黄帝乃五帝之首，尧是五帝之一。他们是名声显赫的圣君有更重要的功绩，陶神的功能对他们来说是次要的，便让给他人了。

除宁封子外，还有个陶神叫昆吾。相传，昆吾是五帝之一颛顼的后人，为夏王烧制了第一批陶器，而且屋瓦也是他发明的，代替了房屋顶上的茅草。夏族为陶器的创始者之一，昆吾是其杰出代表，自然被敬为陶神了。

李隆基梨园行戏曲——老郎神的由来

古代把戏剧演员叫做“优伶”“伶人”，他们所供奉的行业神叫“老郎神”。过去，在戏班子的后台，都会见到戏班所供奉的一个神龛，龛中有一神像，是个白脸的漂亮男子形象，身披黄袍。这位就是戏曲行所祀老郎神。

这位老郎神是谁，众说纷纭，但一般认为是唐玄宗李隆基。李隆基与“梨园行”“梨园子弟”有直接关系。

戏曲行当时又叫“梨园行”，戏曲演员又叫“梨园弟子”，是由于唐代长安城中的梨园所得名。白居易的不朽诗作《长恨歌》中，有这样两句：“梨园弟子白发新，椒房阿监青娥老”。诗中提到的梨园是当时宫廷训练和管理乐舞杂戏的专门机构。梨园的设置要归功于风流皇帝唐明皇李隆基。李隆基“既知音律，又酷爱法曲”，他挑选最优秀的乐师300人，又从宫女中挑选了能歌善舞的几百人，组成庞大的皇帝乐团，在梨园排练。

那么，梨园在哪里呢？据考证，在唐都长安城光化门（一说芳林门）外的禁苑中，园内有“梨园亭”，供演奏乐曲用，还有“会昌殿”，是玄宗亲自奏乐的地方。

梨园的主要职责是训练器乐演奏人员，与专司礼乐的太常寺和充任串演歌舞散乐的内外教坊，为鼎足而三的中央一级音乐机构。唐玄宗登基的第二年，即设立梨园。

李隆基是极为出色的文艺天才。梨园专习的《法曲》为李隆基酷爱的音乐，曲子由汉族清商和西域乐音结合而成，演奏时乐器种类很多，曲调优美动听，并伴有如醉如痴的歌舞。玄宗亲自为乐工舞女们作曲，曲子节奏适宜，合于节拍。排练时，玄宗亲自担任指挥，谁要是弹错或唱错了，马上就会听出并加以纠正。他还善于打羯鼓，时常为乐队击鼓。开元十一年间（723年），一次宫中排练大型歌舞《圣寿乐》，宫女们着华服，载歌载舞。玄宗看得兴起，也穿起舞衣，参加表演，并且参加指挥调度。在李隆基的参与下，歌舞排练得很成功。

当时许多知名演员有不少出身梨园。梨园由太监直接领导，是当时艺术水平最高的乐团。许多全国著名的乐工如琵琶圣手雷海青、筚篌妙音张野狐、神笛张谟、全能音乐家李龟年都聚在这里，可谓人才荟萃。梨园的乐工多是来自民间的艺人，经严格选拔进入宫廷后，得以专心磨练演奏技能，又能互相学习，技艺得到精进，对唐代歌乐的发展起了很大的促进作用。唐明皇李隆基对此是有贡献的。所以，后世便将戏曲界称为“梨园界”或“梨园行”，戏曲演员则称为“梨园子弟”或“梨园弟子”，而唐明皇李隆基理所当然的被梨园行奉为戏神——梨园神了。

梨园行艺人过去地位极低，被人叫做“戏子”。尊唐明皇为祖师爷，也反映了他们在旧时代为了求生存，不得不请出一位风流皇帝来装潢门面，借以抬高本行的低贱地位并作为本行保护神。

梨园神俗称“老郎神”，在有些方言中，“老”是“小”的昵称，“小儿子”常称“老儿子”“老疙瘩”。玄宗是睿宗的第三个儿子，也就是“少儿”“小儿子”，符合“老郎”称呼。玄宗自己也常自称“三郎”，即使当了皇帝也是这样。他给乐工舞女排练时，常对他们说：“你们要好好练，别给三郎丢脸。”他的一些亲从也敢当面称他“三郎。”梨园行所祭祀的身着黄袍、白面少年郎君，一般即指这位风流皇帝李隆基了。

监狱中的神仙——狱神的由来

中国是具有造神传统的国度。各种神仙种类繁多，应有尽有。即使在监狱里也有狱神。因年代久远，古代监狱今天已多不复存在，狱神自然也不易见到了。但有一处狱神至今总算安然无恙，他就在大名鼎鼎的山西洪洞县苏三监狱里。

这座监狱的出名与京剧《玉堂春》的流传有很大关系。剧中写的是明代名妓苏三（即玉堂春）与吏部尚书的公子王金龙之间的曲折爱情故事。其中有一折《苏三起解》，是说苏三被诬杀人，囚禁在洪洞县狱中之事。《玉堂春》原本取材于明代小说《玉堂春落难逢夫》，这一故事和戏剧的流传，使得洪洞县大狱——人们习惯称它"苏三监狱"，名扬四海。

这座监狱建于600多年前的明朝初期，是我国保存最完整也是我国现存最早的监狱。苏三监狱是指狱中的死囚牢，本地人俗称"虎头牢"。

死囚牢在普通牢房的南尽头，迎面墙上画有一个龇牙咧嘴的巨大"虎头"，下面有个十分低矮狭小的门洞，恰似虎口。"虎头门"高仅3尺，墙壁却有8尺厚。双门双墙，异常坚固。要进入此门，不仅要大弯腰，还得屈腿下蹲。牢门顶上的"虎头"，其实并非老虎，而是传说中的猛兽。明代学者杨慎说："俗传龙生九子不成龙，各有所好。……四狴犴，形似虎，有威力，故立于狱门。"古人说它"平生好讼"，所以将它的尊容画在狱门之上。

"虎头门"对面就有个狱神庙。说是庙，其实不过是在高墙的半腰里，嵌着一个用砂石雕刻好的神龛，龛里有砖刻的3尊小神像。中间坐着的是位老者，表情还算和善，两旁是两个小鬼，面目狰狞。中间的老者，即所谓的狱神了。过去监狱里有一条规矩，允许犯人们每天去参拜狱神。《苏三起解》中，解差崇公道要押送苏三去复审，苏三请求道："请老伯稍等，待我参拜了狱神再走"。她的唱词有几句：

低头离出了虎头牢，狱神庙前忙跪倒。望求爷爷多保佑，我三郎早日得荣耀。

那时候，狱中的犯人们叫天天不应，呼地地不灵，求告无门，只有可怜巴巴地把全部希望寄托在狱神身上。

这位狱神到底是何许人？这位狱神，应是尧时的大臣皋陶。有史书记载，皋陶是当时的最高法官，他制定了法典，用刑法断决案件。史籍载："皋陶造狱，法律存也。"就是说，他是牢狱的首创者，是古代声名远播的刑狱之神。皋陶还是位清正的法官，史称其"决狱明白，察于人情"（《白虎通·圣人》），皋陶任大法官时，"天下无虐刑"，实属难得。

宋代以后，也有不少监狱把萧何作为狱神供奉的。萧何辅佐汉高祖建立汉朝法制，制定了汉朝最重要的一部法典《九章律》，萧何被称为"定律之祖"。萧何曾做刀笔吏，所以史称萧何"定律令，平刑狱"（《西湖流览表》卷十六），也成了狱神。但萧何的辈份要比皋陶小多了。

杜康造酒——酒神的由来

刘禹锡作《陋室铭》说："山不在高，有仙则名；水不在深，有龙则灵"。陕西高原的南缘与关中平原的交接处，有一个白水县。这白水县就是个"有仙则名，有龙则灵"的地方。这里曾出现过三位古代行业的保护神。一位，酒神杜康；一位，造字先生苍颉；一位窑神。传说这三位都是白水县人氏。一县而三"名"，奇怪之极。

但这种说法，陕西人喜欢听，河南人就不喜欢听了。照河南人的说法，杜康先生酿酒处，不应该在陕西白水县，而应该在河南汝阳县或河南伊川县。个中原因究竟如何，且听慢慢道来。

陕西白水县有个康家卫村，村边有一条20里的大沟，名叫杜康沟。沟的源头有一眼泉，泉边蝶舞蜂鸣，碧树芳草，水就是从杜康泉流出。据说杜康当年就是用这泉水酿的酒。水质清洌甘美，不同寻常。清流自泉眼中汩汩涌出，沿沟底徜徉而东，汇入白水河。白水河也因此叫杜康河。因杜康造酒颇得杜康泉之助，杜康水又因杜康造酒而得名。

有人就在泉边土坡上，造一杜康墓，在墓的左边，建一杜康庙，庙中供奉杜康神像。庙附近还建一座6角凉亭，绿瓦红柱，五彩飞檐。楣上彩绘着"青梅煮酒论英雄"、"杜康醉刘伶"等与酒有关的美妙传说和历史故事。身临其境，有入仙境之感。倘或饮少许杜康美酒，臆想朦胧，步近山亭，或许会看见杜康先生正在亭中饮酒，或许会听见杜康先生正在泉边纵歌，也未可知。

河南汝阳县有个杜康村，传说是杜康造酒处，后来，在杜康村又发现了一座三国建安

时期的造酒遗址。酒灶宽两米半、深两米、用砖铺成、火门完整，炉膛内残存不少木炭，同时出土了3件酒器和一些陶器残片。足见传闻有据，斯言不谬。

以酒而论，名气最大的仿佛还首推河南伊川的杜康酒。名酒最重名水，名水最好名泉。白水有泉，伊川亦有泉。伊川泉水的一大特色，天愈旱而泉愈旺，天愈寒而泉愈暖。如此泉水，岂不令人啧啧称奇？但更奇的是泉水中生有一种五彩小虾，虾呈红、黄、白、黑、紫5种颜色。在杜康河游弋的鸭子以小虾为食，其鸭蛋蛋黄都呈血红颜色，这种鸭蛋旧时被充作贡品，献给皇上。现经化验证明，此泉水含有40多种有益人体的微量元素。如今，伊川杜康酒享名海内外，伊川县已被联合国教科文组织举办的国际文化交流节确定为中国十大酒都之一。

三国时曹操写有著名的《短歌行》，其中有句是："慨当以慷，忧思难忘。何以解忧？唯有杜康。"高度赞扬了杜康酒的美妙功效，然曹操没有指出杜康本人究竟出于什么时代。汉代许慎《说文》第七中称："古者少康初作箕帚、秫酒。少康，杜康也。"认为杜康是夏朝人。即夏朝第六代国君少康。少康系酿酒发明家，他发明用秫（黏高粱）造酒的方法。少康不惟造酒有方，而且治国有方。少康，夏启的孙子。父亲被寒浞所杀，他联合夏朝大臣杀寒浞，恢复夏朝统治，自己作了国王。在他当政期间，国家有很大起色，史称"少康中兴"。夏代政权是启建立起来的，但真正把这个政权巩固下来的是少康。夏传世四百余年，少康起了重大作用。看来杜康既是一位古代大科学家，又是一位开明的国君呢！中国古代酿酒的历史渊远流长，为酿酒业作出杰出的贡献，非一人之力可以完成，但杜康是一位代表，在某种意义上，传说中的酒神杜康代表了古代中国人的文明精神、科学精神和独创精神。

所以，直到今天，人们还在以种种的方式，纪念酒神杜康。

保佑茶业兴隆的神仙——茶神的由来

茶是中国人对人类的特殊贡献之一，它不仅成为中国人传统的饮食习俗，并且还传到国外，受到各国人民的欢迎。

最初的茶被当作药材，也不叫茶。“茶”字是在唐代定下来的，唐前古籍中只有“荼”“槚”“茗”等字。

在长期的医药实践中，人们逐渐认识到茶不但可以治病，而且还能清热解渴，健脑提神，并富有清香气味，是一种极好的饮料。于是人们开始大量种植、采制，渐渐养成了一种饮茶习惯。随着饮茶越来越深入人们的生活之中，作为饮用植物的“荼”越来越广泛，为避免与“荼”字的其他涵义相混，唐人便把“荼”字减去一笔，成了“茶”字，“茶”字便成了这种饮料的专用名词了。

茶从药用过渡到饮料，大约是在西汉。司马相如的《凡将篇》和王褒《僮约》中，都有茶的记载。饮茶的普及和盛行是在唐代，而茶学专家陆羽和《茶经》的出现，更称得上是饮茶史上的一座里程碑。

在湖北天门县城北门外，有一处著名的井泉，人称“文学泉”。泉后有一碑亭，内立石碑，正面题“文学泉”，背面题“品茶真迹”。碑亭后建有“茶圣”陆羽的庙，石壁嵌线刻陆羽像，端坐品茗，极有风致。陆羽在历史上实有其人，曾被授以太子文学官职，此泉为纪念陆羽而得名“文学泉”。

陆羽生活在唐玄宗至唐德宗年间，大约活了七十来岁，湖北天门就是他的老家。他一生坎坷。陆羽一出世，就被父母遗弃河边，一个和尚听到哭声，将其收养。陆羽长大后，模样不佳，但天资聪明好学，诙谐善辩。

因为是孤儿，父母无踪，故无名无姓。得名陆羽有两种说法：一是“竟陵龙盖寺僧姓陆，于堤上得一初生儿，收育之，遂以陆姓”。一说是他拿来《易经》打卦，得一卦辞为：“鸿渐于陆，其羽可用为仪。”意思是：水鸟到了高平地，它的羽毛可编成文舞的道具。这是一个吉卦，又与自己的身世相合，他十分高兴，便以陆为姓，以羽为名，以鸿渐为字。

陆羽在寺中受了许多苦，后不堪忍受，逃离而去。他当过戏子，多扮丑角，在一些滑稽戏中大显身手。但生活经历的不幸又常使他“独行野中，诵诗击木，徘徊不得意，或恸哭而归”。陆羽通过自学，具有很高的文学修养，与名士颜真卿、张志和、女诗人李季兰等结下了深厚的友情。他对茶犹有研究，嗜茶如命。为了研究茶的品种和特性，陆羽游历天下，遍尝各地出产之茶，遍尝各地之水，常要亲身攀葛附藤，深入产地，采茶制茶。朝廷听说陆羽很有学问，就拜他为太子文学，后又让他任太常寺太祝。但陆羽一心研究茶道，拒绝朝廷请他作官的任命，隐居江西上饶广教寺内多年，终于写出了世界第一部研究茶叶的专著——《茶经》。全书有三卷十篇，记述了茶叶的性状、品质、产地，种植、采茶的工具、季节，茶的加工、煮茶和饮茶的方法、用具等。此书开创茶书之先河，后世百余种茶书皆源于此。

陆羽为人们的饮食生活、对茶叶的研究作出了很大贡献，人们要感谢他、纪念他，陆

羽在死后不久，即被奉为“茶神”、“茶圣”。当时茶神像多为陶、瓷小偶人，为茶商和茶肆老板所供奉，让他保佑茶业兴隆。

陆羽隐居处江西上饶市广教寺内，原有他所住的“陆鸿渐宅”，宅处有茶园数亩，并凿有一泉，水清味甜，陆羽品为“天下第十四泉”。泉边石圈上“源清流洁”四个篆字是清末知府段大诚所题，至今完好。传说陆羽在此潜心著书，以自凿的陆羽泉水，烹自己所种之茶，自得其乐。

茶走进了文人生活，不仅为了解渴提神，更能陶冶性情。品茶给文人学士带来了无限的情趣和欢悦。大诗人白居易在《食后》咏茶诗中，写道：“食罢一觉睡，去来两瓯茶。”显示了饮茶的乐趣。宋代苏轼说：“从来佳茗似佳人。”

我国古代还有以茶作为结婚聘礼的习俗。明《天中记》说：“凡种茶必下子，移植则不复生。故俗聘妇必以茶为礼，义固有所取也。”这是由于茶树的栽培只能下种，不能移植，人们取其意，把茶作为女方接受男方的订婚聘礼，叫做“受茶”或“茶礼”。《红楼梦》中王熙凤说林黛玉：“你既然吃了我们家的茶，还不给我们家当媳妇？”就用了“受茶”的典故。

中国茶自唐朝输入日本后，逐渐形成了具有美学艺术的“茶道”，至今兴盛不衰。17世纪初，中国茶叶传入欧洲及其他地区，成为世界三大饮料之一。

养蚕者的保护神——蚕神的由来

中国是世界上养蚕最早和织丝绸最早的国家，并且在一个相当长的时期内保持着这种先进地位。

大约在新石器晚期即5000年前，我国的先民们可能已经知道利用蚕丝了。到了商代，蚕丝业已很发达，甲骨文中不但有“桑”“蚕”“丝”“帛”等字，而且从桑、从蚕、从丝的字多达100多个，可见蚕丝影响之广。

“男耕女织”是古代中国小农经济的重要特点，种桑养蚕在这种经济结构中占有重要地位。先人既然早就学会了养蚕，自然渴望多产蚕丝和防止桑蚕病害，但在当时条件下，这些是人力所无力控制的，于是人们很必然地幻想出一个蚕神来作为精神寄托和行业保护神。

蚕神的来历有几种不同的说法。蚕神是嫘祖。嫘祖本是西陵的女儿，后来做了黄帝的夫人。刘恕《通鉴外纪》说：“西陵氏之女嫘祖，为黄帝元妃，治丝蚕以供衣服，后世祀为先蚕。”所谓“先蚕”，是指最先教民育蚕治丝之神，故嫘祖又叫“先蚕”，也称“蚕

母”。古代蚕农之家必祭祀嫘祖，嫘祖成为农村妇孺皆知的大神。

另外一种说法，蚕神是蚕丝、青衣神。周朝时期，蜀地有个俟父，他的一双眼睛很特殊，与一般人不同，竖着长。他后来当了蜀王，到处视察，教给百姓种桑养蚕，乡人感激他的恩德，便为他立祠并供奉他。他的祠庙遍于西部，十分灵验。他巡行郊野时，常爱穿一身青衣，百姓便俗呼之为“青衣神”，把他出生的家乡叫“青神县”。青衣神属于四川一带的蚕神。

蚕神是马头娘。这是影响最大、流传最广的说法。相传，黄帝打败九黎以后，在庆功会上蚕神前来献丝。这位蚕神像个仙女，披着马皮飘然而降，手里捧着两束蚕丝，一束金色，一束黄色，献给了黄帝。从此，细软的丝绢代替了粗硬的麻布。

这位身披马皮的仙女，就是蚕神马头娘。马头娘的传说十分有趣，在《山海经》《搜神记》《太平广记》等书都有记载。说一个姑娘的父亲被强盗掠走，女儿在家思念父亲，不吃不喝。母亲见了很心疼，就对邻里们立下誓约说：“有哪位能把我老伴救回来，我就把女儿嫁给他。”众人无法办到。家中一匹骏马听到此言，迅速跑出家门。几天后，骏马驮着老父回来，母女高兴无比。此后骏马悲鸣不已，不肯饮食。父惊问其故，母以誓众之言相告。父大怒，说：“哪有让女儿嫁畜类的道理！”便把马杀死，把马皮晾在院中。姑娘经过时，马皮忽地蹶然而起，卷起她飞走了，无影无踪。

过了几天，姑娘和马皮尽化为蚕，正在树上吐丝呢！乡亲们便称这种树为“桑”，桑者，丧也，是说姑娘是在桑树下献身的。

父母知道此事后，十分伤心。一天，忽见蚕女乘流云驾骏马，身旁侍卫数十人，自天而降，对父母说：“天帝因我尽忠尽孝，心不忘义，封我为仙女，住在九宫仙嫔之列，在天界过得很自在，请二老不再思念女儿。”说罢，冉冉升天而去。于是各地纷纷盖起蚕神庙，塑一女子像，身披马皮，俗称“马头娘”，祈祷蚕桑。

蚕神马头娘的传说虽很离奇，但把蚕与马扯在一起，也有些内在原因。蚕的头有些像马头，它常常将头高高昂起，姿态似马，而蚕吃桑叶的动作也极像马吃草料。古人由事物形态的形状引起联想，很容易将蚕和马想到一块。另外，蚕的生长过程中神奇之处，也会引起古人大发奇想。一个蚁蚕发育到成蚕，一个多月里体重增了一万倍。一个蚕茧不过几厘米长，而抽出的一根丝竟有400米长！它由蚁成蚕作茧自缚后，蛹化为蛾，破茧而出，获得新生，变化无穷。先民们普遍具有的“变形”信仰，自然会幻想出马皮披在少女身上而化为蚕的神话。再者，养蚕采桑主要是妇女们的工作，所以，把蚕神描绘为女性，是再恰当不过的了。

蚕乡中蚕神庙或印制的神码像，一般都是一个女子骑在马背上；也有的是一个女子端坐，身边则站一匹骏马；也有3个女子共骑一匹马的。称呼也有多样，除马头娘外，尚有马鸟王菩萨、蚕花娘娘、蚕

姑、蚕皇老太等。

少数地区也有信奉男性蚕神的，叫做“蚕花王圣”。他盘膝端坐，长有3只眼和6只手，其中两手捧一盘蚕茧，另外4只手拿其他一些东西。但也有把蚕花王圣当成马头娘的。

专管降雨的神仙——雨神的由来

在中国的境内，左右着雨量的神仙，责任可以说十分重大，因为以农立国的人们，常常因雨量的多寡而影响生产，所以传说中的雨神赤松子，地位便显得更加重要。

在我们先祖的时代，人人相信鬼神是无所不在的，万事万物都有个神存在，于是山有山神，海有海神。因为神明越来越多，渐渐地先人们习惯将天地之间的神鬼分成三类，即所谓的天神、地祇、人鬼。我们认识的像是日、月、星、风、雨等属于天神，而社稷、山川、五岳、四海是地祇，每一个人的祖先便是人鬼，这些都是先人的智慧，于是影响着收成多少的雨量，当然也有所谓的雨神。

然而远古的时代，什么时候才开始有雨神？相传在炎帝、神农时期，并没有雨神这个职位，甚至也没有供人祭拜的雨神神祇，人们也从来不用担心下雨的事。直到某一次，先人们居住的地方，发生前所未有的连续几年不下雨的大旱灾，附近较小的溪河早就干枯，而连原本水量充沛的大河，也将近枯竭，大地都像快要裂开的样子。在严重缺水下，植物无法生长，人民更是生活艰困，当时的君王十分担心这样的情形。君王为解决这个问题，四处探访各地贤人，他听说在深山的远处，有个人会求雨的法术。打听清楚会祈雨的贤人所在地，君王便尽快地出发前往，准备请他出任雨师一职，相传这人就是赤松子。

赤松子的模样长得十分古怪，上身总是穿着草做的衣服，下身则穿是用皮做成的裙子，浑身覆盖黄色的毛衣，还有一双总是不穿鞋的脚，极像个野蛮人的样子。赤松子住在遥远的深山，每天呼吸大地的气息。他本来都是自我修练，后来为了更增进道术修行，于是拜赤真人南游衡岳为师。赤松子的生活作息不同常人，他常常服用一种药散，这药散能让人水里来、火里去，而能够毫发无伤，相传这项道术他也曾传授给神农氏。

拥有广大神通的赤松子，可以呼风唤雨，他五日便下一场雨，称为行雨；十日下一场雨，称之为谷雨；十五日下一场雨，称为时

雨。而当狂风暴雨时，赤松子能自由地来去其中，像完全不受风雨干扰的样子。人们曾亲眼所见，于是更崇拜他的神力，尊敬他像个圣师一般。

赤松子拥有异于常人的能力，时常乘着仙云到昆仑山上西王母的瑶池仙宫游玩，也会乘着风雨，自由自在地来往人间天上。相传神农的女儿听说他的神力，便请赤松子收她为徒。习道于赤松子的她，之后得到赤松子的真传，也可来去天上人间，最后消失在云海之中。

保佑风调雨顺的神仙——龙王爷的由来

“天皇皇来地皇皇，海里有个海龙王。四海龙王多厉害，旱涝丰歉由它掌。”

这是一首古时候天上久不下雨时中国农民们向龙王爷求雨时才唱民谣。其中四海龙王指东海龙王敖广、南海龙王敖钦、西海龙王敖闰、北海龙王敖顺。过去的人们认为，刮风下雨是由“龙王”支配的，龙王有“兴云布雨”的神通。年景是风调雨顺，还是水涝旱灾，都得任凭“龙王爷”的高兴，因而在古时老百姓向龙王祈雨的行动就特别多。那么，“龙”是什么东西？龙王爷又是怎么来的呢？

龙，是中华民族独特的信仰神灵。所有的中国人，包括海外的华人都以龙作为自己的民族文化标志，都把自己作为龙的传人。所以关于龙的神话传说也就特别的多。龙本来是自然界没有而由古人虚构出的一种神物，它来源于古人对动物的崇拜。人类处于氏族社会时，最初的经济活动就是狩猎，因而动物是人类在自然界中最感兴趣的对象。当时每一个氏族都崇拜一种动物，如牛、鹿、虎、鹰等，以此来作为自己氏族的图腾。后来，据闻一多先生考证，有一个强大的氏族，也许是崇拜蟒蛇的氏族，把其他的氏族都吞并了，他们就把这些氏族的动物图案拼凑在一起，在蛇的基础上又增加了鳄鱼和兽类的脚爪，牛的耳朵，兔子的眼睛，等等，创造出一种自然界从来没有过的凶猛的动物形象来，这大概就是所谓的“龙”的最初来历了。龙是一种神物，它不仅具有各种瑞兽祥禽的形态特征，而且还具有古人所崇拜的自然现象的动态特征。据说，我们的祖先从跨天接地的彩虹中，看到有两个头的巨蛇从大地吸水的壮丽景象。也有人说，先民们从撕裂云层的闪电中，看到金蛇狂舞伴随风雨交作。在古典小说《三国演义》第二十一回里，曹操和刘备谈起

龙的变化，曹操说：“龙能大能小，能升能隐；大则吞云吐雾，小则隐介藏形，升则飞腾于宇宙之间，隐则潜伏于波涛之内……”这些都可见得龙神出鬼没、变幻莫测的神性。这其实也正是风和水的形象。

虽然龙早已出现在中国古代文明史上，但中国古人对于龙和龙王的成型概念，主要是从佛教中来的。古印度人对龙很是尊敬，认为水中主物以龙的力气最大。并且以为下雨是龙从天海中取水而洒下人间，因此他们都是职掌兴云布雨的神。在佛教中，龙是护法八部神祇中的第二位，仅居于“天”之下，神通广大，被称为“龙王”。据佛经记载，龙王居住在海中庄严华美的宫殿，佛曾到海底龙宫中宣讲佛法。佛经中有五龙王、七龙王、八龙王等名称。龙王之中，有一位叫做沙竭罗龙王，他的幼女8岁时到释迦牟尼说法的灵鹫山前，转为男身，现佛之相，后来成为观音菩萨的胁侍——龙女。形成于东汉末年的道教是我国土生土长的宗教，道教信徒看到佛教里的龙王日益渗入中国文化之中，产生了社会影响，当然也不甘示弱，奋起直追，把道教中原有的龙也附会成为龙王，而且后来居上，名目的繁多超过了佛教，除了以上所说的四海龙王，还有五方龙王等各种名目的龙王数百位。不仅诸天有龙，四海有龙，五方有龙，三十八山有龙，渐至凡有水之处，无论湖海河川，还是渊潭池沼，甚至井、泉之内，莫不有龙王驻守。道教还附会佛经中的传说，大讲召龙求雨的故事。道教在求雨时，说有诸天龙王、四海龙王、五方龙王等，遵元始天尊、太上大道君旨意，领旋雨之事。

随着龙王受到中国老百姓的普遍接纳和欢迎，华夏各地的人们都为龙王建造了大大小小的龙王庙。旧时专门供奉龙王的庙宇几乎与城隍庙、土地庙一样普遍。每逢风雨失调、久旱不雨或久雨不止时，民众都要到龙王庙烧香祈愿，以求龙王治水，保佑风调雨顺。民间又以农历二月初二为“春龙节”，俗称“龙抬头”。

主管打雷的神仙——雷公的由来

一提起雷，我们自然就会联想到天降暴雨时雷声隆隆、电光闪闪的壮观景象。的确，在诸多自然现象中，雷电较早地受到原始人类的格外崇敬，这是因为，当人们还栖息在大森林中时，那轰隆巨响、霹雳闪烁的雷电伴随着狂风暴雨，曾经给人们的生活造成很大的威胁，雷击之下，林木起火，人畜毙命，更使人们对其威力增加了敬畏感。在这个基础上，原始人类就塑造出了龙身人首的雷神形象。

雷公，又称“雷师”“雷神”等，即是古代神话传说中的司雷之神，道教奉之为施行雷法的役使神。战国以后，雷与风、雨等神常被称为“师”，这是雷神的人格化。

魏晋南北朝时期，雷公又变回兽形。《搜神记》中说，扶风所现之雷神“色如丹，目如镜，毛角长三尺，状如六畜，头似弥猴”。

雷神最初的神职本来只是司天空布雷行雨，但是自先秦两汉起，民间就又赋予雷神以赐福禳灾、惩恶扬善、司生司死的功能。《史记》的《殷本纪》称“武乙无道，暴雷震死”。古籍所载或民间传说中，神话传说故事很多。

雷公本来只有一个，后来随着雷神的人格化过程，人们逐渐认为雷公不止一个，或谓有兄弟五人。据记载，一次雷雨中，雷公被树枝夹住，不能脱身。后为叶迁韶救出，雷公“愧谢之”，“以墨篆一卷与之曰：‘依此行之，可以致雷雨，祛疾苦，立功救人。我兄弟五人，要闻雷声，但唤雷大、雷二，即相应。然雷五性刚躁，无危急之事，不可唤之。’自是行符致雨，咸有殊效。”随着道教对民间的雷神信仰加以改造，更是形成了一个庞大的雷部众神体系，北宋末兴起的神霄、清微诸派，皆以施行雷法为事，声称总管雷政之主神为“九天应元雷声普化天尊”，雷师、雷公为其下属神。九天应元雷声普化天尊或称九天应元雷声普化真王，俗称雷尊。据《无上九霄玉清大梵紫微玄都雷霆玉经》称，雷尊是浮黎元始天尊第九子玉清真王的化身。也有说是黄帝升仙以后成为雷精，主司雷雨，雷祖为其封号。雷尊居于神霄玉府，在碧霄梵气之中，去雷城有二千三百里。雷城是天庭行雷之所，高八十一丈，左有玉枢五雷使院，右有玉府五雷使院。天尊前有雷鼓三十六面，由三十六神司之。打雷的时候，雷尊击鼓一下，雷公雷师即兴发雷声。雷部有神三十六名，皆当时辅相有功之臣。《封神演义》中则称闻仲为九天应元雷声普化天尊，其率领之雷部催云助雨护法天君共有二十四名。其中有常在道观内供奉的律令大神邓元帅忠、银牙耀目辛天君环、飞捷报应张使者节、左伐魔使苟元帅章、右伐魔使毕元帅环等天将，还有陶天君荣、庞天君洪、秦天君完、赵天君江、董天君全、袁天君角，等等。

道教的主要宫观大多供奉雷祖。每逢六月二十四日有道教徒进庙烧香，祈福消灾。道教正一派在一些大型斋醮礼仪中常设有雷祖的神位，并有召请雷部诸天君的内容。广东雷州濒海，四时如夏，气候蒸郁，雷雨极多，故雷神信仰极盛。雷州西南英榜山上的雷神庙非常有名。在我国南方的一些地区，为了使儿女得到雷神的保佑，平安长寿，还有认雷公为“干爹”的习俗，即将一纸牌写上“雷公电母”字样，放在祭品上，祭祀后将其戴在小孩身上，小孩就成了雷公的“干儿子”，人们相信儿女从此会随时可以得到雷神的保护。

主管闪电的神仙——电母的由来

当天空乌云密布、雷雨云迅猛发展时，突然一道夺目的闪光划破长空，接着传来震耳欲聋的巨响，这就是闪电和打雷，也称为雷电。打雷属于自然现象，是大气中正负电子相互撞击形成的声音，而闪电则是大气中因正负电子相互撞击时伴随的火花放电现象。在自然界里，人们是先看到闪电，而随后才听到雷声，既然雷有神，电也就必然有神。雷公是司雷之神，属阳，所以称为公；电母是司掌闪电之神，属阴，所以称为母，又称“金光圣母”“闪电娘娘”“电母秀天君”等。

在较早的民间信仰中，闪电之神职，是由雷公兼司的。直到汉代，才有电父之说，是以男性形象出现的。如《十驾斋餐新录》说：“今人称电神曰电母，古人则称电父。”《中国民间诸神》中说：“雷神是兼司雷电二职的，以后分为雷公、电父。但随着雷神的人格化，雷公的男性特征突出起来，电神便很自然地演变为其配偶神，被称电母了。”此种分析是很有道理的。闪电之神变成电母，大约在唐宋时期。但宋代电母的形象还很丑陋，说她是“发茁然，赤色甚短，两足但三指，大略皆如人形。”元代以后，电母的形象完全具有了女性特征，变漂亮了，而且有名有姓。元杂剧《柳毅传书》描述钱塘君挟电带雷前往泾阳救回龙女的场面，电神的形象即是一娇艳女郎。《集说诠真》载：“今俗又塑电神像，其容如女，貌端雅，两手各执镜，号曰电母秀天君，名文英。”明代小说《西游记》和《北游记》都写到电母，称“金光圣母”或“朱佩娘”。雷公手持槌与锲，电母则手持两面镜子，两镜互照则反射耀眼的电光。

在民间有电母是雷公的妻子的传说。而这一传说又是由雷公误击孝女的故事所引起的。民间传说，古代有一个年轻的寡妇，她很孝顺瞎眼的婆婆，由于家里很穷，米饭只够婆婆一个人吃，她只好吃胡瓜充饥。有一天，正当天昏地暗雷雨将至的时候，这位孝妇刚给婆婆做好饭，自己正吃着胡瓜。为了忙着收拾晾晒的衣服，把饭放在了户外的地上。这时雷公正在天上忙着击打人间的坏人，一时走眼，以为孝妇糟蹋粮食，就大发雷霆，把孝妇一雷击毙。这事被玉皇大帝知道了，为了怕雷公再看走眼，并奖励孝妇，便升她为专司闪电的女神。于是这位年轻貌美的电母，总是在雷公打雷之前，先以手中双镜发出强烈闪电照耀大地，分辨出善恶后，才准雷公下手。雷公电母早晚一起工作，日久生情，最后便结为夫妻。

在一些规模较大的道观或庙宇里，电母一般也是作为雷神的配偶或属神，与其他气象神合祀。雷公神像作力士状，裸胸袒腹，背上插一对翅膀，额上有3只眼睛，脸色赤红，相貌如猴，足如鹰爪。左手执锲，右手执锤，作欲击状，身旁环绕着5个连鼓，脚下还踩着1只鼓。电母之像则容貌端雅，两手执镜。虽然雷公神也有诞日，为农历六月二十四日，但道教信徒一般只是在祈雨时才行拜祭，专门祭祀雷公电母的已不多见。不过，在道教大型斋醮仪礼中仍列有雷公电母之神位。

主管刮风的神仙——风伯的由来

刮风与雷电一样，也是客观存在的一种自然现象，但它与雨雪冰雹不同，其形体是看不见、摸不着的。风有多种，古有四方之风，“南风谓之凯风，东风谓之谷风，北风谓之凉风，西风谓之泰风。”也有八方之风，“东北曰炎风，东方曰条风，东南曰景风，南方曰巨风，西南曰凉风，西方曰飓风，西北曰丽风，北方曰寒风。”东西南北的风不同，春夏秋冬的风亦不同。风又有善恶两面。就季节风而言，春风是善的。它送走严寒，带来温暖；它吹醒百花，吹绿草木，带来春雨，滋润万物。秋风则善恶参半，它送走酷暑，带来凉爽；但秋风刮得千枝秃，卷起屋上茅，使天干物燥，引起火灾。就方位风而言，南风被认为是善的，滋扶万物，而北风则被认为是恶的，它凛冽刺骨，带来严寒，冻死人畜。为害最烈的是台风、飓风、龙卷风，这些风能毁坏房屋，拔起树木，卷走人畜。风的变化多端及其与人们的利害关系，促使人们去观察风，畏惧风，崇拜风。中国的风崇拜始自远古，残留至今。原始时代的人们见风如此变化无常，便以为有某种神灵暗中控制，因而逐渐形成风神观念。

风伯，就是风神，也叫作“风师”“飞廉”“箕伯”，等等。《周礼·大宗伯》篇称：“以燎祀司中、司命、风师、雨师”。郑玄注释说：“风师，箕也”，意思是“月离于箕，风扬沙，故知风师其也”。东汉蔡邕《独断》则称：“风伯神，箕星也。其象在天，能兴风”。箕星是二十八宿中东方七宿之一，此当以星宿为风神。另外，楚地亦有称风伯为飞廉的。《山海经·大荒北经》中记载了一则黄帝与蚩尤作战的故事，故事中说蚩尤率军队进攻黄帝，黄帝命令应龙在冀州之野抵抗蚩尤的进攻。应龙受命后用它司水的本领将水蓄积起来，造成缺水，以图阻止敌人。但蚩尤请来风伯和雨神，纵风降雨。黄帝又从上天派下一名称作魃的女神协助应龙，引发旱灾，这才止住了风雨，最后将蚩尤击败。这就是有具体可触、与人可沟通的神灵在掌握刮风的权力了。

唐宋以后，风伯曾作女神，称“风姨”、“封姨”和“风后”。但以箕星作风伯之说，一直占据主导地位。风伯之职，就是“掌八风消息，通五运之气候”。风是气候的主要因素，事关济时育物。对风伯和司雨之神——雨师的奉祀，秦汉时就已经列入国家祀典。元代设风师坛于东北郊，于立春后五日祭风师。明代及清初顺治、康熙年间，每年朝廷对云雨风雷四神的祭祀，都是统一在北京天坛祈年殿里举行。但到了雍正年间，为了更好地进行祭祀仪式，表示更大的诚心，就修建了宣仁庙、昭显庙、凝和庙、福佑寺，分别用来祭祀云雨风雷四神。这四座庙宇和真武庙、万寿兴隆寺、普度寺、静默寺统称为“故宫外八庙”。根据《清史稿》记载，宣仁庙俗称风神庙，建筑是仿制中南海时应宫的规制设计的，1728年由雍正皇帝下旨建造，至今已有二百多年的历史了。宣仁庙的前殿供奉的是风伯，后殿供奉的是八大风神，意在祈求神灵保佑，不使国家遭受风灾。这八间庙宇建筑都有严格的规制，皇帝每年定期祭祀，企求上天保佑风调雨顺、万民安居、励精图治、百战功成。

道教观中风伯称风伯方天君，其塑像常作一白发老人，左手持轮，右手执扇，作扇轮子状。风伯神诞之日为十月初五日。普通道教徒只有其生存和职业同“风”有密切关系者才单独奉祀风伯，一般道教徒只是在大型斋醮法会时才供奉风伯。

刘猛将军勒令治虫——驱蝗神的由来

蝗虫是威胁农作物生长的主要害虫之一，常常导致民间大面积的饥荒发生。

古时候由于科技不发达，老百姓对蝗灾是无望无助。遇到严重虫灾怎么办呢？就只好请出驱蝗神来驱除虫灾。

驱蝗神，最早叫“虫王”。对驱蝗神的祭祀，在我国可谓是源远流长了。早在远古的周代，每年十二月，在农事完毕之后，所祭祀的“八蜡”中，第八种蝗螟之属即为昆虫，祭之以免虫害。这种礼俗一直延续到1949年。旧时还以农历六月初六为“虫王节”，因为六月天易闹虫灾，所以俗谚有“六月六，看谷秀。”这是告示农民们，

届时要宰牲设供，祭拜虫王，祈求五谷丰登，不受虫灾，获得丰收，通常民间致祭的供品有香烛、馒头等。浙江宁波地区有的地方则认为农历九月二十日是蚱蜢将军生日。这一天，要迎大旗、走高跷、舞龙灯、唱荤戏，俗说只要大旗一迎，蚱蜢就会消失，可使田间稻谷收成好。

后来民间信仰最普遍的驱蝗神并不是虫王，而是一位姓刘的猛将军。大概最迟至宋代，虫王祭祀完成了从自然神向人格神的过渡，全国各地遍布“刘猛将军庙”。这位“刘猛将军”到底是什么人？历史上至少有以下4种说法：一说刘是南宋绍兴年间主张举行辅祭的刘宰。山东《昌邑志》说：“神为南宰字平国，金坛县人，绍熙元年进士，第二种说法认为他是南宋名将刘锖之弟刘锐。第三种主张认为他应为元代刘承忠。第四种说法最为普遍，认为他是具有民族气节、抵抗外侮的南宋抗金名将刘锜，他当年带的队伍叫“八字军”，脸上都刺上“赤心报国，誓杀金贼”8个字，曾经大破金兀术的“铁浮图”和“拐子马”。后来他被秦桧排挤，军权被削，当了地方官。刘锜到了地方上，积极整顿田亩、治水治虫，受到大家爱戴。据记载，他后来看到君昏臣乱，金军不断南侵，而自己报国无门，最终忧愤而死。他死后不久，在南宋景定年间，就被敕封为职掌除蝗的扬威侯、天曹猛将之神而加以祭祀。人们所以将驱蝗神附会为武将，大概与蝗虫来时，犹如外族入侵，铺天盖地，所到之处寸草不存，亟需孔武有力之神灵来掌控捍御有关。正如过去江苏无锡南刊沟一座刘猛将军庙里的楹联中说的：“卧虎保岩疆，狂寇不教匹马返。驱蝗成稔岁，将军合号百虫来。”

旧俗以农历正月十三日为刘猛将军诞辰，到时均由地方官府主持祭祀，民间也举行盛大的迎神赛会。

除了祭祀之外，如遇到虫灾，老百姓通常要抬着刘猛将军的塑像去巡田，并制一批黄纸三角小旗，上书“刘猛将军勒令治虫”，插入虫害田中，以驱虫消灾，直至近代依然如此。

江河湖海的守护神——水神的由来

在中国，对水的崇拜在原始信仰中是最古老也最直接，各民族中几乎都流传有远古世界大洪水神话及人类起源与治洪水的神话传说。的确，人类与其他动物以及所有植物都必须依赖水而生存，水与人类生活息息相关。因为水既有益于人类又有害于人类，人类敬畏

它，又因为人类所直接观察到和接触到的水，都离不开具体的江河湖海、潭渊溪泉、雨雪冰雹，所以，人们就普遍认为江河湖海甚至水井水潭中都有职司不同的水神主宰着，又由于人类对各种各样水的感情不同，水神的来历及其形象也各有不同，所以水神也就往往呈现多样性。

远古时气候无常，洪灾时常发生，于是先民们渴望着能够有人间英雄挺身而出去组织人们治水除灾，因此那些传说中的治水功臣往往倍受崇敬而被奉为水神。最早的水神大概是共工，他是火神祝融的儿子。共工是采取障堵的方法治水，结果没有成功。后来禹的父亲鲧奉尧之命治水，也采用障堵洪水的办法，历时九年未竟其功，失败后被杀死。直到禹才开始改用“疏川导滞”的办法，组织人民进行了顽强的治水斗争，经过十多年的努力，最后终于治水成功，使百姓过上了安居乐业的生活。但大禹并未被奉为水神，而被夏民族奉为守护大地的社神，即土地神。这是因为大禹治水有功，舜帝死后，便被天下诸侯推为天子，他死后直接传位给了自己的儿子启，启继位之后建立了中国历史上的第一个奴隶制国家——夏。

在我国古人的地理观念中，大地是方的，四周是海，人就生活在大地的中央，称四周的海为“四海”，因此早在先秦前就已经有了海神。广州是我国古代海上丝绸之路的发祥地，秦汉时广州就可以造船航行于南洋一带。公元594年，隋文帝命立祠祭四海，始建南海神庙，后世又不断修缮，但庙中现在供奉的南海神却是个外国人。据传南海神庙建成不久，印度摩揭陀国派使臣达奚司空到中国朝贡，他上岸植波罗树于庙前，又贪恋美景，不及上船，被留在了广州。他思乡心切，立化于庙旁，后来当地人为他塑像，并奉他为海神。宋元以后，民间又信奉女神妈祖为海神。

不过，中国古代先民祭祀的主要对象是大江大河，因为这些江河，特别是黄河、长江等是中华民族的摇篮。古代生活在大河两岸的先民们，一方面依赖着江河而生存和发展，同时另一方面也承受着大河水患给人们造成的种种苦难，在当时人类生产力水平和知识尚不能认识更不能抵御自然灾害的情况下，先民们便认为河水的柔顺与暴虐、涨起与回落等变化，都是由所谓的“河神”在操纵控制着。为了趋利避害，求福消灾，便有了对河神的种种贡献祭祀活动。远在先秦时期，我国就形成了有意识的官方祭祀山川的制度。秦代，全国各地普遍建立河神庙，供奉当地的河神，官民同祭，香火牺牲连绵不绝。秦汉以后，历代祭祀河神的活动依然沿袭不衰，有增无减。

在江河诸神中，黄河河神的地位最高，影响最大。黄河的河神为河伯，名叫冯夷。传说他在8月第一个庚日溺河而死，天帝遂封他为河伯。民间传说冯夷形体巨大，鱼首人面，身形如鱼，鳃后两鳍延长，其形便如人之两臂，握一柄镔铁角叉，长逾数丈。鱼背肌肤展开成一对肉翅，若鸢鸟相似，背鳍箕张，鼓动生威。身体颇长，如鲶身蛇尾，甚为怪异。在关于河伯的民间传说中，河伯几乎都是以反面形象出现的。据说河伯的神性与喜怒无常的黄河十分相似，稍不顺意，就要兴波作浪，涌起漫天的洪涛为害人民。传说中曾有冯夷作乱、水淹神州之事。后来冯夷遭到后羿收服，还被射瞎了右目。在诸水神中，河伯的好色也是颇有名的。他的妻子是著名的神界美女。尽管有这样漂亮的妻子，河伯仍不满足，每年还要沿河百姓为他奉献年轻貌美的姑娘做新妇。“河伯娶妇”是古人祭祀河神的一种重要仪式，《史记 · 滑稽列传》附录中就有一则记述西门豹治邺整治巫婆、阻止以活人祭河伯的大快人心的故事。

河伯之后的黄河水神，见于晋朝干宝著的《搜神记 · 四渎神》：“河渎神，即汉陈平也。”此后，元代刻本《新编搜神广记》、明刻本《绘图三教源流搜神大全》都在“四渎神”中列有“河渎神”，也有说“河渎神”为汉代的陈平。从元代起，河渎神还被加封为“灵源弘济王”。伴随着大禹治水传说在民间的广泛流传，人们有时也把大禹当作黄河水神来敬奉。相传大禹治水时，遇到了技术难题。河伯与洛水水神联合献出了治水方略，河伯献出了“河图”，洛水水神献出了“洛书”，为大禹治水助了一臂之力。山东济南的龙洞山，旧名禹登山，传说就为大禹治水登临处。但由于河伯之后，陈平作为黄河神，神迹不显，大禹又并非只限于黄河一水之神，所以，唐以后江河湖海水神多为龙王，河伯信仰在民间已渐式微了。

长江虽然是中国的第一大河，但由于在古代黄河流域才是中国政治、经济、文化的中心，所以对长江神的崇祀远不如黄河神。长江也没有统一的神灵，只有一些地方性的江神，如蜀地以奇相为江神，楚地以潇湘二妃为江神，或以屈原为江神，吴越有以伍子胥为江神者等。此外，较有名的河川水神还有淮、涡水神无支祁、济水水神济伯，以及运河水神谢绪等。

湖泊虽不及海洋那样浩瀚无垠，也不像江河那样奔腾不息，但它的千姿百态、大小不定、变化多端，对人类的生产和生活产生着直接或间接的影响。我国幅员辽阔，湖泊众多，对湖水之神的祭祀与崇拜主要是因地而宜。如地跨湘、鄂二省的洞庭湖，滋养着湖南的沅江、澧县、常德、岳阳、长沙和湖北的松滋、石首、公安等近二十个县市的人民。民间传说洞庭水神是书生柳毅。柳毅本是唐时一落第举子，洞庭湖君的女儿龙女遭丈夫泾河小龙虐待，在岸边牧羊，柳毅怜其不幸，代她传信。龙女的叔父钱塘君率水卒打败泾河小龙，救回龙女。后来柳毅与龙女所化的民间女子结为夫妇。洞庭龙君年老后，就把王位传给了柳毅。由于柳毅长着一张白净的脸，文质彬彬，洞庭湖中的众水族都不服他管。老龙王无奈，只好送他一副黑面具，让他巡夜时戴上，并特地吩咐他在鸡叫之前一定要摘下来，否则就会长在脸上。柳毅戴上面具之后，果然镇住了众水族。有一次，柳毅因公务繁忙，凌晨时竟忘了摘面具，鸡一叫才忽然想起，连忙去抓面具，可为时已晚，面具已长在脸上，从此成了黑脸。所以，洞庭湖边的水神庙里供奉的柳毅都是黑脸膛。唐代传奇小说有《柳毅传》，宋元南戏有《柳毅洞庭龙女》，元杂剧又有《柳毅传书》等，都记载了这

个美丽的神话传说。杭州西湖，原本是七千年前钱塘江的一个浅海湾，因长江、钱塘江和附近群山中的溪流带来的泥沙淤积而成泻湖。人们因西湖的由来而称之为“大海的婴儿”。相传西湖原来是一颗明珠，属于一条金龙，一只彩凤。为了守护明珠，龙凤化为青山。至今杭州还有歌谣云：“西湖明珠从天降，龙飞凤舞到钱塘。”

在少数民族中，也广泛信奉着水神。如南方的白族聚居洱海之滨，就崇拜洱海神。洱海中的小普陀上头立有一观音阁，民间传说观音菩萨南来时将镇海神印置于石上，从此，洱海不再四溢成灾。再如波澜壮阔的青海湖，是我国第一大内陆湖泊，周围聚居着蒙古族、藏族等少数民族，藏语叫做“错温波”（意谓“青色的湖”），蒙古语称它为“库库诺尔”（即“蓝色的海洋”）。相传青海湖是龙王的小儿子造的，老龙王有四个儿子，他们长大后，大儿、二儿、三儿分别被封到东海、南海、北海做海神。轮到小儿子，无海可分了，老龙王便命他自己去造海。小龙王在陆地上飞来飞去，发现西北青海湖一带土地辽阔，是个造海的地方，便运用神力汇集180条河水朝一处流，水越流越多，终于造出了青海湖。从中可以看出民间的水神信仰后来与供奉龙王神重合，走向了神灵偶像化的道路。

保佑五谷丰登的神仙——五谷神的由来

相传最早的稷神为商末周初的汉东姜姓古国厉国国王厉山氏之子，名农，即神农。据史书记载，神农母名叫安登，于今湖北省随州厉山镇九龙山南麓的一个山洞里“感农而生炎帝”。神农自夏以后被当做稷神而祀之，旧时民间很多地方都尊称神农氏为“五谷祖”，如在太湖边、在无锡一带民间，千百年来相传伏羲、神农曾于此地传播五谷种植的技术。有首歌谣唱道：“伏羲神农驾金龙，九龙山下五谷种。传下五谷救万民，万民万代谢喜（羲）农。”相传每年农历四月二十六日是“五谷祖”诞辰，每到这一天，农民都要备以丰盛的五谷三牲果品，虔诚祭拜“五谷神”。

商汤灭夏后，周人则以其始祖弃为稷神。关于弃的身世，史书记载有一个非常神奇的传说。有邰氏部族的女儿姜原一次来到郊野，看见一个巨人的脚印，心生爱慕，便踩了一脚，顿时就感觉身子振动，像怀孕了似的。十个月后姜原生下了一个儿子。她认为这个孩子不吉祥，就把他扔到了一个狭窄的小巷里，但不论是马还是牛从他身边经过都躲开不踩他；于是又把他扔在树林里，正巧树林里人多，便又把他扔在沟渠的冰上，只见有飞鸟飞来用翅膀盖在他身上。姜原认为他是个神，就抱回来将他抚育成人。由于起初想把他扔掉，所以就给他取名叫弃。弃从小就喜欢种植麻、豆类，种出来的麻、豆生长得都很茂盛。成人之后，又喜欢耕田种谷，所种的五谷，大获丰收，名扬四方，远近的民众都来向

他学习。尧帝闻悉，就任弃为农师，弃教给民众依时种植五谷，使人民受益良多。为了表彰其功绩，舜帝将弃封在邰，号为后稷，赐以姬姓。古人祭谷神稷神，已不是作为一般的自然神，而是上升到了祖先崇拜。

不管是神农也好，或是后稷也罢，反映的都是古时黄河流域、中原地区的五谷神的传说，而在中国南方的广州，五谷神却是不止一个，竟有5个。据晋朝裴渊的《广州记》说，远在公元前885～878年的周夷王时代，连年灾荒，田野荒芜，农业歉收，民不聊生。南海的天空忽然传来一阵悠扬的音乐，并出现五朵彩色祥云，上面站立着5位身穿五色彩衣的仙人，分别骑着5只不同毛色的羊，手里各拿着谷穗，降临于楚庭（广州的古称）。仙人把这优良的稻穗分赠给此地的人民，并真诚地祝福道："愿此地永无饥荒。"说罢腾空而去，而那5只依恋人间的仙羊则化为石羊，永久地留在广州的山坡上，护佑着"楚庭"风调雨顺，幸福吉祥。从此，广州承仙之愿，稻穗飘香，年年丰收，而成为岭南最富庶的地方。为答谢这5位仙人的美意，广州人民从此便把五仙奉为五谷神来祭祀，广州也因此就有了"羊城"、"五羊城"、"穗城"的美丽别称。

祭祀社稷是封建国家之大典，历代不衰，旧时全国各地均有祭祀的场所。如北京宣武区永定门内大街路西侧的先农坛，就是过去明清两代皇帝祭祀神农等神祇的地方。大抵春祭社，秋祭稷，这是取春求谷长、秋抱获禾之意。与朝廷正式大型的祭祀五谷神活动不同的是，民间的祭祀简单、朴素得多。如在江浙一带的农民眼里，五谷神异于佛教、道教中诸神的形象，只是一种看得见摸得着、似神非神的意念而已。农民每逢农历除夕之子夜，点3炷清香走出户外朝天礼拜，同时在地上随手扯几根青草，拿回家供奉，就算是把五谷神请回家过上一段清闲生活。然后在每年播种前再用3炷香和3张黄裱纸，扎以红纸，插在秧田沟里，并且还要插上一根柳枝或樟树枝、松枝、以表示五谷神下田了，俗称"五谷神下田，田坂即无鬼"。从此，五谷神在田里护佑着秧苗成长。割稻前，农民要摘回田间第一个熟黄的稻穗，供在香火前，以酬五谷神的辛苦。到了农历七月十五日，水稻收割完毕，五谷神在田坂里辛苦一年，要回去了，所以，农民在这一天要做道场，为五谷神送行。

在广东潮汕地区，五谷神是一位女神，民间称之为"五谷母"，据说她的生日是农历十月十五。由于潮汕晚稻收成时间约在农历十月初，农民便将五谷丰登时作为她的生日，行祭祀之礼，以答谢她的大恩大德。每年这一天，潮汕农民用水米粉制成粿品，备上三牲，挑到刚刚收割过的那块土地上，焚香点烛祭拜。五谷神虽然没有龛位，不受香火，不像别的大神受到三叩九拜，但在农民心中是最亲近的。他们对五谷神的敬重，表现在日

常对粮食的珍惜。据说这样会遭到天打雷劈。在新疆伊犁地区，生活在那里的锡伯族人民有一个饶有风趣、独具特色的传统节日，即抹黑节。相传每年农历正月十六日这天“五谷之神”都要下到凡间巡视，人们互相往脸上抹黑，是为了祈求五谷之神不要把黑穗病传到人间，使小麦丰收，百姓平安。这一天，人们起得特别早，把晚间准备好的抹好锅底黑灰的布或毡片带上，走向大街等着，伺机抹黑别人。闲不住的年轻人成群结伙挨家串户去抹黑取闹。遇到老年人也不放过，不过要跪地施礼请安，再向老人额头抹一小黑点，以示尊敬。尤其是姑娘，很少有人能逃脱脸上不被抹黑的，此时姑娘们也毫不畏惧，用同样的手段往小伙子脸上抹黑。

耕牛的保护神——牛王神的由来

农家用牛耕田载物，牛的肉与乳皆可食用，骨、角、皮可作器具，自然也就成为中国农业社会中人们非常重要的生产和生活资料。在民间信仰中，越是人们赖以生存的事物，就越是受到崇敬。所以，与牛有关的诸多行业都供奉牛王神。

牛王神，也称牛将军、牛王菩萨、牛王大帝等，原属于动物崇拜。远古时期，牛被人们尊崇为图腾。千百年来，民间流传有许多灵牛的神话。例如，中华民族的始祖神——神农就被传说为是“人身牛首”，位于湖北省神农架林区木鱼镇小当阳村的神农坛，有一尊高大的炎帝神农氏的塑像，其头部两根牛角向两旁横伸，就是体现了“炎帝牛首人身”的传说，反映了远古时代牛图腾的真实历史，直到现在苗族地区还有戴牛角的仪式和装饰。

古代的神话传说中往往把牛尊称为天上的“星辰”，说它以前住在天界，是从天上贬谪下来的。除了“太上老君骑青牛入函关”和“牛郎织女”的传统故事之外，民间还流传着这样两则故事，一则说牛的前身是天上专管草籽的牛神，因不慎打翻了草籽，草籽撒落人间为患，疯长的草覆盖了庄稼和原野，上帝就罚牛神下凡，为农人耕田犁地，日食青草，草没吃尽就不能返回天庭。可人间的青草又怎么能够吃尽呢？牛神知道自己再也无法返回天庭，也就安心地呆在人间，任劳任怨替农人出力，用实际行动来减轻自己的罪愆。另一则又说远古时候，耕田犁地全凭人力，一年到头收成极少，人们生活困苦。玉皇大帝就派牛王菩萨下凡传旨，要人们奉行三日一餐制，以减少粮食开销。牛王下到人间，与农人同吃同住同拉犁，这才了解到一日一餐都很难受了，何况是三日一餐！于是便偷换了御旨，将三日一餐改为一日三餐。人们大喜过望，而玉帝却恼羞成怒，将牛王菩萨谪贬凡尘为牛，替农夫耕田犁地拉车磨面，永世不得再回天。这些古老的传说其实折射出农人对耕牛的敬重与热爱，以及对吃苦耐劳、默默奉献精神的钦佩和赞美。

据记载，春秋时期，秦国的岐州陈仓县南十里仓山上长着一棵大梓树。秦文公二十七年，派人去砍伐这棵树，一砍就刮起大风下起大雨。树被砍的口子随砍随合，砍了一天都也没有砍断。文公便增派了40个士卒，但还是砍不断。士卒们累了便返回去休息，其中有一个士卒脚受了伤，不能行走，便躺在树下。迷糊中他突然听见一个鬼对树神说："战斗劳累了吧？"那树神说："哪里谈得上累呢！"鬼又说："秦文公必定不会罢休，怎么办？"树神回答说："秦公又能奈我如何？"鬼又说："秦公如果叫300人披着头发，用朱丝缠绕树干，穿上赤褐色衣服，一边撒灰，一边砍你，你还能不困窘吗？"树神沉默，无话可说。第二天，那个人就把所听见的向文公报告。文公依言而行，果然树被砍断了，这时从树中跑出一头青牛来，跳进水中又出来作怪，文公派骑兵去攻击它，不能取胜。有一个骑兵跌落地上又爬上战马，发髻解脱披着头发，青牛害怕了，便逃入水中，再也不敢出来。秦国从此在骑兵中设置髦头骑。秦文公后来就在武都郡故道建立怒特祠，以祭大梓之神，即牛王。

宋代以后，又有人把孔子门生冉子作为牛王奉祀的。冉子，名耕，字伯牛，周景王二十二年生，春秋鲁国东原人，以德性著称，在七十二贤人中排为第三名。冉伯牛曾随孔子周游列国，广施教化，为人所敬。鲁定公十年，孔子由中都宰晋升为鲁司空，冉伯牛继孔子任中都宰，以德惠民，以仁施政，政绩显著，深得民心。他本来与牛并没有什么关系，可能是因为名字里既有"耕"字，又有"牛"字，故被后人奉为牛王。清人李绿园在长篇小说《歧路灯》第一百零一回里借娄朴之口说："唐宋间农民赛牛神，例画百牛于壁，名百牛庙，后来讹起来，便成冉伯牛。"由此可见民间崇拜的动物神，在人神化过程中常见牵强附会的情况。

关于祭拜牛王的时间，各地各民族都不一样。旧时安徽徽州有牛福会的习俗，老百姓认为农历三月初三日是牛王菩萨的诞辰，届时凡有牛之家，带上祭品，牵着耕牛，并在牛角上挂红、黄、绿三色布条，齐集于村中的社庙，祭祀牛神。而湖北恩施州土家族则有过牛王节习俗，牛王节一般在农历四月初八或十八举行，因此又称"四月八"，节日活动以酬谢耕牛的祭祀活动为主，兼有一些文艺表演。在广西桂北龙胜一带壮族山村，壮族把农历四月初八称为"牛魂节"，或"脱轭节"，传说这天是牛王诞辰，因此要给牛脱轭，刷洗身子，到水草丰美的地方放牧。牛栏要打扫干净，不准役使牛，更不准鞭打，还要给牛唱山歌，喂牛米饭。过去有一些寨子里还建有牛王庙，过节这天，要杀猪祭祀，村民们在庙里聚餐。旧时山东青岛民间以农历六月二十三日为"牛王节"，湖北一些地方每逢农历八月十五为牛王过生日，贵州仡佬族的"牛王节"则在农历十月初一举行，这些都无非表现了各地农家对耕牛的爱护和对农业丰收的期望。

总管百花的神仙——花神的由来

中国人对花是情有独钟的，花自古以来就被人们认为是美好吉祥的象征，所谓“花开富贵”“花好月圆”等，都是基于对花的热爱而产生的感叹。民间由此而产生了最初对自然界里生长着的百花的崇拜，并赋予这些花以鲜明的象征意义。后来随着时代和社会的发展，人们对这种源于自然崇拜的百花的崇拜便逐渐地为神学宗教所代替，于是就创造出许多社会化、人格化的花仙子和花神来。我国早在唐宋就流传有不少关于花仙子和花神的动人故事。如明末文学家冯梦龙编写的白话小说《醒世恒言》第四卷《灌园叟晚逢仙女》，讲的是一位名叫秋先的老翁一生酷爱养花，虔诚地祭拜花神，其诚心感动了上天的花仙子，当他遇到危难时，花仙子下凡解救了他，并铲除了恶霸。

根据道教的万物有灵论和泛神论的理论，有形即有神，甚而自然界里的气、色、光都有神。而作为万物之精华的花木，当然就有司花之神——花神。不过，最初人们几乎是将世间的所有花卉神化到一木一神、一花一仙的程度，其后才有了总管百花的花神信仰。“花神”一词，最早见于东晋道士葛洪编撰的《神仙传》一书，据南宋洪迈《夷坚支志》引《神仙传》所载：“润州（即今江苏省镇江）鹤林寺有株杜鹃花，高丈余，每春末，花开烂熳，尝见红裳艳丽三女子共游树下，俗遂传为花神”。

人们常常喜欢将漂亮的女孩比做“花”，譬如“如花似玉”，因此，花神一般也多为女性。

与中国传统神话中的道教女性花神不同的是，佛教传入中国后，也创造出了一位男性花神，来与道教争夺信徒，他就是佛陀释迦牟尼颇为得意的传法弟子大迦叶。在佛教禅宗有一段经典故事“佛陀拈花，迦叶微笑”。说是释迦牟尼在菩提树下悟道后，在灵山大会上，登座拈花示众，与会百万人众皆面面相觑，无法会意，唯有迦叶尊者当下灵犀相通，破颜而笑。于是，释迦牟尼开口道：“吾有正法眼藏，涅槃妙心，实相无相，微妙法门，不立文字，教外别传，付嘱摩诃迦叶。”释迦牟尼手中的那朵花也就成了禅宗所谓“不可说”的最高境界，而这也就理所当然地成了迦叶被中国的佛教信徒奉为花神的最佳理由。

中国民间认为，人世间有百花，百花里各有花神，而这些花神们则又服从于十二个月花神的指挥，依序绽放，为世界妆点缤纷。晚清学者俞樾在《十二月花神议》中选出十二月的花以及代表该月花神，这十二个月令花神基本上是人们所熟知的历史传说人物。如农历正月，正是大地瑞雪飘洒、天气严寒、三阳开泰、万物出震之时，百花凋零，梅花却凌霜傲雪怒放，故称此月为“梅月”，当月花神为梅花仙子，女花神为寿阳公主，男花神为林逋。寿阳公主是南朝宋武帝之女，平生喜爱梅花，曾因梅花飘落其前额而留下五瓣淡红的梅痕、创造出天夺巧工的“梅花妆”著名于一时；林逋为宋初隐士，隐居西湖，终身不仕不娶，以赏梅养鹤为娱，人称“梅妻鹤子”，其《山园小梅》一诗中的“疏影横斜水清浅，暗香浮动月黄昏”两句，最为人称颂。再如阳春三月，桃花灼灼，烂漫芳菲，灿若云霞，故名“桃月”，当月花神则为桃花仙子，女花神为息夫人，男花神为刘晨、阮肇。据传春秋时楚文王听说息夫人貌美，灭掉息国后，便掳回息侯夫妇，欲强占息夫人为妻。息夫人为了见息侯一面，忍辱偷生。某天，趁文王外出打猎，息夫人出宫与息侯见面，然后双双殉情，此时正是桃花盛开的三月，楚人为之动容，立祠祭拜，并称她为桃花神；刘晨和阮肇是南朝刘义庆的《幽明录》中的人物。汉明帝时，这两人相偕上天台山采药，不幸迷路，忽看见一片桃花林，并巧遇仙女，缔结良缘。十天后两人求去，返回尘世，方知已过七代。

花神众多，总不能“无家可归”，再说人们祭祀花神也应该有个地方。故此各地都有花神庙，供奉神像。在江苏南京雨花台的西南，就有一座花神庙，内有一个大殿和十余间配房，供奉着一尊牡丹花王大神像和百余尊百花众神大小神像，以供人们祭拜。在北京陶然亭中央岛锦秋墩的山顶上，旧时有一座花神庙，又称花仙祠，是一栋内有十二仙女像的三楹小屋，周围“绕以短垣”，花神庙已不存在。

根据气候特点，我国南方群众认为农历二月是种花养花的良好时机。因此民间认为农历二月十五日为花神生日，俗称“花朝节”。浙江省湖州一带，花朝节这天，人们在花盆中插一三角小彩旗，以祝贺花神的生日。当地花农认为在这天种花、嫁接，最容易成活，故人们多在这一天下种、移栽、嫁接。民间在养花种花的关键时刻形成的这个花的节日，对于提高人们种花、养花和爱花的情趣是大有好处。

狩猎者的保护神——猎神的由来

在人类历史的长河中，以狩猎和采集兽食谋生的时代应该说是最漫长的岁月，大约在

170万年以上。在这个狩猎时代，人类不过是“准高等”动物罢了。因此，狩猎经济这种原始性和惊险性并存的行业，在人们还远没有从迷信中解放出来之前，积淀和传承下来许多民间猎神崇拜的习俗。

生活在湘鄂川黔交界处的武陵山地区的土家族大都信奉的梅山神就是一位女猎神，她是一位美丽勇敢而又善射猎的姑娘。据传说，早先在黔东北的龙头山脚下，有一个土家族聚居的名叫梅山寨的山寨，寨上住着一个技艺超群的老猎人，他有一个女儿，出世的时候，正值梅开花香时节，就取名叫香妹。香妹从小聪明伶俐，9岁就跟她父亲学会了上山打猎的本领，不到3年，猎艺就超过了她的父亲。她猎获过不少野兽，归来时总是按土家族人的习俗，打得的兽头留着家中食用，而将肉分给在场的人，周围的土家人没有一个不喜欢和尊重她的。据说有一次，龙头山里突然出现了7只老虎，连续几次害畜伤人。香妹得知后，决心为民除害，但她父亲年已古稀，只好让她独自一人进山。从清早战到黄昏，她接连打死6只老虎。正当她正准备下山回家时，一只猛虎突然迎面向她扑来。她随即展开架势，来个“金蝉脱壳”，猛虎扑空。香妹乘机箭步上前，一跃骑上虎背，死死卡住猛虎脖子，便与猛虎搏斗起来。老虎无法挣脱香妹铁钳般的手，但香妹由于过度疲劳，再也无力把老虎打死，几番搏斗，最后香妹与虎一齐滚下万丈深渊。第二天，寨里人和四周乡亲听说后，便成群集队地上山去找她，结果只找到了那被打死的7只老虎，却没有找到香妹。土家人就认为她是天上下凡的神仙，现在玉皇大帝把她收回天上，封为“猎神”。因为平常土家人喊香妹“梅花姐”，家又住在梅山寨，所以也就把她叫做“梅山神”。从此，土家猎人敬“梅山神”。当地人传说，野兽都要听梅山神传令调遣，敬山神求保佑的猎人进山获猎多，而且能平安归来。敬梅山神没有专门的庙宇，其神位设置在堂屋内或室外僻静处的石砌小屋，祭祀时间多在出猎前一天晚上的夜深人静时刻。祭祀时必须衣冠整洁，不得袒胸露背，出语粗俗，以免惹恼了这位猎神姑娘。

生活在云南东川一带的彝族和没白依族族人，供奉的也是一位女猎神。每次外出打猎时，人们要从猎神处点上火绳，带上山去，表示猎神同他们在一起。选中猎场后，要脱掉鞋子，进行“安巢”，还要在树上挂一张猎神纸，将猎枪立于树枝前面，杀一只鸡献给山神。杀鸡时，先切开鸡冠，在每支猎枪的枪头上搽一点鸡血，然后念诵道：“我们今天出来打猎，请猎神关照我们，保佑我们，保佑我们打得多，保佑我们打得准。猎神的关照我们不会忘记，神仙的保佑，我们也不会忘记。今天如果我们打着猎物，首先就向你们祭祀。”念完后，把鸡头、鸡翅、鸡脚装成一碗，其他的装成另一碗，把松枝剖成两半，对齐，从高处抛下来，若是新面向上，便是吉象，表示猎神启示他们，可以出猎了。打到猎物后，立好枪，当场剥皮，把猎物的舌头、肝、肺等各切

一小片，用打中的那条枪的通条把肉穿起来烧，烧到半生不熟即开始吃，吃时念诵道：“我们沾了猎神的福，我们才打中了猎物；我们明天还要进山，请猎神多多保佑。”念完后，每人吃一点肉，表示感谢猎神。

在人类原始的母系氏族社会里，妇女是狩猎、保卫部落的重要力量，而男子不过是辅助妇女的次要力量。在母系氏族社会的末期，由于生产力的发展，男子成为了狩猎、保卫部落的主要力量，于是就出现了一些男性猎神。

对于猎人来说，大山是狩猎的主要场所，山神是支配山间万物的神灵，猎人们以山作为行业之本，自然也就同时将山神视为自己的保护神。因为山神既可以赐予猎物，也能够惩罚不敬神的猎人，所以猎人们上山时必须要虔诚地祭祀山神，上山后还必须时时处处留心，以免触犯了山神。前面说过的云南白依族猎人狩猎之前也要祭拜山神。猎人祭拜山神与祭拜猎神基本上是同时进行的，仪式差不多，获取猎物后少不了也要献祭山神。

制盐人的保护神——盐神的由来

俗话说：“一天不吃盐，吃饭不香甜；三天不吃盐，一身软绵绵。”的确，食盐是人们每天必用之物，它不但是应用最广的重要调味品，更是人体生理上的必需品，对人们的身体健康影响甚大。由于我国制盐业分布的地区较广，盐工所信奉的盐神也就特别得多，有管仲、盐母、池神等，这些盐神虽然没有被直接称之为“祖师”“先师”，但实质上也就是被当做祖师神来祭拜的。

位于山西省西南端的古河东地区运城盐池，是我国最为著名的盐池，在远古时期，它就被称为“盐贩之泽”，后世又被称为“河东盐池”“解池”。在运城盐池的百里盐滩上，流传有许多关于盐池形成的优美的、想象丰富的神话。有一个神话说远古时期东夷族部落的首领蚩尤，由于不安于东方，便到中原的黄河流域来与轩辕黄帝争斗。黄帝在中冀阪泉把蚩尤打败，并将他杀死，还把他的躯体肢解了。他的血液流入运城盐池，化成卤水，卤水可以晒成盐，供人们食用。

但山西人似乎并没有祭拜这位以身化盐者，而祭拜另一位盐宗宿沙氏。宿沙氏可能是山东半岛一个部落的首领，古籍中有称他是炎帝神农氏的“诸侯”，有称他是黄帝的臣子，《太平御览》又说他是春秋时代齐灵公的臣子，具体年代很难断定。宿沙氏是煮海盐的能手，。所以，运城盐业尊他为“盐宗”。不仅在运城盐池，在其他盐区，也有尊奉宿沙氏为“盐神”的。如清同治年间，时任两淮盐运使乔松年就在江苏泰州修建了一座“盐宗庙”，庙中供奉主神即是宿沙氏，商周之际运输卤盐的胶鬲、春秋时在齐国实行“盐政官营”的管仲，则在庙中陪祭。

渤海区域历来都是我国最大的海盐生产基地，其中长芦盐区早已驰名中外。靠近天津滨海隶属于长芦盐区的塘沽、汉沽等盐场过去信奉的是一位女神——盐母，宁河县芦台镇中大街西阁北侧有一座古盐母庙，供奉的就是她。盐母不仅是盐业之神，也是天津的地方神。从清朝至民国初，芦台盐场官员和芦台、汉沽两地灶户，每逢大年初一、初二，都要把盐母庙打扫干净，摆供烧香，进行祭祀。祈求盐母一年内不发大水不闹海啸，许愿来年为盐母修缮庙宇。盐母可能是继宿沙氏之后的我国的第二盐宗。另据相传，渤海的渔民詹打鱼（詹王）因创造海盐制法，也被尊为盐神。

四川地区在1亿3000万年前是一片海域，海水沉积物中盐的含量很高，随着地壳运动的变化，盐就埋藏在地层里了。人类在此地生活以后，因生活所需到处找盐，于是发现了这里的“化石盐”。这样，具有类似盐矿的地方，打井取盐便成为人们的一项重要生产活动。四川自贡盐都旧时供奉的盐井保护神是专司盐井的土地神，其牌位就在井口旁，凿井和排除井下事故时，盐工们都要焚香祭祀。除此之外，仁寿县井盐工人供奉的盐神为张道陵。张道陵是东汉五斗米道的创始人，自称张天师，他在当地打了一口极深的盐井，名曰“陵井”，这口井直到唐宋还在大量出盐。仁寿建有张道陵庙，人们奉之极为虔诚。民间还传说张道陵开井后，邪神十二玉女经常作祟，破坏淘井，张道陵将她们镇在井中，使之改邪归正。这个传说，曲折地反映了当初盐工们在与开发井盐的困难作斗争时的复杂和矛盾的心理。

酿醋业的保护神——醋神的由来

常说百姓开门7件事：柴米油盐酱醋茶。醋，是人们经常食用的调味佳品。食醋是以粮食、糖类或酒糟等为原料，经醋酸酵母菌发酵而成。

中国的名醋有山西老陈醋、江苏镇江香醋、四川保宁醋、福建永春香醋这“四大名醋”。四大名醋产地所供奉的行业神有姜子牙、醋姑、杜康等，我们可以将他们统称为“醋神”。

姜子牙之所以被民间封为“醋神”，是因为当年姜子牙封罢诸神，才发现忘了封自己。此时只剩下了一个醋坛神的位子还空着，姜子牙就将自己封为醋神，一则可以解周武王对功臣的猜疑，二来可以与老百姓同甘共苦。四川阆中保宁酿醋已有两千多年的悠久历史，古时候阆中酿醋业极为发达，酿醋坊多达四十余家，故有“醋城”之称。清末及民国年间，阆中把每年农历四月初一定为“醋节”，这天凡是酿醋者都要自动捐“香钱”聚会，在塑有醋坛神姜子牙像的城南华光楼和锦屏山吕祖殿，搭台燃香点烛，虔诚跪拜祭祀，以求多酿好醋，生意兴隆。据传索义廷原为明朝宫廷酿醋师，明亡后四处逃亡，历经艰辛，流落到阆中时已经是一脚赤足，一脚烂鞋。他亲自上山采药制醋曲，用小麦豉为原料，汲取嘉陵江水，酿出第一坛保宁醋。也许颠沛流离的生活给他的记忆实在过于深刻，因此当时取醋名为“一只鞋”，后才改名为“保宁醋”。当地还传说，三国名将张飞镇守阆中7年，因其嗜酒，常喝得酩酊大醉，误事不少，左右愕然。后来他的部将想出以醋制成“醒酒汤”，供张飞解酒，果真见效，故以醋解酒之法至今仍被采用。

杜康造酒的故事是老幼皆知的，不知从什么时候起，有好事者就编起他造醋的故事，而且这故事编得有板有眼的。据说，杜康发明酒后，最初把酒糟全部扔掉了。后来，他觉得这样太可惜，于是他把酒糟积攒起来，掺水泡在缸里，过了21天，变成了香味浓郁的醋。望着这一缸浆水，杜康突发奇想，它是在二十一日的酉时发明的，把“酉”和“二十一日”合起来，即“醋”字。所以，不仅醋是杜康发明的，而且就连“醋”字也是杜康造出来的。

在某些地方，这故事的主人公变成了杜康的儿子黑塔。旧时江苏镇江酿醋业就以黑塔为他们的祖师神。这大概是因为酿醋的原理与酿酒相近，从酿酒业信奉杜康为酒神衍出的。

药材商人的保护神——药王神的由来

人的一生离不开医药，人们感谢医药的发明者和名医名师，并把他们视若神明。于是药王庙、医王庙遍布全国各地。全国的药王庙当首推河北安国的药王庙了。河北省的安国，古称祁州，是我国历史最久、规模最大的药材市场。早在900年前的宋朝初年，这

里就已成为大江南北中药材的集散地，有“药都”之称。药都最有名的古迹当然是药王庙了，安国药王庙年代之久、规模之大、影响之广，为全国之冠。

安国药王庙在县城南关，始建于900年前北宋年间，明代重修。前有牌楼、山门、石狮，并竖有27米高的铁旗杆两根，上端悬斗吊铃，下有一副铁铸对联：“铁树双旗光射斗；神麻蒲阴德参天。”

山门前的牌坊上精雕龙凤图案，原额写的是“封加南宋，显灵河北。”但这座大名鼎鼎的药王庙大殿所祀主神，不是通常的三皇，也不是扁鹊、孙思邈或李时珍，而是东汉的一位太守邳彤。

邳彤是安国人，东汉开国功臣。他原是刘秀部将，在平定王莽建立东汉的征战中，功勋卓著，后任曲阳太守。邳彤文武全才，精通医理，他倡导扶植民间医药行业。从此，安国就有了种药、制药、重医的传统，为以后成为药都打下了基础。邳彤死后，被葬在安国县城南门外，并在邳彤墓附近修建了“邳王庙”。以后这里流传着许多邳王“显灵”为人治病的传说，官府上报朝廷，宋徽宗特加封邳彤为“灵贶公”，并重建庙宇祭祀。于是安国声名大振，邳彤被尊奉为药王，这里也逐渐成为全国的药材交易中心。明清时更为兴旺，药王庙也远扬四海。

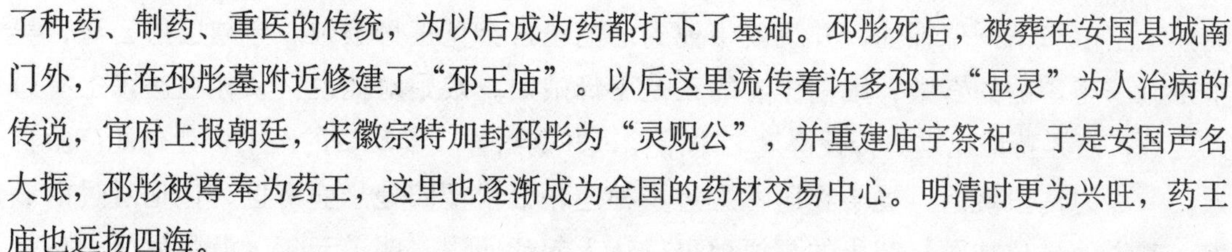

有趣的是，药王庙前塑有红、白两匹战马和两个英武戎装马童，象征着邳将军的勇武。一边是弘扬医德，一边是夸耀战功，这在全国所有药王庙中是绝无仅有的。庙中碑碣林立，有的碑上刻着古药方药材知识，非常珍贵。大殿正中供有邳彤彩像，南北两座配殿中，供奉中国十大名医塑像，左有华佗、孙林、张子和、张介宾、刘河间，右边有扁鹊、张仲景、孙思邈、徐文佰、皇甫士安。

古时安国每年举行两届规模盛大的药王庙会，祭祀药王邳彤，同时交易药材。庙会春天和冬天各举行一次，俗称春庙和冬庙。庙会上来自全国各地的药商要先在药王庙举行祭祀药王的活动，还要演戏酬神，然后再做生意。药商们对邳彤极其崇拜，视为药业的吉祥保护神，因邳彤是安国人，宣称药材不到安国就没有药味，味薄的药材一到祁州便会药味变浓。所以，各地药商届时云集安国。如今药都安国的药材市场更为兴旺。

驱除疾病的神仙——保生大帝的由来

保生大帝俗名吴夲，字华基，别号云东，生于宋朝。人们非常敬奉他的医术，后来的医生和药馆对他尤其虔诚，是个医药大仙。

相传吴夲的母亲生下他时，已经是近四十的高龄，在怀他之前，曾在梦中吞过一只白龟。吴夲从小便拥有过人的资质，博览群书，尤其特别爱好医药书籍，长大后便在当地医治百姓。因为他医术高明，大家都把他像神明一样地敬奉。

吴夲在开始医治百姓前，有过一段奇遇：17岁的时候，吴夲一个人到海边赏月，突然从空中降下一位神仙，并说要带他到瑶池圣宫会见王母娘娘。穿越层层云海，吴夲来到一座华丽的宫殿，殿前坐着的正是王母娘娘。娘娘对他说："你在医术上有过人之处，仙界特地让本尊传授降魔之术给你，并赐给你一部珍贵的医书，让你能广救世人。"因为这段奇遇，吴夲在医术上进步神速，很快便四处悬壶济世，让他看过的病人，都说他是位神医，夸张的更说他可以让人起死回生。明道元年，漳州发生一场大旱，粮食奇缺，民不聊生，吴夲要大家别担心，说十日之后一定会有粮食到达。果然不出吴夲所料，不到十日，陆陆续续地有船只从港口进入，带来一批批的米粮。隔年当地不幸又有瘟疫流传，造成人民大量死亡，情况十分的惨烈，吴夲听说后，赶紧前往漳州，医治病患，并施法除去鬼怪，瘟疫才慢慢地消失。因为吴夲一生救人无数，所以他所到之处，都广受人民的招待敬拜，感谢他的大恩大德。相传不久吴夲便得道成仙，但关于他救人的故事，仍在继续地传诵。

吴夲济世救人的故事，除了一般民众外，甚至是一些生灵只要生病也会前来求医，于是有"点龙眼、医虎喉"的故事。

有一天吴夲到山上采集草药，发现有只白额的猛虎痛苦地在地上打滚，他向前一看，原来是有根骨头卡在猛虎的喉咙，吞不下也吐不出来，只能嚎嚎呜叫。吴夲不忍心看它如此的痛苦，便到河边取一碗水，加上一些符，灌入猛虎的喉咙，刹那之间，骨头化成一道白水，顺势流入肚中。后来猛虎为了感谢吴夲的恩德，自愿地看守保生大帝的庙宇。

这一天吴夲依然在药堂医治百姓，轮到一位眼病的先生时，吴夲特别看了他一眼，心知这人是巨龙化成人形，却也不动声色，仍替他点些药水医治，没想到巨龙多年的眼病从此痊愈，才步出堂外，便化身巨龙腾空驾雾离去。

因为吴夲事迹的广大，造福的群众众多，于是历代的君王不断地册封他神号，像大道真人、冲应真人等，一般人则称他为吴真君、大道公等。现在保生大帝的名号，是明代仁宗所追封，全名为“万寿无极保生大帝”。

台湾保生大帝的信徒众多，这跟台湾有许多祖先是从福建而来有关。台湾人的先民来处虽杂，但承接中国传统的思想，仍是有迹可寻，而宗教上的信仰便是。道教上的神明，我们都可以在大陆和台湾两地找到相同或是相似的。早期台湾的蛮荒，让所有渡海来台湾的人，都抱着必死的决心，在绝望的心情下，提供精神的依靠便是宗教，一旦生病所想的也是求神拜佛，于是保生大帝这位医药大仙，便在台湾扎下虔诚的根基。

木匠的祖师爷——工匠神的由来

巧圣先师是木匠、工匠等行业的祖师爷，是对鲁班的尊称。相传鲁班尺就是他所创。

鲁班，鲁国人氏，是我国古代有名的工匠，相传他制造的东西栩栩如生，而且真的能动。鲁班曾替他的母亲建造一辆马车，马车上还有个木人，只要母亲坐在马车上，木人自动地会挥起马鞭，马车就这样启动，在大街上快速地奔跑，没想到他的母亲却再也没回来。当然这只是个传说，为了证明他的巧手。

相传鲁班曾建造一只木鸢，在上面装有机关，只要是启动机关，就能够把人带到天上飞翔，于是他常常乘坐木鸢回家看妻子，不久他的妻子就怀孕，肚子一天天地大，而他的父母于是追问原因，妻子害羞地说出真相。鲁班的父亲很好奇这样的东西，偷偷地利用儿子回家的时候，将木鸢取出乘坐，他启动机关后便飞向远方，这一飞就是千里之远，降落后却被当地人认为是妖怪杀掉。鲁班发现木鸢不见，父亲也消失，便再造一只木鸢，四处寻找他的父亲，终于找到了他的尸首，并将尸体带回家中。他认为当地人十分愚昧，竟然误杀他的父亲，便建造一个木头仙人，遥指当地的方向，结果当地3年间未曾下过一滴雨水。当地人找巫师卜卦，问问究竟出了什么事，巫师才说是他们得罪鲁班，于是鲁班施法让他们没有雨水。当地人赶紧

派人到鲁府，跟鲁班道歉，并保证是无心之过，求他能够原谅他们。鲁班最后将木头仙人的手指砍掉，即时当地便下起倾盆大雨。

相传他的妹妹鲁姜也是个工艺高手，两人的手艺可说是不相上下，有一次便提议来个比赛，看谁真正有双巧手，于是相约各自建造一座桥。鲁班负责的是城市南边的桥，妹妹负责的是西边，比赛从一更开始，到公鸡鸣叫时停止，约定之后两兄妹展开一场大赛。

两人同时开始，然而鲁姜提早完成后，便跑到哥哥造桥的地点，偷偷看鲁班建造的情况如何。一到场，只见到鲁班手执皮鞭，驱赶着一群白羊向她的方向走来，仔细一瞧，发现那不是白羊，而是一颗颗洁白的石头。浩大的气势，让鲁姜惊叹不已。而看到桥的架构，虽未完成却已显出宏大之势，想到自己的小桥真是天上人间之别。为了让自己在比赛中获得胜利，鲁姜赶紧跑回城西的小桥，做最后的加工整理，她加上一座石狮子，并在桥上刻上一些美丽的图案，像是牛郎织女图。但总觉得这样仍是不妥，便回到哥哥的场地，跟他开个玩笑，悄悄在一旁学鸡叫。这一叫惊起其他的公鸡，跟着争相鸣叫，鲁班眼见时间快来不及，却还有两处尚未完成，便用力一抛石块，当石块落在桥上，刚好赶上鸡鸣停止的时间，这也就是后来的赵州桥。

虽然只是兄妹间的比赛，但一夜之间建造大桥的神力，仍让当地的居民佩服万分。这不可思议的行为，渐渐地在人群中传开，于是从全国各地，每天都有许多人来到赵州桥，看看鲁班鬼斧神工的手艺。这样的消息从民间传到仙人的耳朵，好奇心特重的张果老，决定前往一探究竟。当张果老与另一位友人，同时站在桥上，因为两人的神力，让坚固无比的赵州桥开始摇晃，尤其最后那两块石头，摇晃得特别厉害。鲁班迅速地赶到桥边，往河底一跃，用两手撑住桥面。神奇的事发生了，经过他的抢救，终于保住了赵州桥，听说直到现在，桥上仍可清楚看见鲁班的手掌印和张果老所骑驴子的脚印。

中国很早就有超过三百六十五种的行业，较大的行业会有着自己的创业祖师，而木匠的祖师就是鲁班。农历五月初七为巧圣先师鲁班的祭祀日。

染织者的保护神——梅葛二圣的由来

尊师敬祖是我国人民的一种传统美德。过去各种手艺行，都有自己的祖师爷。逢年过节，手艺人都要纪念和感谢创造行业的祖师，以求祖师降吉降福。

“梅葛二圣（或梅葛二仙）”即是染布行业的二位祖师神。

有关梅葛二圣的来历，有两种传说。一种是，最初人们用棉布和麻布缝制衣服，确实比兽皮羽毛舒服多了，但可惜都是灰白色的，远不如兽皮羽毛漂亮。有个姓梅的小伙子，

一次不小心跌倒在泥地里，河泥染脏了白布衣服。于是他脱下衣服在河里洗，怎么也洗不干净，衣服成了黄色。村里的人一见都说挺好看。梅小伙把这个秘密告诉了一个姓葛的小伙。于是河泥可以染黄布的事传开了。从此，人们穿上了黄色衣服。

梅、葛两人寻思着把布染成其他颜色，总不成功。一天，二人把白布染黄，挂在树枝上。忽然，布被一阵风吹落在草地上。等他们发觉后，黄布成了“花”布，上边青一块，蓝一块。他俩觉得奥妙一定是在青草上。于是两人拔了一大堆青草，捣碎了，放在水坑中，再放入白布，白布一下变成了蓝色了！此后，人们穿上了蓝衣服。梅葛二人也成了专门染布的先师。

一天，二位先师正在染蓝色衣服，一边干活一边喝烧酒，葛先师一仰脖灌下了一瓦罐烧酒，他喝得太猛了，一呛，把酒吐在面前的染缸里。不想，缸里的布染成了鲜蓝鲜蓝的颜色。此后，梅葛二先师就改用酒糟发酵，使还原的方法染布，又快又省力，颜色又鲜亮，并且长久不掉色。

染匠们为了纪念梅、葛二位先师的功绩，尊他们为祖师爷，称“梅葛二圣（或梅葛二仙）”。

另一种传说更有趣，“梅葛二圣”并不是什么先师，而是一鸟一果。传说，最古时候古人们不管百姓还是皇帝，穿的衣服都没色，有个皇帝觉得自己与百姓们穿一样的没有色彩的衣，显不出尊贵，就下令让工匠们为他制一件跟太阳一样鲜红的袍子。工匠们做不出，就被杀死，一连杀了许多人，红袍子还是没有制出。

一天，忽然来了一位老人，他为了救工匠们，使他们不致被斩尽杀绝，就欺骗皇帝说：“我能造红袍，但要一些时间。”老人不过是缓兵之计。这天他来到山林正在苦思冥想怎样让皇帝再宽限时间，忽然，他发现一只葛鸟在吃梅果，它一面鸣叫，一面吃，梅子的红汁从鸟嘴里流出来。老人一下有了主意，用红梅汁染成红袍，或许能应付过去。老人一试，果真成功了。老人拿红袍交了差，在暴君刀口下救活了无数工匠。众人都把老人视为“活神仙”，要给他立庙供奉。

老人不答应，说是天帝派了两个神仙，一个姓葛，一个姓梅，来拯救大家。于是，工匠们按照老人的模样塑造了梅葛二圣像，建庙供奉。

过去，一般有染布店、刷纸作坊、印制年画的地方，如河南开封朱仙镇，四川绵竹、夹江等地都有梅葛庙，没有庙的地方也有“梅葛仙翁”纸马神像印刷。在每年农历四月十四和农历九月初九这两天，染匠们都要齐集梅葛祠或梅葛庙里聚会祭祀，同饮“梅葛酒”，以求二位先师保佑染业兴旺发达，给染匠们降吉降祥，带来好运。

苍颉造字——造字神的由来

在陕西白水县史官乡有座苍颉庙，近两千年前的东汉年间此庙已具有相当规模。历朝历代以至民国年间都曾重修重建。至今大庙还存有前殿、正殿、后殿、献殿、钟鼓楼等建筑，庙院占地1.2公顷。

后殿正中供奉着苍颉的神像，与众不同的是，此神有4只眼睛，这是根据古书“苍颉四目”的记载塑造的。相传苍颉是从天上降下来的神人，他的品德高过大圣贤，长着4只眼，眼睛里放着神光。苍颉“生而能书”，发明了文字。也有人说他研究鸟的爪印、兽的足迹、龟背上的花纹、山川起伏的状态等，心有所悟。创造了中国的象形文字。

我国仰韶文化时期就早已经有了图画文字。以后逐步演化成真正的文字。殷商时代的甲骨文，遗存至今的尚有3500多个单字。甲骨卜辞记载了当时人们的各种社会活动。文字的形成，标志着人类进入了文明的门槛，在人类社会发展史上占有极其重要的地位。人们自然要感谢和颂扬文字的创造者，于是出现了造字神话和造字之神苍颉这个传说人物。苍颉被神化为天神下凡，他有超过凡人一倍的眼睛，这样就使他具有远远超过常人的特异功能，能看得更多、更远、更清，因而创造出非凡的业绩。

其实，造字是人类社会活动中的一种群体活动，并非是一个什么天才人物的独家创造，而是许多许多人共同努力的结果。当然，其中也不乏聪明智慧之士，总结广大人民群众的集体创造，进行不懈地整理、加工和提高。这些人对文字的形成作出了重大贡献。苍颉，就成了一位最杰出的代表。

传说苍颉是黄帝时代的史官。所以他的家乡叫史官乡。黄帝时代，人们已发明了结绳记事法，然而这种方法只适用短时间内，人们尚可以记清结绳是记的什么事情，时间长了，人们无法从成堆的绳结上回忆起它们代表什么。苍颉决心要创造一些符号，能分别记录事情和各种物品数目，也可用来传递消息。

他把他创造出来的代表宇宙万物的各种符号称为“字”。“字”创造多了，他就躲在一个无人住的山沟里，挖山洞，再用尖刀把字刻划在洞壁上。就这样“纵横布置成奇字，恍惚龟文鸟迹书”的字体布满了一个又一个山洞。最后苍颉的字没有地方放，他就跑遍全国把字教给人们。到现在，陕西、山东、河北、河南以及江苏等地据说还能收集到苍颉造字、教字的民间故事。他还曾在长安的张宫村设帐教徒，有弟子数千人。

苍颉的名字和造字功劳早在战国时期，就出现在许多古籍中。是许许多多文字创造者的化身，对整理古代文字，推旧出新作出了巨大贡献。文字是人类文明发展史上一个重要标志，一个里程碑。

陕西白水苍颉庙至今保存很好，在后殿苍颉神像下面，相传有隧道可通到殿后的苍颉墓中。苍颉墓为圆形土堆，高有一丈，墓顶有一古柏，枝干四出，且枝干每年轮流枯荣，称为“转枝柏”，是世所罕见的植物奇观。

后殿和正殿两旁陈列历代碑刻。其中一块为“苍圣鸟迹碑”，据说是苍颉所创的“鸟迹字”。

有一块“孔子弟子题名碑”。据说苍颉当年造的字有三石六斗油菜籽那么多，谁学也学不完。孔夫子只学了两石油菜籽那么多的字，就成了圣人，还教出了3000弟子、72贤人，所以孔夫子的弟子要立碑向师祖行礼。

当年还剩一石六斗油菜籽那么多的字，苍颉经西域传播出去，使异国诸邦都有了文字。

东汉年间重修苍颉庙时，后人立了一块“苍颉庙碑”，现在已移至西安的“碑林”。还有传说沮涌也是造字神，并说“沮涌、苍颉为黄帝左、右史”。但沮涌的流传和影响远不及苍颉广泛深远，至今已鲜为人知了。

造纸行业的保护神——纸神的由来

纸是我国古代科学技术的四大发明之一，它与指南针、火药、印刷术一起，给我国古代文化的繁荣提供了物质技术的基础。纸的发明结束了古代简牍繁复的历史，大大地促进了文化的传播与发展。今天纸的使用非常普遍，如果没有纸，我们很难想象出世界会是个什么模样。饮水思源，我们不应该忘记二千多年前造福人类的伟大发明家——蔡伦。

蔡伦不是传说中的人物，而是一个生活在公元1～2世纪的历史人物。早先人们写字、著书，用的是丝帛和竹简。丝帛太贵，穷人用不起；竹简笨重，使用很不方便。于是，蔡伦总结了西汉武帝时期用麻质纤维造纸的经验，改进造纸术，利用树皮、碎布、麻头、旧鱼网等原料，经过精工细作，制出优质纸张。汉元兴元年奏报朝

廷，受到汉和帝的称赞，从此造纸术得到推广。由于这种纸是他组织监制的，故被称为“蔡侯纸”。由于蔡伦对造纸术的贡献，我国在公元2世纪初的东汉时期已经完成了具有重大意义的造纸技术改革。公元3～4世纪，纸成了我国最普遍的书写材料，同时造纸术也不断得到改进，日趋完善。后来，我国发明的造纸术传遍了五大洲，大大促进了世界科学文化的传播和交流，深刻地影响着世界历史的进程。

但这样一个影响中国乃至世界的伟大的古代发明家，人生结局却是很悲凉的。由于他早年陷入了一场残酷的宫廷权力斗争，窦太后死后，汉安帝要为祖母宋贵人报仇，下令蔡伦到廷尉那里去自首。蔡伦为了不受辱，宁愿服毒自杀。他先沐浴完毕，再把自己的官服穿好，便服毒而死。死后，他生前因为功勋而获得的爵位也随即给削去了。《后汉书》以寥寥数语，把蔡伦之死写得从容洒脱，悲壮之情溢于言表。至今读来，令人感动。

陕西省洋县当地传说，蔡伦死后，当地乡民偷偷地将其遗体掩埋在龙亭的乡野，四乡百姓每逢清明和蔡伦忌日都要进行野祭。30年后，汉桓帝迫于民心难违，于元嘉元年公开为蔡伦平反昭雪。龙亭民众遂将蔡伦墓告示天下，地方官府调集银两，征召民工，将蔡伦遗骸迁葬龙亭镇，修墓立碑，建立了祠宇。蔡伦墓在陕西省洋县城东30公里的龙亭铺，墓冢坐北向南，南北长97米，东西宽33米，高10米。墓前现存墓碑三通，一通立于明万历三十年，上则正书“汉龙亭侯蔡伦之墓”，其余两通均刻于清乾隆四十一年。上刻隶书“汉龙亭侯蔡公伦墓”。同时，还有明万历年三十一年“新建祠记碑”一通。墓南30米处有“蔡伦祠”。墓区和祠堂内外，现有古柏19株及樟树和药树，均具有数百年的历史。每当仲秋，这里的凭吊者络绎不绝。

后世的造纸业多信奉蔡伦为造纸祖师，甚至日本等国的造纸工人，也奉蔡伦为“纸神”。四川省夹江是著名的纸乡，造纸作坊众多，家家供奉蔡伦神像。旧时每年农历八月，正值新料未沤好、旧料已用完的闲暇之期，工人们便集资举办祖师神会——蔡侯会，杀猪宰羊，祭拜祖师，演戏酬神。河南省南阳市民间纸坊也敬蔡伦为祖师，每年农历三月十七日（传说蔡伦诞辰）和农历十月初十（传说蔡伦忌日），纸坊都要停下工作来欢庆，集资唱戏，以示纪念。

纺织者供奉的女神——棉纺织祖师的由来

黄道婆生于南宋末年淳祐年间，约公元1245年，是松江府乌泥泾镇（今上海华泾镇）人。南宋末年战乱多灾，民不聊生，黄道婆12岁时就给人家当童养媳，因不堪忍受残酷虐待，出逃至海南岛的崖州（今广东海南岛崖县崖城镇）。海南黎族人民植棉较早，棉纺技

术很高，南宋时就已能制造纺、织等工具，所产的棉织物品种多，织工细，色彩好，久负盛名，被作为“贡品”送到南宋的都城临安（今杭州）。黄道婆就是在这一特定历史条件下，凭借着自己的聪慧天资、虚心好学和吃苦耐劳的精神，在与海南黎族人民的共同劳动生活中，熟练掌握了各种棉纺和织布技术，成了当地技术精湛的纺织能手。

在海南生活劳作的二十多个春秋一晃就过去了，中年之后的黄道婆，思乡情切。在元成宗元贞年间，她带着自己心爱的踏车、椎弓等纺织工具重返故乡。此时乌泥泾虽已种植木棉，但纺织技术却十分落后，去籽要用手剖剥，弹花要用线弦竹弧，工效极低。黄道婆将黎族人民先进的棉纺织生产经验与汉族纺织传统工艺结合起来，系统地改进了从轧籽、弹花到纺纱、织布的全部生产工序，创造出许多新的生产工具，并将自己掌握的织造技术毫无保留地传授给了家乡人民，迅速地把松江地区的棉纺织技术提升到了一个相当高的水平。当时她所织的被、褥、带、手巾，上有折枝、团凤、棋局、字样，色彩鲜艳，如同绘写。乡民竞相学习，黄道婆孜孜不倦地加以指导，当地从事棉织业的居民不下千余家，一时“乌泥泾被”闻名遐迩，远销各地。当地人民的生活也得到了改善，原来“民食不给”的乌泥泾人，变得富裕了起来。黄道婆去世后，人们悲痛哀泣，为她立祠纪念，每年都要祭祀。

黄道婆不过是古代一个平凡的劳动妇女，没有什么惊天动地的丰功伟绩，甚至都没有留下自己的姓名，可就是这样一个普普通通的女人，用自己掌握的先进技术实实在在地改变了老百姓的生活质量，因此人民群众才这样热爱她、崇敬她。

在上海旧城，也有黄道婆禅院、黄道婆庵以及先棉祠等地方。现仅存规模宏大的龙华村黄母祠（又名“先棉祠”，“先棉”是棉神的意思），为清雍正六年建，在今上海植物园内。黄道婆墓始建于元代，几经沧桑被毁。1957年，由上海市人民政府修复，并立碑，碑正面题“元代纺织家黄道婆之墓”，反面墓志详述其一生事迹。1962年重修，立汉白玉石碑，近年又重修。在过去的数百年间，每逢4月黄道婆的诞辰，各乡学纺织的少女都接踵赶来拜祷，黄道婆就这样成为天下织女共同崇奉的女神了。

郑成功收复台湾——开台始祖的由来

中国民间老百姓向来就有崇贤的传统，大凡有德施民、劳定国、死勤事的动人事迹，都能在民间长久地传颂，其主人翁也多被奉为神明而得到崇祀。我国明末清初伟大的民族英雄、开台圣王郑成功就是其中的一位。

郑成功是福建省南安市石井镇人，世称“国姓成功”“赐姓成功”“朱成功”等，民间俗称“国姓爷”，讳森，字明俨，号大木，乳名福松，其父郑芝龙是一个海商兼海上走私集团的头目，一生共有5位妻子，其中第2位妻子田川氏（也称翁氏）是日本人。明天启四年农历七月十四日，田川氏在平户一处名为“千里浜”的海滩捡拾海贝、海菜时，忽然感到腹痛难忍，便急忙走到一块岩石上，很快就生下了一个男孩，这个男孩就是她的长子郑成功。

郑成功的童年是在日本平户度过的。7岁时他离开母亲只身回国，住在福建南安安平镇（今晋江安海镇）。后来田川氏与日本当局交涉，达成协议，留下次子七左卫门在日本，她自己渡海到福建郑氏祖居照顾郑成功。明朝灭亡后，郑芝龙一家拥戴故明唐王朱聿键，在福州建立了隆武政权。在郑芝龙兄弟子侄们中，大多数人出于私利，拥兵观望，消极抗清。只有郑成功义无反顾，决心以身许国，深得隆武帝的赞赏，赐他姓“朱”，改名“朱成功”，并封其为“忠孝伯”，赐尚方宝剑，挂招讨大将军印，镇守闽赣边界。自此民间称其为“国姓爷”。

南明隆武二年，镇守闽赣交界的郑芝龙在清军的诱降下，主动放弃仙霞关，率领部下退回闽南安平老家。8月，清军自仙霞关长驱直入福建，很快便攻下福州，隆武帝仓皇逃跑，后被清军杀害。在这种情况下，郑成功只好带领一支部队退守金门。不久清军又攻至安平，郑芝龙等人被清军挟持北上，郑成功的母亲田川氏手持利剑不肯同去，最后毅然用剑剖腹而死。郑成功得知母亲自杀身亡的消息后悲痛万分，他立即率兵赶到安平，此时清军已撤回泉州。郑成功料理了母亲的丧事后，毅然决然地将自己儒冠、儒服烧掉，并发誓终生抗清复明。

南明永历年间，永历帝朱由榔先后封郑成功为威远侯、漳国公、延平王等。郑成功以厦门、金门为基地，在闽南、粤东沿海一带拥重兵与清军对抗。由于清朝实施“迁海令”，加紧围剿以郑成功为首的东南沿海抗清势力，使郑军在大陆的势力受阻，永历十五年四月，郑成功留部分兵力守护厦门、金门二地，亲率大军25000人，乘船进军台湾，为收复祖国宝岛台湾，与荷兰侵略者展开殊死的战斗，终于在公元1662年2月打败荷兰殖民者，使其画押投降，并狼狈地逃离了台湾。从此台湾回到了祖国的怀抱。不幸的是，郑成功就在这一年五月初八日突然病逝，享年39岁。

郑成功是第一个收复台湾的民族英雄，也是第一个打败西方殖民者的东方人。他的历史功绩载诸史册，一直深受海峡两岸人民的怀念和尊崇。郑成功收复台湾，在台湾历史发展中留下极其深远的影响，在今天的台湾，到处都能见到祭祀与纪念郑成功的宫宇祠庙。据统计，这类祠庙在台湾民间已达到80座，并且香火鼎盛，长年不衰。郑成功也被台湾百姓加以神化，尊奉为“开台始祖”或“开山圣王”。就连台湾许多地方名胜与动植物的渊源，都有着与郑成功相关的传说，其中以台中县大甲镇铁砧山的剑井最为有名。铁砧山上有一股井泉，泉味甜美，从来没有干涸过。相传，早年郑成功率兵经过此山，因天气炎热，饮水缺乏，人马病死伤亡的很多，于是郑成功就拔剑刺地，跪求泉水，忽然地面裂开，宝剑沉下去，涌出了神泉。后人们为了纪念这个奇迹，就称此井为“国姓井”或“剑井”。

福建漳州的地方保护神——开漳圣王的由来

中国民间自古以来就相信“英雄成神论”，所以，凡是历史上生前造福于人民，而道德风范又能够让人敬仰的已故文武百官，都可以加以神格化而顶礼膜拜起来。这种风气不仅仅盛行于民间，而且就连封建时代的历朝政权也是这样。开漳圣王就是这样一位护国佑民有功的武官，他因开辟福建漳州造福乡里，不仅赢得了漳州人的信仰，也被迁居台湾的漳籍人士将其奉为乡土的守护神，从而成为台湾民间信仰中的一个重要神明。

漳州在福建省最南部，是一座古老、美丽而富饶的城市，古人称赞“四时有不谢之花，八节尽长春之意”。漳州历史悠久，文化灿烂，早在一万年前就有先民在这块肥沃的土地上劳作生息。唐朝时，闽粤一带少数民族常联合在一起反抗唐王朝。唐高宗诏令将军陈政率兵两千多人入闽，并统领岭南行军奋力征战。陈政死后，其子陈元光继承父志，率领众人，平定了闽粤边境，在云霄县的漳水的北边驻守。后来，陈元光经奏准在泉、潮二州之间设置一州，辖怀恩、漳浦二县，因州治傍漳江而名漳州。由于陈元光开拓漳州有

功，死后便被漳州人奉为神明，称为“开漳圣王”，立庙祭祀。

对于陈元光的丰功伟绩，历代朝廷都是大为褒奖。唐代陈元光被赐赠为“豹韬卫镇军大将军”、临漳侯，谥“忠毅文惠”，后加封“灵着顺应昭烈广济王”，宋代被追封“开漳主圣王”，并赐庙额“威惠庙”，明初被封为“威惠开漳圣王”。所以祭祀陈元光的庙宇多称为“威惠庙”。仅在漳浦境内威惠庙就有近百座，漳州人民奉祀不衰。旧时每年农历二月十五日开漳圣王寿诞、十一月初五开漳圣王忌日和正月十五“走王”日，是漳州地区最热闹的日子，各宫庙都要举行隆重的祭典，演戏酬神。“走王”这一天，老百姓抬着开漳圣王的神像出游，观者如潮，万人空巷。

明清两代，随着漳州人民的足迹传至台湾，号称“拓垦、兵战”之神的开漳圣王自然也成为漳州籍移民的主要保护神，如今台湾岛上也有百余座“圣王庙”。

漳州人除了奉祀陈元光以外，在威惠庙中经常陪祀辅顺、辅显、辅义、辅信四将军，也有单独奉祀这几个部将的宫庙。辅顺将军名马仁，又称马公、马侠爷，据传是开漳圣王的先锋官，文武双全并且精通医术，当时漳州开辟不久，地方尚未宁静，将军为协助漳州的开垦事宜，曾率兵和当地土著争战多次，不幸在最后一役身首异处，但是战躯不倒，被马驮回营，地方居民感其不可思议，且念其贡献，便塑像立祠祭拜。宋朝廷闻此事，追谥封号“辅顺将军”，意思是辅佐朝廷，顺化黎民百姓。传说康熙年间，右营游击蓝理率舟师出征台湾郑氏军队，作战中获得马公显灵庇佑，获得胜利。战后康熙帝赐建牌楼于马公庙所在的漳州岳口街，以示嘉奖。辅义将军，姓倪，名圣芬，也称“倪圣公”；辅信将军，姓沉，名毅。此外，陈元光的父亲陈政，夫人种氏（王妈）、祖母（魏妈）及其女儿陈怀玉（柔懿夫人）等都被视为神，从而构成了一个庞大的开漳圣王神系。

福建泉州的地方保护神——广泽尊王的由来

在福建泉州南安市郭山上，有一座历史悠久、闻名遐迩的闽南古刹，名为“凤山寺”，这就是福建、台湾和世界其他地方广泽尊王庙宇的祖庙。这座庙始建于五代后晋时期，据传自宋以来，受历代皇帝封号，香火鼎盛，每年进香朝拜的人近百万人次。

广泽尊王，全号为“威镇忠孚惠威武烈保安广泽尊王”，又称“保安尊王”，此外，还有“郭圣公、郭府圣王、郭王公、圣王公、郭姓王”等称谓，是当地一位被神话了的人物。这位尊王的神像也十分奇特，非同一般，衣着非佛非道，圆脸阔口，右脚盘起，左脚下垂。这一形象和他的由来大有关系。据说广泽尊王姓郭，名洪福，后唐福建泉州人，住在南安凤山下，他的先人即是唐代名将郭子仪。广泽尊王与一般民间崇奉的神祇有很大的不同，因为他生前没有像妈祖那样救苦救难的善举，也没有像关公那般忠孝节义的事迹。他只是一位年仅十余岁的小孩童，因为曾经善待主人所聘请的一位地理师，得到地理师的指引而得道成仙。关于其成仙的经过，民间有着不同的说法。

传说广泽尊王秉性忠孝，时感国家危难。有一天，他外出后就一去不返。后来，人们发现他坐在松树上，叫他也不答应，好像死去了一样，然而数月之后，体温仍保持正常，百姓们都认为他是神，有人还向他膜拜祈愿，居然如愿以偿。于是大家集资修建了一座小庙，把他的遗体奉祀在庙里。不久，地方上发生干旱，大家到庙里祈雨，果真普降大雨，朝廷得知后，便封他为“广泽尊王”。另有传说，雍正帝未登基时曾患天花，病势严重，夜里有人送降痘丹药，雍正服后问他姓名，送药的人自称是“泉州郭干”，那人说完就不见了人影。第二天，雍正果然病势好转。雍正康复以后，派人到泉州查访，才知道知郭干就是广泽尊王，便又加封其为“保安广泽尊王”。

另有一种更为流行的说法，说是广泽尊王郭忠福是福建南安县人，生于后唐同光初年二月二十二日，自幼气度不凡，因儿时家贫，在清溪为杨姓富人牧羊为生。后其父病逝，无力择地安葬，遂将其父焚化入罐，安置于茅屋中朝夕敬拜。尊王放牧时，每当想起父亲无法安葬的事，经常痛哭失声，当时杨宅中聘有一名精通勘舆的地理师，见忠福孝亲之情，便有意加以点化，加上杨姓富人待人苛刻，不执宾礼，只有忠福诚心侍奉，于是告诉忠福将其父骨灰埋在杨宅中一圈羊处，并嘱其葬父后，携母东行，如果到了遇到头载铜斗笠的骑牛时的地方，该地即为栖身之处。忠福依言东行，母子二人走到诗山十二都庵眉寨时，适逢暴雨，忠福看到牧童避雨于牛腹下，和尚手拿铜钹遮雨，知道此地即为母子二人定居之处，于是结茅于诗山寨下。后晋高祖天福年间八月二十二日，忠福16岁，忽牵牛上山，于绝顶古藤下坐化，其母见状急拉其左足，后人立庙奉祀时，就按照尊王升天时“左足下垂”之貌塑像。

据传郭忠福得道成仙后，附近的住民见其奇行，大为感动，便集资给他建立一个小祠，这就是最早的凤山寺。后来，他常显灵气，保国安民，得到历代皇帝的加封，成为保安尊王，小庙经过数次的改建，也变成一座大庙宇，成为泉州广泽保安尊王的信仰中心，许多海外泉民侨居地都有仿建的庙宇。台湾各地所建的广泽尊王庙，都是泉州人迁移来台时，分灵或分香奉祀的。泉州人相信广泽尊王保护出外人，他们渡海去台湾时，便将广泽尊王神像置于小匣内，随身携带，奉为守护神。至今台湾泉属移民，家家户户必供奉尊王之像于匣内，尤其是泉州郭姓移民，更是虔诚。每年农历二月二十三日或八月二十二日是广泽尊王的祭日，各地尊王庙在这天都要献演娱神戏曲和上供礼品，并举行盛大的神舆绕境仪式。

虽然广泽尊王圆寂升天时只是个16岁的小孩，但民间却也要依惯例为他配偶，他的仙侣名叫妙应仙妃。在凤山广泉寺里，还放有一张雕刻精致、粉金涂漆的眠床，以供广泽尊王夫妇“享用”。据传他们夫妇还生了13个儿子，或以为是尊王的部将，也有说是广泽尊王的分灵，第一个分灵出去的，称为大太保，以此类推至13保。这13个太保都有自己的尊称，有自己的神职，还有自己镇守的地域，13太保镇守的地域离祖庙诗山凤山寺都不太远，都在诗山附近的13个村落中，每一村落一宫，这样便形成了以凤山寺为中心的各自信仰圈。

广东潮民地方保护神——三山神的由来

三山神是广东东部民间普遍信仰的一个神灵，是古潮州特有的地方保护神，地方志称其“有功于国，宏庇于民”，可见其在民间地位之高。三山神庙位于广东省揭西县河婆镇，称为“三山神庙”“霖田祖庙”。三山神庙肇建于隋朝，至今已有一千四百多年历史，为潮汕地区最古老的寺庙之一，目前其子庙在潮汕约有五百余座。

三山神原本是广东省潮州揭阳县境内的3座高山，分别叫做明山、巾山、独山，由于古人对于天地万物的敬畏心态，这3座山被人格化和神话，成为3个法力无边的镇山神，人们还仿照刘备、张飞、关羽的图像制成他们的神像。

有关三山神的传说很多。相传远在南北朝时朝就有所谓的“三山神”，大国王姓连名杰字清化，简称连王；二国王姓赵名轩字助政，简称赵王；三国王姓乔名俊字惠威，简称乔王。三王文武双全，又义结金兰，曾合力平寇，协助隋文帝杨坚完成帝业，因此被封为“开国驾前三大将军”。后来三王功成身退，修成正果，被封为“三大元帅”。又由于3

人对地方也颇有贡献，当地人民因感佩而立庙奉祀。

到了唐朝，据传唐朝宪宗元和十四年，韩愈被贬潮州为刺史，到任之初，适逢潮州大水灾，民不聊生，韩公忧心，遂率众祈雨于三山国王庙。3日后，果然雨过天晴，韩愈便尊奉这3座山为“三山神”。

到了宋朝，又有传说“三山神”曾帮助宋太祖赵匡胤打天下。北宋太平兴国四年，宋太宗率兵亲征刘继元，大军兵临敌军城下，看见有穿着金甲的3个神人，操戈驰马，飞往助阵，宋师因此大捷。凯旋的那天晚上，又见神人出现在城上，云中显出旌旗，上面有“潮州三山神”几个字，宋太宗就下诏赐封巾山为“清化威德报国王”，明山为“助政明肃宁国王”，独山为“惠威弘应丰国王”。

另据《潮州府志》称，宋代末年，恭帝被掳北去。文天祥立端帝昺于福州。元兵压境时，张世杰奉帝南奔潮州，到揭阳县境时，又遇元兵包围。就在千钧一发之际，忽见天气骤变，风雷昼晦。3支兵马从三面山中由3位将军率领，冲杀而出，打退元兵。端帝与随从诸臣正欲向前致谢时，3支兵马又迅速按原路退去，顷刻不见踪影。于是人们才知道是山神显灵救驾，乃向空谢之。细观三面之山形及其色致，一为绿树苍苍，一则白石峨峨，一则土色赭赭，于是敕封为“三山国王”，表彰其忠义英烈可崇。后来当地人立庙祀之，所塑神像便一为青面，一为白脸，一为赭颜，则依山之形色成之。三神以后又著神异，遂成为潮州守护神，后来逐渐扩展成为潮州、福建和广东客家人的普遍信仰，其香火绵延至今不绝。

近代很多粤籍民众移居台湾，又将三山神的信仰带到台湾。由于台湾海峡海道复杂，稍微偏离航向或遇到风暴便会船毁人亡，为了祈求一帆风顺，粤籍移民们在渡海前都要叩头膜拜三山神或随身携带其神像之类的圣物。

农历二月二十五日传说是三山神成神之日，在潮汕地区，每逢是日，民众都要到当地的三山神庙里去隆重地祭拜。春节游神时，三山神神像也是被扛上街游庆者之一。潮汕各地民众以往还将三山神视为“地头爷”，所以三山神庙又称“地头宫”，新生儿女或亲人病故，都要进庙向国王禀报。有意思的是，三山神也未能免俗地配有3位夫人，也称三姐夫人，但这3位夫人却没有同他们住在一起。因为据说“三姐神尚雅静”，民众到地头宫里去报地头时，自然免不了地要有一番敲钟撞鼓的仪式。三姐夫人大概是受不了这种俗务的烦扰，便辟地另居了。而且她们也不喜出游，所以每年游神时，便只见三山神而不见三姐夫人。

在三山神主神旁另有一文一武的神尊，是他们的文武侍从。传说曾有被三山神救助的天子回朝后，派了文武各一位传旨官，想邀请三山神入皇宫共享富贵。可是，这两位传旨官迷路了，找了很久，仍然找不到他们，因为无法回宫覆旨，只好自杀了。三山神得知此事，为了表扬他们的忠义，便收他们为护卫身旁的二将，协助处理种种事务。

神农尝百草——药王的由来

根据历史记载，伏羲之后的帝王便是炎帝，也就是神农氏。相传他的母亲有一次经过华阳时，感受到神龙的气息，于是在姜水河畔生下他。神农长的是牛首人身，拥有异于常人的能力，出生3天之后，便会开口说话；等到第5天，就可以在地上行走；第7天的时候，便长齐了牙齿。

为了农业的发展，神农氏发明了锄头、斧头、耜等农业工具，使百姓易于农业生产。神农氏又得知百姓因为黑夜无法工作而困扰，于是实验了许多次，终于找到油性的植物，将它制造成可以燃烧的蜡烛，而且也担任了司火这个职位，专门管理火事，所以神农氏有了另一个称号“炎帝”。农业始祖的炎帝，除上述外还有一个重要贡献，即是他曾为了要帮人民治病，所以他尝尽百草，渐渐地可以分辨出三百多种的药草，故又被人称为是“药王”。

神农尝百草则有段故事。在远古的时代，五谷和杂草是混合一起的，无法分辨出什么是可食的谷粮，什么又是可以治病的药草，尤其杂草又跟百花杂处，这让人更难分辨。可是依靠打猎或是种植的百姓，总会因为一些缘故而受伤，这时如果没有药可医治的话，便会死去。面对这种令人难过的情况，神农氏万分不忍，于是他想若是能找到一个办法解决，他一定克服困难去做。他听说远方有位高人，名为太一皇人，十分精通医术，因此神农氏决定前往太一皇人住处请教，学习医术。没想到这一趟却扑个空，太一皇人刚好不在家，只剩下一个弟子留守家中。神农氏只好向弟子请教说：“以前的人都可以活过百岁，为什么现在的人都不行呢？”皇人弟子回答他说：“现在的人短命，那是因为他们不懂养生之法，发病之后也不得医治，即使很轻微的病，都可能加重致死，你说这样会长命吗？”说完后，给神农氏一本《天元玉册》，让他回去研究。

虽然获得天书，神农氏仍无法安心，他想，书上记载的药草要到哪里寻找呢？这个问题想了三天三夜后，他决定从历山出发，前往西北大山寻找草药。神农带领着同伴，总共行走了49天后，到达一座大山，山上充满着奇花异草，正当众人准备上山寻草之时，突然被一群野兽困着，他们极力奋战，终于打退一群，谁知道打完一批又来一批，花了7天7夜才把野兽赶完。面对这样的险恶情况，同伴都劝神农氏回乡。但是神农氏不肯，而且更是往深山前进，不久又遇到一座悬崖峭壁，当神农苦思上山的方法时，见到有只猴子沿着山壁的藤蔓往上攀爬，神农氏灵机一动，便要同伴将藤蔓砍掉，并沿着岩壁建造架子，共搭了365天才完成。神农氏白天上山尝百草，晚上则回营记载药草的功效，把药草的属性一一记下，哪种属热性的，哪种属冷性的，记得是一清二楚。有一次神农氏误服了毒草，他的同伴慌乱不已，神农氏用尽力气举起手指，指向前方的一株草，他的臣民则将草摘下，让神农氏服用，没想到因此将毒素解开，而臣民所拔的草便是灵芝草。中过一次毒的神农氏，却仍坚持继续工作，最严重的情况，曾经一天之内连中70次毒。皇天不负苦心人，经他努力不懈的研究，终于在过了许多时日后，将所发现的植物分清楚，一共是365种草药，可以医治百病，并将它写成《神农本草》。

在神农氏准备下山回乡的时候，发现当初建造的梯子，已被藤蔓重新布满。神农氏烦恼不已，这时天空忽然降下一群白鹤，将他和身边的臣民一起接到天界了。百姓为了纪念神农氏的功绩，特别将此山称为药草山。

中国是以农立国的国家，即使是在科技进步的现在，为了农业发明的阴历，却仍提醒着我们。神农氏是我们农业的始祖，而尝百草更是他的神迹之一。远古人类不但要担心天灾，也要担心自身的安全，如何医治生病受伤挽救生命，正是神农所重视的。

山民的守护神——山神的由来

山神崇拜是流传了千百年的中国老百姓的民间信仰。所谓山神，顾名思义，就是山民的守护神。但从广义上来讲，它只是人们信仰的山岳的神灵偶像，而非一般居于山中的神。在中国老百姓的民间信仰中，大山和土地、河海一样，都受到人们的崇拜。山的雄伟高大在古人中有两种认识，一种认识是由于山岳的各种自然属性以及由此而产生的种种自然现象，使得先民们对之既敬仰又畏惧。为什么山中的野兽既能赐人以口福，有时却又会伤人性命？为什么云雾缭绕的高山之上有时豪雨如注，有时细雨如珠，有时却又是艳阳当空？这种敬仰和畏惧的结果就形成了山岳崇拜；另一种认识认为山是人们幻想中神灵的住处，茅盾先生早年在他的《中国神话研究初探》一文就指出：“原始人设想神是聚族而居的。又设想神们的住处是在极高的山上，所以境内最高的山便成了神话中神们的住处。古人在对山顶礼膜拜的同时，也就产生了山神的观念。

神灵观念是一种超自然力量作用于先民而形成的能主宰世界且具有人格和意识的虚幻反映，这种反映是由于当时生产力的低下和人们科学知识的局限。靠山吃山，靠水吃水，依山而居的人们为了生存，总是要祈求冥冥之中主宰着自己衣食的那座山的某种神

秘力量保佑自己。先秦时期的申吕诸国的人们崇拜嵩山，齐鲁一带的人崇拜泰山等，就都是这种生存需求的反映。各地的山岳由于所处的地理位置、呈现的自然形状不同，所处地区风俗习惯和文化氛围不同，其山神有着不同的个性、不同的经历和任职资格。这就是一方水土造一方神。山无论大小都有神。秦汉以后，由于中国的统一和封建王朝的政治需要，统治者便对民间大大小小的山神进行了一番梳理，将一部分重要的名山大川列入了国家的祀典，由皇帝本人直接掌管其祭祀仪式，于是，泰山、华山、嵩山、恒山、衡山等五岳遂成为山神的代表，其影响遍及全国。这些山神的地位也逐渐升高，始而封王封公，继之进号为帝。而五岳神中，尤以东岳泰山神的地位为尊，称之为“天帝之孙，群灵之府，为五岳祖”。祭祀泰山，一般是最高统治者的特权，其祀典特称为“封禅”，而不同于其他诸岳。但在民间信仰中，各地对当地山岳的崇拜仍未绝迹，时常会有将当地山神人格化、社会化，并立庙祭祀的现象产生，不过这些山神的影响往往只限于一地罢了。《水浒传》第十回《林教头风雪山神庙 · 陆虞侯火烧草料场》中有这样一段文字：“林冲行不上半里多路，看见一所古庙……入得庙门，再把门掩上。旁边止有一块大石头，拨将过来靠了门。入得里面看时，殿上塑着一尊金甲山神；两边一个判官，一个小鬼；侧边堆着一堆纸……”这座古庙就是山神庙，这样的山神庙在当时山区是随处可见的。

封建帝王祭祀东岳大帝，当然是希望它能保佑自己的江山千秋万代继承下去，而民间老百姓祭祀本地的山神又是希望山神保佑自己什么呢？换句话说，各地大大小小的山神的神职又是什么呢？

在我国北方的少数民族中间，普遍相信是山神赐给他们多种多样的猎物，供他们享用禽兽美味和穿着结实保暖的禽兽皮毛。如蒙古族在祭山神时的祝祷词中就赞颂神圣的阿尔泰杭爱山，祈求赐给他们珍贵的鹿、貂、猞猁和黄羊。而达斡尔族、鄂伦春族、鄂温克族都有一个共同的名叫“白那查”的山神。他们认为山林中的野禽走兽都是“白那查”饲养的畜禽。凡遇到高山峻岭便认为是山神栖息之所，常于林中大树上刻画山神像，用兽肉血致祭。行猎进入山林后，保持静默，以防惊扰山神。土族在神话中则崇拜思不吾拉神山，认为是这座神山供给土族人以谷物、弓箭等取之不尽的财富。

而在我国南方的少数民族中，山神崇拜同样是至为重要的民间信仰形式。如海南黎族就崇拜黎母山。早在唐代史志典籍中就记载，黎族的“黎”，就是“山岭”的俗称。另据神话传说，天雷摄卵在山中，生一女，为黎族之始祖，故此山称黎母山。黎族还崇拜五指山神，他们认为此山是远古创世的大力神，唯恐天塌，撑开巨手把天擎住所化。贵州侗族居住的圣德山、金凤山、黄哨山，都是侗族的神山圣地，每年6月分别有民众朝山拜神。

少数民族把山神看做是狩猎保护神，带有普遍性。侗族进山伐木、狩猎、垦荒，事先都要烧香焚纸求神准许，否则将会招来灾难。傈僳族信奉的山神阿的，是统管深山中虎、豹、狼、鹿及野牛羊等动物的神，猎手出猎前都要拜祭山神。苗族、土家族也十分敬奉山神，他们都崇拜梅山神。苗族传说梅山神有七兄弟，个个都是好猎手，被称为猎圣。祭时在入山口处焚香纸，献酒肉，忌有人惊扰。土家族的梅山神是女猎神，她降伏了山上的野兽，并把禽兽等驱赶到供奉好的猎手近旁，保佑狩猎胜利，如不祭女山神，便会遭致坠崖兽伤。

有关山神的形象记载最早且最多的就是《山海经》了。据统计，仅在《山海经·五藏山经》里就记载了26个山区的456座山的山神形象及祭祀仪式，几乎所有的山神形象不是怪兽就是半人半兽，因为它们都是由有关地区的民族或部落的图腾演变而来的。在26个山区中，龙、蛇、鸟出现的共有几个山区，如“龙身鸟首”、“蛇身人面”等。随着社会的发展，生产力的相对提高，人们发现自己所崇拜的图腾并不能保护自己，而且自己的衣食等也并不需要依赖图腾物。久而久之，图腾观念渐渐淡化以至于消亡。同时，人们发觉山中的所产物品都是取之不尽，用之不竭的，认为这一定是大山恩赐给人类的，大山本身就是山神。于是就径直祭祀膜拜大山，也就是祭祀膜拜山神。山神的形象也就变成了山本身，如东岳泰山山神、南岳衡山山神、中岳嵩山山神、西岳华山山神和北岳恒山山神的最初形象就是山本身。传说中的上古帝王祭山，都是亲自到山上祭祀。进入封建社会以后，皇帝祭祀五岳，都是亲自或派重臣到山上祭拜。

至于人形化的山神是在较晚时期才出现的，它是古人的思维高度抽象化的产物。在人形化的山神中，女性神当是较早的，是母系社会的主角——妇女的折射。在古代的女山神中，完全人形化的有巫山神女，古籍称之为“瑶姬”。瑶姬变化多端，能化作石头，能化为云雨，能变作游龙，能变为飞翔的鹤鸟。而东北的鄂伦春族认为山神是一个慈祥的老人，他们在高大的老树干上削去一块皮，画上或刻上一个脸形，有的用红布遮盖，现在在大兴安岭森林中，还能看到该山神的画像。

祭祀山神在民间是一种十分重要的祭祀仪式。封建帝王祭祀五岳的大典庄严隆重且不必说，就是民间的老百姓祭祀本地的山神也是很虔诚的。每年阴历三月六日祭山神是四川庙顶藏族最重大的祭祀活动。祭山神这一天，由全村各户凑钱买鸡和羊，到村寨的神山或在神庙之前宰杀，在山神前祭祀。四川永宁纳西族则在每年阴历七月二十五日祭狮子山女神。这一天清晨，各村的成年男女都身着盛装，带上酒和各种食品，骑马或步行，聚集到狮子山麓的女神庙前，燃起一堆堆松枝，撒上蜂蜜、酒、茶、酥油、牛奶等祭品，叩头朝拜。朝山者最多时达两千多人。

泰山保护神——东岳泰山神的由来

东岳是指今山东省泰安市境内的泰山。东岳泰山，自古就有“群山之祖，五岳之宗，天帝之孙，神灵之府”之称，泰山山势雄伟险峻，以玉皇顶为最高。古人以为它能通天，便将它作为大神来祭祀。人们崇拜、祭祀泰山，是认为它有兴云作雨、滋润万物之功能。

自传说中的伏羲封泰山后，历代帝王或大功告成，或天下太平，也多要在泰山上举行“封禅”的祭祀。各个朝代对泰山的封赠品级也在不断地提高。元世祖至元二十八年，封为“天齐大生仁圣帝”，从此，东岳之神冠以帝号。

关于东岳大帝的来历，《重修纬书集成》引《龙鱼河图》里说：“东方泰山君神，姓圆，名常龙。”又说：“东方泰山将军，姓唐名臣。”而在《三教源流搜神大全》卷一《东岳传》里更是编造了一个离奇的神谱，说“弥轮仙女夜里梦见自己吞下两个太阳，后来就怀孕，生下两个孩子，大的叫‘金蝉氏’，小的叫‘金虫氏’。金虫氏就是后来的东岳帝君，金蝉氏就是东华帝君”。此种离奇说法竟得到道教的认可，遂称东岳大帝为“东岳帝君”、“太华真人”。在古代神魔小说《封神演义》里，东岳泰山神又变成了黄飞虎。

历代帝王出于神道设教的需要，一方面十分重视对泰山神的祭祀，甚至亲登泰山封禅祭拜，另一方面又不断崇封泰山神爵，但这些对于老百姓都没有多少直接的影响。泰山神对民间影响最大的，是他的“主生死、收人魂”的神职。民间认为泰山是人死后灵魂的归宿之地，泰山神是阴间鬼魂之最高主宰。此信仰盖起于西汉，汉代纬书《孝经援神契》说：“太（泰）山天帝孙，主召人魂……东方万物始，故主人生命之长短。”此外，史籍中又多记人死后赴泰山任泰山府君、泰山令、泰山录事等事。

巍巍泰山成了治鬼之府，堂堂泰山神成了冥司之圣。令人高山仰止的东岳泰山怎么会同虚妄之至的鬼魂幽灵结下了缘呢？除了上文所说泰山为天孙，主召人魂等说法外，《风俗通义》解释说，那是因为泰山上有一块玉策，从它上面可以知晓人的年寿修短。这些当然是无稽之谈了，但也反映出东汉时源于巫术和方士的谶纬神学大肆泛滥，神秘主义和迷信思想在社会上极为盛行的现实。

既然东岳泰山神主人生死祸福，而“生”与“福”是人生的莫大追求，“死”与

"祸"是人生的最大忌讳，为了祈求"生"与"福"，驱避"死"与"祸"，泰山神就成了人们叩拜祭祀的大神了。又由于中华本土幅员辽阔，人们都想祈求永生和幸福，但却不能都亲临泰山，向泰山神祈祷求告。为了解决这个矛盾，了却自己的心愿，于是就有了变通的办法，即在本地建造东岳神庙，供上泰山神像。这样，人们就可以就地向泰山神祭告求拜了。这就是东岳庙在中国各地随处可见的原因，另外四位岳神因不分管生死祸福，就没有这种待遇了。

民间传说三月二十八日为东岳大帝生日。因此，在这一天，各地都在本地的东岳庙中举行盛大庆典。

衡山保护神——南岳衡山神的由来

南岳是指湖南省衡山县境内的衡山。但古人当初所说的南岳，却不是此山，而是安徽省的霍山，当时也称潜山、衡山。最早封霍山为南岳，当在汉代。据《史记·封禅书》所载汉武帝元封五年，武帝"登礼潜之天柱山，号曰南岳"。唐以后改湖南衡山为南岳，唐太宗贞观中定祀南岳衡山于衡州。《三教源流搜神大全》卷一注释说："南岳衡州，衡山县是也。"衡州即今天的湖南衡阳市，衡山县即今之衡山县。至于霍山，则又成了湖南衡山的属神了。关于这一点，《云笈七签》这样解释道，黄帝云游天下来到衡山，见衡山孤独伶仃，于是下令让霍山潜山为衡山神的太子，做衡山神的助手，并要衡山拜青城为丈人，让庐山充当衡山神的使臣。如此一来，衡山神威仪倍增，统率的众仙有七万七百人之多，其副手霍山也率领着灵官三万人，担负着"上调和气，下拯百姓，阅校众仙，制命水神"的重任。

关于南岳衡山大帝的来历，诸书记载不一。据《重修纬书集成》卷六《龙鱼河图》所载，南方衡山君神，姓丹，名灵峙。南方霍山将军，姓朱，名丹。《三教源流搜神大全》引东方朔《神异经》里说南岳神姓崇。《历代神仙通鉴》则认为伯益即南岳后身，为庆华注生真君，真君崇覃（金蝉长子）。《封神演义》中则说南岳衡山司天昭圣大帝为崇黑虎。

据道教书籍记载，南岳衡山大帝身着朱光之袍，头戴九丹日精之冠，身佩夜光天真之印，骑着赤龙，率领众官。南岳之神的神职是主管星象分野，兼管水族鱼龙之事。所谓星象分野，是古代星占学的一个重要组成部分，它把天上的星宿分成若干等份，与地上的不同地区相对应，认为有关星空的变化与对应地区的人事有着某种联系。也许是衡岳大帝所管的事，特别是有关星象分野，对于平民百姓来说无关痛痒，因此，衡岳庙香火凋零，屋宇颓坏。加上明太祖朱元璋即位后曾下诏削去前代帝王给予五岳的封号，其景况更是日见萧条。

或许正因为如此，南岳之神才不甘寂寞，历代有关他的传说也就特别多，从洞庭湖畔到华山脚下都能找到他的神迹。据说，唐代彭城（今江苏铜山）有个人名叫刘山甫，他的父亲客居岑南。有一年他随父乘舟北归，停船于洞庭湖畔。登岸看见一座即南岳庙，进门观看，只见庙宇摧颓，香灯不续，十分破败。刘山甫敏捷有才思，又是年少气盛，便题诗一首说："坏墙风雨几经春，草色盈庭一座尘。自是神明无感应，盛衰何得却由人？"题毕归舟。这天夜里，他梦见一位神仙责怪他道："我是南岳神，主管此地，你为什么要写诗侮辱我？"刘山甫一时被惊醒，只见外面风浪大作，眼看就要翻船了。刘山甫这才想起梦中之事，意识到一定是南岳神所为，于是，赶紧向他悔过，表示要撤回诗稿，风浪才平息下来了。还有一则传说，华山脚下有一座南岳神的行宫，当地传说南岳神惩办了一个不守道规的道士，一个营私舞弊的马巡检，所以，每天前来祈祷的人就特别地多。这里，南岳神似乎有点狗拿耗子多管闲事，超出了他的神职范围，但也从一个侧面反映出民间老百姓对于类似包公那样的清官的渴望。民间还传说，明太祖朱元璋夜里曾梦见一个伟貌修髯的神仙拜伏阶下说"我是南岳神"，并表示自己愿意"辅佐陛下"。朱元璋梦醒后，有一次看到在国学应讲的茹瑺同梦中的南岳神极为相像，就把他提拔为兵部尚书，封为忠诚伯。后来，人们遂把茹瑺附会成衡山山神。至于南岳神托梦自荐的结果就是，朱元璋收回了"削封令"，并将五岳一一都封为神。

嵩山保护神——中岳嵩山神的由来

中岳是指现在河南省登封县境内的嵩山。五岳之中，中岳之神的祭祀最为古老，这不仅是因为嵩山地处四岳的中间，而且嵩山也是因为河洛之间是华夏文化的发祥地。由于中岳所处之地文化发展较早，中岳的神化，当然也比其他四岳为早。《山海经·中山经》里说："苦山、少室、太室，皆冢也。其神皆神面而三首，其余属皆豕身人面也。"嵩山东为太室，西为少室。可知嵩山之神的形象，曾是半人半兽。而其他四岳之神，古籍中找不到他们有过半人半兽形象的记载。半人半兽，正是人类早期所造之神在形象上的显著特点之一。

据《龙鱼河图》所说，中岳之神姓寿，名叫逸群，他手下的嵩山将军叫石玄。《云笈七签》里则说，嵩山之神头戴中元黄农王冠，身穿黄锦飞裙，并佩神宗阳和之印，乘坐黄霞飞轮，还有二千四百名仙官随从。这简直活脱脱一派人间帝王的气势。关于中岳之神的神职，《五岳名号》说是“主世界土地山川陵谷，兼牛羊食饮”。《三教源流搜神大全》卷二又说：“主世界地泽川谷沟渠山树林之属。”

由于中岳之神的地位极其重要，因此，中岳是五岳之中最受帝王重视的一岳。帝王们把它作为巩固其统治的工具。汉武帝元封元年，武帝亲自礼登中岳太室，以三百户封太室奉祀，命曰“嵩高邑”，这在其他四岳是没有的。不过，历代帝王对中岳的祭祀封禅的活动，可以唐代的武则天为最为殷勤了。据《旧唐书·礼仪志》所载：“则天号嵩岳为神岳，尊嵩山神为天中王，其夫人为灵妃。嵩山旧有夏启及启母、少室阿姨神庙，咸令预祈祭。至（武周）天册万岁二年腊月甲申，武则天亲行登封礼，遂尊神岳天中王为神圣天中皇帝，灵妃为天中皇后，夏后启为齐圣皇帝，封启母神为玉京太后，少室阿姨神为金阙夫人。”在五岳之中，中岳首先取得了“王”的爵号，后又被加帝号，这更使其他四岳望尘莫及。但不到十年，唐中宗李显又做了皇帝，马上就将中岳神的封号降为王了，直到北宋真宗大中祥符四年，中岳之神才又被加封为“中天崇圣帝”。

华山保护神——西岳华山神的由来

西岳是指现在陕西省华阳县境内的华山。据《重修纬书集成》卷六《龙鱼河图》里说：“西方华山君神，姓浩，名郁狩。姓邹，名尚。”又据《三教源流搜神大全》卷二转引东方朔《神异经》所载，西岳神姓善。

西岳华山大帝的形象，据《云笈七签》里说是：“领仙官玉女四千一百人。华山君服素之袍，戴太初九流之冠，佩开天通真之印，乘白龙。”又《恒岳志》里说：“华山以终南、太白二山为副，主世界金银铜铁，兼羽翼飞禽。”

西岳华山地区古都长安，备受历代帝王的青睐，唐玄宗还将华山神定为自己的本命神，优礼有加。但具有讽刺意味的是，华山神在民间却是口碑不佳，形象恶劣，在人们的心目中是一个花花公子式的荒淫无耻的恶神。

据说，唐朝时，河南县李某之妻王氏，以美貌著称。一天，王氏的魂魄被华山神派部下抢去，死在台阶之下。李某哀痛万分。有一个怪异的人来到，自言能救，乃连飞符二道，王氏遂醒。李某千恩万谢，以极丰厚的钱财为赠，异人不受而去。王氏苏醒后，说自己去华山见华山神，华山神大悦，乃与其徒欢宴，庆得美人。宴毕，正想与王氏入帐，忽一神乘黑云至，称太一令唤王夫人。华山神不慌不忙，说等会儿再送。又一神乘赤云至，大怒道："太一问华山，怎么能随便夺取别人的妻子？如不速送还，当有重罚。"华山神大恐，即命部下将王氏送还。

关于这一点，宋人周密在《癸辛杂识》续集卷下解释说："五岳惟西岳极峻，直上四十五里，遇无路处，皆挽铁絙以上。有西岳庙在山顶，望黄河，一衣带水耳。"加之地领长安，游人极盛。人们经登攀之劳，受风寒之气，历奇险之境，惊神魂而动心魄，往往致病。西岳"收人魂"之说，或由此而来。妇人体质本来就弱，尤不堪折腾，加之对华山神的恐惧，当然更易得病。华山神"好女色"之说，即起于此。这继又转而成为对妇女们的另一种心理压力，因此，在华山得病的女子就越多。许多关于"华山神好色"的故事，也就这样产生、流传开了。

西岳华山神不仅荒淫无道，而且还好赌和收受贿赂。《搜神记》里记载，有个贪财而且好杀人的张县令本应寿终，东岳神已经签下了死籍文书。张某得知西岳华山神前不久与南岳衡山神赌了一场，欠下了衡岳神一大笔钱，就备厚礼去求华山神代为求情，并答应事成后帮他还赌债，华山神要他先去谪居下界的仙官刘纲处疏通，张某去见仙官说明来意，但仙官拒绝了。华山神立即派人给仙官送去了一封说情信，仙官只好照办，代为向天帝上奏求情。西岳神既然成为邪神，人间贪官污吏的劣行，也就逐渐被加到他的头上了。这里所述张县令的故事，虽是调侃笔墨，用以嘲讽人世间的贪官污吏，然偏以华岳之神为喻，可见他在民间信仰中的声誉之坏了。

尽管西岳神在人们的印象中是如此之坏，但他毕竟是国家祭祀的一个正牌神灵，且是大神，因此，他还是有保护地方的神职的。《河东记》里就记载说，韦浦赴京师长安求官，途中遇一人也要去长安，就与他同行。两人来到潼关旅店，旅店老板的小儿子突然昏死过去。店老板连忙请来女巫作法救命。二娘作法，说："三郎到了。传语主人，此鬼客所祟，吾且录之矣……"并说出鬼客的容貌，韦浦方知鬼客便是与自己同行的那位。第二天，韦浦见鬼客，鬼客说："某鬼客也，昨日之事，不敢复言，已见责于华岳神君。巫者所云三郎，即金天王也。"这里的"三郎"即是西岳神的小名。这件事多少挽回了西岳神在人们心目中的不佳印象。

恒山保护神——北岳恒山神的由来

北岳是指现在山西省浑源县境内的恒山。关于北岳恒山大帝的来历，说法亦不一。《古今图书集成·神异典》卷二四引《恒岳志》里说：颛顼氏为黑帝，治太恒山。《重修纬书集成》卷六《龙鱼河图》则称，北方恒山君神，姓登名僧。北岳恒山将军，姓莫名惠。《历代神仙通鉴》卷十五亦说："北岳无虑山（太乙总玄）郁微洞洲无极真君晨粤（金蝉三子）。"又据《三教源流搜神大全》卷二转引东方朔《神异经》称，北岳神姓晨，讳粤，以崆峒山（在今甘肃省平凉西）为储副。

《三教源流搜神大全》卷二还记载了北岳大帝的神职，说北岳主世界江河淮济泾渭，兼虎豹走兽之类，蛇虺昆虫等属。北岳恒山大帝的形象是穿着玄流的大袍，戴太真冥灵的冠帽，佩带长津悟真的大印，骑着黑龙，统领仙人玉女七千人。

北岳神在五岳诸神中，地位较低，传说也不多。值得一提的是，从汉唐宋直到明一千多年以来，北岳一直是以河北曲阳县的恒山。据《续文献通考·郊社考》所载，兵部尚书马文升曾提议改祀北岳于山西浑源县之恒山，但未被朝廷采纳。其中原因，据明人张志淳《南园漫录》透露，马文升这个建议之所以通不过，是因为礼部尚书倪岳不赞成。倪岳还没有出生时，他的父亲倪谦已在朝廷做大官。某年，倪谦奉命到河北曲阳，举行祭祀北岳恒山的仪式。当时，倪谦还没有小孩，乃顺便向恒山神祈子。倪谦是皇帝的使者，代表皇帝来祭祀，恒山神自然不会怠慢，随即指旁侍一神与倪谦为子。此后，倪夫人果然生下一个男孩。这男孩是在曲阳北岳庙向北岳恒山之神求得的，而且又是北岳神的部下，因此，便取名为"岳"，长大后，读书做官，飞黄腾达。倪岳跟曲阳的恒山有这种特殊的关系，当然要竭力反对移祀浑源的恒山了。

但到了清顺治十七年，刑部给事中粘本盛又提出了北岳当移礼山西浑源的恒山的建议，这次得到了皇帝的批准。此后，乃罢曲阳恒山庙之祀，而移祀北岳为山西浑源的恒山。河北的恒山则改称为大茂山了。

创造人类的女神——女娲神的由来

女娲是中国历史神话传说中的一位女神。

在中国古代神话里，女娲为人类之母，她的伟大功绩首先就是创造了人类。关于女娲造人，有合作造人和单独造人的不同传说。

合作造人是指女娲曾与诸神合作，一天孕育多次，以繁衍人类。《淮南子·说林篇》谈道："皇帝生阴阳，上骈生耳目，桑林生臂手，此女娲所以七十化也。"化是"孕育"的意思。这个神话的蓝本，便是当时原始母系氏族早期以女性为中心的非血缘群婚制。

女娲单独造人便是人们常说的女娲用土造人的故事。据说，女娲在造人之前，正月初一创造出鸡，初二创造狗，初三创造猪，初四创造羊，初五创造牛，初六创造马，到了初七这一天，女娲用黄土和水仿照自己的样子造出了一个个小泥人，她造了一批又一批，觉得太慢，于是用一根藤条沾满泥浆，挥舞起来，一点一点的泥浆洒在地上，都变成了人。为了让人类永远地流传下去，她创造了嫁娶之礼，自己充当媒人，让人们懂得"造人"的方法，凭藉着自己的力量传宗接代，所以后世的人将女娲奉为婚姻之神。古人祭祀这位创造人类的婚姻之神，典礼非常隆重。他们在郊野筑坛，建立神庙，用猪牛羊三牲作祭品来祭拜她。每年到了早春二月，神庙附近就会举行盛会，青年男女到此集会，只要双方情投意合了，不必举行什么仪式，就可以自由地婚配，任何人也不能干涉他们这种行为。至于那些结了婚却没有儿女的，也纷纷地来到神庙里，乞求女娲神赐给他们儿女，于是这婚姻之神又兼了送子娘娘的职务。

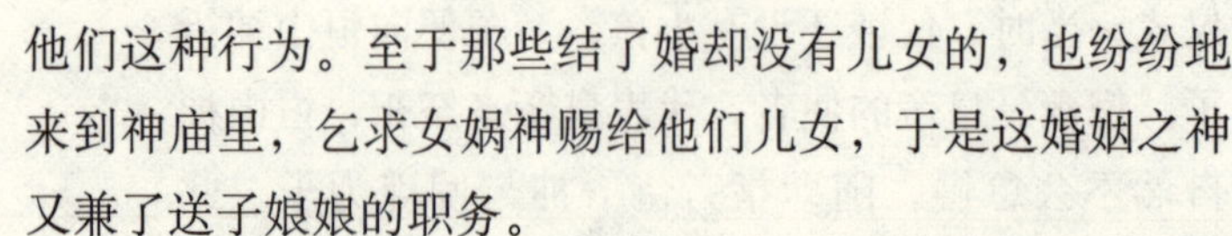

女娲的另一项伟大功绩是"补天"。在洪荒时，水神共工和火神祝融因故吵架而大打出手，最后祝融打败了共工，共工羞愤地朝西方的不周山撞去，哪知那不周山是撑天的柱子，不周山崩裂了，天便倒下了半边，出现了一个大窟窿，地也陷成一道道大裂纹，山林烧起了大火，洪水从地底下喷涌出来，龙蛇猛兽也出来吞食人民，人类面临着空前的大灾难。女娲目睹她的儿女们遭到如此奇祸，感到无比痛苦，于是决心补天以终止这场灾难。她选用各种各样的五色石子，架起火来将它们熔化成浆，用这种石浆将残缺的天窟窿填好，随后又斩下一只大龟的四脚，当做四根柱子把倒塌的半边天支起来。女娲还擒杀了残害人民的黑龙，刹住了龙蛇的嚣张气焰。最后为了堵住洪水不再漫流，女娲还收集了大量芦草，把它们烧成灰，埋塞漫向四处的洪流。经过女娲一番辛劳整治，苍天总算补上了，地填平了，水止住了，龙蛇猛兽灭绝了，人们又重新过着安乐的生活。但这场特大的灾祸毕竟留下了痕迹。从此，天还是有些向西北倾斜，因此太阳、月亮和众星晨都很自然地归向西方；又因为地向东南倾斜，所以一切江河都往那里汇流。后来，当天空出现彩虹的时候，人们就说，这就是女娲的补天神石的彩光。

女娲补天的神话，是我国古代神话中最奇伟瑰丽、动人心魄的神话之一。正因为女娲劳苦功高，因此，在西汉的《运斗枢元命苞》中，女娲就和她的哥哥伏羲、尝百草救人无数的神农一起被列为中华民族人始之初的三皇。而在民间，人们为了祭祀她，在全国许多地方修建有女娲娘娘庙，其中娲皇宫位于河北涉县，民间又称之为“奶奶顶”、“吊庙”等，始建于北齐，距今一千多年。据民间传说，娲皇宫修建的地方就是女娲“炼五色石以补苍天”的地方。而在河南省西华县聂堆乡的女娲城里，建筑有高大的女娲阁、女娲陵，女娲陵前还建起了高大的功德牌坊。这里流传着女娲造人和补天的神话传说，甚至人们说，时有土匪攻打女娲城，女娲派神兵神将打退了土匪，女娲城的乡亲都很自豪。女娲娘娘在民间百姓的心目中，既是庇佑他们的大神，又是他们道德行为的监督者，同时，也是他们的朋友。他们称女娲为姑姑、姑娘、奶奶、娘娘等名。在我国台湾地区，主祀女娲娘娘的庙宇有十余座，最重要的为宜兰县壮围乡的补天宫，农历正月二十日为女娲娘娘的圣诞。客家习俗称这一天为“天穿日”，各行各业都要停止工作一天。

神话传说中的男祖神——始祖神的由来

伏羲是中国历史神话传说的一位始祖神。

传说在远古时，出现了一位统治天下的圣王君主，他的身躯像龙身，打他的腹部就会发出雷般的声音。关于他的出生有一段故事。听说他的母亲，有一次经过雷泽的时候，看见地上有个大脚印，觉得好奇并且踩了过去，回家后有了身孕而生下伏羲。伏羲有着超乎一般人的神力，他常常观察天上的星象和地上的纹路变化，便以身体、外在事物作譬喻，借此原理创造了八卦，用它来通达神明之德和类比万物之情。

跟伏羲同时代的人们，并不知道耕作的方法，而是以采野果、打猎的方式生活，于是只要遇到野兽较少的季节便会饿肚子，伏羲看到这样的情况心里很不快乐。某一天，他独自一人到河边时，看见鱼群聚集的盛大面貌，心里想，若是能找到一套方法将鱼捕到，便可以在

不能打猎的时候捕鱼吃。第二天，在树下乘凉的伏羲，抬头仰望树枝，发现一只蜘蛛在结网，结完后便静静地在一旁等候，不久一只飞来的虫子便掉入陷阱，被网子捕住。伏羲便从这里获得启发，按照蜘蛛结网的方式，在河边作了一样的网，往河中一撒，等个数分钟后，拉起网子真的捕到鱼。伏羲将这样的方式教给人们，人们也减少挨饿的机会了。

伏羲看到这里的人们不用烦恼生活的时候，就决定离开到下一个地方，把他学到的生活方式传播下去。但在他离开当地不久，村子里来了一个妖怪。这妖怪长着一副龙头马身的样子，它在水中制造好几个漩涡，人们也就无法顺利捕鱼了。更糟糕的是，它会把水溢出原来的河道，冲坏了房屋，甚至有人葬身水底。村里的人们即使要战斗，但怎打得过龙马呢？

在人们痛不欲生、求救无门时，伏羲骑着6头龙飘然回来了。他看到人们的痛苦、发现村庄满目疮痍，心里痛苦万分。伏羲来到河边，打算跟龙马决一死战，但说也奇怪，龙马一看见伏羲，所有的暴戾之气都消失，变得十分温顺，伏羲也就收伏了龙马。龙马在收伏后，又受到伏羲的感召，决心弥补过错，便利用谙水的特长，为人们疏通河流减少水患。

伏羲的传说有很多不同的源流，有的说他是雷神的义子，也有攀登天梯的传说，也有说他是木德之帝，死后是木神之官。直到后来的唐代，在西域的敦煌石窟中，仍可发现伏羲和女娲的蛇身交尾的壁画，可见他对中国人的观念影响很深，在许多观念上和道教息息相关。全唐诗中也有诗句提到伏羲制法之事。

祝融以石取火，被封为神——火神的由来

火的起源很早，关于火的传说也不少，除了炎帝以外，另一个传说中火的神仙，便是祝融。

传说祝融是某一族的王子，原本的名字叫做黎，有着红色的胸膛，十分的高大威猛，虽然聪明万分，性情却也异常暴躁，只要一不顺他的心就会大发雷霆，闹得整个家族不得安宁。在祝融出生的时候，人们已经知道如何钻木取火，却仍无法自由地掌控火。黎则有

异于常人的能力，他特别擅长用火，能用火照明和驱逐蚊虫。不过当时的火种取得很不容易，尤其需要长途跋涉地取火，虽有钻木取火的法子，也有不方便的地方，所以黎便想找出另一个取火的方法：有一天，黎坐在石头上，对着一根大木头，使劲地用点火石对木头敲啊敲，还是无法点燃木头，时间一分分地过去，木头仍闻风不动。黎生气地将石头投往石壁，这么用力地一丢，碰的一声，顿时出现几点星火。黎被这火光吸引，眼睛一亮，从中得到灵感。于是他将一些干燥的草放置地上，再用两个石头靠着草，用力敲啊敲的。石头敲击的星火掉在干草上，草渐渐地冒烟，然后再往火堆吹一吹，火焰燃烧干草直至冒烟。自从黎发明了用石取火的方法后，人们便不需要想尽办法保存火种，黄帝得知他的功绩后，便封他为祝融。有关祝融的传说又还有一个故事。

有一天，黄帝经过云梦大泽南边的山麓，想考考祝融，问他："这座山的名字是什么？"只见祝融不慌不忙地回答："衡山。"黄帝又继续追问："那你是否可以说出，为什么取名为衡山？"祝融便说："早在远古的时代，天地尚未分开，后来经过盘古先师开天辟地，天地之间才有万物，盘古在开天辟地后精力耗尽，死后身体化成万物的一部分。他的头部变成泰山，脚化成了华山，腹部的部分是后来的嵩山，右手是恒山，左手便是衡山。而衡山为什么取名衡山？那是因为这座山，横跨了云梦大泽和九岳之间，样子像是一个秤杆，好像借此可以称出天地的重量，也像可以衡量出帝王道德的高低，故取名为衡山。"

黄帝见祝融对于地理间的事情如此清楚，便派任他驻守南边，管理各族之间的事物。驻守南边的祝融，居住在衡山的高峰上，并将火的知识传授给当地的百姓，用火煮食或是用火来照明。南边又因潮湿，所以蚊虫很多，祝融便教当地人点火熏烟赶虫。当地百姓非常地感谢他，于是利用秋收后的一段时间，来朝拜祝融。又因祝融传授火的知识，对当地人帮助甚大，故又称他为赤帝。

原本凡间宁静的日子，却因共工和颛顼争吵，结果撞断撑住天地的柱子，天地间忽然一阵混乱，日月往西北滑落，大地也开始倾斜，湖泊河溪渐渐地往东南流，坚固的衡山也是即将倒塌。祝融见到这个情况，担心灾害会祸及百姓，于是悄悄地利用神力将天撑住，人民因此才逃过一劫。经过多年后，在祝融寿终正寝时，百姓将他厚葬在山峰上，此山便称为赤帝峰，居住之处便称祝融峰。

关于火神的传说也是众说纷纭，而祝融的由来最早见于《淮南子》，另外也有人将回禄称为火神。而道教其中一个支派称火德真君，祭拜火神的日子，是定在农历六月二十三日。火对动物有不可抵挡的魔力，人类也是如此，因此自从人们发现火的好处后，在生活中常常利用它。火除了照明外，还可用来烹调食物，食物经过煮食渐渐地减

少疾病，这都是火带来的好处，但因为火不容易掌控，一不小心就会造成灾害，所谓有利必有弊，看事物要看它的一体两面，这样才能真正地了解事物。

年轻恋人的保护神——泗州大圣的由来

一提到恋爱和婚姻，一般来说，人们立马就会想到“月下老人”。的确，月下老人在我国民间非常有知名度，但他是天上主管人间婚姻的神，他在冥冥之中偷偷地把一根红绳系在男女双方的脚上，使他们结成夫妻。而真正称得上是恋人保护神的则是另一位，他就是与月下老人齐名的泗州大圣。

泗州大圣，即“泗州僧伽大师”，是唐代著名的高僧。传说他曾为观音菩萨度化，后世又称“泗州文佛”、“泗州古佛”等。传说泗州大圣本为何国人（在今吉尔吉斯的阿尔别希姆），31岁入中土，在唐高宗时来到长安，因他为驸马治病而声名鹊起。后来他又南游江淮，为百姓治病。最后定居在泗州（今江苏泗县）。平时他手里常拿着一根杨柳枝，四处说法。一天，他突然指着屋里对贺跋氏说：“这里本是一座佛宇。”贺跋氏听了大吃一惊，于是令人掘地三尺，果然挖出一座古碑，上书“香积寺”三个大字，同时还挖出一尊金佛像。众人都以为是燃灯古佛，他却对大家说，这是“普光王佛”。唐中宗听说后，便把他迎入长安荐福寺，皇帝和百官拜他为师，听他讲道说法。据说唐中宗曾问和合神万回师：“僧伽大师是什么人啊？”万回回答说：“此人是观音菩萨化身。”唐中宗景龙四年农历三月三日，僧伽大师圆寂，享年83岁。唐中宗为其敬漆肉身，送回泗州临淮起塔供养，遂奉为“泗州大圣”。泗洲大师在世布道时，名声就远播海内外，受到民间老百姓的崇拜，以至于建造寺庙供奉。唐五代时又有许多地方修建供奉僧伽的泗州院，宋代泗州僧伽的信仰更加盛行，明清时期，泗州僧伽的信仰继续发展。

而后来泗州大圣在民间之所以与恋人保护神划了等号，可能是源于闽粤一带流传着的一个关于他的有趣的传说故事。相传古时，福建泉州惠安和晋江两县交界处的洛阳江江面宽阔，水流湍急，无法架桥，两岸百姓平时往来都要靠小船来摆渡，非常不方便。宋朝时一位地方官打算在江上建桥，筹集了资金后，他便招募百姓开始施工，谁知桥建得很不顺利。江水太急，每一次把造桥基的石头放进水里，一眨眼的功夫就被冲走了，没办法固定桥基，也就没办法建桥。这样的难题弄得附近百姓都非常着急。有一天，一位白发飘飘的老翁划着一条小船到了江中，船头坐着一位美丽动人的姑娘。老人看见岸边有人围观，便大声对众人喊道："我的女儿待嫁闺中，今天我想用一种奇特的方式为她选一位郎君。岸上的小伙子谁要是能用铜钱掷中我的女儿，我就将女儿许配给他，绝不食言。"竟有这样的好事？岸上的人半信半疑，有人真的掏出铜钱向小船扔去。消息马上传开了，四面八方的人汇集到岸边，为了能够得到漂亮的姑娘，大家争着用铜钱投掷，说也奇怪，虽然铜钱如雨点般飞落，但没人能投中那位姑娘，钱都纷纷落入江中，越积越多，最后汇成了洛阳桥的桥基。原来，白发老翁是土地神变的，姑娘是观音菩萨的化身。两位神仙本想着为建桥出些力，而且眼见大功已经告成，正准备打道回府，谁想泗州大圣化为一位高大英俊、一表人才的商人来到岸边，他从身上取出一把碎银子投向江中，其中一块不偏不斜正好落在观音菩萨的发间，引得两岸众人齐声喝彩。土地神无可奈何，只好请这位商人到江边一座凉亭中商谈。此时，观音菩萨认出了泗州大圣，心里埋怨他多事，便使了一个定身法，让泗州大圣一坐下就无法站起来，观音菩萨和土地神趁机赶紧溜走了。

后来人们都为泗州大圣鸣不平，就在江边修建了许多凉亭，以此表示对泗州大圣情场失意的同情。以后泗州大圣也就成为了民间膜拜的婚姻恋爱的保护神。这个故事近代随着内地的移民传到了台湾，直到现在，台湾许多地区的榕树下，也都修建有大大小小的凉亭，并设有神龛，里面供奉着泗州大圣。恋爱中的青年们常常对他顶礼膜拜，求他保佑。据说如果恋人移情别恋了，只要在泗州大圣后脑勺上取一些土，偷偷洒到对方的身上，对方马上就会回心转意，重续情缘。因为泗州大圣曾追求观音菩萨而遭拒绝，所以总能尽力帮助失恋人，这是出于同病相怜的缘故吧。但这样一来，却苦了这座佛像的后脑勺，只好一修再修。

英勇的战神——关圣帝君的由来

关羽，是三国时代山西人，字云长，神号是关圣帝君，一般通俗称他为关羽，也有人称他为关帝爷。他与刘备、张飞曾结拜为异姓兄弟，俗称为桃园三结义。在民间的传说中，关羽是个英勇的战神。

根据历史上的记载，关羽是河南解县常平村人，出生在东汉桓帝年间。关羽自幼便继承家学，像是《易经》、《春秋》等典籍都是他的最爱。书本除培养了他的知识外，也让他散发一股凛然正气，塑造了他十分讲求忠义的个性。相传他的外表，身长九尺多，胡

须长达两尺，一脸像是枣子般的红润，嘴唇像是涂抹着胭脂，有一双丹凤的眼睛，眉毛浓厚，不但相貌堂堂而且威风凛凛。关羽天生一副雄伟的容貌，更显得威武逼人，见过他的人都被他的气势所震撼，不由得肃然起敬。虽然出生名门，但不幸遭逢乱世的关羽，只能够流落他乡。在异乡的日子里，关羽认识了刘备与张飞两人，因为个性相投也有同样的抱负，于是在桃园结拜为兄弟，约好三人齐心协力地创造一番事业，希望能够解救天下苍生。后来时机成熟，关羽辅佐刘备建立蜀国，与当时的魏吴形成三足鼎立的状态，也就是历史上的三国时期。

关于关羽的传说可说是多不胜数，像有一次关羽负责护送刘备的家眷回家，途中遭遇曹操军队的埋伏，关羽展现他过人的勇气，过五关斩六将，终于突破重围。其他像单刀赴会、刮骨疗毒都是大家熟悉的故事。他在《三国演义》一书中更是主要人物。智勇双全的关羽可谓当时的一代豪杰，对刘备也是忠心耿耿，结义时所言“不求同年同月同日生，但愿同年同月同日死”，这句话可说牢牢地记住在心。相传有一次曹操抓到关羽，将他软禁在曹国军营，曹操听说有关关羽的故事，觉得他是个不可多得的贤才，屡次运用各种方式引诱他，像金银珠宝、佳人美色等，希望关羽能为他效劳。可是这些东西在关羽眼里，乃是身外之物，瞧都不瞧一眼。关羽不但视金钱如粪土，面对敌人时，也表现出奋勇抗战的精神。然英雄人物不见得能长命百岁，就像俗话说天妒英才般，关羽在麦城一战战败，最后在湖北过世。

关羽过世之后，人们常常怀念他的事迹，认为像这样义薄云天的人物，可说是中国英雄人物的代表，于是集合众人之力，特地为他建造一座庙宇，希望能供后人祭祀。因为关羽的庙与孔子的文庙恰好相对，所以大家俗称关羽的庙为武庙，用来作为中国战神。

到底人们从什么时候开始祭拜他，不得而知，但若从许多记载上看，自唐代开始，民间祭拜关羽的风气渐盛，除道教世界外，连佛教的世界也吸收他的故事，说死后的他经过普静大师的指点，冤魂于是不再逗留人间作祟。这样的故事证明，不论道佛都极为重视关羽，他可说是英雄人物的楷模。

在京剧的人物中，关羽总是红脸，于是京剧的红脸代表的就是义勇的人物，而民间祭拜的关羽不但是武神的代表，甚至因为他对不同事物的才能，对他有不同的称号，像有人认为关羽是五文昌之一，这是因为故事说他喜欢读《易经》《春秋》等书，于是又称他为关夫子或是山西夫子。而商人对关羽更是崇拜尊敬，认为他可以带来财富，尤其是饮食业的老板们，把他当做财神一样的膜拜，这也就是人们一般俗称的武财神。另外传说死后的关羽，被天帝派去镇守南天门。民间传说中关羽可说是神明中的全才，文武俱通，广受人们的尊敬。唐代有首诗与关羽有关：

将军禀天姿，义勇冠今昔。
走马百战场，一剑万人敌。
虽为感恩者，竟是思归客。
流落荆巫间，裴回故乡隔。
离筵对祠宇，洒酒暮天碧。
去去勿复言，衔悲向陈迹。

华佗医术高明，从凡人中被神化——神医的由来

三国名医华佗，出生于安徽亳县华家庄，父亲早死，兄长又被抓丢当兵，留下他与母亲相依为命。因他家中贫困，所以生病的时候，只能自己挖些药草来吃，渐渐地他发现药草的神奇，便以自己的医术济世救人。他的医术十分高明，被称之为华佗神医。

三国时战乱频仍，人民生活十分困苦，连生病都没钱请大夫看病。华佗自己出身穷苦，却富有同情心，常步行免费替人看病。为了使自己的医术更上一层楼，华佗常常到郊外寻找些药草，并且实验药草是否有特殊的疗效。华佗虽然如此努力，华佗却未正式地学医，一般的小病还可以治治，若遇到像恶疾的病状，也就束手无策。有一年，华佗的母亲，得了莫名其妙的怪病，请了很多有名的大夫，都看不好，拖了几个月就去世了。

遭受打击的华佗，决定发愤图强去寻找名师学医，他听说在西山的道观有个治化道人，治病如神，再难治的病到他手中，随即药到病除。华佗决定前往西山，向名医拜师学艺。西山距离华家庄有多远，华佗也不晓得，但他心意已决，隔天一大早便出发了，所有的亲友都到场送行，祝他早日学成回乡，就在祝愿声中，华佗踏上了艰苦的历程。

不知走了多久，华佗身上的银两也花光了，脚底也走出水泡，却仍不见西山前。困顿的华佗，饿的时候吃山中野果，口渴则喝山中泉水，就这样子来到一座大山前。丛林密布的大山中，华佗隐约看见一座道观，他继续踏步前往，慢慢地来到道观前。华佗找到道观，内心自然欣喜，忍不住地跳跃，这时迎面走来一位道童，华佗便请问他，道观是不是有个治化道

人。道童回答他说有，并且问他有何贵干，华佗说明来意后，道童迅速地回道观禀报，再过来请华佗入道观。

华佗一进道观，便看到一位白胡的道人，稳稳地坐在大殿厅上，于是心想这就是道人吧！华佗向前一步叩安。道人仔仔细细地看过华佗后说："听说你前来学医，你真的有坚决的信心吗？"华佗点头表示有信心，道人于是收他入门。不过道人要给他一段考验的时间。治化道人将华佗带到道观后院，眼前所及到处都是病人，道人给他第一个考验，便是要他从今天起，在这里打水照顾病人，华佗心虽疑惑却也不敢抗命，就这样华佗开始他的学医之旅。从第一天开始，华佗便细心地顾照病人，无论何种天气，总是陪在病人身边，一有突发状况，他便赶快请道人查看，从旁也学到不少技巧。而病人每天的病况，华佗都会用纸笔记录下来，其他师兄都笑他没事找事做，华佗也装作没听见。

很快地3年过去，华佗从照顾病人身上，学到不少病理，像为何会染上疾病，什么病会有什么症状，应该如何照顾，要用什么药草医治，他都一清二楚。这日，华佗像平常一样在照顾病人，治化道人一声不响地来到旁边，对他说："经过3年的观察，我发现你是个细心的人，你应该从病人身上学到不少，但只是这样还无法真正参透医理，你跟我来。"他带着华佗来到内殿的藏经阁，阁中尽是些医药书籍，道人对他说："按照你过去的基础，这里的书对你没什么困难。你也可以自行地运用里面的工具，需要看书就看书，需要练习制药，也有火炉在旁，专心学的话一定没问题，如果碰到什么难题再来问我吧！"说完留下华佗一人离去。华佗能得到道人的赏识，学得医药知识，心里十分地高兴，于是每天就在病人与内殿中来去，这样又过了3年。

这年治化道人又考验华佗，首先故意装病让他医治，又将医药之书烧毁，让华佗重新抄写，华佗也通过考验，证明他已将医药之理参透。这日，治化道人唤华佗到面前，对他说："你来这已经超过6年，学业上也约略有成，也是该贡献你一份心力的时候了，为师让你下山济世救人，为全国百姓服务，不知道你愿意吗？"华佗说："徒弟尚未学到真正本领，请师父再收留徒弟。"道人说："目前世道如此混乱，以你的能力足以广救世人，别再推托。"说完命令徒弟将华佗赶下山。从此以后，华佗便游历天下悬壶济世，传说中他还曾替曹操看过病。

华佗是中国医学上的大师，因此也成为道教人物中的神明，将他从凡人中神化，后世称医术高明之人为华佗再世。

算卦最准的奇人——水府仙伯的由来

道教名人郭璞一生信奉道教，又擅长各种方术，所以后人把他视为道教神仙。在葛洪的《神仙传》里专门有他的传记，宣称他死后三日，南州市人见璞货其平生服饰，与相识共语。郭闻不信，开棺无尸，乃兵解也，后为水府仙伯。”

郭璞，东晋时人，专于文学及为书作注，曾注解过《楚辞》、《山海经》等著名的文学作品。相传曾得到《青囊书》，借火学习卜卦之本，曾有人想偷看，一翻书，书却自动燃烧。关于郭璞对事件的灵感度，有几则传说。

郭璞有一次算出，东晋将有很大的变动，会战乱连连，他担心亲朋好友，便告诉认识的人们，要他们赶紧前往东南方逃难。熟悉郭璞的人，都知道他的神算能力，于是回家收拾一些家当，由郭璞率领，决定投奔赵固的军队，寻求他的庇护。当他们抵达赵固官府时，很不巧的是，正碰上赵固的马因病身亡，赵固非常伤心，对于周围的事，都不闻不问，更别提要保护郭璞之事。面对这个情形，郭璞想到一个办法，他请人转告赵固，说他有法子可以让马死而复生。赵固起初不太相信，后来守门的人跟赵固说，郭璞是个有道术之士，试试看，或许他真有办法。赵固心想，反正马死都死了，看看郭璞有什么法子。

赵固将郭璞召到大厅，问他："听说你可以让我的爱马活过来，这是真的吗？"郭璞说："是真的，请你派二十几个人，手持竹杖，往官府的东方走，大约三十里，这时会看见一座寺庙，见到寺庙，便用竹杖往地下用力地敲，不久之后，会看见有个东西跑出来，请马上将它抓起来，把它带回来给我，我便有法子让马复活。"赵固半信半疑地派人照着郭璞的指示一步步地做，果真就像郭璞所言，抓到一只像猴子的动物，而将它活捉回府。一进府中，郭璞马上请人把死马移到大厅，那怪物一见死马，便直扑上去，谁知原本了无生气的死马，开始蠕动嘶吼，发出阵阵的马鸣，接着站起身来，活蹦乱跳，像是未曾死过一样。就在转眼间，怪物也不知去向。赵固为感谢郭璞让心爱的马复活，于是答应了他的要求，并送了不少的稀世珍宝给他。

除了算卦外，郭璞也对风水有所研究。最好的一个例子是：他母亲过世的时候，他挑选一个靠河边的墓地安

葬，周围的亲友都劝他说：“还是换个地方吧！这一处靠河边太近，若哪年来个大洪水，坟墓会被冲得一干二净。”面对这样的疑问，郭璞笑着回答说：“照我观察的风水看来，这片河床不久后会干涸，成为一座小山丘。”大家都说不可能，因为这条河存在几十年，连干旱的那几年也未曾见底，我们还是靠它平安地度过干旱，怎么可能会干涸。结果不出半年，河中的鱼虾都消失了，再半年连一滴水都不见。郭璞母亲下葬一事，让郭璞的看风水能力广为流传，许多户人家家有丧事，都来请教他风水问题，甚至是新居落成，也时时询问郭璞的意见。其中有一户人家，郭璞特地安排下葬于龙骨处，这样的事情，传到皇帝的耳中，皇帝悄悄地派人来询问此户人家，问他们：“你们将葬在龙骨处一事，难道不怕皇帝知道，定个谋反的罪名连累九族吗？”他们回应说：“仙人郭璞曾说，此处虽位于龙骨，却是在龙耳处，这会招来皇帝的查问，却不是个谋反的坟位。”这个人将所见所闻，一五一十地报告皇帝，皇帝听后十分折服郭璞的神算。

皇帝折服郭璞的神算，刚好听说王敦准备谋反，便希望郭璞能算算此事是否属实。没想到郭璞的反应是，第一次不说话，第二次却说个大吉。王敦也听说过郭璞的神算，同样地派人，让郭璞算算命运，郭璞不肯答应。王敦一气之下，便派兵捉拿郭璞，准备将他处死，但是相传在行刑后，有人曾在相同的地方，见过郭璞的身影。

关于郭璞的传说很多，相传郭璞曾用计来夺取他人丫环，为了让主人感觉邪异，便在府邸四处撒上豆子，不久整个府邸都被赤衣人包围，之后郭璞再出面，设计巧获丫环。这段故事中有个有趣的地方，即是那段郭璞撒豆成兵的部分，在后来的小说故事中，也常常运用，像明代小说《平妖传》中，也不止一次使用此法术。其实，此计更早便出现在其他的故事中，可见这法术的流传之广。

太白金星转世，李白坐鲸上天庭——诗仙的由来

李白生于唐代，与杜甫同为中国两大代表诗人，因为他个性的放荡不羁，又常常看些道教书籍。因此关于他道教式的神话传说也不少，相传他是太白金星转世。

李白刚刚出生的时候，他的母亲曾经梦见太白星下凡进入她的身体中，所以他的母亲因此帮他取名为李白。李白长得非常俊俏，有着不同常人的飘逸气质，十岁的时候就精通各类书籍，看过他作品的人都十分称赞，说他是天界下凡的“神童”，有人则直接称他为李谪仙。虽然李白很有才华，满腹经纶，可是成年的他从未想要进京赶考，直

到有天遇到一位司马先生，看他才华出众，认为他赴京赶考绝对可以通过考试，李白才思考这件事，最后决定到京城试一试。

来到京城的李白，四处游玩时认识了当时朝臣贺知章，两人一见如故，贺知章听说他到京城赴考，便要他搬到府上居住。原本按照李白的才能是不需要担心应试的录取，但当时流行一股行贿的风气，如果不捐点银两的话，即使你的能力再好，也只能榜上无名。贺知章清楚地知道这点，开始担心李白的前途，自己没有多余的金钱帮助李白，但又不能置之不理，干脆写封信给当年的主考官杨国忠和高力士，或许还有一点希望。谁知这一做反而弄巧成拙，杨高两人接到信后心想：这个人还真过分，自己接受好处不分杯羹给我，还要我替他做这个人情，这个李白我绝对不会让他好过。

于是两人从中作梗，李白终究没能通过考试，甚至还受了一肚子委屈。

贺知章安慰李白明年再考，这段日子就住在他家，等待时机再出头。贺知章的话不久便灵验，当时唐玄宗跟番邦的交往频繁，结果在番邦首次来访时，朝中大臣却没有一人能出来充当翻译，这件事惹恼了玄宗，当场在大殿发怒。贺知章将此事告知李白，李白便说如果他在一切就可以解决。贺知章听完觉得这是个绝佳的机会，趁机将李白推荐给玄宗。那天番邦又再次上朝，李白则担任番文翻译，听到他能流利地念出番邦的语言，番人无一不惊讶。李白也不负所望，在与番邦的沟通上，表现了出色的能力，玄宗当然非常高兴，庆幸朝中能有这样的贤才。就在这件事后，玄宗开始重用李白，并发现他写诗的才华，常常要他发表著作让自己欣赏，不时还要送他些金银财宝，可惜李白无功不受禄，始终不肯接受。就这样过去了多年，直到李白因为一首诗，得罪玄宗宠爱的杨贵妃后，李白就不再受玄宗的重用，从此离开了京城开始流落四方。虽然之后玄宗屡次地派人请李白回宫，但李白这时已经对尘世间的名利、身外事物不再感兴趣，所以也回绝了玄宗的召唤。

有一天夜里，月色高挂天空，李白像往常一样在船上喝酒，在朦胧之间，他似乎听见天空传来一阵仙乐，越来越靠近船只，湖面也开始兴起一阵阵的水波。李白在摇晃中抬头一瞧，发现有只庞大的白鲸浮在半空中，上面还站着两位仙童，仙童手拿着旌旗对李白说："我们奉天帝之命特地来领星君归位。"在岸边的人们，都被这个景象惊呆，赶紧地跪拜，众人亲眼见到仙童让李白站在鲸上，缓缓地向天界飞升而去。玄宗听见此事后，对李白更加怀念，特地命人在江边盖座李谪仙祠作为纪念。

其实到目前为止，李白究竟怎么死的，还没有个确凿的答案，这也让大家对他的事更有想像空间，而在中国诗歌界，李白与杜甫的名气可说是不相上下，但是诗圣之名还是被杜甫夺走。其实李白这个人物充满着传奇性，就像他的诗作多变一样，传说中他喜欢看些道教书籍，因此道教将他的故事神化。

颜真卿罗浮成仙——北极判官的由来

唐代的颜真卿是一位大书法家，与柳公权齐名，为世人所敬重，尊称他的书法为“颜体”，他流传的《多宝塔碑》与《麻姑仙坛记》在中国书法界是独步当空的名帖。后来，人们也把他拉入了神仙的行列，他的职位是北极判官。

唐代书法家颜真卿，自小用功读书，经史子集样样精通，并且对国家大事怀抱远大的理想，开元年间顺利考中进士，进而在朝廷担任监察御史一职。在颜真卿多年的官场生涯中，他总是保持着清正廉洁，完全不受贿，处理公事也不偏颇，就如同他的文章一般，受到广大群众的尊敬，可惜他的晚年发生一件大事，改变了他的人生。

原本为朝中大臣的李希，不知道是不是吃了熊心豹子胆，竟然兴起谋反的念头，另外起个国号大梁国。乱臣贼子是不容许宽恕的，玄宗左思右想下，再看看文武百官，决定派他最信任的颜真卿，代君出征，讨伐大梁国。知道这个消息的人，都认为出征的结果恐怕是凶多吉少，便陆陆续续地前往颜府，准备替他饯行与拜别。颜真卿明白大家的心思，知道所有的人都预想，这将是个悲惨的结局，但他自己反而不担心，依然是一副豪放十足的样子，没有显露任何的悲伤，甚至安慰难过的亲友。他命令厨房大开筵席，款待平日照顾他的亲朋好友，席间谈笑风生，一杯接着一杯地喝酒。

第二天一大早，颜真卿整理行装，带上军帽，一步步地踏上军车。面对送行的亲友说：“过去的岁月中，有过许多欢乐的时光。我们也彼此分享着心事，但其实有件事，我从未对人提起，现在趁机说给你们听：年轻的时候我曾巡视全国各地，路途中曾遇见过一位道士，他自称是陶公公，说与我有段机缘，特地前来送我几个贺礼，祝贺我的仕途顺利。他所送的礼物十分奇特，是一颗神丹及刀圭，看来毫不起眼的东西，却是多年来我能保持强健体魄的秘方，所以我才能有如此旺盛的精力，来应付繁忙的公务。陶公公在离别的时候，曾对我说了一个预警，他说当我70岁的时候，将会遇到一个劫难，事件过后，便可以跟他在罗浮山相会。现在想起这段往事，或许陶公公所指的便是此事，我想这就是人们所称的命吧。”说完驾着浩浩荡荡的军车，消失在清晨的雾里。

几个月过后，颜府传来颜真卿在战争中遇刺身亡的消

息，因为当时战况十分危急，无法帮他办一场风光的葬礼，只能选择一块良地，暂时安置他的身躯，等他日再来收敛尸骨。终于等到战乱平定，颜府的亲人急忙地赶往墓地，希望早日接他回乡，结果一开棺木，发现颜真卿的肌肤，仍像活着般红润，指甲像手指一般的长度，胡须则像新生的头发，看见的人都感到惊讶不已，又担心这个异象，便将他迁移至偃师北山下葬。

相传后来有人经过罗浮山，遇到两位道士，其中一位道士得知此人自北而来便对他说："这位兄弟来自洛阳，贫道是否可以委托一事，麻烦你将此信带往偃师北山的颜真卿府上。为了感谢你帮我这个忙，我将送你一个礼回报。"此人心想，反正办完事情过后要回乡，就当日行一善吧，便答应了道士的委托。几个月过后，此人回到洛阳，特地绕道颜府，将道士委托的信送达。颜府的人十分地纳闷，平日并没有跟哪个道士有所来往，怎会有人送信，便将信打开，发现信中竟是先祖颜真卿的字迹，非常吃惊。再问送信之人，所托的道士的相貌为何，发现竟然与先祖颜真卿十分相似，总觉得是先祖显灵。在一次敛骨的日子，后人将颜真卿的棺木一开，里面空空如也，才明白颜真卿早已成仙。

后人说颜真卿解尸成了神仙，当了北极驱邪院的左判官。

吴道子笔下有神——道教画仙的由来

吴道子是唐代有名的画家，后世称他为"画圣"。吴道子曾向张旭、贺知章学过书法，家人见他在绘画上更有天分，让他学画，终成为闻名于世的大画家。

吴道子擅长各种画，如佛像、山水、动物等。相传，有一次吴道子在一座桥上的石头上随手画只栩栩如生的老虎，兴致一来便替它点上眼睛，没想到不久传出，当地有人死于猛虎的爪下。吴道子听闻后，知道是自已闯的祸，赶紧回到原来的桥上，将虎的眼睛擦掉，之后便没有猛虎作乱，而这座桥俗称为"卧虎桥"。吴道子的画工名声广播，传进唐玄宗的耳里，唐玄宗便派人前往吴道子处，希望他能为唐玄宗作画。虽然受命的大臣一副瞧不起吴道子的样子，但吴道子知道是为皇帝作画，不可轻视，故在一匹昂贵的绢帛上画上呕心沥血之作。谁知这位有眼不识泰山的大臣，误以为吴道子是随便作画，想让皇帝责罚他，便偷偷地请京城另一名画家，重新作画，再送进皇宫。唐玄宗一看，发现这不过只是普通人之作，怎可以算是一位超脱尘世的画家呢？招来大臣仔细盘问清楚后，才知画作已被调包，于是要大臣赶紧将原作拿出。唐玄宗将吴道子的画一摊开，一幅日月星的三星图展现眼前，日光闪耀天空，夜晚星月交相辉映，真是幅绝妙好图，世上难得之宝，于是马上命人将吴道子请进京城。

唐玄宗将吴道子请到宫中后，常常要吴道子画一幅美丽的图画，好让他欣赏欣赏。有一次唐玄宗希望吴道子画出一幅河岸图，吴道子却迟迟未交卷，唐玄宗便宣召问他："为何这次无法作画？"吴道子回答："微臣在宫中已久，对外面的世界有些淡忘，怕画不出皇上要的画，请皇上准许让微臣出城，四处探访山水名景，回来后一定能画出美丽的图画。"唐玄宗想想便说："我给你3个月的时间，回来后便要交出作品。"吴道子利用3个月的时间，探访各地的风景名胜，甚至是人烟绝迹之处，到每处都是聚精会神地体验，果然回宫后，在一面白墙上画出嘉陵江三百里的风光，唐玄宗因此更加地赏识他。

一日，唐玄宗宣召吴道子入宫，要他在一面白墙上，画出景色优美的山水画，吴道子说："这并不难。"说完，便动手在墙上作画，他将一盘墨涂抹墙上，用画笔顺势添几笔，一朵朵的花绽放，接着墨水到处横流，命人取来白布覆盖墙上，再掀开，一栋栋的山水楼台浮现眼前，花丛鸟鸣声犹如在耳。玄宗欣赏这幅美丽的图画，徘徊其中，流连忘返，正当他入神时，吴道子指着山脚的一处洞窟说："皇上，这里是仙人的住处，你只要轻轻敲几下，就会有人来开门。"唐玄宗半信半疑，心想是吴道子在开自己的玩笑，直说不可能，于是吴道子自己在洞门敲几下，果然一个童子出门迎接，他便顺势地跟童子走入洞中。唐玄宗本想跟着他们，没想到吴道子进入后，洞门便自动关上。这时锦衣卫来报，说刚刚吴道子从宫墙中离去，玄宗回头望墙上的画，所有的山水花鸟不见踪迹，剩下一面干净无瑕的白墙。世人惊叹吴道子画工之神，于是称他为"画圣"，并且成为道教中的画仙。

吴道子不只是唐代的名画家，也是中国绘画史上的重要人物，在他之后，绘画进入一个新的纪元，达到鼎盛。吴道子所作人物、山水、花草、鸟兽都冠绝一世，尤其在人物画方面贡献良多，为当时的道教、佛教作神像画，保存了不少人物的相貌。道教故事的人物中，有一部分是将中国的艺术家神化，不管是最先开始的东方朔，还是唐代的李白，几乎都让他们的艺术更神乎其神。

道教最高尊神——三清的由来

山西省芮城县永乐镇的永乐宫是我国现存建筑面积最大、布局最完整的道教宫观，始建于元代，是金元时期全真教派的三大道观之一。观内沿中轴线兴建的龙虎殿、三清殿、纯阳殿和重阳殿等建筑，巍然高耸，朱栏玉户，画栋雕梁，这些殿堂内有960平方米的精美壁画，其中主殿三清殿的《朝元图》就占了403平方米，反映的是道教诸神朝拜第一神元始天尊的情景。整幅壁画色彩艳丽，人物飘逸，栩栩如生，叹为观止。

一般来说，天无两日、国无二主，但在道教的神谱里，很奇怪的是第一神却不只仅仅是元始天尊，与他并列的还有另外两位天尊，那就是灵宝天尊和道德天尊，这三位天尊合称为“三清”。三清，道教原指人天两界之处神仙居住的地方。《云笈七签》卷三里说：“其言三清境者，玉清、上清、太清是也。亦名三天，其三天者，清微天、禹余天、大赤天是也。”三清指道教所尊的三位神，即玉清元始天尊、上清灵宝天尊、太清太上老君（即道德天尊）。天尊，是道教对其最高贵的天神的尊称。能称得上此一尊号的，只有那么寥寥几位，其中又以“三清境”里三天尊最为高贵，故三清为道教最高神祇。此三神居住的地方即是三清境，元始天尊治理的玉清境是清微天，清微天之气下始青；灵宝天尊治理的上清境是禹余天，它的气是元黄；道德天尊治理的太清境是大赤天，它的气是玄白。

据道经所称，元始天尊初称元始天王。《历代神仙体道通鉴》称：“元者，本也；始者，初也，先天之气也。此气化为开辟世界之人，即为盘古；化为主持天界之祖，即为元始。”元始天王，开天辟地、治世成功以后，蜕去躯壳，“一灵不昧，游行空中，见圣女太元，喜其贞洁，即化成青光投入其口。圣女怀孕十二年，始化生于背膂之间，言语行动常有彩云护体。”因其前身是盘古、元始天王，就称为元始天尊。据陶弘景编定的《真灵位业图》称，元始天尊位在天之最高位，即三十五天之上。玉清境内有紫云之阁，碧霞为城。众神仙按时上玉清境朝拜元始天尊。《隋书·经藉志》说，元始天尊以天尊之体，常存不灭，每至天地初开，即授以秘道，开劫度人。“所度皆诸天仙上品，有太上老君、太上丈人、天真皇人、五方天帝及诸仙官。”现在，道教宫观大多设有三清殿。元始天尊常以手持混元珠之像居于大殿神像之中位。在大型道教斋醮礼仪中，多设有三清神位或神像，也都以元始天尊为中位。元始天尊的神诞日是正月初一，民间亦有在冬至日供奉元始天尊的。

灵宝天尊又称“太上道君”，原本是个不起眼的小神。东汉三国时的马融在《广成

颂》中说："导区鬼，经神场，诏灵宝，各方相，驱疬疫，走魊祥。"可见灵宝天尊这时还只是个和方相一样驱逐病疫的小神。东晋末，葛洪的从孙葛巢甫编写了《灵宝经》，后来道士们又制定了灵宝仪轨，灵宝之教遂大行于世。据道经所云，灵宝天尊原称"上清高圣太上玉晨元皇大道君"，陶弘景编定的《真灵位业图》将其列在第二神阶之中位，仅次于第一神阶中位之元始天尊。唐代时曾称为太上大道君，宋代起才称为灵宝天尊或灵宝君。道经上说，灵宝天尊"自元始天尊处受经法以后，即辅佐元始天尊，居三十六天之第二高位上清境，在三十四天之上，治蕊珠日阙，管七映紫房，金童玉女各三十万侍卫。万神入拜，五德把符，上真侍晨，天皇抱图。"另据《洞玄本行经》称，灵宝天尊以灵宝之法，随世度人。自元始开光，至于赤明元年，经九千九百亿万劫，度人有如尘沙之众，不可胜量。凡遇有缘好学之人，请问疑难，灵宝天尊即不吝教诲。天尊有三十六变、七十二化，人欲见之，随感而应，千万处可分身即到。现在道教宫观里的三清殿中，灵宝天尊常以手捧如意之像居元始天尊之左侧位。在道教的大型斋醮礼仪中，也是以灵宝天尊位君元始天尊之左侧。灵宝天尊之神诞日为夏至日，民间在夏至日常以灵宝天尊为主神加以供奉。

道德天尊，即老子，自北魏起又称"太上老君"。关于道德天尊的来历，道教传说他累世化身，颛顼帝时号"赤精子"，帝喾时号"录图子"，帝尧时号"务成子"，帝舜时号"尹寿子"，夏禹时号"真行子"，商殷时号"锡则子"，直到殷商阳甲时才投胎于"玄妙玉女"，玉女怀孕七十二年生下一子，满头白发，故称"老子"。也有称其母于李树下生，生而能言，指树而姓"李"。东汉延熹八年陈相边韶的《老子铭》称，老子"离合于混沌之气，与三光为终始"，"道成化身，蝉蜕度世"。陶弘景《真灵位业图》定太清太上老君为第四中位，居太清境太极宫，即三十六天中之第三十四天，在三十三天之上。《魏书》的《释老志》称太上老君"上处玉京，为神王之宗；下在紫微，为飞仙之主。"

《史记》里有《老子列传》，可见历史上确有其人。据史书所载，他是春秋时期的一位思想家，姓李名耳字老聃，是道家学说的创始人，曾做过周朝藏书室的官吏。据说孔子曾经专门到周朝向老子请教学问，对他大加推崇，回来后对学生说："鸟，我知它能飞；鱼，我知它能游；兽，我知它能走。走的可用网捕，游的可用钩钓，飞的可以箭射。至于龙，我就不知道了，龙会乘风云上天而去。我今天见到老子，他恐怕就是龙吧！"后来，老子见周室已衰，便乘青牛出函谷关。路过关口时，被尹喜留住，在那里写下了《老子》

一书，也称《道德经》，共五千余字。老子为什么会被道教奉为教祖呢？其原因是老子的《道德经》中确有浓厚的神秘内容，与神仙家的思想颇为相近，加之《史记》中说："老子百有六十余岁，或言二百余岁，以其修道而养寿也"，又说老子西出函谷关，"莫知其所终"。因此，神仙家融合道家而尊崇老子，引用老子理论来作为修炼的理论依据。汉代独尊儒术，东汉初，佛教又传入中国，道教和神仙家受到冲击，需要领袖人物与佛、儒两家相对抗，因此老子便被进一步神化，从而成为道教的教祖。在道教的渲染下，尤其是经过唐高祖李渊的提倡，老子的事迹更加神奇，影响也更大了。据载，唐高祖武德三年五月，晋州人吉善行在羊角山见一老者骑一匹红鬃白马，仪容很是健伟。老者对他说："请你告诉唐天子，我是他的李氏祖先，今年平定贼寇以后，李氏可以享国千年。"高祖听说后，很是惊异，于是认老子为祖，于羊角山建庙奉祀。高宗乾封三年追尊孝子为"太上玄元皇帝"，到了玄宗天宝年间又加封"大圣祖大道玄元皇帝"、"大圣高上大道金玄元皇帝"等名号，在全国各地立庙祭祀，达到至尊极盛。

南宋金允中在《上清灵宝大法》卷二十二中明确指出："三尊之号在经中只称元始天尊、太上道君、太上老君；其别号则曰天宝君、灵宝君、神宝君"，从此太上老君成为三位最高尊神之一。现在的道教宫观中的三清殿，都有太上老君之神像或神位。其神像一般是白须白发老翁，手执羽扇，居元始天尊之右侧位。在道教大型斋醮礼仪中，也均设有太上老君的神位，也居元始天尊之右侧位。太上老君的神诞日为农历二月十五日。道教以太上老君为教祖，这一天大多举行祝诞聚会或祝福延寿道场。

我国民间对三清极为崇敬。在温州，正月初一还有"拜六神"和"接三神"习俗。所谓"拜六神"，即灶神、檐头神、白虎爷、井神、土地神、财神，民间认为这六位神祇是家庭的保护神，新年祭拜之，主要祈求全年人口平安，家业兴旺。在拜过6神之后，又在中庭摆起小方桌，盛米一碗，盖以红纸，周围粘牢，放在桌上，烧香点烛，虔诚膜拜，叫做"接三神"（三神即三清），祭后移到室内，直到正月初四才送神撤座。虽然在道教理论中，天（元始天尊）、地（灵宝天尊）、道（道德天尊）三清已成鼎足之势，但在具体的民间信仰中，太上道君灵宝天尊因为象征着较为抽象的"道"，普及率和知名度还是远远不及象征天地的其他二清。

道教四位天帝——四御的由来

座落于北京市西便门外的白云观，始建于唐代，距今有一千多年的悠久历史，是全真道龙门派祖庭，是我国现存规模最大的道教建筑群。现在是中国道教协会所在地。主要殿

堂分布在中轴线上，依次为牌楼、山门、灵官殿、玉皇殿、老律堂、邱祖殿、四御殿（楼上为三清阁），宏丽壮观，以灵芝、八仙、八桂、仙鹤等为主要装饰，具有浓厚的道教色彩。在四御殿内，正中供奉着“昊天金烟至尊玉皇上帝”的神位，两侧塑有三帝一后之像，最东侧一位是南极长生大帝，其余是勾陈、紫微、后土。除了南极长生大帝以外，殿中供奉的另外四位天帝就是道教中所说的“四御”了。

“四御”是道教中仅次于三清尊神的主宰天地万物的四位天帝，即昊天金阙至尊玉皇大帝、中天紫微北极太皇大帝、勾陈上宫南极天皇大帝和承天效法后土皇地祇。四御又有另一种不同的解释，称之为“四极大帝”，北方曰北极紫微大帝总御万星，南方曰南极长生大帝总御万灵，西方曰太极天皇大帝总御万神，东方曰东极青华大帝总御万类。四御的出现，大概不早于宋。《修真十书》卷七《丹诀歌》说：“九九道至成真日，三清四御朝天节。”柳宗元《三坛圆满天仙大戒略说》也说：“赖我三清道祖，玉帝至尊，五老四御，九极十华以及古圣高真递传妙道。”从这两条资料对于四御的不同排列，可看到“四御”内涵确有两种解释，《丹诀歌》将三清与四御相连，此四御即为玉皇大帝为首的四位天帝，北京白云观中四御殿里的造像即为玉皇大帝为首的四位大帝。柳宗元将五老与四御相连，则四御即为四极大帝。

玉皇大帝是万神之主。号称中天紫微北极大帝，是紫微垣中的大帝座星君，居于中天，万星之宗主。勾陈上宫天皇大帝，是北极帝座之左四座星组成的勾陈，位同北极，为天转之枢纽。后土皇地祇，是天地中央之像，唐代以前作男像，唐武则天时出现女像。宋真宗时，皇后潘氏在嵩山建殿供奉后土玄天大圣后像。宋徽宗政和七年上徽号“承天效法厚德光大后土皇地祇”，其后皆作女像。宋代以后，由于玉皇大帝在道教神系中的地位和职能有所加强，道书中多有将玉皇大帝排列在四御之外，将四御解释为北南西东四极之天帝。当今中国道教已经恢复了宋代以前的对四御的说法，即四御中玉皇大帝是总执天道之大神，位居三清之下、众神之上；中天紫微北极大帝协助玉皇大帝职掌天经地纬、日月星辰和四时气候，道书称其为“万里之宗主，三界之亚君，次于昊天，上应元气”；勾陈上宫天皇大帝协助玉皇大帝职掌南北极与天地人三才，统御诸星并主持人间兵革之事；后土皇地祇职掌阴阳生育、万物之美、大地山河之秀。至于宋代以后以四极大帝作为四御的，四极大帝也各有职能，即：北极紫微大帝总御万星；南极长生大帝总御万灵，主

管万灵之寿夭；太极天皇大帝总御万神；东极青华大帝总御万类，主管救渡众生。道教宫观中多有在三清殿以外，另设有四御殿，供奉四御尊神。在大型斋醮仪礼活动中，除了供奉三清外，也分别设有四御之神位。道书称“各居一列，各全其尊”。四御各尊神也分别有其神诞之日，玉皇大帝为农历正月初九日，紫微北极大帝为十月二十七日，勾陈上宫天皇大帝为二月初二日，后土皇地祇为三月十八日。道教信徒多有在四御尊神神诞之日分别赴道观烧香奉祀的。

开天辟地的神仙——玉清元始天尊的由来

早在原始社会阶段，古人不能解释自然现象，便把日月星辰、河海山岳和祖先等视之为神灵，加以祭祀，向其祈祷，顶礼膜拜。为了与鬼神打交道，后来又出现了巫师这样的宗教职业者。先民们崇拜自然，其目的是为了祈福免祸，祈求它们保佑人类风调雨顺、五谷丰登。在这个基础上，人们才有了自然神观念和自然崇拜，有了图腾崇拜，有了形形色色的原始巫术和鬼神信仰。这些传统的鬼神观念和古代的宗教思想，成了后来道教创立时的重要思想来源之一，因而也使道教具有了浓郁的神话色彩。

据传说，上古时代没有天地，宇宙一片混沌浑茫。以后才渐渐有了两个大神，一个是阴神，一个是阳神，在那里苦心开天辟地，终于分出了阴阳，确定出八方位置。于是阳神管天，阴神管地，成了今天这样的世界。

再后来，人们又在这个基础上编造出盘古开天辟地的神话。

上古时期，宇宙就像一个大鸡蛋，外面是壳，里面黏黏糊糊地，一片混沌浑茫。盘古就在里面开始孕育、浮游于这黑暗混沌的世界之中，直至18000年后才发育成人。

长成的盘古睁眼一看，周围漆黑，什么也看不见，想动弹一下，到处是黏糊糊的液体，手脚像被绳索捆绑住一样，根本就无法伸展。盘古感到极度的压抑，胸中又憋又闷。于是，他攒足了浑身的力气，随着“啊”的一声吼叫，手脚奋力地向四周伸展出去。霎时间，耳中就听到了一声山崩地裂似的巨响，“大鸡蛋”壳被他击破了。随后，蛋壳里一些清而轻的东西冲出去冉冉上升，变成了清澈的天空。而那些混浊的东西则渐渐地下沉，变成了坚实厚重的大地。从此，世界就有了天和地，天地是分开了，但天地间仍然有一些黏糊状的物体拉拉扯扯，没有彻底分离。看那样子，保不准什么时候还会重新混和起来，回到原来的混沌黑暗状态。怎么办？盘古环顾四周，实在找不到可以将天地彻底分开的东西。于是，他索性站立起来，头顶着天，脚踏着地，用自己的身体支撑于天地之间。

盘古的身体长高一丈，天也随之升高一丈，地也随之加厚一丈。又经过18000年，天

地间的距离已经有90000里，天总算是极高了，地也总算是极厚了，看样子不会再回到过去的混沌状态，盘古终于可以喘口气了。

顶天立地18000年，盘古是够累的了。不过，看到天地初分，一片狼藉，还有许许多多的地方需要清理，他感到还不是自己休息的时候。于是，盘古找来斧头和凿子，奋起神力，不分昼夜，上下劈凿。也不知道又过了多长时间，终于把天地间整理得干干净净。

没日没夜的操劳，体力严重透支，盘古确实很累很累了，他感到自己就像一棵经历了岁月侵蚀的老树，再也无法支撑下去了。不过，他毕竟不愿意就此了结，还想再做点什么，让生命为这个世界绽放出最后的绚丽。

盘古终于倒在地上了。就在倒地的那一瞬间，他的身体也发生了让人难以置信的变化——他口中呼出的气息变成了飘泊天地之间的风云，嘴里发出的那一声最后的喘息，变成了隆隆的雷声，他的左眼幻化成光明耀眼的太阳，右眼则化作皎洁的月亮，头发和胡子飞散开来，成了满天闪烁的繁星；四肢和身躯成了大地上的平原和高山，血液从他的体内流淌出来成了江河巨川，皮肤和汗毛变成了各种花草树木，而寄生在他身上的各种小虫则变成了芸芸众生，就连他挥洒的汗水也变成了雨露和甘霖，滋润万物。

东晋时期，著名道士葛洪为了提高道教的地位，在盘古天开天辟地的基础上，编造出了道教第一尊神——玉清元始天尊。

东方太阳神——东王公的由来

东王公又称木公、扶桑大帝、东华帝君、青提帝君，与西王母共为道教尊神。传说他是元始天尊与太元圣母所生，受元始上帝符命，为东宫大帝扶桑大君东皇公，号日元阳。后来又尊之为“东华紫府少阳帝君”，实际上是人神化了的东方太阳之神。

在道教崇拜中，东王公主阳和之气，天下男子登仙得道者，都由他掌管。凡成仙得道者，得先拜过木公、金母，才能升九天，入三清。故有童谣称：“着青裙，上天门，揖金母，拜木公。”由此可见，东王公是升仙得道者必须敬奉的神灵。

天庭中的帝王——玉皇大帝的由来

玉皇大帝，是中国人心目中至高无尚的天上皇帝，全称“昊天金阙无尚至尊自然妙有弥罗至真玉皇大帝、玄穹高上玉皇大帝，通称玉皇大帝，玉皇上帝，简称玉皇、玉帝。玉皇大帝是中国民间信仰中天庭的最高神。恰如蒲松龄在《聊斋志异》所说：“天上有玉帝，地下有皇帝。”他乃是中国封建皇权在神仙世界的反映。

自殷周以来，中国已有最高神——上帝这个观念。在先秦文献中，称天、皇天或称帝、上帝、皇天上帝、昊天上帝，都是指这个最高神。

在唐代诗人和文人的作品中，也常有称玉皇、玉帝的。在诗人们的笔下，玉皇、玉帝是神仙世界的最高神，得道成仙者都须向其朝拜，群仙犹如朝中大臣，皆列班随侍其左右。韩愈有诗曰：“夜领张彻投庐仝，乘云共至玉皇家。”元稹的诗说：“万里洞中朝玉帝，九光霞外宿天坛。”白居易《梦仙》诗中有“安期羡门辈，列侍如公卿。仰谒玉皇帝，稽首前致诚。”韦应物《学仙》诗中有“存道忘身一试过，名奏玉皇乃升天”的诗句。不过唐人所说的玉皇，未必有与之对应的明确的形象或人物，可能只是最高天神的尊称和泛称。因为古人认为白玉与天地共存，服后可以长生。玉又是纯净和清洁的象征，所以道教称神仙的都市为玉京，神仙的住所为玉宇，神仙的侍从为玉女、玉郎，神仙的典籍为玉简、玉册，神仙豢养种植的为玉兔玉蟾、玉树玉芝，等等。

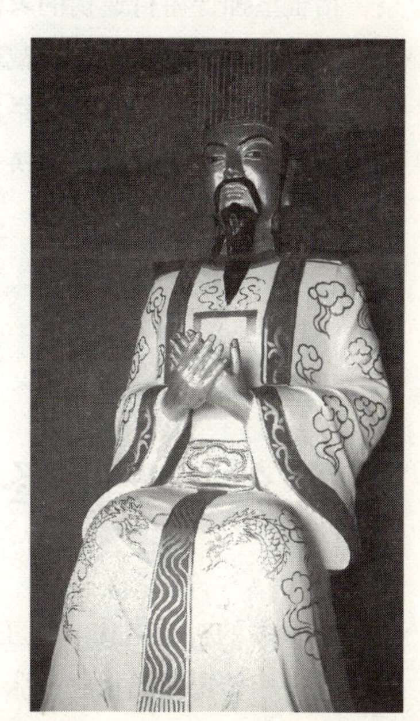

及至宋代，宋真宗大力崇道。宋真宗说：“朕梦先降神人传玉皇之命云：‘先令汝祖赵某授汝天书，令再见汝，如唐朝奉玄元皇帝。’”后来，宋真宗又亲自为玉清昭应宫，赐玉皇大帝圣号为“太上开天执符御历含真体道玉皇大天帝”。宋徽宗政和六年，又上玉皇大帝尊号为“太上开天执符御历含真体道昊天玉皇上帝”，至此，国家、民间、道教信仰体系对玉皇的崇拜均达到了最高潮。

据说，在很久很久以前，有个光严化乐国，国王名叫净德，王后名叫宝月光。净德王因无子嗣，担心将来无人继承社稷，便广召诸道众，遍祷仙真神圣祈子。祈祷半年有余，还未见灵验，净德王越发虔诚。忽然有一天晚上，王后宝月光梦见太上道君与诸至圣真人浮空而来。太上道君怀抱一婴儿，安然坐在龙舆之中。但见此儿周身毛孔发出百亿祥妙之光，照映王宫诸殿。王后跪求道君赐此子为儿，道君准其乞求。王后醒后发现自己已经怀孕，怀胎一年，于丙午年正月初九午时生下太子。

王太子幼时敏慧聪明，长大仁慈善良，将国中所有库藏财宝尽施给天下众生。众生皆称颂其为有德之人。天下归心，四方臣服。净德王驾崩后，太子继位，有念于人生无常，不能长生，便诏告天下，推位舍国，隐于普于香严山修道，功成超度。反复修行三千二百劫，始证金仙，号清净自然觉王如来，教众菩萨顿悟大乘正宗，又经亿劫，始证玉帝。从此玉皇大帝在道教神系中的崇高地位及神格便固定了，成为仅次三清至圣的大神，被尊为昊天金阙无上至尊、自然妙有弥罗至尊、玉皇大帝。

玉皇大帝是道教中的尊神，故在比较正规的道观中都要供奉。全国各地有很多著名的玉皇庙、玉皇观和玉皇阁。过去北京专祀玉帝的玉皇庙就有二十来座，尤以白云观中的玉皇殿首屈一指。殿内正中奉祀玉皇大帝，神龛前挂有百寿幡，这寿幡原是西太后做六十大寿时所用，后来慈禧把它赐给了白云观。玉帝像两旁，供有南斗六星、北斗七星、三十六帅、二十八宿和四大天师。

道教以农历正月初九为玉帝圣诞，即所谓“玉皇诞”。道教认为九为纯阳之数，此数神秘而又神圣，所以一般重要的事物名都用九称，以九为用，比如，称天为九天，称地为九州岛，称水为九渊，称地下为九泉，称仙、真神仙为九仙、九真、九神，称星辰为九曜，称丹药为九丹，等等，因此农历正月初九日是一个对道教来说极尊的日子。这一天，全国各地的道观都要举行盛大的祝寿道场，诵经礼忏，祈祷风调雨顺，国泰民安，山门鼎盛，道法兴隆。

福建省和我国台湾地区民众称玉皇大帝为“天公”。正月初九要“拜天公”，一家老小都斋戒沐浴，上香行礼，祭拜诵经，有的地方还唱戏娱神。中国北方过去还有举行玉皇祭，抬玉皇神像游村巡街的习俗。民间又以每年腊月二十五日为玉皇大帝出巡日。传说这一天玉帝身着九章法服，头戴珠冠冕旒，手捧玉笏，下界巡视众生，考察人间善恶祸福。这一天，各地道教宫观都要举办道场，迎接玉帝御驾，当晚子时举行接驾仪式，很是庄严隆重。三十日五更时分，又送玉帝返升天界，好不热闹。

统领众仙女的圣母——王母娘娘的由来

在众多的神仙之中，西王母是个影响颇深的人物，她赐给后羿仙丹，能够让嫦娥奔月，甚至相传道教始祖之一张道陵，也曾得过西王母的指点，因而能够得道成仙。西王母

在天界的地位崇高，掌管着众家仙女。

在故事传说中，西王母是元始天王与太元圣母，以西华至妙之气所生下的女儿，即是后来我们所俗称的“王母娘娘”。她在天界的身份，就像是地上皇宫的母后一样，天界众家仙女均归她管理。相传，西王母住在虚无漂渺的昆仑山上，从古以来，历代许多的君王都曾派人找寻她，但未曾听见有人真正到达。而她所居住的昆仑山上，有座瑶池圣宫，西王母便是住在这座豪华宫殿，在圣宫的庭院中，种满了各式各样的神仙药草，像是传说中的长生不死药。听说这药草长得粗大无比。同样的庭院另一处，有个蟠桃园，园中的蟠桃每三千年结一次果，凡人只要吃一颗便可长生不老，吃两个就可成仙；除了三千年一结的蟠桃外，另有六千、九千年结果一次的蟠桃树。王母娘娘每年选在三月初三这天，举行天界的蟠桃盛会，宴请所有的仙人。

虽然很多人想寻找西王母但都失败了，不过还是有人不懈努力，终于见到西王母。传说中，西周穆王学会些神通后，曾乘坐八龙之骏晋见西王母，西王母特地设宴款待他，而穆王则献上白玉、玄璧等珍物，宴会过后西王母邀请穆王共游仙境，经数日之后穆王才离开圣宫。

在汉武帝时代，也流传着一个西王母的故事。当时一心求神仙之道的汉武帝，从东郡送的矮仙人口中得知，西王母念武帝的求道之心，便决定在七月七日降临人间。果真在那年的七月初七之夜，天空没有一片云，震耳雷声隆隆作响，瞬间一片紫光之色乍现。不久，西王母率领群仙来到皇宫殿前，跟随她的仙人，分别坐着白虎、麒麟、白鹤而来，仙人身上还散发出一种白色光芒，等到西王母降临后，众家仙人便如同来时般的退去。西王母降临之后，由两位侍女陪同上殿，面朝向东方而坐，她的容颜绝世，身上穿着黄金之衣，腰佩带着分景之剑，梳着太华之髻，戴着太真簪璎的头冠，脚下踩着凤文之鸟，看上去只有三十多岁的样子。

汉武帝即使身为帝王之尊，对西王母也十分的恭恭敬敬，武帝率领着东方朔等众家大臣，跪拜着向圣母请安，这时圣母命令侍女端出7颗蟠桃，赐给武帝食用。武帝品尝仙桃，觉得美味无比，于是偷偷地藏起3枚桃核，想要自己种来吃，没想到还是被西王母发现。西王母笑着对武帝说，你拿那些桃核也没有用，这些蟠桃需要三千年才结果，你等不到结果的那天。武帝听完后只好哀怨地放弃作罢。

西王母看汉武帝有虔诚的求道之心，便对他说：“你喜好长生不老之道，虽然很好，但你生活的方式过于淫乐，这样的话是不可能长生的，也就更别想成为神仙了。我可以将元始天王赐予的口诀传授给你，若加上你洁身自好，认真照传书实践的话，虽未必能成天仙，至少是个地仙。”说完便驾着仙云消失在云端。

在中国的神仙世界，西王母被视为天上仙女之首，西王母所住的瑶池圣宫，在后来的神魔小说中也不断出现，最著名的算是《西游记》中孙悟空偷吃蟠桃的故事。《西游记》中记载，孙悟空曾担任看守蟠桃的职位，适逢王母娘娘宴请众家仙人，孙悟空发现自己并不在受邀之列，便发火偷吃蟠桃，还大闹宴会。除了《西游记》外，八仙过海的故事跟蟠桃盛宴一事有关。唐代的李白则写过一首有关瑶池圣宫之歌：

云想衣裳花想容，
春风抚槛露华浓。
若非群玉山头见，
会向瑶台月下逢。

位列四御之一的大神仙——后土娘娘的由来

后土皇地祇是总司土地的大神，为四御之一，也是四御中唯一的一位女性神，掌阴阳生育、万物之美与大地山河之秀。

土地是人们生活所需资料的来源，人们的衣、食、住、行都离不开大地。土地崇拜是原始人类最早、最基本的崇拜。土地之神的前身叫“社”。一些古籍记载，早在传说时的三皇五帝时代及夏商周时期即有了祭祀社神的礼俗。人们祭祀土地最初只是希望保护五谷丰登，酬劳土地养育万物的功劳。这种对社神崇拜的解释，基本上反映了先民土地崇拜的本意。据史籍记载，古时，大至一国，小至每个家庭都有“社”。如有大社、王社、国社、侯社、州社、县社、郡社、里社等。其中大社为全国总社，是总司全国土地的大神。

据《汉书》记载，有一年汉武帝郊游，见野外春光明媚，草木葳蕤，感叹天地造化之神奇，说：“上帝予朕理九州岛，而后土无祀，则礼不答也。”于是始立后土祠于河东汾阳，亲自望拜，如祭祀上帝礼。祭用黄犊，从祠者衣黄色，乃土与黄相对之故。祭品埋入地下，乃循古祭地之礼。到了汉成帝建始元年，丞相匡衡等建议说，河东后土之祠宜移至长安，以符合古帝王之礼。北宋时，宋徽宗封后土为“承天效法厚德光大后土皇地祇”，与主宰天界的玉皇大帝相对应，还规定祭祀时后土享用同玉皇大帝一样的礼仪规格，并由皇帝亲自“望拜”。确定在每年夏至日祭祀后土，称后土神为皇后地祇。自此，祭后土神便成为国家祭祀大典，并历代沿续下来。

关于后土的来历，后世也有不同的版本。《国语·鲁语》说，后土即为传说中那个将“不周山”撞得一塌糊涂的水神“共工”的儿子，说他“能平九土，故祀以为社”。神话传说中还说他是那位追赶太阳的夸父的爷爷。《淮南子·天文篇》记载：“中央土也，其帝黄帝，其佐后土，执绳而制四方。”此说较为流行。后土便成为中央之土乃至全国土地的神祇。

后土本来当为男性，后来何以演变成为女性了呢？丁山在《中国古代宗教与神话考》一书称：“后土是自初民社会所祭的地母神演来，因为地母能生五谷，五谷是由野生培植为人工生产，是由妇女创造的。在女性中心社会时代，即称地母为后土。……后土，可能就是有夏之世尊称‘地母’之名。”可见认为后土的形象源于初民崇拜的“地母神”的说法是可信的。

古代把后土与皇天上帝并列为相对应的大神，称为“皇天后土”。《左传》有“皇天后土，实闻君之言”之语。古代的封建统治者认为，皇天后土，自己授天命而拥有天下，后土是国家的象征，是帝王权力的象征，所以平民百姓无权祭祀后土。因为后土神离民间太遥远，又太抽象，加之各个州、县、乡、村中，有大量的城隍、土地神存在，这些小神与百姓的生活更接近，民间无形中便冷淡了后土神，即使偶有祭祀，那也只限于丧礼，是把后土神看作阴间的主持者来祭祀的。在中国民间迷信中，人死了要入地狱接受轮回。生前为善，可由金童玉女引往西天极乐世界；生前作恶多端的，则要下地狱接受惩罚，来偿还人间孽债。人死后的头七天，后土派遣下属境地的土地爷，引导亡者入地狱游历各殿，直到孽债刑尽，才导魂寻魄，重新转世为人。因此，逝者的亲属在造墓、迁墓、扫墓之时，都要前去祭拜这位“后土娘娘”，祈求她的保佑。

后来，道教将后土皇祇纳入道教神系，并尊之为四御之一，除与其他三御合祀以外，有些道观还设专祀的“后土殿”。自唐以来，后土祠庙中往往塑妇人形象，如扬州有“后土娘娘祠”，又称“玄庙观”。民间并以三月十八日作为后土娘娘的诞辰。

轩辕黄帝的传说——中华始祖神的由来

黄帝是传说中的中华民族始祖神，关于他的传说故事很多。

在远古的时候，有一个国家名为有熊国，当时的国王名为少典，国王少典娶大地之神附宝为妻。在某一天夜晚，附宝王后独自一人在后花园游玩，观赏天上美丽的群星，她发现北斗七星的第一颗星特别明亮，结果经过这一晚后，附宝王后便怀孕。原本一般都是十月怀胎生子，而附宝王后却足足花了24个月的时间，才产下了公孙，也就是黄帝。又因

为是在轩辕之丘生下黄帝，所以又名为轩辕黄帝，即是皇天上帝。

长大后的黄帝，喜欢到处游玩，有一次经过西山下，在路旁发现一位奇女子。黄帝初次见到她的时候，她口中正吐着丝线，这样的行为让黄帝十分好奇，于是等女子吐完丝后，黄帝起身向前询问，女子才吞吞吐吐地说出她的身世。原来这个女子的名字叫作嫘祖，原本是天界王母娘娘的侍女，因犯下过错而被贬下凡。黄帝继续追问说，为什么她会吐丝呢？她解释说那是她曾吃过天上仙果的缘故，因为她也曾偷偷将仙果给蚕吃，于是后来的蚕便会吐丝结茧。黄帝见嫘祖十分美丽，最后将她娶回家。后来建立王朝后，嫘祖也将养蚕吐丝的技术传授给人们。

后来黄帝的势力日渐强大，渐渐地将原本炎帝的土地也一并吞并。当时有个人叫蚩尤，是炎帝的后代，因为心有不甘，决定为其亡父收复失土。相传蚩尤姓姜，长着一副人身牛蹄的样子，共有4只眼睛6只手，头上长有角，而他的毛发就像是剑戟般坚硬。不久后，蚩尤率领81位兽身人语的兄弟，跟黄帝在逐鹿开始了一场大战，蚩尤施法起雾三天三夜，使黄帝的士兵都分不清楚方向。为了解决这个困难，黄帝跟臣子苦思多日，终于想到法子，最后交由臣子风后建造了指南车，黄帝的士兵才因此获救，逃出雾阵。

虽然逃出迷雾，然而黄帝苦战蚩尤9次，屡次都无法得胜，感到非常苦恼，苦思不得的黄帝，在多日劳累下不知不觉便睡着了，忽然间在梦中有位自称王母派来的妇人，说要传授他神符。黄帝从梦中醒来后，隔天便在太山下祈祷了三天三夜，突然间云雾弥漫整个大地，将白日变成夜晚，瞬间九天玄女便出现眼前。九天玄女说自己奉天帝的命令，特地下凡传他仙术。九天玄女传授黄帝五符、兵法、道术和《阴符经》。利用这些法术，黄帝终于打败蚩尤统一了天下。一统天下的中国，炎帝和黄帝的子民便和睦地共同生活，于是我们常常称自己是炎黄子孙，称黄帝和炎帝为华夏始祖。

黄帝经过多年的努力，终于完成了多种发明和建设，如乐器的改造、农业的改进等。人间的工作已告一段落，黄帝准备返回天庭之际，为了让人民不要忘记继续努力，而在荆山山下，利用首山的矿石，铸造了一尊大鼎，鼎完成之日，众臣民相继祝贺，这时天上出现一条飞龙，缓缓降临，停在鼎的上头，黄帝知道时辰已到，他该返回天庭，便起身坐到龙背上，带着七十多位大臣和后妃，准备离开。其他的子民也希望跟随黄帝，便抓住龙须，却没想到太细，无法承受过重的重量，子民又跌回地面，连黄帝的神弓也掉落，而黄帝也只能依依不舍地挥别子民，向天界直升而去。后来这荆山下的湖称为鼎湖，神弓称为鸣弓，拔下的龙须，即后来中药中的龙须草。而黄帝升天后，住在天庭的中央，成为中央天帝，统领四方。

后来，人们就把黄帝当作中华民族的始祖神供奉，并定斯祭祀，盛况空前。

主宰人间祸福的三位大神——三官大帝的由来

三官大帝是3个神仙人物的合称，指天，地、水三官。三官神在道教诸神中地位虽然不算很高，但在民间享受的香火之盛却位居前列。因为三官神中，天官赐福、地官赦罪、水官解厄，都是主宰人间祸福的大神。

关于三官大帝的来历，据说是元始天尊吸入始阳九气、清虚七气、晨浩五气，在体内经过“九九之期”，孕育成灵胎圣体，从口中吐出来的。正月十五日吐一子，七月十五日吐一子，十月十五日吐一子。这3个婴孩即是尧、舜、禹，由于他们建有天地之功，为万世师表之法率，便敕封为三官大帝。上元为九气一品天官，中元为七气二品地官，下元为五气三品水官，三兄弟共同掌管三界鬼神的升迁。

还有一种传说，说三官的父亲叫陈子寿，又叫陈郎，是个美男子。龙王的三个女儿见陈郎聪明俊美，都愿意同时嫁给他。后来，三个公主各生了一个儿子，个个法力无边，神通广大。老大是正月十五生的，元始天尊封他为上元一品九气天官赐福紫微大帝；老二是七月十五生的，被封为中元二品七气地官赦罪清虚大帝，老三是十月十五生的，被封为下元三品五气水官解厄洞阴大帝。

因道教将三官大帝的诞辰日定在三元日，即上元农历正月十五、中元农历七月十五、下元农历十月十五，故三官大帝又称“三元大帝”。

道教始祖老子的传说——太上老君的由来

“太上老君”是人们最为熟悉的一位神仙，在《西游记》中也屡次出现。在道教中太上老君无比尊贵，是道教三大超级神仙之一。关于太上老君的由来与道教祖师老子有关。

大约2500年前，随着一声婴儿响亮的啼哭，老子降生在中原某地一个背山依水的小村庄。

老子从小就是一个勤于用脑的孩子。他喜欢与小朋友在家乡的河滩、林间玩耍。独自一人时，常常面对昊昊天穹和河中的流水久久无语，似乎在揣摩着大自然的奥秘。

有一次，老子与小朋友在一棵大树下玩耍。老子看到大树上写着一个“楝”字，就对小朋友说，这是一棵楝树。而在大树另一侧的小朋友则说，不对，这是槐树。两人为此发生了争执。后来，两个人围着大树转了一圈，才发现树的一侧虽然写着楝字，但另一侧写的却是槐字，实际上是一棵楝槐连理树。通过这件事，老子懂得了看问题要全面，不能以偏概全。

然而老子最喜欢的，还是家乡的小河。它不仅默默流淌，日夜不息，滋润着两岸的土地，而且能够包容忍让，碰有东西挡道，便悄然绕道离去，从不嫌弃污浊和阴暗。虽然有时候它是涓涓细流，看似柔弱，可一旦到了洪水季节，它又像脱缰的野马，浩浩荡荡，无坚不摧。正所谓“天下莫柔弱于水，而攻坚强者莫之能胜”。家乡的小河就像一本读不完的书，使老子获益匪浅。它“善利万物而不争”的禀性，对老子后来哲学思想的形成，产生了重大的影响。

少年时期，经族人介绍，老子拜商容为师。一次，他听说商容得了重病，老子前去探望。据说当时商容问了老子3个极富哲理的问题。

商容首先问：“不论什么人，经过故乡时都要下车，你知道这是为什么吗？”老子答：“这是表示人不论如何腾达，都不应忘记家乡、忘记根本。”商容点了点头，表示赞许，又问：“人从高大的树木旁边经过时，要弯腰鞠躬，这又是为什么？”老子说：“在高大的树下弯腰，是表示敬老的意思。”商容见老子聪明过人，十分满意。

接着，商容又问了第三个难度更大的问题。他先张开嘴让老子看，然后问：“我的舌头在吗？”老子答：“在。”又问：“我的牙齿还在吗？”老子摇了摇头：“没有了。”商容接着问道：“知道这是为什么吗？”老子略加思索，答：“舌头还存在，是因为它柔弱，牙齿掉光了，那是因为它太刚强。”商容没有想到老子小小的年纪竟能对这些深奥问题有如此深刻的理解，心里非常高兴。他进一步教诲说：“要记住，水虽是至柔之物，但滴水却能穿石，舌头虽然没有牙齿的坚硬，但舌头却能以柔克刚。最柔软的东西里，蕴藏着人们不容易看见的巨大力量，这种力量甚至能够穿透世上最坚硬的东西。现在我已经把天下最根本的道理都告诉你了，再也没有什么可以教你了。”

随着老子人品和学识的不断长进，他的名气也越来越大。公元前551年前后，朝廷史官空缺时，老子被选中，担任了守藏吏，相当于周王室典籍图书档案馆的馆长。因为从事图书管理工作，老子得以博览群书，成为一名精通周礼理论和制度的学者。作为史官，老子还有记录一切官场重大活动的职责。

当时，周王室由甘简公执政，他与族人甘成公、甘景公不和。公元前535年，也许是因为记事不合甘简公的意思，老子被免去了史官之职。免职后，老子出游鲁国。

鲁昭公十二年（公元前530年），甘平公登基，老子被召回守藏室继续任职。几年后，孔子适周，再次向老子请教，留下深刻印象。鲁昭公二十二年（公元前520年），周王室内乱再起，王子朝杀王子猛（周悼王），自立为王。5年后，王子朝被众诸侯赶下台，携带大批周朝典籍逃往楚国，老子因此被追究失职之责，再次被免去守藏室吏之职回到阔别多年的故乡。

在故乡，老子目睹了连年战火带来的恶果：土地荒芜，满目疮痍，民不聊生。这使他更加痛恨朝政的腐败，对"仁义"的看法彻底动摇，毅然与周礼决裂。从此，老子把对现行制度的批判以及救世方略的思考，升华为对宇宙生成及万物本原的探索，成为先秦伟大的思想家、道家学派的创始人。

据说老子离开函谷关入秦后，遍游秦国各地的名山大川，最后隐居于扶风一带讲学，传播他的道家思想。老子高寿，又活了好多年，终老于扶风。由于老子学识高深，宽于待人，深受当地百姓爱戴，所以前来吊唁的人不少。老子曾在槐里讲学，那里的百姓怀念他，将他葬于槐里，就是现在陕西省周至县东南的终南山麓。

也许老子做梦也没有想到，离开函谷关六百多年后，他写的《道德经》竟然成了道教的经典，自己也因此成为道教的始祖，成为道教三清尊神之一的太上老君。

老子被神化是在东汉末年沛县人张陵创立早期道教时。由于当时佛教已经传入中国，张陵心里很清楚，如果自命祖师，不仅自己的名气不够大，而且与佛祖释迦牟尼相比，辈分也低了许多。为了抬高道教的身价，经过反复比较，最终选中了"古之博大真人"的老子。

张陵之所以选中老子，第一，是老子的名气大。老子本来就是道家的创始人，学问深，修养高，影响大，即使是儒家创始人孔子，也曾向老子请教过礼法并对老子的高深学问赞叹不已。第二，老子的辈分大。他与佛祖释迦牟尼同代，即使论资排辈也决不亚于佛祖。第三，老子主张的清静无为和养生之道，符合道教主生，希望人们活得轻松自在、健康长寿的需要。而且从寿命上说，《史记》中估计老子活了一百六十岁有余甚至二百余岁，与道教宣扬的长生久视说也相一致。第四，老广在《道德经》中所讲的"道"，玄之又玄，与宗教思想十分接近，道徒们解释起来非常得心应手，有进一步发挥的空间。第五，从行踪上说，老子出关后，人们搞不清他去了哪里，只是说"莫知其所终"，与道教传说中神仙行踪飘忽说暗合。最后，从形象上看，传说中的老子耳长七寸，眉长五寸，与道教所传的仙人有仙体的说法吻合。

老子被奉为道教始祖后，名气越来越大，其形象也被不断地加以包装，开始由"人"变成了"神"。

关于老子的降生，道徒们编造的神话说他的母亲是感受了从天而降的神灵所化之气而怀孕，一怀就是整整81年。一天，他的母亲正坐在李树下歇息，忽听得天上仙乐奏鸣，

四周香风缥缈，便觉左腋一阵剧痛，随之从腋下生出一个鹤发龙颜，顶有日光，身滋白血，面凝金色，耳有三孔，美眉广颊的小孩。孩子一生下来就走了9步，步落之处，莲花绽起。他左手指天，右手指地，说："天上地下，惟我独尊，我当开扬无上道法，普渡众生。"他还指着面前的李树说："这就是我的姓。"当他的母亲带他去洗澡时，9条神龙飞驾而来，化作9条巨鲤，吸水为他喷浴。

到了晋代，葛洪的《抱朴子·杂应篇》又对老子的形象进一步做了包装：身长9尺，黄皮肤，又尖又长的高鼻梁看上去像鸟嘴，秀眉长5寸，耳垂齐肩，额有3纹，足有8卦。居金楼玉堂，神龟为床，白银为阶，五色云为衣。他的身边有随从的黄童120人，左有12条青龙，右有26只白虎，前有24羽朱雀，后有72个玄武之神。老子出行时有雷电二神为他开道，雷声隆隆，电光闪闪，好不威风。

为了与影响日益扩大的佛教相抗衡，进一步提高道教的地位，道士们还巧妙利用《史记》中老子西出函谷关"莫知其所终"的说法，编造出"老子化胡说"。说老子出关后并没有当隐士，而是到西方教化胡人去了，甚至说老子就是佛祖释迦牟尼的师父。当然佛家弟子不能容忍这种说法，于是引发了道、佛二门一场旷时千年之久的争论，直至元代才算划上了句号。

不过，老子在道教中的地位也不是一成不变的。南朝齐、梁时，上清派著名道士陶弘景在撰写的《真灵位业图》中，把老子由第一尊神降到了第四级中位。到了唐代中期，老子又成了道教三清尊神中排列第三的道德天尊。唐玄宗时封他为"太上玄元皇帝"，宋真宗时，又加封他为"混元上德皇帝"，使老子着实又风光了几百年。但总的来说，还是不能遏止住老子在道教中地位下降的趋势。宋代以后，老子不仅在正规道教的中地位比不上元始天尊和灵宝天尊，在世俗影响中，甚至还不及玉皇大帝。

淮南王刘安飞天成仙——太极真人的由来

在道教神中，有很多是真人神化的神仙，比如历史上的淮南王刘安被尊为"太极真人"。这里面还有一段神奇的传说呢！

在汉武帝寻找神仙和方士们炼制丹药的气氛影响下，淮南王刘安也"招致宾客方术之士数千人"，他组织门人宾客编撰了《淮南子》一书，以道家思想为主旨，探寻自然和社会的发展规律，为统治者的长治久安提供参考。在他众多的门客中，以苏飞、李尚、左吴、田由、雷被、毛被、伍被、晋昌最为有名，世称"八公"。说起八公，还有一段来历。

传说有一天，8位老人听说刘安礼贤下士，一同来到他的府前，打算投奔在他的门

下。门人见他们衣裳不整，面容憔悴，故意刁难他们，不向刘安通报，并说："淮南王最敬重的是懂得长生之术的方士，其次是博学多才的儒生，再就是勇猛刚强的武士。你们都老了，3个条件都不具备，所以不能通报。"

老人并不气恼，笑着说："听说淮南王敬贤好士，待人谦恭。只要略有小技，都会加以录用。如果仅以年龄取人，以为只有年轻的才有用，年龄大了就必然老朽无能，恐怕不符合淮南王礼贤下士的本意吧。"

话音刚落，8位老人忽然都变作了十五六岁的小青年，一个个鬓发乌黑，面色红润。门人见状，惊得目瞪口呆，赶快跑去向刘安禀报。

刘安听说来了奇人，连鞋也来不及穿就跑出来迎接。此时，八公也恢复了老人的模样。淮南王请八公坐在思仙台上，自己穿上弟子的鞋子，向八公致意后，设宴招待他们，并请他们展示各自的绝技，

八公的道术的确不凡：有的能呼风唤雨、役使鬼神；有的能移山填壑、画地为河、撮土为丘，有的能分体隐形、隐蔽三军；有的能乘龙驾云、浮游太虚，有的会长生之术、延年益寿；有的善炼丹之术，煎泥成金，煅铅为银，有的能隆冬不冷、酷暑不热。八公演示完后，将《八公丹经》和炼丹的秘方送给淮南王。刘安大喜过望，当即拜八公为师，早晚请教。在八公指导下，依《丹经》所授之法和八公的秘方，反复实践，3年后终于炼成了仙丹。

俗话说："人在家中坐，祸从天上来。"此话正应在刘安身上。有人告刘安谋反，引起武帝的重视，派宗正带着符节前去淮南找刘安问罪。听到这个消息，刘安心中又惊又怕。八公对刘安说："看来你修炼的功夫已经到家，是升天的时候了。这也是天帝的意思，请不必犹豫。"于是刘安与八公上山，先祭祀神灵，掘地埋金，然后把炼好的仙丹吞服下去。不一会儿，便感到身轻若燕，飘飘欲升，顷刻间，便与八公一起渐渐升天而去。刘安家的鸡狗舐食了炼丹鼎内残余的药渣，也轻飘飘地随着他们一同升天。不一会儿，淮南百姓便听到了空中传来的鸡鸣狗吠之声。这就是"一人得道，鸡犬随升"典故的由来。后来刘安与八公升天的那座山被称为"八公山"，就在如今安徽淮南市境内的淮河岸边。

魏伯阳炼丹成仙——万古丹王的由来

魏伯阳，东汉时期杰出的炼丹道士，生卒年不详。原名翱，字伯阳，自号云牙子，会稽上虞（今浙江上虞县）人。据传说，魏伯阳出身高门望族，但不愿为官，酷爱道术，曾四处寻师求道访友，后来于长白山遇异人传授炼丹秘诀，此后便带着3个徒弟和1只小白狗进入深山炼制神丹。

转眼3个月过去，神丹也炼制出来了。魏伯阳看出弟子中有人心不诚，对神丹的功效还有怀疑，于是想试试他们的诚意。他把弟子们都召进丹房，郑重地说："丹虽然炼出来了，但究竟效果如何我也没有把握。今天可以用狗先来试一下，如果服用之后能立即升天，说明炼制的神丹是成功的，人就可以服用，如果狗服了之后死了，人恐怕也不能吃了。"

魏伯阳让小白狗服了丹药，结果小狗口吐白沫，倒地而死。这时，魏伯阳装出很伤心的样子对3个弟子说："实在不幸，看来我们炼的丹药不符合神明的旨意，所以小狗吃了中毒而死。如果人冒昧服用，我想结果也会和狗差不多。你们看，是就此放弃呢，还是有人愿再试一试？"

霎时间，3位弟子噤若寒蝉。

过了一会，有一位弟子壮着胆子问："师父你敢不敢服用？"

魏伯阳说："我放弃进仕做官的机会进山来炼制金丹，就是为了能长生。如果不能得道，我也没有脸面回去，所以对于我来说，生和死其实都一样。既然丹已经炼出来了，我肯定是要服用的。"

说完，魏伯阳从炉中取出一粒金丹吞服下去。不一会，就见魏伯阳踉踉跄跄，一头栽倒在地死了。

3个弟子见魏伯阳因服丹而死，又怕又急，一时没了主意。其中一个弟子说："本来希望服用神丹可以长生不死的，没想到师父都丢了性命，看来这'仙药'还是不服为好。"

倒是一个名叫虞子恭的比较有心计，他想，师父不是一般的人，他敢服用这神丹，说不定其中还有别的什么用意。于是也拿起一粒神丹服用下去，结果同师父一样倒在地上死了。

剩下的两个弟子见状，对师父和神丹完全失去了信心，不愿再步他们的后尘。不过毕竟师徒一场，两人商量着下山去为他们二人准备棺椁，待料理完后事便各奔东西。

两人走后，魏伯阳立即从地上爬起来，然后将金丹放入虞子恭和小狗之口。一会，他们也都像从睡梦中醒来似地翻坐起来。于是魏伯阳带着虞子恭和小狗离开丹房，准备登仙而去。下山时他们遇到一位樵夫，请他给那两位弟子带信，感谢他们对师父的一片孝心。

后来，魏伯阳结合自己的经验，对以往的养生、炼丹术做了总结，写出了《周易参同契》（又名《参同契》），全书分上、中、下三篇及《周易参同契鼎器歌》一首，共约6000余字，其中有许多词句借用了老子《道德经》里的成语。在书中，魏伯阳借《周易》爻象的神秘思想来论述炼丹修仙的方法，将战国以来形成的“大易”、“黄老”、“炉火”三者参合，说明炼性、养性的道理，既谈外丹炉火，又讲内丹修炼，既肯定外丹，又肯定内丹，既批评了炼外丹的失误，又指出内炼的某些不正确做法。正因为如此，后来的主外丹者和主内丹者都可以从书中找根据、受启发。

《参同契》是我国现存最古的一部丹书，对后世道教影响极大，人称“丹经之祖”，魏伯阳也因此被尊为“万古丹王”。

茅氏三兄弟求道成仙——三茅真君的由来

过去有不少三茅真君庙，多在南方。庙中供祀的是三位茅姓神仙，即茅盈、茅固和茅衷三兄弟，其中以老大茅盈最为知名。三茅真君庙的祖庭，在江苏茅山。

江苏省句容县境内有座茅山，原名句曲山，是我国道教名山，被誉为道教第一福地、第八洞天。茅山所以出名，源于西汉初年的茅盈、茅固和茅衷三兄弟。

茅氏三兄弟的先人叫茅蒙，先秦时咸阳人，学识渊博。当时，他料到周朝将要灭亡，不愿出来做官，常常感叹说，人生短暂，就像流云闪电一样，为什么还要迷恋尘世呢？于是拜鬼谷子为师，学习长生不老之术，后来又入华山修道炼丹。秦始皇三十年（公元前216年）九月，茅蒙得道，乘龙白日升天。就在他升天之前，乡里流传着一首歌谣，说今后继承他事业的是他的玄孙茅盈。

茅蒙成仙70年后，茅盈在陕西咸阳降生，传说他出生时红霞满天，三日不散，所以取名“盈”。茅盈自幼聪明过人，虽然学问高深，但对做官不感兴趣，酷爱采药炼丹，修养真性。18岁那年茅盈离家到北岳恒山修炼，悟道30年，后来又辗转到江功的句曲山华阳洞隐居，继续修炼。修道期间，茅盈常常采药为百姓治疗沉痼顽症，药到病除，在当地口碑极好。

49岁那年，学道有成的茅盈兴冲冲地回到家乡。想不到的是，老父亲见儿子归来不仅不高兴，还勃然大怒，骂道："你这个不孝的东西，不侍奉双亲，一跑就是30年，连个音信都没有。现在你回来干什么！"说完，举起手中的拐杖就要打。茅盈赶紧跪在地下劝阻道："请父亲不要生气。我现在已经是得道成仙之人，千万不能打。"父亲以为他说的是诳语，举杖就打。岂知拐杖还未碰到儿子的身体就折成几段，像飞箭一样，竟把墙壁穿了几个大窟窿。父亲大吃一惊，这才知道儿子所说不假，真的成了神仙，气也就消了。他问儿子："你说你得了道，能让死人变活吗？"茅盈说："除了有罪之人不能救活外，其他暴病夭亡的另当别论。"正好村里有个少年刚死几天，家里人哭得死去活来。茅盈前去，运用道术，还真让他起死回生了。这一下轰动了十里八乡，一传十，十传百，都知道有个茅盈能起死回生，夭亡者亲属请他为死者施展道术救人者络绎不绝。茅盈也真是道行不浅，除了有罪之人外，简直是药到病除。人们对他又佩服又感激，称为"茅神仙"。

茅盈的两个弟弟也很有出息，茅固做了武威太守，茅衷做了西河太守。二人出巡时前呼后拥，威风十足。茅盈本无心仕途，见两位弟弟如此排场，未免好笑，就对两个弟弟说："明年四月初三这一天，我要上天去做神仙，希望你们到时能为我送行。"那一天，果然有一群仙官和金童玉女从天而降，把茅盈迎上彩车，簇拥着升空而去。

两个弟弟见哥哥真的升了天，心中说不尽的羡慕，觉得做官虽好，毕竟不如当神仙那么逍遥自在。于是把官辞了去寻找茅盈。找到哥哥后，茅盈认真向他们传道，后来兄弟三人一同来到江苏茅山，继续修炼。

修炼期间，兄弟三人依然坚持到深山采药，然后制成丸散膏丹济世救人，随请随到，分文不取。三兄弟成仙后，百姓为感激他们生前的恩德，在句曲山上建庙纪念他们，并把山改名为"茅山"，后人则把三兄弟分别称为大茅君、中茅君、小茅君。传说，太上老君分别封他们为司命真君、定篆真君和保生真君，合称"三茅真君"。后来，道教徒根据这些民间传说把他们奉为茅山派的祖师。

张道陵伏妖降魔济众生——张天师的由来

张天师，即张道，为道教的创始人，又称降魔护道天尊、高明大帝、祖天师。

道教很早以前就已经在发展，不过以前几乎是指道家，这是道教历史的源头。道教虽然与道家有关，但自身的发展中仍有创教始祖的传说。汉代有五斗米教，其创教人张道陵，即人们常听到的张天师。张道陵是后人对他的尊称，其本名应是张陵，因为他在道教上的始祖地位，所以他神化的传奇故事也就特别多。

传说张道陵是张良的后代，其父张医，与妻林氏住在山下。有一晚，林氏梦见一位高大的仙人，从北斗魁星降临，来到她的面前给了一束香草，并对她说："我原是天上仙人，现在奉玉皇大帝的玉旨，将降生于此处。"林氏接过仙草后，仙人便不见了。林氏醒后就怀有身孕。张道陵出生的时候，一片祥云笼罩整个屋内，紫色之气萦绕庭中，香草散发的芬芳久久不散。

张道陵7岁的时候，遇到河上公并传授他《道德真经》，他经过专心研读很快就精通了这本经典著作。在十六七岁的时候，张道陵已长到9尺3寸高，浓浓的眉毛，宽大的额头，绿色的眼睛，相貌十分与众不同。张道陵曾在吴越之间，遇到魏伯阳真人，向他学习炼丹之法。当时世风日下人心不古，张道陵决定带着一些门人到蜀国，跟随他的人多达数千人。

蜀中是个山清水秀的地方，这里有座鹤鸣山，山上有颗石头，形状有点像鹤，每当得道者出现在此处，必定会鸣叫。张道陵到此山专心修道，果真石鹤又鸣叫起来。修道让张道陵越来越年轻，甚至学会些仙法，如分身术，同一时刻可以在不同处见到他的踪影。一日，有人向张道陵求救，说他家乡西域，那里有一只白虎神出鬼没，经常伤害百姓，喝人身上的血。张道陵便立即出动收伏了此凶神，之后他又收伏了毒蛇，还帮助百姓收伏妖魔鬼怪。

这年的元宵夜，太上老君来访，张道陵急忙跪拜，太上老君说道："你不须慌张，我知道你关爱天下苍生，而现在人世多乱，在蜀中便有八鬼，我将几本经书赐予你，你修炼成后帮我除魔斩妖。"张道陵于是日夜反复读经，不敢懈怠。不久便传来八鬼在人间作乱的消息，他们在人间散播各类的疾病，像瘟疫、疟疾等，搞得民不聊生。张道陵知道该他为民除害的时候到了，他来到众鬼聚集的青城山，布置一些神像和神坛，准备跟众鬼来个大战。众鬼见张道陵占据山头，便展开攻击，石头像刀剑般地飞向他，张道陵用手一指，一朵巨大的莲花便将刀剑一股脑地收走。众鬼怎会就此罢手，又放群火烧向张道陵，这次张道陵又是轻轻一指，一阵怪风将火吹回众鬼身上，烧得他们哇哇大叫。无论众鬼想出什么法子，张道陵总有应变的对策，最后众鬼请来六魔助战。六魔幻化成白虎，张道陵便变成狮子，六魔惊见马上变成大龙，张道陵又一变，化成大鹏金鸟，追着大龙跑，六魔又变化成大神，抓拿大鹏，最后张道陵变成一块大石抵挡六魔。六魔眼见打不过张道陵，准备逃跑，没想到正中张道陵的下怀，他一挥笔将大山劈成两块，从此天下太平。

张道陵的门徒越来越多，他升天的时机将到，他招集众门徒，带到悬崖峭壁，对他们说："在这底下有一棵蟠桃树，只要往下一跳，摘到仙桃，便可得到我的真传。"众弟子向下一望，发现深不见底，都十分害怕，心想这一跳必死无疑，还谈什么真传。这时赵升勇敢地走向前说："师父，让我来试试看。"说完便往下一跃，碰巧吊在树枝上，结果摘了许多桃子回到崖上。张道陵说："这些还不够吃，我再下去摘给你们。"众人来不及阻止，张道陵已跃下山崖，许久不见上来。众弟子不知如何是好，只见赵升与王长也跟着跳下崖，而张道陵已在崖下等他们，把经书传给了他们。传说张道陵和两位弟子最后在青城山升天。

五斗米教，算是道教较早的派别之一，后来道教尊老子为主，经典是《道德经》，都跟此教的教义有关。这样一个教派，跟中国民间信仰活动相关，它有利于人们互通讯息，或是在祭祀活动时减少财力损失，所谓集合众人之力。我们可以从现在还在进行的庙会组织，知道中国人的社会活动中，宗教活动是重要的一环。现在也存在一些道教道派的组织。而仙桃的传说，又再一次证明了中国人的长生情节。除仙桃外，我国另一个代表长生的则是人参。如在《西游记》中提到，孙悟空师徒曾偷人参果的故事，说天上长生的是仙桃，地上则是人参果。

葛玄炼丹，身怀仙术——太极左仙翁的由来

葛玄，三国时期吴国人，其父葛孝儒信奉道教，这让葛玄一出生便与道教有关，甚至相传有道士到葛府传递葛玄为神仙降生一事。

葛玄年幼便父母双亡，却仍努力好学自立，未冠之年便已通晓古今文史，特别喜好老

庄的文章。后来葛玄有机缘与左慈相识，左慈传授他炼丹之术与驱鬼之法，还送他一本《太清九鼎金渡丹经》。葛玄的叔父对葛玄期望很高，认为以葛玄的天资能有一番作为，然而葛玄的天性使他选择游历各地，寻找炼丹修行的圣地。葛玄从天台、罗浮等处寻找，直到阁皂山才觉得找到仙地。他致力修行炼丹，终于练就一身的仙术，世人都称他为“太极仙翁”。

有一次，两位朋友前后来拜访葛玄，结果先到的朋友竟然看见另一个葛玄带另位友人来到，又在一瞬间只剩一个葛玄。两个朋友见他的法术后，便说想再见识见识，刚好天气微寒，葛玄呼地一口气，将火炉给点燃。在吃饭间葛玄把口中的饭粒喷出，饭粒立即变成一只只的蜜蜂，环绕室内，不久都飞回葛玄口中，又变回饭粒。

一天，葛玄经过一个树林，见林中有异象，便停留下来，化身为一介农夫，走向漫步林中的一位读书人。读书人对葛玄毫不在意，葛玄故意走到他面前，疑惑地问道：“读书人，你在这里做什么？此处非你久留之地。”读书人含混不清地敷衍葛玄。葛玄又说：“是不是贪恋美色，舍不得走啊？别再做梦，那位姑娘其实是妖怪，已不知有多少人葬身此处，尸首都丢在井中。”读书人半信半疑地去瞧瞧，结果一堆枯骨在井底，再由门缝往屋内一看，一只大蛇盘旋在床上。大蛇见事情败露，便想一口吃掉读书人，说时迟那时快，葛玄挥着神剑，将大蛇砍成两半，再让读书人服下符水，读书人才得以逃脱。

又一次，葛玄驱车出游，经过一个神庙，沿路的行人好心地警告他，在离庙百步之处，必须下车徒行，否则必遭灾祸。葛玄笑了笑，仍驱车前往庙口，在离百步之时，果真一阵怪风直扑葛玄，葛玄大怒说：“大胆妖魔，敢在本道面前作怪，还不速速现形。”说着由袖中取出一道符，往庙里一丢，庙便燃起一阵大火化为灰烬。

相传葛玄与孙权有段故事。一天，孙权与葛玄相约吃饭，席向见街上有人在行求雨的仪式，孙权便说：“没雨的日子已经很久了，你不是会些法术吗？像求雨这件事应该难不倒你吧！”葛玄拿出一道符，口中念念有词后当场烧掉，天空瞬间聚集了团团的黑云，之后便下起倾盆大雨。过不久，两人游历河上，原本晴空万里的天，下起大雨，河浪越掀越高，许多船只都被淹没。等风浪平静后，孙权发现不见了葛玄的踪影，到处找过后仍未寻获，孙权感叹地说：“像葛玄这样的仙人，也逃不过自然的灾害而灭顶。”隔天却见葛玄醉醺醺地走在大街上，并向孙权致歉，说明昨日为何消失的原因，这下子孙权更十分地佩服葛玄的仙术。

八月十五日这天，上天派下一位神仙，特地来向葛玄宣告功德圆满之时，并依旨赐予葛玄“太极左宫仙公”名号，这就是后人为什么称他为“太极仙翁”的缘故。

关于葛玄的神迹，在世上至少有两处仍流传，像阁皂山的金池水及捣药岛。金池水是葛玄炼金丹之处，捣药岛是一只误食仙药的鸟，因食仙药而长生不老，终年发出像捣药的叫声。

葛洪修道成仙——葛仙翁的由来

东晋著名道士葛洪（283~363年），字稚川，道号“抱朴子”，江苏句容人，生于笃信道教的封建贵族家庭，其祖父、父亲分别为三国时期孙吴的大鸿胪和西晋的邵阳太守，叔祖则是有名的“太极仙翁”葛玄。

葛洪家虽然世代为官，但13岁时，由于父亲去世，家道开始衰落，不得不过早挑起生活的担子。虽说生计艰难，但他从未放弃学业，常常上山砍柴，用卖柴所得去买纸和笔，晚上勤奋读书。16岁时，葛洪已广览经、史、百家，成为当地小有名气的儒生。尽管如此，还是抵挡不住对道教“神仙修养”之法的浓厚兴趣，于是放弃仕途，四处寻找当年叔祖的高徒郑隐。

郑隐是位大儒，明五经、善律历，晚而好道，精仙经，知丹道，且于九宫、三棋、天文、《河》《洛》等莫不精研，据说虽是八旬老翁，但依然神清气爽、面色红润，能挽弓射箭，百步穿杨，跋山涉水，健步如飞。他见葛洪手脚勤快，年纪不大却有志于道，十分喜爱，不仅时时在学业上给他“开小灶”，而且常常对他讲其叔祖葛玄的故事，鼓励他潜心修炼。不久，郑隐预感江南有乱，准备带领弟子到霍山隐居。临行前把葛洪叫到丹房，打开锦囊玉匣，取出一叠经书，说：“这是《三皇内文》《枕中五行记》和《金丹秘典》，这是你的祖上传给我的。在我所有弟子中，你虽然年龄最小，从师最晚，但你的悟性最好，非一般人可及。我对你寄予厚望，千万要珍惜。”

别过郑隐，葛洪回到家乡句容。西晋惠帝太安二年（303年），各地相继发生战乱。葛洪恐家乡失陷，便在本地募兵数百人参加镇压张昌、石冰等在扬州发动的农民起义，并因破石冰有功，升伏波将军，后又赐爵关内侯。

葛洪性钝口讷，不善言谈，但为人朴直敦厚，虽身在官场，却从不趋炎附势、结交豪权之徒，不论外出或友人来访，总是一身破旧衣裳，也不怕别人嘲讽。当时社会上斗鸡、走马、下棋等博戏活动成风，官商士绅无不以此为乐。同僚们见葛洪除了公务，整天窝在家中读书，有意带他出去见识见识，便劝他说："稚川兄，人生苦短，得行乐处且行乐，似你这般只知读书不谙世故，不把人憋死才怪呢。"葛洪听后正色道："此类末位，既乱人心又妨日月，官吏迷恋于此必然会懈怠于听狱治国，读书人专心于此则必然荒废学业，而农夫商人热衷于此则忘稼穑、失货财。特别到了胜负难分之时，双方交争于广众之下，心热面愁，名为娱乐，实则自相煎熬罢了。"同僚们只当他是一个怪人，也就不再理会他了。

不久，葛洪辞去官职，准备北上洛阳搜求道教有关经典，却因司马氏集团内部发生"八王之乱"，道路凶险，无法前行，只能周旋于徐、豫、荆、襄、江、广一带达数月之久。正走投无路之时，光熙元年（306年），葛洪接到在广州担任刺史的好友嵇含来函，请他出任参军。可是当他千里迢迢赶到广州时，才知嵇含已遭贼人暗害，不由心灰意冷，便废居广州，潜心于《抱朴子》一书的写作。

常言道："天无绝人之路"。在广州孤立无助的葛洪听说南海太守鲍靓也是道门中人，曾拜左慈为师，精于道术，会占卜，算来也是师祖之辈，心内十分兴奋，于是前往拜访。不想二人一见如故，竟成忘年之交。此后，两人常常进山谈仙论道，山民见他们虽无车马，却来去如飞，而且每每出行，总有一对燕子在前引路，不由啧啧称奇。鲍靓见葛洪虽然形貌丑陋，却于道教有深入的研究，认为将来必成大器，不仅将自己的绝招悉数相授，而且还把宝贝女儿鲍姑许配给他。后来，鲍姑成了葛洪的得力助手。

东晋时，葛洪还归故里，被起用为州主簿、司徒椽、迁咨议参军。40岁时，葛洪辞了官职，与妻子鲍姑一道，只带一名老仆周游江南。他在杭州看到宝石山以西山岭风景绮丽，是潜居静息和炼丹的好地方，便在此结庐修炼。他一边修炼，一边为百姓治病，给当地群众带来不少好处，老百姓把他看作活神仙，称为"葛仙翁"，并把西岭改名"葛岭"。葛洪感慨地说："自古医、道一家，扁鹊、华佗都是精于医道者。现在的江湖道士只知说鬼问卦，不通医理，一旦染病，自身难保，还谈什么成仙呢？"

到了晚年，葛洪想通过炼丹达到长生，听说交趾（今越南北方）盛产丹砂，便携子侄南下。到广州时，因受刺史邓岳盛情挽留，遂止于罗浮山修道炼丹。

在罗浮山悠游闲养之余，葛洪认真总结自己从事炼制金丹和研究各种方药活动的经验，整理积累下来的有关化学、医学、药物学、养生学等方面的资料。

东晋哀帝兴宁元年（363年），邓岳接到葛洪来信，称准备远行。邓岳接信后急忙赶至罗浮山为他送别。待赶到时，葛洪已经端坐仙逝，看上去面色如生，肢体柔软，像是睡着一般。据传说，移棺下葬时，棺木很轻，打开一看，里面不见尸体，仅有空衣一件，这才晓得，葛洪已经得道成仙去了。后来，罗浮山成为道教的第七洞天和第三十一福地。

从左慈经葛玄、郑隐至葛洪，道教的神仙方术经过几代方士的发展渐趋成熟，形成了不同于太平道或五斗米道的新的神仙道教组织。葛玄、郑隐、葛洪这一派，后人称之为葛氏道或金丹派。

陶弘景潜心修道——山中宰相的由来

陶弘景（456~536年），字通明，丹阳秣陵（今江苏南京）人，出身江南士族家庭。据说他母亲的郝氏曾梦见两位仙人手执香炉来到居室，因而怀孕。陶弘景长成后，相貌伟岸，与众不同。他额头高隆，眉清目秀，耳朵长有两寸长的毛，右膝盖上几十粒黑痣排列成北斗七星的图案。

陶弘景4岁就能认字，9岁读遍儒家经典，10岁时得葛洪《神仙传》，昼夜研读，萌发养生之志，曾对友人感叹说："仰青云，睹日月，不觉为远矣。"16岁时，陶弘景不仅读书万余卷，而且善琴棋、工草隶，精通阴阳五行、风角星算、山川地理、方图产物、医术本草，是江东有名的才子。

不过，由于陶弘景的青少年时代都处在刘宋统治集团争权夺利的不断纷争之中，所以尽管才高八斗，仕途却并不顺利。他20岁步入仕途，却屡屡受挫，于是30岁左右拜师学道，正式步入道士行列。按陶弘景的想法，凭着自己的实力，到40岁时，应该能做到尚书郎。实际上，到了36岁才升到六品文官。这使陶弘景感到灰心泄气，对着友人发牢骚说："不如早去，免得以后自寻其辱啊！"于是陶弘景辞去官职，回到江苏茅山，开始了后半生40余年的隐居修道生涯。由于他学识渊博，著述甚多，又是从官场隐退下来，所以齐梁两朝公卿大夫都尊敬他，纷纷从之学道。

陶弘景虽说归隐山林，不再出仕，实际上并不甘于寂寞，"身在山林，心存魏阙"，暗中仍注视着山外政局的发展。永元三年（501年），萧衍起兵，于次年代齐称帝，建立了梁朝，史称梁武帝（502~550年在位）。说起萧衍的称帝，陶弘景起了不可忽视的作用。

陶弘景早年曾与萧衍有过交往。当他得知萧衍起兵，心中暗暗叫好，立即派弟子戴猛奉表前往表示拥戴。后来又假托神旨，令弟子将标有"梁"字和图画的"符命之书"进献给萧衍，帮助萧衍选定国号，为萧衍夺取政权大造舆论。因此，萧衍登基后，对陶弘景格外恩宠，多次请他出山做官，都被婉言谢绝。他说："圣上的恩宠贫道心领了。我已是归隐之人，以侍奉道祖为惟一宗旨，大道才是我最后的归宿。请圣上不必勉强。”

后来，陶弘景为了表明自己的心志，让使者给武帝带去了一幅图画。梁武帝打开看时，见纸上画有两头牛，其中一条无拘无束，逍遥自在，在水草丰美的田野上游荡；另一条虽然头戴金笼头，却被人牵着鼻子走。武帝看后，百般感慨地对百官说：“陶先生真是超凡脱俗的神人啊！”从此对陶弘景愈发敬重，绝不再提做官之事。当时，陶弘景得到神符秘诀，准备炼制金丹，但却“苦无药物”。梁武帝知道后，立即派人送去黄金、朱砂、曾青、雄黄等原料。金丹炼好后，看上去色如霜雪，武帝还亲自服用以试效果。

魏晋南北朝时，随着佛教的传入，佛、道两教的斗争十分激烈，都想通过统治者削弱对方，扩张自己的势力。据民间传说当时有一个道士和一位名叫宝志的禅师同时看上舒州潜山（今安徽境内）一带的风景，都想以此作为修行的地点，结果发生争执，互不相让。于是找到梁武帝，请他裁决。

梁武帝见二位毫不相让，也觉得十分为难。于是让他们通过斗法比出高下，然后决定去留。两下约定：道士与和尚分别以白鹤和禅杖为法宝，在山上展开道、佛两门的较量。

比试当天，漫山遍野挤满了看热闹的人群。山坡上黄色的华盖迎风猎猎翻动，梁武帝端坐其下，黄衣黄袍，威风凛凛。但见道士抢先一步，跨上白鹤，嘶鸣着冲天而去，回过头朝着地下的和尚大喊：“来，来，你同我比试比试。”和尚却不慌不忙，口中念念有词，突然，禅杖从地上跳起，“嗖”地一声朝着白鹤直扑过去。转眼间，就见白鹤与禅杖在蔚蓝的天空时分时合，上下翻滚，左右盘旋，直看得人眼花缭乱，“好！好！”之声震天动地。最后，随着耳中传来“嘣”的一声巨响，禅杖击中白鹤，白鹤被迫降落在地，而禅杖也被折成两截反弹到很远很远的地方。

梁武帝见状，抚掌大笑说：“佛、道法力果然不相上下。朕的意思，各自法宝落地的地方，便是你们结庐修行之处，不必再争了。”

4年后，梁武帝虽然改信了佛教，但对陶弘景的宠信始终如一。国家每有吉凶征讨大事，还是要亲自向陶弘景请教，书信往来更是频繁。皇上如此，朝中文武百官对陶弘景更是敬重有加，因此，世人把陶弘景戏称为“山中宰相”。

陶弘景对道教的贡献，不仅是发展了道教的修炼理论和方法，而且还重新构建了道教的神仙谱系。他编写的《真灵位业图》，将道教信仰的天神、地祇、人鬼和仙真众圣等近700个神灵的庞杂的神仙群，用7个等级以图谱的形式一一组织排列起来。在这个谱系中，原来尊崇的道教始祖老子改称“太清太上老君”，仅被排列在第四等级主神的位置。

经过陶弘景数十年的经营，茅山作为上清派基地的名气越来越大，不仅陶弘景的学识、名气远播，而且他以后的茅山传人也大都是较有学问和名气的上清道士，从而使茅山一直保持着它在上清派中的中心地位。后人将陶弘景以后的上清派直接称为茅山宗，并以陶弘景为茅山宗的开创人。

陶弘景对于道教的贡献虽然很大，但他得道成仙的时间却晚于他的弟子，对此陶弘景很是不解。他对弟子说：“我对道教的信仰专一不二，修炼也算是尽心尽力了，是不是

因为有什么缺失，所以到现在还让我滞留俗世？请你代我打听一下。”不久弟子回来传话说：“师父不能先于我飞升，我也感到十分困惑。见到东王公时，我对他说了我的想法。东王公要我转告师父；你的阴功早已修够了，只是在修《本草》时，多用了虻虫、水蛭之类的动物做药，虽然也救治了不少人，但却无辜伤及一些性命，所以还需再修炼12年。”此后，陶弘景就专以草木入药，又另著《本草》三卷，以赎其过。

陶弘景81岁时，有一天忽然预感自己就要飞升了，于是事先给弟子们写了《告逝书》，不久便无疾而终。等到弟子们发现时，陶弘景颜面如生，肢体伸屈如常，庭中香气累日，氤氲满山。

八仙过海，各显神通——八仙的由来

八仙的故事在我国早已家喻户晓，不过“八仙”的称谓在不同时期有不同的内容。最早的“八仙”一词可以追溯到汉末三国，只是这时的八仙并无实指。西汉时期出现了“淮南八仙”，指的是淮南王刘安的8个门客，即苏飞、李尚、左吴、田由、雷被、毛被、伍被、晋昌，又称“八公”。晋代有“蜀中八仙”，是在蜀得道成仙的容成公、李耳、董仲舒、张道陵、庄君平、李八百、范长生、尔朱先生。在唐代，又出现了“酒中八仙”，即李白、贺知章、李适之、李王进、崔宗之、苏晋、张旭、焦遂，杜甫的《饮中八仙歌》描述了他们的故事。现在所说的“八仙”，是铁拐李、钟离权、张果老、吕洞宾、何仙姑、韩湘子、蓝采和、曹国舅8人，基本上都是唐朝至五代时期得道成仙的人物。虽然他们的传说早在唐宋文人笔下就已经出现过，但真正使八仙家喻户晓的是元明时无名氏的杂剧

《争玉板八仙过海》。

话说蓬莱仙岛热闹非凡，因为岛上牡丹花盛开，岛主白云仙长邀请各路神仙到岛上参加牡丹宴。贵宾有8仙，还有5位大圣：齐天大圣、通天大圣、搅海大圣、翻江大圣和移山大圣。酒席完毕，8位大仙告别白云仙长，要赶回各自的洞府。当他们醉醺醺、摇摇晃晃地来到东海边时，不知是谁提了一个建议："各位，世人都说我们个个都有一身好本事，但究竟谁的本事最大，至今也没有比试过。现在我们来到海边，不如就比一比，看谁最先过海，怎么样？"一句话，把大家的情绪全都调动起来了，个个跃跃欲试，都想在海上露一手，争一个高低。

于是，铁拐李把背上的葫芦丢入海中，顿时变得大如官船，铁拐李跳上去向大家一揖手，说："对不起各位，我腿脚不好，先走一步了。"钟离权将手中的芭蕉扇往水中一丢，变得大如苇席，也跳上去走了。接着，吕洞宾、何仙姑、张果老等，一个个都将各自的法宝亮出来，纷纷下了海。

8位神仙来到海上，看海阔天空，烟波浩森，一下全来劲了，又是唱又是蹦，够热闹的。不想这一闹却惊动了东海龙王："什么混帐东西，竟然跑到我的头上捣乱来了？"虾兵蟹将回来报告说："禀告大王，有7男1女正在上面乱哄哄的瞎折腾。"于是龙王又派两个儿子摩揭、龙毒去看个究竟。不想这两个东西见财生意，不仅抢了蓝采和的宝贝玉板，还说他们搅了水府的安宁，要带回去好好收拾收拾。

两个龙子又抢东西又抓人，惹怒了其他7位大仙，上来就围着两人一场厮杀。没有几个回合，摩揭被杀，龙毒负伤，逃回去向龙王报告。

龙王一听，气得浑身直抖，差点就昏死过去。他急忙派员叫来其他兄弟，四海龙王一齐上阵，恨不得将八仙千刀万剐，好为两位龙子报仇，结果还是败下阵来。于是又向天官、地官、水官讨救兵。"五圣"听到这个消息，都说是龙王不讲道理，跑来助八仙一臂之力，结果大获全胜。最后事情闹到如来佛那里，佛说："冤家宜解不宜结，还是'和为贵'吧。"出面将八仙、五圣、四海龙王和三官都请到灵山，让他们和解消仇。

这就是"八仙闹海"故事和"八仙过海，各显神通"典故的来历。由于八仙闹海的缘故，旧时渔民出海形成一条规矩：凡驾船出海，船上绝不能坐7男1女，怕龙王看到，以为又是八仙来寻衅滋事。龙王要是兴风作浪起来，肯定会出事。

李玄附体跛脚乞丐——铁拐李的由来

铁拐李也称李铁拐、铁拐仙、凝阳帝君、光耀大帝等，他是八仙传说中的首位神仙。

铁拐李是八仙之首，他的俗名为李玄，另一说为李凝阳，他成仙时的面貌为跛足的乞丐，手中总是拿着一根铁拐，所以后世便称为铁拐李。

当李玄还是个凡人的时候，长得相貌堂堂，拥有魁梧的身材。身为读书人的李玄，原本应该赴京赶考、求取功名，他却很早就看破红尘，选择离开家乡的亲人，到远处寻求道术。经过拜访众多的有道之士，李玄最后停留在一处清幽的洞窟，专心地虔心修道。

这样过了几年，李玄在道术上遇到一些难题，觉得心中的问题困扰已久，虽经百思之后仍不解，想起听人说太上老君住在华山，打算启程拜访这位仙人。他穿山越岭、披星戴月地来到华山，在山下便震惊华山的壮美，只见云雾绕行山环，树林格外的葱郁，一时间心情轻松起来，到处观望景色。就在他进山观赏时，突然出现两位仙童问他："你是李玄吗？你不是要到华山找寻太上老君吗？怎么还在这游逛，让我们来为你带路吧。"李玄虽然惊讶他们对自己的了解，却也想真正的神仙便该如此，于是他跟在两位仙童的后头，通过九弯十八拐的山路，终于停在一间茅堂。堂中坐着一位仙人，原来是太上老君。太上老君对李玄说："李玄，你命中是该归列仙班，但修行不够，我传你一套仙法，回去之后，日夜反复练习，成仙之日就不远了。"李玄获得老君传授仙法，更加勤练仙术，渐渐地道行日益加深。人们都听说有个道行高深的道士，纷纷慕名而来拜师学艺，杨子就是李玄所收的第一个弟子。

有一天正当李玄静坐时，太上老君与好友宛丘真人一同邀他出游，约定十日后出发。在出发的前一天，李玄将杨子召唤到跟前，对他交代说："为师即将跟仙人一同神游，留下的肉身便托付给你保管，7日之后若不能即时回来，你就把我的肉身给火葬吧。"隔日李玄施展离魂大法，跟老君们神游去了。杨子时时刻刻叮咛自己，记住老师交代的事，除了上厕所外，吃饭睡觉都守护在他的身旁，寸步不离。连续5天都是如此，到了第六天，杨子的家中传来母亲逝世的消息，报讯的人要他赶紧回家办丧事，杨子起初不肯弃师而去，可是经不起旁边人的扇风点火，说他师父早已仙逝，身体都了无生气，要他别再守着一具尸体，加上他是个孝顺之人，于是决定将李玄火葬后，赶回家乡办理丧事。

随着太上老君云游各地的李玄，见到了许多未曾见识过的事物，正准备离开老君回到肉身时，老君送他四句话，其中两句是"欲得旧形骸，正逢新面目"。李玄回到住处，发现肉身不知去向，也不见弟子杨子的踪影，可是时间快到，若不找肉身附体，可能会魂飞魄散，恰好路旁有个乞丐的遗体，不管三七二十一地便附身了。李玄醒来后才发现他不但是乞丐，而且还是个跛脚，回想起老君送的诗，明白这是命中注定的。虽然是个跛脚肉身，却无损李玄的道法，他不久后便名列仙班，于是后来的人见到的铁拐李，就是拿个铁拐的跛脚仙人。

关于铁拐李的俗家身份，还有另一则传说。相传他叫李大，出生平凡人家，平日喜好医书，后来在镇上的一家药铺做事。有天遇见一个白头老人，上门求医。可是药店老板势利，见白头老人身无分文，便不打算医治他，甚至放狗咬他。李大见白头老人可怜，便主动医治他，让他捡回一条性命。李大后来才知道，白头老人其实是位仙人，经他的点化李大后来也得道成仙。

八仙算是道教中较为人知的神仙，每个仙人也都有明显的特色，他们的封号便是根据特色而来，其中铁拐李便是八仙之首。

钟离权遇仙人点化，弃武求道——太极左宫真人的由来

钟离权原是五代后晋时的一位将军。据说他出生前，有一伟岸丈夫大踏步进入他母亲的内室，自称是上古黄神氏，要投胎于此。说完，满屋红光，母亲生下了他。钟离权天生一副神相，生下后6天6夜不吃不喝，不哭不叫，到了第七天，忽然开口说了一句："我是在玉皇大帝的仙班中挂了号的。"让大家着实大吃一惊。

钟离权长大后，容貌雄伟，学通文武，身长8尺7寸，美髯过腹，目有神光。他的哥哥以他神勇有奇才，向朝廷推荐，不久当了谏议大夫。

当时天下政局不稳，战乱频仍，朝廷任命钟离权为将军西征吐蕃。想出征之时何等风光，军旗猎猎，战马嘶鸣，铁骑过处，尘土飞扬。谁知吐蕃早有准备，凭借着地形熟悉，以逸待劳，一举击败钟离权所率的部队。晋军望风而逃，敌人乘胜追击。钟离权慌不择路，只身独骑逃入终南山。到了夜里，大雾弥漫，不见月色，钟离权在山中东闯西荡，腹中早已饥肠辘辘。绝望中忽见一胡僧，身披蓑衣，蓬头垢面，向着他说："施主勿慌，请随我来。"

胡僧带着钟离权，三下两下走出山林，没有多大工夫就来到一个村庄前，说："此处是东华先生成仙之地，将军可前往休息，贫僧告辞了。"

钟离权走进村庄，不知哪一幢是东华先生的住所，深更半夜又不便去敲门打扰别人，只好倚着篱笆打盹。过了一会，就听得“飒飒”的脚步声由远而近，有人说道：“都是胡僧多事，弄得我半夜还爬起来找人。”话音刚落，有位身着鹿皮外衣，手拄青藜杖的老人站在他的面前，问道：“敢问这位就是钟离权将军？夜深雾重，何不到寒舍歇息？”

进屋之后，老人请钟离权吃胡麻饭，喝麻姑仙酒，才吃了几口，就觉得神清气爽，身上像添了千钧之力。正要向老人表示谢意时，老人说了：“功名富贵，总是浮云；战事胜败，皆为气数。曾见万古以来，江山有何常主，富贵有何定数？转眼异形，瞬息即逝耳。将军何必苦恋功名，劳思俗虑？”

钟离权听了老者一番话，知道遇上了神仙，顿将虎豹之心，化作鸾鹤之念，急忙跪倒在地，要拜东华先生为师。据说老人就是东华帝君，也就是专管男仙名籍的东王公王玄甫，知他与道有缘，专门下来点拨，将长生秘要、金丹火诀、青龙剑法等耐心传授于他，钟离权一一牢记在心。东方既白，钟离权告别，出了门再回头看时，哪有什么村庄，只是终南山凝阳洞而已。

从此，钟离权看破红尘，四处游历，寻访名师，专心修炼。他束发为双髻，袒胸露腹，手摇棕扇，采槲叶为衣，好喝酒，善作诗，又不拘小节，自称“天下都散汉钟离”，即天下第一闲散之人。喝酒后曾有诗留于世人：

坐臣常携酒一壶，不教双眼识皇都。乾坤许大无名姓，疏散人中一丈夫。

得道真仙不易逢，几时归去愿相从。自言住处连沧海，别是蓬莱第一峰。

莫厌追欢笑语频，寻思离乱好伤神。闲来屈指从头数，得到清平有几人？

钟离权后来东游，又遇华阳真人传他法术、内丹火符，以及玄玄之术等。最后在崆峒山紫金四皓峰石洞中得真仙秘诀，终于修成真仙，道号“正阳子”，玉帝封他为“太极左宫真人”。

王重阳创立全真教时，奉钟离权为正阳祖师，与王玄甫、吕洞宾、刘海蟾、王重阳一起，被尊为“北五祖”，钟离权位列第二。

倒骑白驴、手拿简板的神仙——张果老的由来

张果老是唐代道士，原名张果，因模样长得老气，被称为张果老。张果到底有多老？

谁也说不清。开始他说自己得长生之术，已经“数百岁矣”。唐玄宗慕名请他相见，又说自己生于“尧丙子岁”，由此推算，三千多岁了。再后来，受到玄宗宠幸的道士叶法善说张果是盘古开天地前的白蝙蝠精所变。

张果的修炼之地是北岳恒山，主要活动于山西汾州、晋州一带，传说他出行时常倒骑一头白驴，怀抱渔阳简板，日行千里，到了之后，将白驴像纸一样折叠起来放在箱子里，要骑时弄出来用水一喷就可以了。

唐太宗、高宗听说张果的大名，想请他去，结果张果拿架子，不去。武则天上台，又派人请他，张果装死还是不去。据说到唐玄宗时，专门派使臣裴晤到北岳恒山请他。裴晤一看张果，齿落发白，分明是个糟老头，哪像得道的神仙？心里就有几分看不起。张果表面不动声色，心里却很明白，心想：看不起我？哼，变个招数逗你玩！突然，张果两眼翻白，口吐白沫，一头栽在地上死了。裴晤这下吓得不轻，忙不迭地焚香诵念天子求道之意。一会张果醒来，裴晤不敢再提相请之事，赶快回去向唐玄宗报告。唐玄宗听说请不来张果，大骂裴晤不会办事，又命中书舍人徐峤带着盖有玉玺的亲笔信，才恭恭敬敬地把张果给迎了过来。

唐玄宗本来对张果仰慕已久，及至见面，也有些疑惑，就问：“先生是得道之人，何以容颜如此衰老？”张果答：“不幸得很，贫道大器晚成，得道时牙齿就掉得差不多了。如果陛下不喜欢，我干脆把它们全弄掉得了。”说完，用手把头上剩不了几根的头发全拔光，又将余下的几颗牙齿全都敲掉，搞得满口是血。唐玄宗一看大惊，赶快让人扶他进去休息。过了一会，张果摇摇摆摆走了出来，相貌虽然没变，但满头黑发，一口整齐雪白的牙齿，把唐玄宗都看呆了，留下并赐酒。

酒过三巡，张果说：“贫道量浅，不胜酒力，至多只能饮二升。我有个弟子酒量好生了得，能饮一斗。”唐玄宗让张果把弟子召来。只见张果念念有词，霎时间，便有一小道士从殿檐上飞了下来，十六七岁的样子，人也长得很英俊。唐玄宗赐他喝酒，小道士也不客气，来者不拒，饮过一斗，还无推辞之意。倒是张果说话了：“陛下，不能再让他喝了，喝多了失礼，让陛下笑话。”唐玄宗说：“不妨，朕不怪罪就是了。”说完又让他喝。不过再喝时，酒却从小道士头顶冒出，把帽子都冲掉了，帽子掉在地上，化为金樽，再一看，小道士不见了，地上的金樽上写着“集贤院用品”字样，而且正好能装一斗酒。

唐玄宗感到张果简直不可思议，就问叶法善：“朕真搞不清，张果究竟是什么人？”叶法善说：“我虽然知道，但不敢说，一说必死无疑。如果我死了，陛下能免冠赤脚为我求情，我才能说。”唐玄宗许之。叶法善这才告诉唐玄宗，张果是天地初开时的白蝙蝠精变的。

说完，七窍流血身亡。唐玄宗赶快脱帽光脚去找张果，张果说："这小子逞能，不给他点颜色，他不知道厉害。这是天机，怎么能泄露呢？"倒底是唐玄宗求情，张果只好用水喷到叶法善脸上，一会儿就活过来了。

据说，后来张果在京城呆得不耐烦了，经唐玄宗同意返回恒山，临行前唐玄宗赐帛三百匹、侍从二人，但还没回到恒山，张果就突然暴死。弟子们埋葬他时，发现棺材特别轻，打开一看，只是一具空棺而已，实际上是尸解成仙去了。唐玄宗听说后，下令在当地建栖霞观祭祀他。

据民间传言，张果在长安时，唐玄宗曾想将玉真公主下嫁给他，张果听到这个消息，掏出渔阳简板边打边唱："娶妇得公主，平地升公府。人以为可喜，我以为可畏。"唱完大笑不止，从怀中掏出纸驴，喷口水，骑上去走了。此后张果倒骑白驴，云游四方，敲打着渔阳简板，在民间传唱道情，劝化世人。后来人们也学张果的样子，手拿简板唱起道情来。因为这个缘故，唱道情的尊张果为祖师爷。

现在所见到张果老的画像，大多是倒骑着驴子，这其实也有深刻的含意，像后世在画像所题的一首题画诗："举出多少人，无如这老汉。不是倒骑驴，万事回头看。"人总是以为朝着前方总是最安全、最正确的抉择，孰不知能看透过往，不被过往所困扰，前途才能一片光明，这首诗真是值得再三玩味。

钟离权十试吕洞宾——纯阳真人的由来

在八仙中，吕洞宾虽然排行第四，但却是其中最著名、民间传说故事最多的一个，固道教中的全真道尊他为"北五祖"的"纯阳真人"，所以，民间也称之为"吕纯阳"。

吕洞宾是唐代著名道士，姓吕，名岩，字洞宾，号纯阳子，浦州永乐人，生于唐德宗贞元十四年四月十四日。据说吕母亲生他时，满屋异香，仙乐阵阵，一只白鹤自天而降，飞入帐中。

吕洞宾从小饱读诗书，满腹经纶，长大后屡试不第，这令他十分沮丧。一天，他来到酒店喝闷酒，看见有位道士正往墙上题诗。道士长相奇特，诗中透着一股飘逸的仙家之气。吕洞宾上前揖首："敢问道长大名？"道士回答："贫道钟离权。足下可否也写一首让我看看。"吕洞宾接过笔，往墙上一挥："生在儒家遇太平，悬缨垂带布衣轻。谁能世上争名利，欲事玉皇归上清。"钟离权看后，连声叫好，两人越谈越投机，只是相见恨晚。

当晚，两人同住客栈中，钟离权亲自下厨做饭，吕洞宾由于心情不好，加上连日考试的紧张，倒头就呼呼大睡。恍惚中他觉得已经考上状元，官场得意，步步高升，又娶了两

房富家女子为妻，儿孙满堂，好不风光。没想到几年后，皇上降罪，家产悉数充公，妻离子散，好不凄惨，茫茫大雪中，只剩下自己孑然一身。想想荣华富贵，有如过眼烟云，吕洞宾不由长长地叹了一口气，梦也就醒了。这时，就听见钟离权说：“黄粱饭还没熟，就做了一场好梦啊！”吕洞宾惊诧地问道：“先生怎么知道我做的什么梦？”钟离权淡淡地说：“其实人生不过也是一场梦而已。”

钟离权以黄粱梦破了吕洞宾的功名利禄之心，使他感悟慨叹，于是拜钟离权为师，上了终南山。上山以后，钟离权为了考验吕洞宾是否真心学道，又先后十次变幻出各种各样的场景来试探他：有时是死亡的威胁，有时是人世的欺诈，有时是金钱美女的诱惑，有时又是自然灾害的考验，结果吕洞宾都毫不动心。钟离权见他决心已定，于是传他炼丹之法和上真秘诀，以便他济世救人。

后来吕洞宾又拜火龙真人为师，得到雌雄二剑，此剑能一断烦恼，二断色欲，三断贪念，真人并授给他遁天剑法，告诉他，这宝剑法力无边，只要说出某人的姓名，并念动咒语，宝剑就会化作青龙去取那人的首级。从此吕洞宾背上宝剑，云游四方，东至泰山、蓬莱仙岛，南登黄鹤、岳阳楼，扶弱济贫，除暴安良。他一路走一路吟唱：“家居北斗星杓下，剑挂南天月角头”，“朝游南越暮苍梧，袖里青蛇胆气粗。三入岳阳人不识，高吟飞过洞庭湖。”他斩蛟劈虎，招蛇化剑、飞剑斩黄龙，在民间传为美谈，被称为“剑仙”。

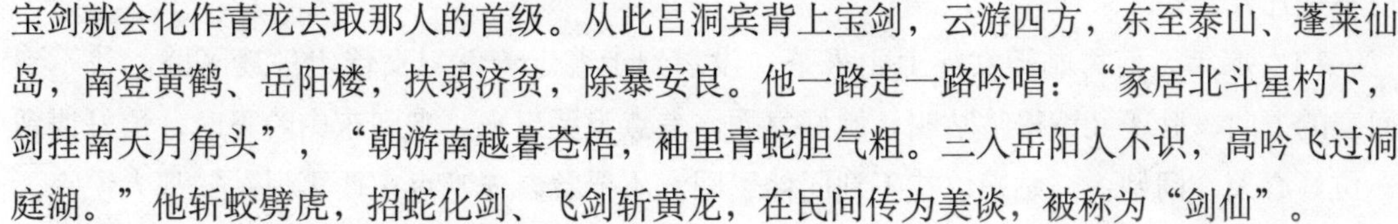

吕洞宾还是有名的“酒仙”，他好喝贪杯，常常洞庭为酒，喝时豪饮，君山作枕，醉后高眠，完全一副酒中神仙的模样。

一次，吕洞宾化装成卖油郎云游岳阳，他边走边吆喝，到一处小村庄时，遇到一位老太婆买油。吕洞宾为了试探老太婆有无贪欲，故意把油打少了许多。本以为老太婆会同他计较，想不到老太婆不仅不计较，还让儿子端酒出来让他喝，说什么卖油郎成天在外奔波辛苦，日晒雨淋不容易，吕洞宾听了很是感动。他进屋还碗时，见老太婆家徒四壁，唯院中一眼井，清澈见底，他就往井中丢进几粒米，出来后对老太婆说：“以后这眼井可保你全家衣食无忧。”老太婆刚进屋，就闻着井中冒出阵阵醇厚的酒香。从此，老太婆一家靠卖井中之酒，只一年时间就过上了殷实的日子。

几年后，吕洞宾又来到岳阳，看到这里已是高墙大院，门前有石狮蹲伏，果然今非昔比。进屋以后，见老太婆不在，只有儿子在家。吕洞宾问：“这酒好卖么？”其子回答说：“好卖是好卖，可惜那人好事做不彻底，光出酒，没有酒糟喂猪。”吕洞宾本以为他会很知足了，听这么一说，心中便凉了半截，叹息道：“都说人心不足，贪欲无边，看来这话一点不差啊！”临走前又从怀中摸出几粒米丢入井中，井中之酒马上又变成了清水。

吕洞宾是一个充满人情味的剑仙、酒仙和诗仙，不仅在道教中地位很高，被奉为纯阳师祖，也颇得帝王们的喜爱，北宋徽宗宣和元年（1119年）被诏封为“妙通真人”，元世祖至元六年（1269年）封为“纯阳演正警化真君”，元武宗至大三年（1310年）又被加封为“纯阳演正警化孚佑帝君”。在民间传说中，吕洞宾的影响超过了七仙和其他仙人。

后来，人们不仅到庙中祭拜吕祖，而且还在家里供奉他的画像。在我国沿海东南地区，信奉吕祖的风俗更盛。

何秀姑遇道成仙——何仙姑的由来

何仙姑是八仙中唯一的女性。

何仙姑原名何秀姑，广州增城人，父亲何泰，靠做豆腐为生。何仙姑生于武则天当政时某年的农历三月初七，她出生时，紫云绕室，头顶出现6道亮光，乡亲们都说这姑娘以后不是凡人。

13岁那年，何秀姑随女伴上山采茶，没想到走着走着就与女伴走失迷了路。找不到回家的方向，肚子又饿得咕咕叫，她好急啊，差点没哭出来。来到东山岭下时，恰好遇到一位好心人，问她：“姑娘，找不到同伴了吧？不要急，先吃点东西再说。”那人说完，从口袋里拿出一个桃子。何秀姑抬头看那人，白面五髭，身着道服，头戴华阳巾，背负宝剑，朝着自己微笑，知道不是坏人，接过桃子三下五除二，啃了个精光。后来那人又把她带到小路旁，告诉她怎么回家。说也怪，何秀姑吃过桃子后，从此不饥不渴。后来才知道，那位送桃者就是仙人吕洞宾。

何秀姑家乡盛产云母，在她14岁时，她晚上做梦，一位仙人告诉她：“云母是上好的仙药，常年服用云母粉，能使人长生不老。”并教她具体服用的方法。第二天，何秀姑按仙人指点上山，所见情景与梦中无二。她采来云母，细磨成粉，照仙人教的法子长期服用，果然身轻如燕，走起路来一阵风似的。她的家离罗浮山千里之遥，有人看见她经常在山谷中健步如飞，早晨去罗浮山采集野果，晚上回来孝敬爹娘。

何秀姑渐渐地长大，父母也开始为她的婚事操心，后来经媒人撮合，找了一个婆家，并择定了良辰吉日。

秀姑知道后，跟父母大吵了一回，说什么也不肯嫁人。婚期那天，秀姑半夜起来悄悄从家门口的水井边溜出去逃婚。由于慌张，一只小红绣花鞋丢在井台上，只穿了一只就匆匆忙忙跑了，弄得父母好不尴尬，只好依着她，从此不再提婚嫁之事。现在她的家乡还有一口“履迹遗丹井”。

何秀姑按仙人指点继续修炼，说起话来神秘莫测，能够预知过去未来之事，洞悉人的凶吉祸福，乡亲们都说神了，专门为她盖房以作占卜之用，渐渐地名声越来越大，远远近近来找她算命者应接不暇。后来人们不再叫她何秀姑，干脆把她称为“何仙姑”。

有一次，一位官员接到一份写得潦潦草草的“天书”，搞不懂是什么意思，跑来请教何仙姑。实际上，何仙姑对于这位官员的贪婪和敛财早有耳闻，决定利用这个机会好好整治一下这个家伙。她接过“天书”看了看，说：“天书上写的是：‘受人贿赂10两金子，不仅少拿5年俸禄，还要折寿。’”这贪官一听，额头上顿时冒出黄豆大的汗珠，再也不敢随便收人钱财了。

后来武则天听说何仙姑的种种传闻，很想见见她，降下诏书，派特使迎请她入宫。就在去京城的路上，何仙姑突然不知了去向。

唐中宗景龙年间，有人说亲眼看见何仙姑升天。唐玄宗天宝九年，有人又看见她出现在麻姑坛上，身边有五色祥云缭绕。代宗大历年间，又有人看见她现身广州小石楼，据说广州刺史高珲还专门就此事上奏过朝廷。

因为何仙姑是一位年轻貌美的女神仙，因此，民间对她很感兴趣，关于她的故事都传得很神奇，还有几分浪漫色彩。

放荡少年拜师成仙——韩湘子的由来

韩湘子本名韩湘，据传是唐代大文学家、刑部侍郎韩愈的侄孙。韩湘子自幼行为放荡，不爱读书，长大后更是难于管教，且嗜酒如命，唯独对学道修行之事有兴趣。后来家里把他从江淮送到京城韩愈处，希望这个大文学家严格管教，今后能出人头地。

韩愈让他到学校读书，但他自己不学不说，还折腾得别人也听不成课。无奈，只好又把他送入庙中读书。过不了几天，庙主前来告状，说他轻狂不好好念书。韩愈听后十分生气，训斥说：“人人都知道，读了书有了一技之长，将来才能光宗耀祖。像你这样天天浪浪荡荡，将来能做什么？”韩湘子避而不答，嬉皮笑脸作诗说：“青山云水窟，此地是吾家。……一壶藏造化，三尺斩妖邪。解造逡巡酒，能开顷刻花。有人能学我，同共看仙葩。”他指着台阶前含苞的牡丹说：“前面这些牡丹，顷刻便能盛开。你要它开成什么颜

色，青色、紫色、黄色，还是红色？尽管吩咐。”

韩愈不大相信说：“你能有那么神奇的功力吗？”

韩湘子让人用竹篱将牡丹遮挡起来，不许偷看，过一会儿把竹篱拿走时，牡丹花竟然全部绽开，更奇怪的是花瓣上还有紫色字迹，再仔细一看，上面是两行诗：“云横秦岭家何在，雪拥蓝关马不前。”韩愈大为诧异，问他是什么意思？韩湘子说，现在不能说，日后自会明白。

过了几天，韩湘子告辞叔叔回江淮，从此往来极少，加上韩愈朝中之事又多，渐渐地也就把这位远房亲戚淡忘了。据说韩湘子回去后到处寻师访道，最后遇到吕洞宾，拜他为师，经过潜心修炼，终于成仙。

后来唐宪宗要迎“佛骨”进京，韩愈写了《谏迎佛骨表》表示反对，为此惹怒了宪宗，被贬到遥远荒芜的潮州当刺史。路经商山时，天上下起大雪，道路泥泞，人马难行，众人叫苦不迭。无奈之时，迎面一人冒雪前来，定睛一看，正是韩湘子。他对韩愈说：“你还记得当年花上的诗句吗？说的就是今日之事啊。”韩愈忙问向导这是什么地方，向导回答：“蓝关。”韩愈这才明白当年牡丹花上那两句诗的意思，嗟叹不已。他对韩湘子说：“干脆我把你的两行句子融在一起，为你凑成一首完整的诗吧。”略假思考，便以《左迁至蓝关示侄孙湘》为题赋诗一首：“一封朝奏九重天，夕贬潮阳路八千。欲为圣朝除弊事，肯将衰朽惜残年？云横秦岭家何在，雪拥蓝关马不前。知汝远来应有意，好收吾骨瘴江边。”

韩湘子收好诗，一路护送韩愈到潮州。看韩愈安顿好后，说：“我还得赶回去继续做完师父安排的功课，不能久留，就此告别。”说完，不见了踪影。

据说宪宗知道冤枉了韩愈等人，准备召回京城官复原职。韩愈听说，装病不去。后韩愈来到卓韦山学道，也修成了正果。

另外关于韩湘子的竹箫，还有一段神话传说。那个竹箫是海龙王的七女儿特意送给韩湘子解救危难。相传八仙过海时，韩湘子就是踩在神箫上过海的。

许坚乘白鹤飞天成仙——蓝采和的由来

八仙中有一位玩世不恭，似狂非狂的行乞道士，他就是蓝采和。

蓝采和生活的年代，大约在唐末五代时期，不知何方人氏。有人说他本是个唱杂剧

的，真名叫许坚，字介石，蓝采和是他的艺名，庐江（今安徽庐江县）人，因失误官身，被官府责打40大板，后为钟离权所度成仙。

南唐人沈汾写的《续仙传》说法却不一样，书中说他行为怪僻，成天疯疯颠颠，既贪杯喜唱，又好戏谑，平时穿一身破蓝衫，腰上系着一条3寸宽的有饰物的黑木腰带。他一只脚穿鞋，另一只却光着脚丫。更不近情理的是，炎炎夏日，人们都热得喘不过气来，他却穿棉衣到处招摇；三九寒冬，他又衣着单薄，躺在雪地上，身冒热气。

蓝采和每天在街市行乞，他手持3尺有余的大拍板，一面打着竹板，一面踏着节奏，边走边舞边唱。每到这个时候，身后总是尾随一群看热闹的市井老少。围观之人还不时提些问题，蓝采和则每问必答，均机警诙谐，妙趣横生，令人捧腹不止。他唱的歌很多，基本上都是即兴而作，脱口就出，歌词有时高深莫测，有时又是通俗易懂，而且颇具仙意。他所唱的歌中，最有名的是那首《踏歌》："踏歌蓝采和，世界能几何？红颜三春树，流年一掷梭。古人混混去不返，今人纷纷来更多。朝骑鸾凤到碧落，暮见桑田生白波。长景明晖在空际，金银宫阙高嵯峨。"每曲下来，总会引得满堂的喝彩。

看的人高兴了，就会从腰中摸出钱币施舍给他，叮叮当当落得满地都是。蓝采和面对钱财，倒是表现得很平淡，他用绳子把这些钱串起来，拖在地下携行，有时绳子拖断，钱币散落一地，他也不回头看一眼。所得钱财，大部分送给路遇的穷苦人，剩下的就到酒肆换酒喝。他居无定所，四海为家。有人说，他年轻时见过蓝采和，现在这个人应该已经满脸皱纹，满头白发了。然而再见蓝采和时，他却惊讶地发现，蓝采和一点都没有变，面貌还跟他年轻时所见一模一样。

有一次，蓝采和在濠梁踏歌卖艺，完了后上酒楼开怀畅饮。当时围观的人还未散尽，还站在楼下等着看他的下一场表演呢。没过一会，就隐隐约约听到空中传来一阵笙箫之声，一只白鹤从天而降，接着就见蓝采和跨上鹤背，丢下那一只破鞋子，一袭烂衣裳、腰带和拍板等，冉冉上升，消失在蔚蓝的天空之中。

这一下，看的人全惊呆了，有的说，蓝采和是赤脚大仙下凡，现在奉玉帝之命回天上去了；还有的说，蓝采和本是一个女仙，所以能说会唱善舞，只是思凡心切偷偷跑到人间，现在是王母娘娘令人把她带回天宫。众说纷纭，莫衷一是。金代诗人元好问听到这些传说，认为蓝采和并不像人们说得那样疯疯颠颠，恰恰相反，在其玩世不恭的外表下，是令人称羡的潇洒和脱俗，据此，他为蓝采和画了一幅像："自惊白鬓似潘安，人笑蓝衫似采和"，"长板高歌本不狂，儿曹自为百钱忙。几时逢着蓝衫老，同向春风舞一场。"

国舅改过自新，弃恶从善——曹国舅的由来

曹国舅是八仙中出现最晚，也是排名最末的一位。他的出现，是在五代十国以后的宋朝。

宋仁宗时期，曹皇后有两位弟弟，大的叫景休，即曹国舅；小的叫景植。兄弟二人仗着自己是皇亲国戚，骄纵不法，恃势妄为，以为他是皇亲国戚，别人不敢拿他怎么样，就连皇帝的劝告，都当成耳边风。

当时广东潮州府潮阳秀才袁文正，携妻张氏赴京赶考。二国舅见张氏貌美如仙，顿生邪念，便设计邀请袁氏夫妇入国舅府。二人不知是计，进去后，景植令人将袁生绞死，然后强逼张氏就范。张氏说死也不愿意，景植就把她关进密室，等着她慢慢回心转意。

袁文正死后，阴魂不散，便托梦给包公，状告二国舅。大国舅知道包公准备立案查办此事，害怕张扬出去，叫二国舅赶快把张氏杀死，以便将来办案时找不到张氏其人，无从对证。于是，二国舅连夜将张氏投入井中。好在张氏命不该绝，太白金星化作一位老人将她救出。

俗话说："不是冤家不相逢。"张氏逃出后，偏偏路遇大国舅景休，以为碰上了铁面无私的包青天，趴在地上就喊："冤枉！"大国舅接过状纸，不动声色，让张氏跟他回府。张氏刚出虎穴，又进狼窝。大国舅让手下用铁鞭将张氏打死，把尸体悄悄扔到偏僻的小巷里。

还是张氏命不该绝，弃尸之人走后不久，她竟然又慢慢地苏醒过来。后来打听到包公的衙门，上前击鼓喊冤，终于让包公知道了事情的真相。

到底是皇亲国戚，包拯办此案也有点儿慎重。左思右想，才用计把二人骗来包府当面对质，将二人打下大牢。仁宗听说后，拗不过曹皇后的死乞烂缠，亲自上包府求情。好个包拯，一句"王子犯法与庶民同罪"，就把仁宗说得哑口无言。

包拯坚持将二国舅推出斩首，至于大国舅，毕竟罪行轻一些，看在仁宗颁诏大赦天下罪犯的面子上，开枷放人，免于一死。

死里逃生的曹国舅从此看破红尘，决心改过自新，重新做

人。于是远离繁华都市，舍弃富贵生活，躲入山林隐居，专心修炼道术。

一日，钟离权、吕洞宾二仙路过曹国舅修行之地，见他专心修炼，是个有缘之人，决定考他一考。

二仙问他："听说你在此修行了很久，能不能告诉我们你修的是什么内容？"曹国舅回答说："道行。"二仙再问："道在哪里？"曹国舅一言不发，只是用手指指天。二仙接着问："那么，天又在哪里？"曹国舅依然不答，用手指指自己的心口。二仙相对笑了笑，对曹国舅说："心就是天，天就是心，看来你已经悟出修道的根本来了。"

于是，二仙决定收他为徒，传授他"还真秘诀"，让他苦心修炼，很快就位列仙班，成为八仙之一。

在八仙中，曹国舅成仙时间最晚，而且他的影响也远不如吕洞宾、铁拐李、张果老等人，所以有关他的传说故事也最少。

陈抟潜心修炼睡功——鼾睡神仙的由来

五代宋初，道门出了一位了不起的"话神仙"，被道德尊为"老祖"，这位"老祖"就是自号"扶摇子"的陈抟。

陈抟（871～989年），亳州真源（今河南周口市鹿邑）人，北宋著名道士，字图南，自号"扶摇子"，宋太宗赐号"希夷先生"。

陈抟生于唐朝末年，但一直长到四五岁，除了嘴里含糊不清地发出"咿咿呀呀"之音外，什么都不会说，大家都以为，这个孩子以后一定是个哑巴。一日，陈抟到河边玩耍，一位路过的青衣妇女看他模样可爱，将他抱起来，撩开衣襟喂他吃奶，没想到从此以后，陈抟居然能开口说话。家里人见了，喜不自胜，问是谁教的？陈抟回答说："是仙人毛女。她还教我一首诗呢：'药苗不满笥，又更上危巅。回首归去路，相将入翠烟。'"

陈抟自幼聪慧过人，少年时便开始攻读诗礼易经及方药等书，而且记性特好，能过目不忘。他也像一般的年轻人一样，想通过科举考试步入仕途，跻身官场。可惜由于政局动荡，功名渺茫。后来陈抟参加科举考试，结果名落孙山，从此对功名心灰意冷，认为自己学的东西只不过"足以记姓名而已"，于是决心弃家出走，寻访仙真高道。

陈抟出走时，只揣了家里的一只石铛，他浪迹天涯，居无定所，常常忘情于山水之间。一天，他无意中遇到了高士孙君仿和獐皮处士，与他们一起谈论《周易》和老庄之道，临别时陈抟对二人恋恋不舍，经指点，陈抟到了武当山，在九室岩隐居下来。

一天，有5位老者到九室岩造访，要与他探讨《周易》中八卦的大义。陈抟本来对此极有研究，与他们高谈阔论，十分投机，一连七天七夜也不歇息。陈抟见5位老者个个面色红润，知是道行高深之人，便向他们请教养生之法。以后，5五位老者与陈抟常来常往，向他传授辟谷之术，锁鼻术和摹仿龟蛇冬眠不食的蛰法等道家内丹气功。

转眼20多年过去，陈抟在五老指导下，内功修炼已经达到炉火纯青的程度，同时，他还善于观相看骨，预言未来，十分灵验。一天，五老对陈抟说："不瞒先生说，我们是日月池中的5条龙，20多年来听先生讲授《周易》，受益匪浅。为报答先生，我们愿送先生到华山继续修炼，请先生闭上眼睛。"说完带着陈抟腾空而起。

这时，陈抟就觉得身体轻轻地离开地面，渐渐地，越来越高，越来越快，耳边只有呼呼的风声。过了一会，听得五老一声："到了。"睁开眼睛时，不见了五老，自己已经站在了华山的云台观。

在华山，陈抟继续修炼他的睡功。五老所传的蛰法，是从蛇的冬眠受到启发的一种高深的内丹修炼功夫，即胎息功法，与常人的睡眠毫不相干，意在隐于睡，并资修炼内养。每次一睡，少则月余，多则数年。

然而在道士们眼中，陈抟只是一个整天无所事事，昏睡不醒的懒道士。有一次，道士们已经好几个月没见到陈抟了，以为他遇到了什么不测，再不就是搬到其他别的什么地方去了，准备来收拾房间，岂知把柴草搬开时，陈抟正躺在柴草堆下鼾睡呢。还有一次，有一个樵夫上山砍柴，走到山凹时，见草堆上横着一具尸体，虽然还没有腐烂，但上面的尘土已经积了厚厚一层。那樵夫也是好心，担心野狼会来啃尸，想挖个坑把他埋了，也算积了一分阴德。走到面前一看，死尸不是别人，正是山上修道之人陈抟。待坑挖好要去搬动尸体时，不想"尸体"竟然动了起来，睁开双眼，伸了个懒腰说："是谁这么多事，惊扰了我的美梦？"可把樵夫吓得不轻。

华山是神仙高道聚会之地，陈抟在这里结交了不少的神仙，如钟离权、吕洞宾、麻衣道者、谭峭，等等，与他们匿迹山林，潜心学问，相互交流，道术日益精深，终于成为道门一代大师。

陈抟表面上忘情于山水之间，专心修炼道术，其实他胸中的政治抱负并未因此泯灭。修炼之余，他常常对着镜子中自己的影像说："陈抟啊陈抟，不要忘了你是一块好料，'天生我材必有用'，将来不当神仙就要当皇帝！"他在《隐武当山诗》中写道："万事若在手，百年聊称情。他时南面去，记得此山名。"诗中的"南面"，就是称帝之意，为此，陈抟把自己的字起为"图南"。他立志要做称雄天下的大事，而对于居于人下的事情，则不屑于一顾。

后唐时期，明宗皇帝听说他的高名，派人带着亲笔信召他进京。陈抟虽然不敢违抗君命，但在皇上面前却只作揖不下跪。满朝文武见了大惊失色，皆呼："岂有此礼！"明宗

却不嗔不怪，说："道行高深之人是可以不拘于常礼的。"将他安排在礼贤馆住下，嘱咐下人好生招待，不得怠慢。

陈抟在礼贤馆也不做什么，只是鼾睡而已。明宗三番五次想去拜访，都因为他在睡觉而没有打扰他。明宗知道他是一位异人，对他愈加敬重，几次提出想安排他担任要职，均为陈抟婉言谢绝。

丞相冯道向明宗出主意说："眼下正值三九严冬，陈抟一人独居，必然会感到寒冷空寂。陛下何不派使者带上一坛美酒，再选几位美女陪他喝酒消愁。如果陈抟能够接受，做官之事不就好办了？"

明宗听后觉得很有道理，派内侍带着一坛好酒和从宫中选出的3位美貌女送进陈抟的住所，说："皇上有旨：天气奇冷，特赐美酒一坛并美女3人，为陈先生消遣、御寒，望先生万勿推辞。"陈抟听后，除了谢过皇恩，也没再说什么，打开酒坛就喝，嘴里还一个劲地叫："好酒，好酒。"至于美女，也没有表示拒绝的意思。内侍向明宗复命后，龙颜大悦。第二天早朝完毕，即派冯丞相去宾馆请陈抟入朝，准备为他加官进爵。

冯丞相领旨前去礼贤馆，见坛中之酒早已喝得精光，房中只有3位美女，唯独没有陈抟的影子。问美女时，都说："先生只顾喝酒，喝完后倒头就睡，根本不在意我们。清晨醒来时，写了一首诗要我们转交皇上，然后甩着袖子出门走了。"

冯丞相只好带着3位美女回朝见驾。明宗一看那诗，写的是："雪为肌体玉为腮，多谢君王送得来。处士不知巫峡梦，虚劳神女下阳台。"明宗读完，叹息不已，派人四出寻找，毫无消息。

20多年后，后周世宗柴荣也曾经派人将陈抟请到宫中，询问黄老炼养之术。陈抟直言回答说："陛下富有天下，贵为四海之主，当以政治为念，为什么要留意这些修道炼丹之事呢？"世宗听了并没有表现出不高兴，仍将陈抟留在宫中住了一个多月，还要任命他为谏议大夫，陈抟坚辞不受。后来世宗看陈抟除了整天鼾睡外，也没有什么特别的能耐，还是放他回华山做道士去了。

不久，周世宗病逝，赵匡胤发动陈桥兵变，废周自立。当时陈抟骑着白骡正在去开封的途中，听到宋太祖登基的消息，高兴得从骡上掉了下来，说："天下从此可以安定了。"从那以后，他不再想要做皇帝，一门心思地修炼睡功去了。

说起陈抟与赵氏兄弟的关系，确实很不一般。当年兵荒马乱，赵氏兄弟的母亲用挑子一头挑着一个逃难，路上恰好碰到了陈抟。陈抟仔细端详挑上的两个孩子，虽然年纪还小，但仪表堂堂，看得出来今后必是统帅天下的人物，便顺嘴吟诵道："莫道当今无天子，却将天子担上挑。"嘱其母好好将兄弟俩抚养成人。

赵匡胤兄弟长大后，陈抟游长安时，又遇兄弟俩和好友赵普，十分高兴，四人相邀进到酒店畅饮。赵普无意中坐到了主座的位置，陈抟毫不客气地说："你只是紫微星座上的一颗小星，怎么能坐到主座上去？"非要他下来让赵匡胤上座。这一晚，大家推杯换盏，喝得都很尽兴。

酒店一别，陈抟虽然没有与赵氏兄弟见面，但却经常打听他们的动向。太祖登基后，曾派人请他进京，但陈抟婉转拒绝了。宋太宗赵匡义当政后，更是想念这位富有政治远见的道士朋友。一年之内竟三次派使者到华山去请他，进京后，太宗赐予金帛，陈抟不受而归。雍熙元年（984年）太宗再次请陈抟入京，对他益加礼重。当太宗十分恳切地向他请教"济世安民之术"时，陈抟提笔写了"远近轻重"4个字，并解释说："远者，远招贤士；近者，近去佞臣；轻者，轻赋万民；重者，重赏三军。"太宗听后非常高兴。

宋太宗也是一个希望长生之人，他见陈抟那么大年纪，身体还是那么硬朗，非常羡慕，当着宰相宋琪的面夸奖说："朕见他已是年近百岁之人，虽然终日不食，却依然精神矍铄，步履雍容，真正难得啊！"言外之意，宋琪自然心领神会，于是专门在中书省设宴，殷勤款待陈抟。

席间，宋琪问道："先生玄默修养，得此道术，可否赐教一二？"陈抟回答说："抟本山野之人，于时无用。所有神仙黄白之事及吐纳养生之理，自已，尚未知晓，怎能传人？"他对宋琪强调说："君臣肩负治国之任，应专心于治国安民之道。追求个人成仙，无补于世，就算你修炼成真，白日飞升，对国家又有什么好处呢？"他进一步说："现今皇上龙颜秀异，有天人之表，博达古今，深究治乱，是一位有道仁圣之主啊。诸位生逢盛世，正是君臣协心同德，兴化致治的时候，勤行修炼，无出于此，不必再去求什么神仙炼丹之术了。"

宋琪等听了陈抟这番话，无不拍手叫好。第二天太宗听过宰相的奏报，对陈抟益加叹赏，下旨赐陈抟道号"希夷先生"，赏紫衣一袭，并留在宫中住下。太宗有空时，常与陈抟谈诗论赋。陈抟本来就于诗赋十分精通，出口成章，韵律整齐，太宗自是喜欢。与此同时，太宗命人对华山云台观进行修葺扩建，待修筑告竣时，太宗又亲自书写了"华山石室"4个字作为礼物，才依依不舍地送陈抟返回华山。

太宗端拱元年（988年），陈抟让弟子贾德升在张超谷的石岩上凿石为室，室成之后，他写了一封数百字的信派人送到汴京，信中大意说："臣抟大数已终，圣朝难忘，当于本月二十二日，化形于莲花峰下张超谷中。"太宗看后，立即派人赶往华山。不过，当使者二十九日赶到时，陈抟已经死了几天。使者进到石室，见陈抟卧于石床之上，肢体柔软，面部表情栩栩如生，洞口有五色祥云遮蔽，冉冉不散。使者返报太宗，太宗赞叹不已。

由于陈抟以睡功修道，所以后人也把他称做"鼾睡神仙"。

“仙人海蟾在贝家”——刘海的由来

在民间，刘海戏金蟾的传说几乎家喻户晓，民间年画中以此为题材的吉祥画更是比比皆是。不过，历史上虽确有刘海其人，但戏蟾之事却是后人杜撰出来的。那么，刘海到底是何许人？又是如何成为道教神仙的呢？

刘海是五代宋初的道士，本名刘操，字昭远，又字宗成，又叫刘哲，字元英，燕山（今属北京市）人，曾做过辽朝进士，后来做了燕王的宰相。他“好淡性命，钦崇黄老”。一天，有位道士求见，为他讲述“清静无为之宗，金液还册之要”，然后向他要了十枚鸡蛋和十枚铜钱。道士小心翼翼地把一枚钱一枚蛋层层叠起，叠成一座宝塔的形状。刘操见后惊讶地说：“哎呀，这样太危险了！”道士表情严肃地对他说：“居荣华，履忧患，丞相之危更甚于此啊！”刘海顿时恍然大悟。据说这位道士就是八仙之一的钟离权，他是特意用累钱危卵来点化刘操的。

后梁太祖朱温封刘守光为燕王，而刘守光贪得无厌，野心勃勃，两年后竟又改称燕帝。刘操屡谏不听，遂托病挂印而去。从此，他遍访名山求道，改名刘玄英，道号“海蟾子”。后遇吕洞宾传授秘法，经过修炼，终于得道成真，隐居于终南山、太华山一带。

刘操当了道士后，人们大多叫他的道号刘海蟾，后来越叫越响，本名反而渐渐被人淡忘了。再后来，有人又将“刘海蟾”三个字拆开，称其名刘海，剩下的“蟾”字很容易让人想起蟾蜍，所以，渐渐地又被讹传为“刘海戏蟾”了。

关于刘海戏蟾的传闻或故事不少。苏州有个富商贝宏文，一生乐善好施。康熙年间，一个自称阿保的男子找上门来自荐当佣人。贝宏文见他身强力壮，为人厚道，就收留了他。阿保干活很卖力气，而且从不收工钱，有时一连几天不吃饭，也不见他说饿。尤其让主人诧异的是，硬梆梆的陶瓷在他手中竟像羊肚儿一样柔软，刷洗尿壶时，能翻出壶里，冲洗完后再翻回来，尿壶却完好无损。

元宵节时，贝宏文让阿保抱小主人上街观灯，半夜不见归来，一家人急得团团乱转，直到三更，阿保才抱着小主人回家。主人埋怨阿保不该这么晚才回来，让人焦急。阿保解释说："这儿的灯会不热闹，我带小主人到福建省城去了，那里的灯才真正漂亮，人山人海，热闹得很。"主人听了，以为他在瞎编，哪里肯信，直到小主人从怀中掏出一把鲜荔枝来让父母品尝，大家才相信阿保不是凡人。

后来，阿保从井里打水时竟然打上来一只长着三条腿的大蟾蜍，他用彩绳把蟾蜍拴起来，背在肩上，高兴得像个孩子似的，逢人就说："这东西要让它跑了，一年也找不回来，今天我终于捉住它了！"后来村里人都传说："仙人刘海蟾就在贝家。"这一说不要紧，一传十，十传百，结果十里八乡全知道了，都跑到贝家来看神仙，结果挤得庭院内外甚至街道水泄不通。这时人们忽然发现，阿保身上背着金蟾，拱手向主人道别，然后从庭院中冉冉升起，飘然而去。

有意思的是，刘操当道士时已是50多岁的老人了，而在民间传说的刘海戏金蟾的年画上，他还是个胖乎乎的小男孩，穿红披绿，笑逐颜开，手中执一串金钱，翩翩舞动，似叮当有声。画面上还有一只跳跃的金蟾，以及喜蜘蛛、荷花、梅花等，一派欢天喜地、富裕康乐的气象。刘海还常常和天官、财神、和合二仙、麒麟送子、状元及第等吉庆画合绘在一起，反映了民间百姓祈祝吉祥、富贵、和美、安乐的心理。

王重阳创立全真教——重阳子的由来

王重阳，咸阳（今陕西）人，原名中孚，字允卿，又名世雄，字德威，入道后改名王喆，字知明，道号重阳子，人们习惯叫他王重阳。王重阳出生于一个家业丰厚的庶族地主家族。据说他的母亲感异而孕，怀胎24个月才生。他自幼聪颖好学，孤傲不群，20多岁时，已经是个美髯及胸，形质魁伟，臂力过人，任性而仗义的英俊青年了。"靖康之耻"后，王重阳也和当时一般出身庶族地主的士人一样，转而投靠金廷。他虽然精通经史，却生不逢时，早年应礼部之考以求取功名富贵，不想名落孙山，后来又去考武举，虽然中了甲科，但也只能当当吏员之类小官，再升迁的希望不大，心情十分痛苦，常常对镜叹息："孔子四十而不惑，孟子四十不动心，王某我如今也是四十多岁的人了，依然碌碌无为，功不成名不就，实在无用啊！"从此，他一改过去不拘小节、尚义好侠之风，变得沉默寡言，开始苦苦思索自己的前途。

金熙宗皇统八年（1148年），就在王重阳感到前途渺茫之时，他听说卫州道士萧抱珍因创立"太一教"名扬天下，受到朝廷召见，皇帝也对他礼敬有加。"一石激起千重

浪”，这个消息深深地刺痛着报国无门的王重阳的心，从此他变得更加沉郁，整天痴痴地，两眼直勾勾地望着天空一动不动。村里人看到他那副呆痴痴的样子，一个人成天在大街上踯躅，以为他疯了，都叫他“王害风（疯子）”。

金大定元年（1161年），几乎同样的消息又一次深深地撞击着王重阳的心，沧州道士刘德仁兼取儒佛两家思想创立的“大道教”同样受到金廷的重视，世宗亲自接见他并诏其居京城天长观。太一道、大道教相继创立的消息，对王重阳来说，无疑都是极大的刺激，但更像茫茫黑夜中的一道闪电，点燃了胸中的希望。

经过深思熟虑，他毅然抛弃妻儿离家出走，云游流浪，靠一路乞讨来到真仙高道辈出的终南山，在山环水抱的南时村外僻静之处造了一间茅庵，起名“活死人墓”，开始在此穴居修行。他在室内垒起几尺高的封土，下面挖一丈多深的墓穴，墓前立了一块牌子，上书“王害风灵位”。从此，王重阳无拘无束，自称“王害风”“活死人”，整天蓬头垢面，放浪形骸。白天，他提着铁罐一边乞食，一边信口唱着自己编写的《悟真歌》。

他的行为引得一班市井之徒成天跟着他到处起哄。

也许是觉得这里的修炼环境不够安静，也许是乞讨所得不能果腹，两年后，王重阳填埋了“活死人墓”，迁到刘蒋村盖茅庵继续修炼。他除了外出乞食，不论白天黑夜，都在冥思苦索，从魏晋隋唐以来的外丹修炼到钟离权、吕洞宾开创的两宋内丹道派；从刘德仁的大道教到“三教合一”的发展趋势，经过整整7年的苦苦思索，终于悟明一个道理：不论是儒教的言“理”，禅宗的明“性”，还是道教的修“命”，归根结底都是“道德性命之学”，都离不开“大道”。因此，他要走前人没有走过的路，创立一种融会贯通三教的“性命之道”即“全真道”。为了保全作为人性命之根本的精、气、神三要素，他汲取了佛教的爱染缘起说，主张克己忍辱、清修自苦的禁欲苦行精神和严执教规的教风。为此，他改名王喆，号重阳子，“重阳”之意，就是去掉一切阴气而免于生死之轮回，追求个人精神的解脱。

传说，一天王重阳手里提一把酒壶站在路旁，逍遥自得地边喝边晒着太阳，一位头上扎着双髻的道士远远向他招手喊道：“疯子，疯子，拿你酒来。”王重阳听了，把酒壶递去，道士接过一饮而尽，又叫他用空壶去河中汲水来饮。王重阳打来水一尝，怪，竟是仙界佳酿！那道士笑眯眯地对他说：“你猜我是谁？我就是仙人刘海蟾。”说完哈哈大笑，飘然而去。后来，王重阳逢人就说，他在甘河镇一个小酒铺内遇到两位仙人化身点化，授他修炼的秘诀，二仙就是钟离权和吕洞宾。王重阳说，二仙传授的道法由太上老君所创，经西王母传白云上真，白云上真传王玄甫，王玄甫传钟离权，钟离权又传吕洞宾和刘海蟾，所以，吕洞宾是师父，刘海蟾是师叔。

金大定七年（1167年），王重阳说，师父吕洞宾告诉他：“你已经得道，可以去东海投谭捉马了。”于是他一把火烧掉了茅庵，围着大火手舞足蹈，对前来围观的乡邻说：“我到东海捉马去，我到东海捉马去！”从此开始了创教收徒的生涯。

王重阳离开陕西时已经五十有六。他风餐露宿，一路东行。一日路过河南北邙山，见

山峦重叠，林木葱郁，花开满坡，鸟鸣幽谷，果然修真炼道之地。进得上清宫，见灵宝天尊端坐其上，慈眉善目，正静静地注视着自己，想想此行的目的，一种使命感油然而生。

到了山东，王重阳相继在文登、宁海、登州、莱州等地传教，很快赢得了信众。他第一个度化的弟子马钰出身地方大族，一表人材，重义轻财，很有人缘，人称“马半州”。一天，马钰与友人畅饮，酒酣题诗，其中最后一句为：“醉中却有那人扶。”几日后，一个道士来找他，马钰问：“先生从何而来？”道士答：“贫道来自终南山，特来扶醉中人也。”众人听了都很惊异。马钰递过西瓜请道士吃，道士先吃瓜蒂，然后再吃瓜瓤。马钰怪问其故，答道：“苦尽甘自来。”又问其名，回答：“王害风。”马钰又问：“何名为道？”道士说：“五行不到处，父母未生前。”马钰知道遇见了异人，便请到家中，以师礼待之。马钰告诉王重阳，他曾梦见仙鹤从家中南园地中涌出，遂建了庵堂，请王重阳在此居住。后来王重阳将此处命名为“全真堂”，全真教的名字由此而始，凡人道者都被称为“全真道士”。以后马钰抛弃了万贯家产，与妻子孙不二一起皈依全真教，双双成了王重阳的弟子。

不久，又有一位宁海人谭玉归到王重阳门下。谭玉为人慷慨重孝义，后因中风瘫痪，投医问药均无好转，听说王重阳道行高深，便拄杖前来求治。夜晚天寒地冻，屋内无火，王重阳伸出脚，让谭玉抱在怀里，一会儿便觉暑热难当，身上大汗淋漓。等到下床，谭玉不仅腿疾好了，而且四体轻捷，奔走如飞。谭玉心悦诚服，遂拜王重阳为师，改名谭处端，号长真子。王重阳收了马、谭二人，正应了吕洞宾所说的“投谭捉马”。

当地还有一个郝大通，厌恶仕途，精通《易》理，擅长卜卦占巫之术。一天，他在集市上给人算命，王重阳来到他的卦摊前，背对他坐下。郝大通说：“先生如算命，请回过头来容我一看。”王重阳道：“你为何不回头？”说完起身离去，郝大通听了这句话，心中猛然一震，赶快收了卦摊追上去，一直追到马钰家的全真庵。经王重阳一番指点，郝大通终于大彻大悟，拜重阳为师，改名郝磷，号恬然子。

此后，王重阳又陆续收了刘处玄、丘处机、王处一等人，世称“全真七子”。王重阳对弟子们说，所谓“全真”，就是“全其本真”，即保全作为人性命之根本的精气神三要素，使其不受污损。他进一步解释说：“人的真心真性本来清静无染，但世人皆被后天的物欲所迷惑，不识自心真性，因而流转生死苦海，不得解脱。修行者若能在心地上做功夫，对境忘缘，澄心静虑，一念回光，识得自身真性，保持不乱，便可证得无形无相的法身，使精神超越生死之外。”

金世宗大定十年（1170年），王重阳把马钰、刘处玄、谭处端和丘处机四人召到榻前，说：“你们都已经得道了，我再也没有什么负担，可以放心去见你们的师祖了。”马钰等听他这么一说，立刻领悟到师父不久人世，不禁嚎啕痛哭。王重阳睁眼看着他们说：“不要如此，你等均是得道之人，还不悟此？”说完溘然长逝，享年58岁。马钰等将师父灵柩送回陕西，葬于刘蒋村茅庵故址，结庐守墓3年，然后四方传道，使王重阳开创的全真道盛极一时。后来，元世祖知道了王重阳开创全真道的事迹，特封他为“重阳全真开化

真君”，元武宗又加封他为“重阳全真开化辅极帝君”。

马钰的传说——丹阳子的由来

马钰（1123～1183年）是王重阳的大弟子，山东宁海人，系汉代伏波将军马援的后代，五代时因兵乱从陕西扶风迁于宁海，世代皆是饱学的儒士。父亲马师扬，共生有5个儿子，分别以仁、义、礼、智、信的顺序起名，马钰排行第二，原名马义。据说母亲怀他时梦见女仙麻姑赐金丹一粒，吞服后不久便觉下腹沉重，继而分娩。马钰生下来浑身发红，7日后才消退，两拳紧握，百天后才松开。也许是缘分吧，马钰小时候就常常说些“乘云驾鹤”之类的话，连做梦都是从道登天。长大后，马钰满腹经纶，喜好赋诗饮酒，整日陶陶自乐而不屑于人间功名利禄之事。

一天夜里，马钰梦见两个身着黑衣的男子，其中一个双肩补着白色的补丁，跪在他的面前哭诉道：“先生救我，我等十多万人的性命全操在先生手中。”说完匆匆跑进巷内一个名叫刘清的屠户家中。马钰进到刘家，见猪圈的墙上写有几行字：“我辈己亥十万人，大半已经辛巳杀，此门若是不慈悲，世世轴兴常厮抹。”梦到此时，耳中传来一阵凄厉的猪叫声将他惊醒，赶紧披衣起视，看到刘清的小儿子正绑着两头黑猪，其中一头双肩发白的已被宰杀，这才恍然大悟：“己亥”者，猪也，至于“辛巳”，不正是屠户刘清出生的年份吗？

自从做了这个梦，马钰一直心情沉郁，莫非是不祥之兆？于是到集市上找来善于占卜的孙子元，请他为自己算上一卦。孙子元仔细地询问了生辰八字，又在心中默默算计了许久才对他说：“依我算来，你的寿数只有49岁。”这一说，把马钰惊出一身冷汗，头脑也清醒了许多：“果然生死不由人啊！”从此在家中建了道馆，有意结交有道之士，以便学习长生久视之术。

金世宗大定七年（1167年），马钰与友人同游怡老亭，其时春光明媚，莺啼燕语，几人心情极好，一个个喝得东倒西歪，走起路来如腾云驾雾一般。马钰一时兴起，写了一首诗：“抱元守一是功夫，懒汉如今一也无。终日衔杯畅思神，醉中却有那人扶。”当时大家都不解他诗中的意思。不久王重阳到这里，告诉他：“贫道来自三千里外的终南山，特来扶醉中人，只因你我有仙缘也。”于是马钰将他请到家中，谈道论玄，十分投机，遂与妻子孙不二双双拜王重阳为师，并将在曾经梦见仙鹤涌出之处所建的庵堂腾出供师父居住，起名“全真堂”。后来王重阳将马义改名为马钰，字玄宝，道号“丹阳子”，孙不二为“清净散人”。

说起王重阳的全真道，其修炼的方式与过去道教的修炼法完全不同。过去不论炼内丹还是炼外丹，均不忌荤酒，可以娶妻。而全真道则不然，要修炼就必须出家，严格遵守清规戒律，不娶妻室，不沾荤腥。

一日，王重阳对马钰说，自已要在全真堂内修炼百日，每日只须送一次食物即可。当时正值隆冬，狂风呼啸，大雪纷飞，气候非常寒冷，寒风常常透过缝隙灌入室内，除了一床薄被、一席草垫以及笔砚外，里面没有其他物品，但王重阳在内却如沐春风，自在得很，看不出有丝毫寒冷的感觉。开始修炼的当天，王重阳送出一个梨让马钰吃掉，以后每6天送芋头、板栗各6枚出来，并随日期的变化不断更改赠送的数量。后来又送出一只梨来，让马钰夫妇一分为二，各食一半。马钰很是纳闷，不知师父葫芦里卖的什么药。有人为他破解说：“芋者，遇也。栗、梨者，离也。意思是说，遇则离，只有你与乡里和亲人分离，修炼才能达到无所不离的境界。”马钰由此大彻大悟，待师父修炼完毕，他将家产悉数赠送他人，并一纸休书与孙不二离了婚，过上了无牵无挂的行乞修炼生涯。孙不二则在家中继续修炼。

后来马钰随师父到烟霞洞修炼。马钰本是富家子弟，虽说有志于道，但一时半载哪能经得住全真道清苦寂寞的修炼生活？一天，马钰大叫头痛，痛得双手抱头在地上乱滚。王重阳见状，也不说什么，只是让他下山治病。下山以后，马钰真有一种挣脱枷锁得自由的感觉，不免又有贪杯之举。一天，小徒弟回来向王重阳汇报，说马钰下山后不守道规。王重阳询问详情。小徒弟说：“昨晚我见马师兄喝酒，劝他要遵从师父的教诲，不能喝。师兄却骂我不懂，说那是服药的酒引，结果喝得酩酊大醉，头痛更厉害了。”王重阳派人去看，回报说：“不得了啦！马师兄快死了。”王重阳听后，笑着说：“其实是我看他修炼三心二意，故意放他下山的，果然不出所料，一下山就犯老毛病。”遂亲自制作符水为马钰治疗。王重阳以此为例，谆谆教诲门徒说：“要想修炼成真，就必须记住下面几句话：断除酒色财气，攀缘爱念，忧愁思虑，苦炼积功，苦行济世。如此才能超凡人圣。否则，就是炼出金丹来，也没有什么用。”

从此，马钰断绝一切杂念，一心一意苦修，每日乞食一钵面，誓死赤足，夏不饮水，冬不向火，成为王重阳的得意弟子。王重阳死后，马钰成为全真教的掌门人，并在此基础上，创立了遇仙派。

谭处端的传说——长真子的由来

谭处端（1123~1185年），字通正，山东宁海人，家境虽然富裕，但其父把金钱看得很淡，乐善好施，故而得子。处端生来骨相不凡，头发茂密漆黑，声音洪亮。6岁那年与小朋友在井台玩耍，不小心失足滑落井中。向下望去，黑洞洞看不见底，小朋友吓坏了，大声呼救。待大人闻讯赶来时，谭处端正坐于水面之上，安然无恙，救出来后，身上没有任何伤痕。一日夜间，全家人正在熟睡，忽然厨房失火。月黑风高，火借风势，整个院落如同一片火海。一时间，你呼我喊，又是救人，又是抢物，不知如何是好。其时谭处端正在床上鼾睡，一根横梁烧断后轰然落在床前，他也浑然不知。等来人将他唤醒后，面对熊熊大火，谭处端神情自若，毫无惊慌之色。10岁时，父母指着葡萄架令他作诗，谭处端不假思索便吟道："一朝行上青龙架，见者人人仰面看。"大家都说这孩子不简单，少有大志，水火不能侵，将来必是有道之士。

谭处端长大后以孝义见称，博学多才，尤其擅长草隶等书法。有一次，他与朋友聚会，饮酒作诗，很是得意，由于喝得太多，半夜里高一脚低一脚地往家走，一阵寒风袭来，酒老爷当家，倒地就睡。这一夜风雪大作，谭处端从此落下风痹之疾，两腿强直麻木，不能动弹，到处寻医问药也不见好转，全靠两根拐杖支撑着走路。他为此十分伤感，常常以手捶打着麻木的双腿说："我谭某平素好事没有少做，为什么年纪轻轻地落下这样的毛病，太不公道了！"后来想想，怨天尤人不是办法，药石既不能医，便每日暗诵《北斗经》，希冀有神灵相助，使腿疾康复如初。一天晚上，谭处端念着念着就睡着了，恍惚中见空中一张大席横贯，想爬上去休息，抬头看时，却见北斗星君端坐其上，于是忙不迭地向星君叩首礼拜。梦醒后心中隐隐有所觉悟，由此萌生入道修炼的想法。

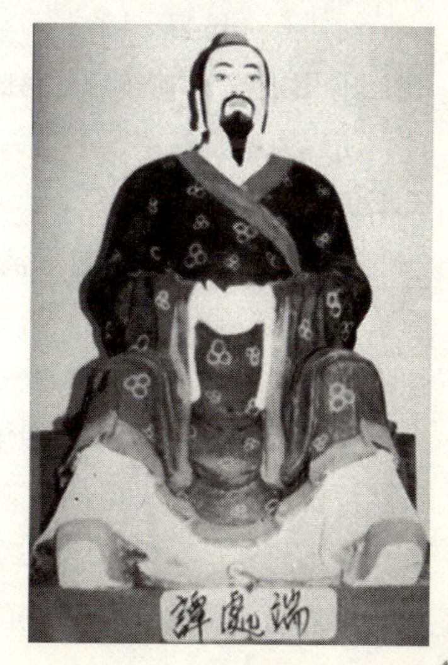

金世宗大定七年（1167年），谭处端听说终南山高道王重阳来海宁收徒传授全真道，便拄着拐杖寻至马钰家中，请求王重阳收其为徒。王重阳为考验他，故意不理不睬，让他吃上一回闭门羹。时值三九隆冬，寒冷无比，谭处端并不气馁，独立于风雪之中。夜半时分，狂风大作，忽然"咣当"一声把庵门撞开，王重阳认为时机已到，遂将其迎入庵内。谭处端在外，早已冻得浑身哆嗦，几乎失去知觉，王重阳伸腿让他抱于怀中，一会就感到浑身暖烘烘，汗流浃背，像置身蒸笼一样。天亮时，王重阳漱洗完毕让他就着水洗脸，一个月后，腿疾竟然好了，从此谭处端对师父心悦诚服。处端原名谭玉，自拜王重阳为师，王重阳遂改其名为“处端”，道号“长真子”。谭妻严氏见丈夫一个多月不归，担心他出事，寻到全真庵外大嚷：“谭玉回家！”弄得谭处端火冒三丈，说什么：“家庭是牢狱，儿女是债主，夫妻恩爱是金枷玉锁。”当场将她休了，从此家也不要，一心一意跟了王重阳。一天，谭处端在磁州行乞，冷不防一个狂徒跑到他的面前猛地一击，打掉了他几颗牙齿，鲜血直流，旁边的人看不过去，纷纷指责那人，鼓动谭处端以牙还牙，也揍他个鼻青脸肿，然而谭处端不仅不还手，还面带微笑地向路人作揖道：“谢谢诸位教诲。冤冤相报何时了，让人一步天地宽。”身在外地的王重阳听说后高兴地说：“这一拳打得好，打消了他平生的孽缘。”一次谭处端有事路过高唐县，在吴六的茶馆喝茶，临走时让吴六拿来笔和纸，为其写下“龟蛇”二字，嘱其将字挂于门外，他对吴六说：“依贫道之测，此处日后当有火灾，这两个字可保你家免受祝融之祸。”果然几天后邻居家失火，周围馆舍全烧得精光，唯有吴六家茶馆得以幸免。

王重阳死后，谭处端与马钰、丘处机、刘处玄3人将遗体护送回陕西，葬于刘蒋村祖庵西隅。其后，谭处端云游于关东、洛阳一带，严守教规，乞食传道。马钰去世后，他继承掌门之位，创立了全真道南无派。

刘处玄的传说——长生子的由来

刘处玄（1147~1203年），全真道随山派开创者，字通妙，莱州（今山东）武官人。祖上好积阴德，体恤鳏寡孤独，将家中80多顷良田赠与龙兴古刹作僧众生活之资。宋太宗时，朝廷为褒奖刘家，下令免除其租征。刘家后世出了像刘处玄这样的得道者，也算是苍天不负好心人吧。

刘处玄自幼聪慧，喜好清静无为之道，讨厌奢侈虚荣。他对寡母特别孝顺，为了照顾母亲，决不做官，也不婚娶。虽然几次萌生外出寻仙访道的念头，但每当看到母亲那慈爱顾盼的眼神，就不忍心将她一人丢在家中，于是始终没有出行。

金世宗大定九年（1169年）春天，刘处玄在隔壁邻居墙上发现一首诗，书法遒劲，虽然没留作者姓名，但从墨迹判断，好像刚写不久，最后两句是：“武官养性真仙地，须有长生不死人。”内容隐隐透出的神仙之气，令刘处玄赞叹不已。这年九月，王重阳带马钰、谭处端等门徒到武官传道。刘处玄听说，手执香火站在路边迎接。王重阳面带微笑地

问他“邻居墙上题的那首诗看到了吧？”刘处玄这才醒悟，原来王重阳就是自己多年苦苦寻觅的神仙，从此拜王重阳为师，刻骨效盟，唯命是从。王重阳也很喜欢这位腿脚勤快、修炼专一的弟子，写诗称赞他说：“钓罢归来又见鳌，已知有分列仙曹。鸣榔相唤知予意，跃出洪波万丈高。”并取墙上所写之诗的意思，为刘处玄取道号“长生子”。

王重阳去世后，刘处玄与马钰、丘处机、谭处端三人将师父遗体护送回终南山，安葬完毕，各奔一方收徒继续传播全真道。刘处玄独自一人来到洛阳乞食修炼，他遵循王重阳的教诲，除情去欲，忍耻含垢，安贫乐贱，苦己利人，每日炼性于鱼龙混杂的人流，养素于繁华热闹的都市，不论笙管弦乐的诱惑还是烟花柳巷的招摇，都不能动摇他的信念，能讨到饭就吃，讨不到也不埋怨于人。别人问话，也不直接回答，只是用手势表达意思，没人搭理他，便独自一人默默无言。经过一番苦炼，他终于悟得全真道的真谛。

几年后，刘处玄回到阔别多年的家乡，他长跪于慈母面前，望着母亲头上的斑斑白发和苍老的面容，悲喜交集，母子俩禁不住相拥而泣。他按王重阳在终南山修炼庵堂的样式，在家宅的北面建了道观，并亲手在四周种植了青松翠柏，起名灵虚堂。

一天，刘处玄正向门徒传授如何通过“澄心遣欲”的实践达到“识心见性”的真境，讲者滔滔不绝，听者津津有味，突然，“嘭”的一声，大门被官府差役一脚踹开，进来后不问青红皂白将刘处玄铐起来就走。弟子们见师父无端被捕，心中愤愤不平，挡住差役不让出去。刘处玄倒是不急不忙，平心静气地叫弟子们让开，说：“清者自清，浊者自浊，不必为我担忧。”后来才知道，拘捕他的原因是有人诬告他杀人，为此刘处玄在牢狱中整整蹲了一百天。后来杀人者出来自首，刘处玄冤狱得以昭雪，才被放了出来。

金章宗承安三年（1198年），金章宗听说刘处玄道行高深，专门遣派使者将他迎接至宫中，尊称“刘神仙”，待若上宾，赐名“修真”。臣子们见皇上如此诚恳，自然也不敢怠慢，一时间，造访者络绎不绝，门庭若市，竟使刘处玄应接不暇，由此引发了朝野的崇道热潮。第二年三月，刘处玄提出要回武官修炼，章宗不好勉强，准其回归。马钰、谭处端相继去世后，刘处玄又成了全真教的新掌门人。

王处一九年修道——玉阳子的由来

王处一（1142~1217年）是海宁东牟（今山东）人，道号“玉阳子”，全真道嵛山派的创立者。母亲周氏，怀孕时梦见红霞绕身，惊醒后生下了他。7岁那年，王处一跟小朋友玩得好好的，突然两眼一翻，口吐白沫，倒地身亡，家里人一见，被这飞来的横祸吓坏了。母亲更是哭得昏天黑地，寻死觅活，巴不得跟了宝贝儿子一块去死。后来不知怎的，王处一慢慢睁开眼睛，又活了过来。据说，有一天，王处一上山，见一位老人坐在大石头上，自称“玄庭宫主”，用手抚摸着他的脑袋说：“你长大后会成为一代教主，弘扬我全真之道。”回来以后，王处一变得神经兮兮，整天光着脚丫，敞着个衣服在大街上又唱又跳，有人说他得了神经病，也有人说他没什么病。从那以后，王处一和他的母亲便开始信奉道教。金世宗大定八年（1168年），王重阳到此传播全真教时，王处一和母亲都拜他为师，王重阳为他改了现在的名字，赐道号“玉阳子”，后随王重阳上昆嵛山烟霞洞修炼。他的母亲入道后改名“德清”，道号“玄靖散人”。

山上修炼的日子确实艰苦。全真道是贯通儒、佛、道三教的“性命之道”，主张苦炼积功，苦行济世，要求道徒们自甘勤苦，安贫守贱。不过王处一并不在意这些，始终保持着乐观的心态。后来师徒们隐居云光洞，这里的环境更加险峻，山峦叠嶂，危崖如削，从洞口看下去，山崖下是一道深不可测的山沟，多看一眼就会感到头晕目眩。王处一却经常跪立在洞口的砂石上，直至膝盖磨烂见骨，也一动不动。他还常常赤脚往来于山间的砾石荆棘之中，鲜血淋漓也不止息，见者无不为之动容，称赞他是“铁脚大仙”。

王处一在云光洞苦修9年，终于经受住了考验，炼出了真功夫，据民间传说能入火而不焦，入水而不濡，度人逐鬼，出神入梦，在全真七子中以神异著称。据说王处一应召进京时，看到玉虚观的水洞前有一块大石凌空悬挂，十分危险，人们路过时战战兢兢，生怕什么时候落下来砸在自己头上。为此道观派工匠上去把它凿掉，然而想不到的是，那块石头竟然坚硬无比，几天时间过去，只凿了一点点。王处一看了，笑着说：“这样的事岂是工匠们能干得了的？”说完走到悬石下面，用手轻轻拍击三下，随后就听得轰隆隆的巨响，大石应声倒塌，把在场的人看得目瞪口呆。

金朝统治者看到全真道的社会影响越来越大，便想利用全真道加强对居住在北方的汉民族的思想控制。大定二十七年（1187年），色欲过度的金世宗召王处一至京城，向他询问养生和治国之道，王处一要他“保精以养神，恭己以无为”，以此得到世宗的嘉许。第二年，世宗又召丘处机进京，并多次接见，不过问的都是养生之道，丘处机则告以“抑情寡欲，养气颐神”，世宗听后非常高兴，对王、丘二人愈发敬重。

大定二十八年（1188年），世宗再次召见王处一，不过等他赶到京城时世宗已经去世。继位的章宗依然对王处一非常客气，留他作事，为世宗祈冥福。没过多久，章宗想试试王处一究竟有多大本事，就故意说一些朝廷中的机密事项来询问他。没想到王处一有问必答，每问必中。章宗非常诧异，问道：“先生何以如此神算？”王处一说：“贫道何来神算？不过瞎猫碰着死老鼠罢了。”承安二年（1197年），金章宗又一次召见王处一时，赐号“体玄大师”。

头顶石塔苦修六年的郝大通——广宁子的由来

全真七子中，郝大通（1140～1212年）的苦行是出了名的。其实郝大通出身并不贫穷，他家道殷实，是海宁的首富。他的哥哥郝俊彦中过进士，当过朝列大夫、昌邑县令。

郝大通，字太古，少年丧父，对母亲极为孝顺，他禀赋颖异，特别喜欢读《易经》《道德经》之类的书籍，很小就流露脱尘出世的想法，据说他曾梦见神人传授《周易秘义》，从此通晓阴阳之术，为人占卜算卦，十分灵验。

王重阳到海宁传道时，见他言语不凡，仙质可度，来到卦摊前故意将背朝着他，郝大通见状，问：“先生莫非是来算卦的？请回头向着我。”王重阳说：“你为什么不回头？”一句话如重掌击背，使郝大通猛然警醒，于是找到王重阳住所，要拜王重阳为师，只是当时放不下年迈的母亲，没有入道。第二年郝大通将母亲安顿好后，随王重阳上昆嵛山烟霞洞修炼，正式成为全真道的弟子，王重阳拿出一件千补百纳的破衣裳，扯掉双袖给他，说：“勿患无袖，汝当自成。”并为他起名郝璘，道号“恬然子”。

一次，郝大通提着瓦罐外出乞食，不小心碰在路边的石柱上，瓦罐击得粉碎，很是懊悔，王重阳知道了，重新送他一个罐子，并教诲他说，全真道修炼是十分艰苦的事情，入道就要有吃苦的准备。要做到“涧饮谷食，耐辛苦寒暑，坚忍人之所不能堪，力行人之所不能守”。

后来王重阳带马、谭、丘、刘四徒西行，郝大通与王处一前往查山继续修炼传道。

第二年听说师父在开封病逝，四位师兄弟护送灵柩去了终南山，于是追随前去，要与四位师兄弟一起为师父守墓。谭处端用言语激励他说："弘扬全真大道，不应只是跟在别人后面亦步亦趋，每个人都应通过努力去开辟一片新天地，才是对师父最好的纪念。"传说郝大通辞别师兄弟独自一人上岐山，再次遇到神人传授秘法，从此能预知过去未来之事，神人又授其道号"广宁子"。

据说金世宗大定十五年（1175年），郝大通来到沃州，盘腿端坐于沃州桥下修行"不语戒"，修炼入定的功夫。夏天酷暑难捱不说，大雨后河水暴涨，淹到他打坐的地方，郝大通毫不在意，一动不动；十冬腊月，滴水成冰，大雪纷飞，把他的半个身子都掩埋起来，远远看去像个雪人似的，但他还是一动不动。有人看他可怜，送他残汤剩羹他就吃，没人给也无所谓。一群顽童见他成天打坐一动不动，故意戏弄他，找来些砖石在他头上堆了一座石塔，想不到郝大通在这里一坐就是六年，连石塔上的一块石头都没有碰掉。他哥哥郝俊彦的二女儿从昌邑嫁给真定的郭长倩，一天，夫妻二人路过沃州，听说叔叔在桥下修炼，生活极为艰苦，于是专门到桥下看望郝大通。侄女见叔叔头上顶着石塔，破衣烂裳，像个乞丐似的，全靠路人施舍度日，很是心疼，专门买来食品和衣物，劝说叔叔回家。郝大通两腿盘坐，一句话不说，甚至连微闭的双眼都没睁开一下，像根本就不认识她似的。侄女见劝说无用，百般无奈，只好抹着眼泪，在夫君搀扶下三步一回头地走了。就这样，郝大通在桥下顶着石塔整整苦修了6年。这样严酷的肉体和精神的磨砺，不是一般人所能承受得了的。

后来，郝大通一直在民间传教，深受信徒的崇拜，收了许多弟子，创立了全真道的华山派。

孙不二的传说——清静散人的由来

孙不二（1119~1182年）原名孙富春，是全真七子中唯一的女性，全真教清静派的创立者。据说她的母亲曾梦见7只仙鹤在院庭中翩翩起舞，其中一只飞入腹中从而怀孕生下了她。

孙不二是宁海豪族孙忠翊的小女儿，自幼温柔贤淑、聪明伶俐，甚懂礼法，对儒家经

典、诸子百家之说多有涉猎，写得一手好字，能即兴吟诗赋词，是当地小有名气的才女。传说，孙忠翊上昆嵛山拜访道士李无梦，李无梦当时正在为几次炼丹不成感到烦恼，梦中曾有神仙对他说："如有仙人降临则丹可成。"孙、李二人正在丹炉前说话，忽见马钰与一伙朋友有说有笑路过于此，李无梦见了，称赞马钰说："身体堂堂面圆耳长，眉秀目俊，鼻直口方，一副神仙的模样啊！"马钰走后不久，仙丹果然就炼出来了。说者无心，听者有意。后来孙忠翊主动到马家提亲，把孙不二嫁给马钰为妻，俩口子相敬如宾，婚后生有3子：庭珍、庭瑞和庭圭。

王重阳到宁海传道，就住在马钰家，马钰专门将南院建的庵堂让出供其修炼传道。夫妻俩对王重阳十分敬重，想拜他为师，加入道教。不过按照王重阳立下的道规，凡人全真道者，必须做到不娶妻室，不沾荤腥。因此王重阳利用闭门修炼的时机，以送芋、梨给马钰为由，暗示夫妇二人早日跳出家庭的樊笼，断绝夫妻恩爱的枷锁。他还画了一副骷髅图送给孙不二夫妇，题诗云："堪笑人人忧里愁，我今须画一骷髅，生前只会贪冤业，不到如斯不肯休。"马钰见诗，深受启发，一纸休书与孙不二断绝了夫妻关系，一门心思追随王重阳修炼。孙不二则因儿女拖累还有些犹豫。两年后，孙不二安顿好儿女，也毅然随王重阳出家，王重阳则写诗称赞她："分梨十化是前年，天与佳期本自然，为甚当初不出离，原来只待结金莲。"遂赐法名"不二"，道号"清静散人"。当时孙不二51岁。

多年后，听到王重阳去世的消息后，孙不二决定赶至陕西为师父送行以尽师徒之礼。一个女人家，千里迢迢，穿云度月，卧冰眠霜，确实不容易。当孙不二历尽千辛万苦来到陕西时，面容苍老瘦削已如八十老妇，别人都认不出她来了。大定十五年（1175年）夏天，孙不二在长安城赵蓬莱家中见到马钰。昔日的恩爱夫妻，为了传播全真道，不得不忍痛分离，天各一方。如今谈起这些年来所经受的种种磨难，真是别有一番滋味在心头。别离时，马钰填了一阕《炼丹砂词》，以鼓励她坚定修炼的决心。后来孙不二来到洛阳，结庐修炼，创立了全真道的清静派，前来拜她为师的弟子不少。

金大定二十二年（1182年）腊月二十九，孙不二沐浴更衣端坐，向弟子要来文房四宝，将纸铺在面前，不假思索，提笔作词《卜算子》一首："握固披云候，水火频交媾，万道霞光海底生，一撞三关透。仙乐频频奏，常饮醍醐酒，妙药都来顷刻间，九转丹砂就。"她搁下笔对弟子说："我要追随祖师去了，你们要好好修炼，不可有一时懈怠。"说完盘腿端坐而化。

孙不二仙逝时，马钰在海宁，一日忽闻仙乐悠悠，彩霞满天，孙不二站立彩云之上，面带微笑对着他说："我先到蓬莱仙岛去了。"说完，乘着彩云慢慢向东飘逝而去。马

钰知道孙不二已经先于自己修炼成仙，心里十分高兴，一边唱着《醉仙令》，一边手舞足蹈。弟子见了，问师父何以高兴至此？马钰说：“这可不是一般的喜事，因为孙仙姑今天成仙去了。”

丘处机振兴全真教——丘真人的由来

在《西游记》中，辅佐玉皇大帝的众多神仙里，有四位经常在灵霄宝殿上值班的神仙——张、葛、许、丘四天师。这四位天师其实都是历史上的真实人物。其中丘天师就是指全真七子之一的丘处机。

丘处机（1148～1227年），字通密，登州栖霞（今山东）人，是全真七子中最年轻，也是最有作为的一位。虽为农家子弟，但却与众不同：“敏而强记，博而高才，眉宇闲旷，举措祥雅。”一位善相者为他看相后曾对他说：“你脚掌下有龟文，将来必是帝王之师。”

丘处机父母早丧，由兄嫂抚养成人，读了几年书，但无心功名，常独坐终日，似有所思。兄嫂屡劝他读书求功名，他坚辞不肯，他说：“人生在世，终日争名夺利，贪妻恋子，死期一到，万事皆空。人人都以为荣华富贵就是现实的享受，在我看来，不过是浮云朝露罢了。”

丘处机虽然不慕人间荣华富贵，对道门生活却十分感兴趣。因此，很早便辞别兄嫂去昆嵛山隐居修行。大定七年（1167年），王重阳到宁海传布全真道，名噪一时，所到之处人集如云。丘处机慕名前去，想拜王重阳为师。王重阳一见丘处机，就从内心喜欢上了这个年轻的小伙子，认为今后必是振兴全真道的大材。只是他所修的道法与自己的全真道不同，决定先考验考验再说。丘处机既然决心已下，自然不会令王重阳失望，于是王重阳正式收他为徒。王重阳告诉他，全真教与其他道派不同，是倡导三教合一，以“太上为祖，释迦为宗，夫子为科牌”的新道派。入道，就必须克己忍辱，禁欲自苦，只有经过残酷的磨炼，消散人的七情六欲，脱去俗人的躯壳，才能与天为徒做神仙。丘处机说：“师父放心，我既然皈依全真教，必全力以赴，纵然粉身碎骨也不会放弃。”王重阳听了大为赞许，当场作诗一首赠他：“细密金鳞戏碧流，能寻香饵会吞钩。被予缓缓收纶线，拽入蓬莱永自由。”

丘处机先随师父隐居昆嵛山烟霞洞，后与马钰、谭处端、刘处玄三人同师父西行继续传道。王重阳对这位年轻的弟子特别关心，日夜训诲，耐心指点，加上丘处机悟性极高，颇得其中精髓，成为七大弟子中的佼佼者。

王重阳辞世后，丘处机与马钰、谭处端、刘处玄护送师父灵柩归葬终南山。结庐守灵三年后，四人分头到各地传道。丘处机没有回山东老家，而是西去磻溪（今宝鸡市虢镇）。磻溪曾是姜太公隐居之所，有钓鱼台遗址，山清水秀，景色优美。据说姜子牙当年穷困潦倒，就是在这里遇到明主，从而成就了一番大事业。丘处机选择此地修炼，其意不言自明。

据民间传说，丘处机到了磻溪，掘穴为室，苦志真修，出行时则带上蓑衣斗笠，人称“蓑衣先生”。他每天忍饥挨饿，最多时日乞一食，数年间大饿22回，小饿不计其数。不仅如此，在磻溪六年中，他体不沾席，从未睡过一觉，以顽强的毅力驱散睡魔，抑制自己的情欲。后来丘处机离开磻溪前往陇州龙门山隐居修道，为了达到“化人入道”的目的，他每天在灞河背人过河，以致双腿被河水浸烂，使当地民众深受感动，从学修道的人越来越多，成为全真道中影响最广、势力最大的门派的创始人。

金章宗明昌二年（1191年），丘处机东归栖霞，许多信徒慕名前来拜师求道，社会名流甚至达官贵人也争相与他交往，使全真道在社会上的影响日益增大。泰和三年（1203年），刘处玄仙逝，丘处机开始掌教，时年55岁。金宣宗贞佑二年（1214年）秋，山东大乱，反金的农民军红袄军乘机而起，金廷无力征讨，想借助宗教力量，请丘处机出面“抚谕”。杨安儿、耿京起义军慑服于全真道的影响，“所至投戈拜命，二州（登州、宁海）遂定。”起义平息后，金宣宗赐丘处机“自然应化弘教大师”道号，并派钦差请他赴京议事，但丘处机没有接受他的邀请。以后南宋朝廷慕其名，请他南下临安，也被丘处机婉言拒绝。

其时，漠北崛起一个新的帝国，以成吉思汗为首的蒙古贵族集团以锐不可挡的气势东征西伐，建立起了横跨亚欧大陆的蒙古大帝国。蒙古人虽然信奉萨满教和喇嘛教，但身在中亚地区征战的成吉思汗早就从侍臣刘温（字仲禄）那里听说了丘处机道术的神奇以及他在汉民族中的巨大影响，刘温还对他说，这位神奇的“丘神仙”如今已经活了300多岁。一席话说得大汗怦然心动，他于是决定邀请丘处机前往漠北，以请教治国安民和保生之术。

元太祖十四年（1219年），成吉思汗派使臣刘温携带诏书，挂上“如朕亲行，便宜行事”的虎头牌，万里迢迢来栖霞找到丘处机。丘处机当然也早听说这位剽悍大汗的许许多多传奇故事，当他展开诏书，不禁为大汗的诚意所感动。

丘处机经过认真考虑，决定接受大汗的邀请。除了盛情难却，他也看到当时的政局，南宋和金朝气数将尽，蒙古军东征西战，所向披靡，有朝一日挥师南下，金、宋均不是对手，何不趁蒙古军未来之时，先与他们建立联系，以图全真道将来之发展？

第二年春，丘处机不顾自己72岁的高龄，带着尹志平、宋德方、李志常等18名弟子，毅然从山东半岛出发。经燕京（今北京），出长城，过野狐岭，北抵呼伦湖，折而向西，横穿蒙古高原，翻越阿尔泰山，入准噶尔盆地，再沿天山北麓，西走中亚细亚。一路含辛茹苦，风餐露宿，经历莽莽草原、皑皑雪山、大漠孤烟……其间的艰难险阻，无法言表。

好在一路有刘温等人的悉心照料，大汗为了保证丘处机及随行人员的安全，下令沿途官员对他们多加照应，专门调军队护送，有时多达上千人，以防发生不测。一路上丘处机还多次接到大汗的问候，流露出对他的关切以及希望能早日见到他的迫切心情。

元太祖十七年（1222年）四月，经过两年多的艰难跋涉，行程万余里，途经数十国，丘处机一行终于到达此行的目的地，设于阿富汗北部昆都士的成吉思汗大营的帐前。丘处机的到来，使这位纵横驰骋、勇猛剽悍的大汗兴奋异常，说这是“天锡仙翁，以寐朕志。”他迫不及待地召见丘处机，向这位心目中的神仙请教治国养生之道，每一次论道的内容都让人用蒙、汉两种文字记录，并命“勿泄于外”。

对于成吉思汗最想知道的长生问题，丘处机坦率地告诉他“人以饮食为本，其清者为精气……气全则生，气亡则死，气盛则壮，气衰则老。所以，长生不老是不可能的。但如果能清心寡欲，善于保养身体，则可以延年益寿。”关于治国保民的问题，丘处机郑重地劝诫成吉思汗：清心节欲、因精守神只算内行，帝王还需修外行，即外修阴德。欲得天下者，切莫乱开杀戒，要以敬天爱民为本，关心人民疾苦，减轻人民负担。他说：“能行善讲道者，死后可以升天成仙；否则，只能人地为鬼。万望大汗三思。”这些话，在成吉思汗的心中确实引起不小的震动，赢得了他的信任和敬重，他对丘处机说：“丘神仙的这些教诲，我一定铭记于心。虽然这些事情做起来很难，但朕会按神仙的指点努力去做的。”

元太祖十八年（1223年），成吉思汗猎于东山，因马失前蹄摔于马下，丘处机再一次婉转地劝谏他以敬天爱民为本，尽量少做杀生之事，说：“天道好生，今圣寿已高，宜少出猎。坠马，天戒也。”成吉思汗听了，马上表示：“朕已深省，神仙劝我良是。我蒙古人骑射，少所习，未能遽已。虽然，神仙之教在衷焉。”还对臣下表示：“但神仙劝我语，以后都依他。”以后，他在很长一段时间内没有打猎。

这一年二月，丘处机向成吉思汗请求东归，得到大汗的同意。临行前，大汗要馈赐牛马珍宝，丘处机一概辞却，只接受了虎头牌及玺书。玺书要求丘神仙为皇帝祈祷祝福，明令免除全真道徒及其宫观的差役赋税。元太祖十九年（1224年）三月，丘处机回到燕京，蒙古达官贵人争相奉承，应请住在太极宫（现北京白云观）。这年夏天，成吉思汗还专门派人传旨说：“自神仙东去，朕未尝一日忘神仙，神仙勿忘朕！朕所有之地，其欲居者居之。”他还特赐金虎符牌，上面写道：“真人到处，如朕亲临。”并命丘处机掌管天下道教。有了大汗这把保护伞，丘处机俨然成了天下道教的总首领，燕京也成了全真教的传道中心。

丘处机抓住时机，利用成吉思汗给予的特权，指挥弟子们在各地遍建宫观，广招门

徒。四面八方道俗，仰慕丘神仙大名，前来皈依全真教者成千上万，成为当时最显赫的道派。丘处机去世后，他的弟子尹志平、李志常相继执教，全真道的宫观遍布北方各地，教徒人数众多，进入发展的鼎盛时期。

元朝统一后，全真道继续向南发展。由于在江南传播的张伯端创立的金丹派南宗，其道法与全真道颇多相似之处，所以南宗信徒们纷纷归于全真道门下，以王重阳所创门派为全真北宗，张伯端派系为南宗，共尊东华帝君、钟离权、吕洞宾、刘海蟾、王重阳为全真道五祖师。经过一番认祖归宗，南北两派合并，全真道的势力更加强大了。

张三丰遇仙得道——邋遢神仙的由来

元末明初有一位高道，名叫张三丰，道号“玄玄子”。据说他上晓天文，下知地理，是一位了不起的道教大学问家、大武术家和气功大师。张三丰漂泊一生，行踪不定，来无影去无踪，是道教史上少有的“隐仙”。他在尘出尘，淡泊名利，清心寡欲，视权势如草芥、财富如粪土。他随遇而安，一年四季一笠一衲，衣不遮体，食不果腹，不修边幅，邋里邋遢，人称“邋遢神仙”。

张三丰在兄弟中排行老五。那天夜里，他的母亲林太夫人梦见仙人斗姆元君手招大鹤进入屋内，大鹤长啸三声把林太夫人惊醒，而后生下张三丰。

据说张三丰的先祖，就是那位辅佐刘邦打天下、被封为留侯的大功臣张良，再往下，还有大名鼎鼎的道教第一代天师张道陵。

5岁时，张三丰的眼睛得过一种怪病，到处寻医不见好转，急得林太夫人团团转。一天，有位自称“白云禅老”的碧乐宫主持张云庵前来求见，对林太夫人说：“这孩子仙风道骨，不是一位凡人。现在眼睛虽然遭受魔障，但治起来也简单，只要拜贫道为师，了却尘世的因缘，眼疾自然也就好了。”夫人同意后，张三丰到碧乐宫拜了第一位恩师张云庵。经过半年调养，眼疾果然好转。三丰资质聪明，经书过目便晓，同时兼攻儒释两家之书，随手披阅，即能会通大意。在碧乐宫住了七年，张三丰辞别师父回家专修儒业，凡经籍坟典，能过目成诵。元世祖中统元年（1260年），即举茂才异等，第二年又称文学才识，此时的张三丰才十四五岁，称得上是神童。

18岁时，张三丰已经是丰姿魁伟，龟形鹤骨，大耳圆目，须髯如戟的伟岸丈夫了。由于得到平章政事廉希宪的赏识，做到县令一职。不过张三丰对做官兴趣并不大，他在诗里写道："幽冀重来感慨忘，乌纱改作道人装。明朝佩剑携琴去，却上西山望太行。"看来即使头戴乌纱，他也在做"改作道人装"的打算。

当张三丰还在华州做小官时，有一天随太守上华山拜访著名的"鼾睡神仙"陈抟。正寒喧间，一位蓝袍葛巾、潇洒风流的道士飘然而至。陈抟见他进来，显得非常恭敬，二人开怀畅谈天南地北，海阔天空，十分热闹，似乎旁边根本就没有太守这个人似的。太守平时被下属捧惯了，何曾受过如此这般的冷落？但在陈抟这样的高道面前又不好发作，只好强忍着心中的不快。待陈抟与那人谈笑完了，来人从袖中摸出三枚枣子，一红、一白、一青，说："各位，实在抱歉，贫道来时匆忙，没带礼物，只有三枣，我们分着吃吧。"说完，自己先吃了红枣，白枣给了陈抟，余下的青枣给了太守。太守一看，心里就嘀咕开了："什么寒酸道士，这等小破枣也算礼物？简直不拿本官当回事！"随手将青枣给了张三丰。想不到张三丰吃下后，顿觉精神焕发，身轻体捷。道人见状，哈哈大笑，突然就不见了。

太守惊问其故，陈抟说："太守有所不知，这道人就是仙人吕洞宾。三枚枣子是仙枣，分上中下三等。大人身为凡身俗骨，只能食青枣。可惜大人无缘，竟把枣子让给他人了。"太守听后，懊悔不已。

张三丰吃了仙枣，对尘世间的浮华已经没有兴趣，于是"弃官游海岳，辛苦寻丹秘"。67岁时，张三丰到终南山，遇到仙人火龙先生，夙愿得偿，兴奋万分，说："幸天怜我！"遂拜火龙先生为师。三丰在终南山修炼4年，得火龙先生传授的丹妙点化之诀，依依惜别之时，他以《出终南二首》向恩师告别。

"生平好善访仙翁，十万黄金撒手空。深谢至人传妙诀，出山寻侣助元功。"

"一蓑一笠下终南，白云青山万象涵。他日大丹熔炼就，重来揖首拜仙庵。"

没有了世俗的约束，没有了人情的羁绊，张三丰无牵无挂，北燕赵，南韩魏，东齐鲁，西秦陇巴蜀，来无踪，去无影，似孤云野鹤，居无定所。今日湘云之下，明日巴雨之中，兴来穿山走石，倦时铺云卧雪，行无常行，住无常住，潇潇洒洒走四方。

一天，张三丰来到宝鸡山，见宝鸡山泽幽邃，郁郁葱葱，想到当年丘处机在此苦修6年，日乞一食，行则一蓑，忍饥挨饿，昼夜不眠，心里不禁涌出一阵亲切自然之感。他决心向这位前辈学习，暂时定居下来。宝鸡有座三峰山，山形陡峭，挺秀苍润，张三丰便以山为号，把"峰"改为"丰"，称"三丰居士"。

张三丰浪迹江湖，四处漂泊，宝鸡、终南、武当、鹤鸣山、平越卫、青州、崂山，甚至远至云南、贵州都有他的足迹。不过三丰足迹最多的地方，当首推四川，似乎对那里的山山水水情有独钟。他今天自宝鸡入蜀，明天又从武当进川；元代初游，明代重访，青羊宫居住过，鹤鸣山修过仙。鹤鸣山迎仙阁下有他亲手植的大柏树，山中的八卦亭是他看

《易》书之处；铜梁县的巴岳山寺院中，至今还留有张三丰用过的扇、砚和手杖，山顶上有他手植的五星杉；嘉州城东的九顶山崖上还刻有三丰手书的“说法台”三个大字。

张三丰足迹遍四方，名气也越来越大。朱元璋建立了大明王朝后，虽然当过和尚的他并不真的相信神鬼之说，但对于张三丰的大名还是早有耳闻，尤其是当他听说张三丰此时已经120多岁时，仍然禁不住怦然心动，毕竟，有谁不想长生，何况还是天之骄子？于是他一次次派人找寻张三丰。但不论怎样费心，始终不见张三丰的影子，只得到张三丰托人捎来的一首诗：“流水行云不自收，朝廷何必苦征求？从今更要藏名姓，山南山北任我游。”洪武二十八年（1395年），朱元璋身患重疾，御医们左瞧右看总不见好，于是又遣龙虎山第43代天师张宇初请张三丰进京。但结果还是找不到，不是说去了成都，就是说到长安去了。

朱元璋去世4年后，他的四子朱棣上台，是为明成祖（1403～1425年）在位。明成祖是一个笃信方术的皇帝，上台后又屡屡派人寻找张三丰，还是无功而返。永乐十年（1412年），朱棣命正一道士孙碧云在武当山迎候张三丰，并给张三丰写了一封亲笔信。一朝天子如此谦恭诚恳，可谓思“仙”若渴，然而张三丰却是“闻在南山南，已往北山北”，竟然跑到成都去劝说蜀王朱椿加入道教去了！

传说，有一天张三丰到了京师，明成祖听说后赶快派人将他召来，问道：“朕欲学道，谁最乐者？”张三丰只说了一句：“想吃能拉，这就是人生最快乐的事情啊。”说完就走了。朱棣越想越气：“什么高道！不是在耍弄我吗？”刚想派人将他抓回来，忽然觉得身体不适，吃不下饭，也拉不下屎，难受得很，这才想起张三丰所说的话很有道理。恰好此时有人送来数根蓑衣草，说是张三丰让带来的，煎服后病就好了。从此明成祖更加怀念张三丰了，可任凭花多大气力，再也无缘相见。

其实，朱元璋、朱棣三番五次，诚心慕求，张三丰只要肯去见一见这二位天子，荣华富贵就全都有了，可他偏偏不知“好歹”，就是不去，你当你的人间皇帝，我做我的逍遥道士，咱们井水不犯河水！

张三丰虽然不愿巴结权贵，但却活得很滋润，或处穷山，或游闹市，嬉笑自如，旁若无人，偏偏又喜欢济世救民，解人危难，戏弄权贵、惩恶扬善，常常让人联想到那位疯疯癫癫的济公和尚。

据说剑州有位以卖玉米为生的老翁，凡有穷人路过，常常会得到他的馈赠，一分钱不要。有人称赞他这是做善事，他说：“我这小买卖，只要保本，略有盈利就很满足了，有什么值得说的呢。”一天下午，有位道士来到老翁的小摊前，说赶了一天路，腹中饥肠辘辘，能不能给一包玉米吃？老翁二话不说，当即拿了给他。不料道士吃了又要，吃了又要，如此数十次，把小摊上的玉米全都吃得光光。道士吃完哈哈大笑，说：“老人家果然慷慨之人。我就是张三丰，没有别的东西可以相报，送你一颗紫檀珠，晚上放在米缸内，第二天早晨打开缸盖就可以了。”老翁按张三丰说的去做，打开盖子一看，竟是满满一缸大米。于是将大米拿去卖，不图赚钱，买三送七，生意挺好。卖完第二天再看，又是满满

一缸。时间久了，老翁觉得挺奇怪，把缸底翻过来想看个究竟，想不到这一折腾，紫檀珠不见了，缸里也不再出米了。后来，张三丰劝说老翁出世修道，见老翁不愿，又送他一粒紫珠服食。老翁服后，顿觉神清气爽，一直活到一百多岁。

明熹宗天启年间，虽然张三丰早已不在人世，但民间还流传着他惩恶扬善的故事：太监魏忠贤为非作歹，朝野非议甚多，他不怕天下人耻笑，到处为自己建造祠堂。一天，有个衣着褴褛的疯道士，跑进最气派的东华门祠堂里，用粪便烂泥朝魏忠贤的像上乱涂乱抹，弄得污秽满身。道士还在墙壁上题诗："淫祠靡靡，王室如毁。锦绣江山，竟委于鬼（委、鬼为魏）。"守祠的小吏一看急了，要将疯道士扭送官府，没想到刚一伸手，疯道士就不见了。原来道士就是张三丰。小吏害怕魏忠贤知道此事自己受罚，赶快用水清洗魏像上的粪便和墙上的诗，想不到洗过以后，魏忠贤的像更臭，而墙上的诗反而更香。那天夜里，魏忠贤浑身痛得坐立不安。

张三丰乐于助人、疾恶如仇，自己的生活却非常清苦。不论寒暑，一蓑一衲，衣不蔽体，食不果腹，或三五日一餐，或两三月一食，不修边幅，邋里邋遢，整个一个"叫花子"相，在世俗之人的眼里真是苦不堪言，然而张三丰却自鸣得意，乐在其中："野步安闲真福地，山居快活即壶天。""快快快，红尘外。闲闲闲，白云间。妙妙妙，松崖一声啸。来来来，蓬莱岛花开。"好一个自由自在的活神仙！

即使做了道士，张三丰也不受道规的约束，酒肉不戒，大块吃肉，大碗喝酒："烟花寨，酒肉林，不断荤腥不犯淫。犯淫丧失长生宝，酒肉穿肠道在心。打开门，说与君……"他"不参禅，不礼拜，不打坐，懒受戒，遇酒喝几杯，遇肉吃几块；顽石当枕头，青天作被盖，一觉睡到日头红，无恐无惊无怖骇。从今打破是非门，翻身跳出红尘外。拍手打掌笑呵呵，真在真在真自在！"活脱脱一副无拘无束的酒肉神仙相。

收服青龟恶蟒两恶的神仙——玄天上帝的由来

根据书籍记载，玄天上帝是元始天尊的化身，又名为太始真人、太素真人。在台湾有许多庙宇，仍祭拜着他的神像。庙宇中的神像，他脚踏龟与蛇，是最令人印象深刻的部分。

玄天上帝，相传是上古时代净乐国的王子，他的母亲善胜皇后，有天梦见太阳直奔她的身体，醒来之后，经太医检查，发现怀有身孕，怀胎14月后，产下玄天上帝。玄天上帝生来便是一副雄壮威武的样子，有个聪明的脑袋，因为皇后只有他一个儿子，特立为太子，对他十分宠爱。玄天上帝长大之后，对母亲非常孝顺，每日都思考，怎样才能报答父母的养育之恩，曾想过寻常的方式，可是总觉得不妥，无法真正地对父母有益。在15岁的

那年，玄天上帝决定放弃太子的尊贵身份，到武当山上虔心修炼。在他修炼的过程中，经紫虚元君的指点，继承道术中的无极上道，在40多年后，终于即将大功告成。

此时的皇帝年岁已大，其实从玄天上帝离家后，皇帝便每天不分日夜地想念他，曾经派人四处寻觅他的踪迹，却始终毫无音讯。好不容易听说他在武当山上修炼，虽然害怕又是一场空欢喜，却不愿错过任何希望，于是就派朝中最信任的大臣，希望这次真能迎接太子回朝，继承国中大业。很幸运，大臣找到了玄天上帝，然而玄天上帝修炼多年，早已不务尘世，尤其他专心求道之心从未动摇，但他明白无法推辞大臣的迎接，于是便在地上轻轻地一划，刹那之间，形成一条鸿沟大河，阻隔了大臣队伍的前进。前往迎接的队伍，亲眼看见玄天上帝的神奇道法，都跪地参拜，说愿意跟随他修道，经过几年的光阴，玄天上帝在九月九日，终于功德圆满，在5条飞龙的陪伴之下，往天界飞去，接受了天帝赐予的仙职，而他在地上的父母，同样的也因此分享封赏荣登仙位。

相传在商纣王的时候，天上恶魔尽出，伤害天下苍生。天帝发现这个情况，便派玄天上帝前往讨伐。玄天上帝带着天兵天将，飞快地来到恶魔的洞口外，展开了一场神魔大战。恶魔不敌玄天上帝的天兵天将，节节败退，不得已之下恶魔最后化为原形——一只青龟与一条恶蟒，准备跟玄天上帝一决生死，但是上帝趁机将两魔收服，永远地踩在脚下。完成任务的他，回到天界复命，天帝见他抗恶有功，特地册封为“玄天上帝”。

除了上述的故事外，在台湾地区，对玄天上帝则有不一样的传说。相传古时候，有个屠夫对自己犯下的杀生之过深深地感到悔恨，总是苦思如何补偿过错，最后决定隐居深山专心修道。有天他接到上天的指示，在他住处附近，有一个妇女需要他的帮助，要他赶紧前往该地。他赶到一看，发现有个妇女刚刚生产完毕，盘坐在地上，妇女请他帮忙处理污物。屠夫想起上天的指示，心想所指的应该是此事，便将衣物带往河边清洗。当污物消失干净时，在布料上出现“玄天上帝”4个字，回头一看妇女，不知何时已消失踪影，屠夫因此领悟道术，不久后修道成仙。而玄天上帝所征服的龟蛇，其实是当初升天时遗留下的肝脏和肠子，因为玄天上帝升天时，并未将这秽物带上天，没想到它们早有灵气，化为龟蛇在人间作乱，玄天上帝知道后，才下凡收服它们。

在台湾玄天上帝俗称为上帝公，或是上帝爷，所承奉的香火不少。受到故事的影响，在他的神像下总会摆着龟蛇，象征他曾脚踏龟蛇。其实道教的禁忌不少，对人间事物也有他们的特殊见解，像妇女的产后秽物，认为那是有伤道法，甚至连身体一部分的内脏，都认为在成仙之前必须去除。这些林林总总的规矩、传说，代表的是传统道教，但却在民间发酵。像在僵尸或是鬼怪电影中，道士们总会运用些道具，如桃木剑、黑狗血等，还有女

人的亵衣也可以驱邪，这都是由此而来。

农历三月三日为玄天上帝的圣诞，各地的主祭玄天上帝的庙宇，皆举行盛大祭典。

精于养生，长生不老——彭祖的由来

在中国的传说之中，最为长寿的人算是彭祖，传说他活到800多岁，而且彭祖以善长导引房中术而著称，在民间他被人称为“房中之祖”。

传说彭祖的本名为篯铿，是帝王颛顼的玄孙。他生性喜欢平静恬淡的生活，对于尘世俗务不甚关心，诸如追求名利、服饰华丽等事。他也常常利用闲暇之余，阅读师父所写的书籍，以求融会贯通。另外他常服用些珍贵的养生食品，像水桂、云母粉等之类，借以保持身体的青春。他对于出游，也特别有兴趣，常常一出去就是好几十天，甚至长达百日不回，到哪里也没人知道。回来之后也是像平常人一样地生活，渐渐地大家都见怪不怪。虽然他生活的方式不同于其他人，却也不会主动提起自己的事，也不会说说自己如何养生、长生。不过听说有人曾看见过，他经常盘腿而坐，凝神聚会，像是借此调养生息。当他身体有小病时，便以此法为自己治病，这有点像是后来用气养身的方法。

到商朝末年，彭祖已活到700多岁。周朝穆王听说彭祖的名声，想册封他为大夫，彭祖拒绝了。穆王不灰心，屡次拜访彭祖住处，想求养生之法，但彭祖却坚持原来的态度，不加理会。穆王对彭祖的行为也不生气，反而送彭祖贵重的金银钱财，彭祖也将钱财转送给其他人民，不为已用。

后来穆王又命一名采女，驱车前往彭祖居处，借此欲求得长生之法。彭祖看采女一心虔诚的样子，便开口说：“我的法术并不足以教你延年益寿之法，如果真的想求得此法，不如到大宛山请教青精先生。那青精先生虽然已有千岁之龄，每日却仍可步行百里，脸像是稚嫩的儿童般，像这样的人，才是真正懂得长生之道的。”采女又接着问：“那位青精先生是什么样的仙人？”彭祖回答说：“我所说的青精先生并非是位仙人，而是位得道者，仙人又是属于另一个世界了。仙人虽无所不能，可无翅而飞，腾云驾雾，直上天宫；或是化身鸟兽，游于青云之间；以气为食，或食灵芝；或有术之法能隐身，可是却不能与世为伍。

所以神仙虽长生，却失去人的本性，我是不愿成为那样的人。”又继续说，“而我说的得道者是不同于仙人的，他仍享受人间的物质，像是美食、男女之乐。其实原本人类的生命，懂得保养可以活到120岁；若更精进的话，可以到240岁。所谓的保养之道，也就是不伤害自身而已。目前活在世上的一般人，不能长生的原因，就是尽做些伤害身性之事，像极度的悲哀、高兴、难过等。只要避开这些伤害自身之事，就可以达到长生之道。”又说，“我一出生便失去了父亲，3岁丧母，那时正逢战乱，流离西域长达百年之久。现在的我，已失去49位妻子，54个儿子，经历许多的痛苦忧患，已伤身过多，恐怕将要离世了。”说完后便悄悄地离开。采女回宫后，将彭祖所言之事全数据实以告。穆王亲身实践彭祖的说法，发觉效用奇大无比，却害怕别人也会求得此法，暗地里派人杀害彭祖，然彭祖早就猜到穆王的心思，悄悄地离去，于是没人知道他的去向。此后又过了70多年，听说有人还曾在流沙国的西边，见过彭祖的足迹。

彭祖是道教的尊神，更是民间长寿的象征，其画像在明朝已出现。

徐福渡东海求仙丹——求仙使者的由来

道教的故事中，求得仙药而长生不老的传说，在羿和嫦娥的传说中已有，而相传秦始皇时，曾令徐福率领三千名童男童女，前往东方仙岛，寻求仙药。

在遥远的东海，有三座仙山，分别是蓬莱、方丈和瀛洲，据说岛上的鸟类羽毛雪白，满山满谷都是长生不老的仙药，也住着各式各类的仙人。过去曾有许多著名的帝王，求取仙药都不成，像是秦始皇等，但人只要想靠近岛上，便会有飓风吹走船只，因此虽传说有人到过那里，却也未带回长生不老药。

秦始皇在统一中国后，便想到一个问题，若他的生命短暂，将要如何延续国业。东海传说在当时也流行，传说完全符合秦始皇想长生不老的念头，于是他想找寻去过的人，打听蓬莱仙岛的下落。听说当时有个名叫安期生的人，曾真正到过东海仙岛，根据他的描述东海仙岛满岛都是果树，结了满坑满谷的仙果，只要吃一颗便可以起死回生、甚至是长生不老。秦始皇一听有这样的奇人，便马上派人查询安期生所住之处，在探访多处之后，知道他住在东海海边的一座村庄，便请他到宫中详谈。秦始皇第一次见到安期生时，据说他已经千岁了，但秦始皇觉得他仍然很年轻。秦始皇与安期生详谈过后，想得知如何到东海的方法，没想到他只留了一封信给秦始皇后，便不知所踪。

秦始皇虽然无法从安期生身上得知前往东海的方法，却仍不气馁，不时地派人寻找长生不老药。这日早朝，有位大臣禀报说，在大宛国发生了一件奇事，国中原本生病死亡的人，在一群不知名的鸟带来的仙草覆盖脸后都复生了，经过探访多位名人后，才由鬼谷子那得知，这是东海仙岛所产的养神芝。这次事件，更坚定了秦始皇的信心，准备派人组队前往东海，寻找传说的仙药。他向天下招募义勇之人，当时的齐国人徐福便想趁机立功，于是自告奋勇地报名，秦始皇在几个人选中，最后决定由徐福担任领队，并赐予他三千名童男童女。可是这样庞大的一支探险队，却是一去不返。

徐福的队伍是生是死呢？历代的故事有着不同的说法，不过关于徐福倒是有这样一段传说。后来，相传在唐玄宗时流传一种怪病，许多的大夫都束手无策，有一位高人便建议，听说东海中有位无所不能的神医，无论什么怪病只要到他手中，便药到病除，于是有人就组队乘船，出发前往搜寻仙人。经过几十天的海浪风暴后，队伍来到长满奇特植物的海岛，再继续进入岛内，发现岛上的居民正将一位老人围住，老人坐在中央，似乎在讲课的样子，仔细地探听询问之下，恍然大悟，原来此人便是传说中失踪的徐福。寻药之人便告诉徐福他们的来意，徐福听完之后，便让人拿一种药丸给他们，并对他们说："你们把药丸带回去，将水煮开，再把药丸和着开水后内服，这样怪病自然会痊愈。"队伍回国后，按照他的指示做，一试之下，果然药到病除，但再次出发寻找徐福，却已经找不着了。

长生不老药，是古代许多帝王除了政治外的另一个追求目标。徐福的传说，表现了秦始皇想长生不老的欲望。而故事中，徐福横渡东海，前往东方仙岛寻找仙药，后来有人认为这就是日本人的祖先，也就是神武天皇。且不论徐福的队伍，是否真的曾抵达现在的日本，或者真的是日本的始祖，至少在道教中，徐福显然已成为一位神仙了。在后来的一则沈义得道的故事中，故事结束时，天界派几位使者来接他，其中骑着白虎的便是这位神仙。

后来，人们因为徐福渡海求仙药的传说，把他称为"求仙使者"。

许逊斩蛟除恶——许真君的由来

在《西游记》中，描绘了一个极其庞大纷繁、五花八门的神佛魔怪世界。诸神怪大多是在民间广有影响的，其中护卫玉帝灵霄宝殿的是道教著名的四天师，即张、葛、许、丘

四大天师。“张”，是张道陵；“葛”，是葛玄；“许”，是许逊；“丘”，是丘处机。这四位都是实有其人，而且皆是中国古代极有名气的道士。

道教中的天师，自然是道祖张道陵首屈一指。张道陵创立早期道教后，伪称太上老君封他为“天师”，其实是他自称“天师”。后来道教也尊称有道术者和传道者为“天师”。

许逊（239～374年）是东晋著名道士，活了135岁。许逊，字敬之，当南（今属河南）人，后迁到江西南昌。

许逊喜欢打猎，一天他进山射鹿，射中了一只母鹿，母鹿腹中胎堕地，母鹿伤心地舐其子，不久即死去。许逊见了很难过，幡然悔悟，折弓弃矢，此后不再打猎，专心读书。他博通经史，明天文、地理、五行、谶纬之书，尤好神仙修炼之术。听说吴猛有道术，便去投拜，学得了三清秘法。

晋太康元年（280年），许逊举孝廉当上了县令，故世称许县令。许逊为官清廉，为百姓做了不少好事。传说当地有一年闹饥荒，百姓无力纳租，许逊便以灵丹点瓦砾成金，叫人埋在县衙后菜园，然后派交不出租的百姓来干活，百姓锄地得金，用以纳租。又一年瘟疫流行，许逊“以所得神方拯救之，符咒所及，发时而愈”，邻县疾民相继而至，每日数以千计，许逊遂立竹江中，倒入符水，使疾民竹下饮之，皆愈。

许逊看到晋室将乱，于是弃官而走，与名士吴猛到各处游历。蜀民感其德化，所到尽立许逊生祠，家供其像。

晋明帝太守二年（324年），镇东大将军王敦造反，许逊与吴猛去见他，打算劝他不要轻举妄动。王敦见了他两人说：“我做了一个梦，用一根大木捅破了天，这是不是预兆我可以称帝啦？”许逊说：“这可不是好梦。”王敦说：“我想听听是怎么回事？”吴猛答道：“‘木’上破‘天’，是个‘未’字。将军未可妄动。”王敦听后大怒，想加罪于二人，许逊与吴猛便用隐身术逃走了。后来，王敦果然举兵造反，但未成功，死于军中。

许逊最突出的业绩是除蛟斩蛇，为民除害。当时南方许多地方，江河为患，人们认为是水中蛟魅为害。蛟，又叫蛟龙，古代传说中的动物，民间传说认为它能吃人，并能发洪水，其实只不过是鳄鱼一类的动物。晋代周处除三害，其中之一即为蛟。李冰、赵昱等人都是古代传说中除蛟的好汉。

据说当时豫章（江西南昌）一带常发生大水灾，是因一条孽龙兴风作浪造成的。于是许逊便带弟子甘戟、施岑来到豫章，这一天，他们在城里遇到一位衣冠楚楚的美少年，礼貌勤恪，应对敏捷，他走后，许逊对弟子说：“这家伙就是那条孽龙变成的，故意来试探，非剪除不可。”孽龙知自己已被识破，便躲到郡城江边，化作一只黄牛躲在沙滩上。许逊追踪而来，剪纸变化成一只黑牛与黄牛搏斗，并让施岑持剑助黑牛一战。二牛斗酣之时，施岑一剑击中黄牛左股，黄

牛负伤而逃，又化为人形。许逊等穷追不舍，终至将其除掉。

水患是古代的一大自然灾害，严重威胁人们的生命和财产安全，人们企盼着能有翦灭水妖，消除水患的英雄或神仙出现，许逊生前大约做过一些“周行江湖，殄灭毒害”的善事，所以有关他除蛟的传说流传很多。

许逊斩蛟后，为彻底消除其害，遂在南昌南井镇铸铁为柱，下施八索，勾锁铁穴，镇住蛟龙。并祝告曰：“铁柱若歪，其蛟再兴，吾当复出。铁柱若正，其妖永除。”后人在此建祠，又叫铁柱宫。

许逊最后的绝活儿是全家举宅飞升。道教传说，许逊135岁时，他带领“仙眷42口，同时向日拔宅升天，鸡犬亦随”。所谓“一人得道，鸡犬升天”。他有个仆人叫许大，与妻子去买米没有在家，闻许逊等飞升，即赶车奔来。赶到时，许逊等已升到半空，许大哀泣求从行，许逊告之缘分不到，授他地仙之术。看来，许逊家的鸡犬比许大还有福气，宋代封其为“神功妙济真君”，世称许真君。

许逊以儒家思想与道教方术相揉和，认为“净明者，无幽不烛，织尘不染”。并称“以教弟（悌）为之准式，修炼为之方术”。南宋绍兴年间，南昌玉隆万寿宫道士何真公祈请许逊降临解救战乱。所谓许授“净明大法”遂行于世。后来净明道（又称“净明忠孝道”）创立，尊奉许真君许逊为教祖。因其教义一反唐宋道教重丹法、主静的教义，而强调修道必须忠君孝亲，并调和三教，认为只要按照忠、孝、廉、谨、宽、裕、容、忍这八个字去做，就能达到“净明”的境界，得道成仙。故在宋元明时士大夫中很有影响，被誉为仙家之“最正者”。

许真君的祖庭为江西南昌西山玉隆万寿宫。初为“许仙祠”，南北朝时改祠为“游帷观”，宋代升观为宫，扩建为6大殿、5阁、12小殿、7楼、3廊7门庞大宫观，宋徽宗曾亲书“玉隆万寿宫”匾额。后屡毁屡建，今存山门、前三殿、中三殿、后三殿、文昌宫、逍遥津、戏台等。宫内尚留有三棵参天古柏，其中正殿前右侧一株，传为许逊手植。宫内建筑金碧辉煌，气势宏伟。万寿宫的主殿为高明殿，殿名因传说许逊升天后被玉帝封为“高明大使”而得名。殿内阔五间，深三间，四周围廊，重檐彩壁，覆盖黄绿相间的琉璃彩瓦，入口处建有牌坊式门楼，宽敞崇宏，十分壮观。殿内大柱红漆描金龙，中央为一座大神龛，龛内供许真君像，抱笏端坐，头后有八卦头光。左右金童玉女侍立，前又有一小像抱笏而坐，白脸黑髯，也是许真君像。龛外左右有两个高大立像，是著名道士吴猛、郭璞像。东西两壁有12真人坐像。除供奉许真君神像外，还有关帝、周仓、关平等神像。宫内还有珍贵壁画，描绘了许真君自四川返回江西途中为民兴利除害的种种传说故事。

在南昌还有一处著名的万寿宫，坐落在翠花街西、棋盘街东。宫左有井，与江水相消长，中有铁柱，即所谓许逊所铸镇伏蛟螭之害的“镇龙柱”。此宫又名“铁柱观”“妙济万寿宫”。殿宇建筑也很宏伟壮丽。

修道成仙——左慈成仙的由来

左慈这位仙人在民间的名气并不大，但关于他的道术、神迹，最有趣和著名的是跟曹操的一段故事。

左慈原是闻名于三国时期的一位道士，他熟读儒家的经书，对天文地理也略知一二。汉末时左慈观察星象发现汉将亡国，感叹在乱世之中性命难保，便决定诚心求道。他原本是向人学习道术，后又隐居于天柱山的石洞中，在石洞中发现一本炼丹的天书，书上写着《九丹金液经》。此书无人知其来处，作者为谁，但书中尽是些深奥的道术之理，左慈爱不释手，每日专心地研究，并照书上的意思去做，终于达到鬼神都可任他差使的境界。

左慈修道成仙后，便到人间帮助世人，名声渐渐地传播开来，曹操便听说有个这样的仙人。曹操因为平定黄巾起义，知道民间对于具有神仙能力的道士特别尊敬，为破除这个观念，决定找左慈来试法，期望能让人民对道术之事不再如此迷信。左慈被请至官府，曹操摆个筵席宴请他，在席上故意说，可惜美中不足的是少了鲈鱼，左慈明白曹操想试试他的能力，便请人端来一盆水，用根筷子绑着线，伸到水里，不久便钓起一尾鲈鱼。席间左慈还出门一趟，让曹操远在蜀中的使者，多买了两匹布，来回也不过一杯茶水时间。果真在数月后，前往购布的使者多买了两匹。这次试验并没让曹操信服他，反而激起曹操的斗志，决心找个治他的方法。

曹操又将左慈请来对他说："听说你可以不吃不喝很久，我想亲眼看看。"左慈点头同意，让自己关在一间密室中。一日一月过去了，一年后才放他出密室，左慈脸上不仅没有饥饿之像，反而脸色红润，精神状况也很好。曹操大吃一惊，心想这样的奇人不能让他留在世上，否则人民有天将信服他，甚至起义叛变，就像之前的黄巾起义一样。左慈像是看穿了曹操的心思，去拜见他，并说："大王，我打算回乡，此次来跟你道别。"曹操说："你为何要如此匆忙地走呢，我待你不好吗？"左慈直截了当地说："那是因为大王你心里想杀我啊！"曹操对于左慈猜中心思虽有点吃惊，却不愿承认，便说："怎会呢！我礼遇你都来不

及，怎会想杀你。”几日后在一个宴会上，曹操在席上请左慈喝酒，左慈将酒杯一分为二，酒在杯中仍不散去，独饮半杯，希望曹操喝下另外半杯。曹操看傻了眼，一动不动，左慈只好帮他喝下，瞬间又将酒杯复合，并抛至空中，酒杯缓缓地由天降下。等大家回神之时，左慈已不见踪影。

后来听说曹操仍命人缉拿左慈，曾在一庙宇中发现他的踪迹，也将他抓回官府关押，却在运送官府的途中，左慈又失去了行踪。后来又在一处酒馆发现他，众人费尽心力将他五花大绑，这次关着时，特别派人看守他，却在刑场行刑前一刻，只剩下绳索留在刑台上，左慈早已失去踪迹。

历史上是否真有左慈一人，难以考证，但最早看到书上记载的是葛洪的《抱扑子》，后来像是《神仙传》等描述神怪的书，也可以看见他相关的传说故事，可见左慈的故事是当时人们茶余饭后的话题。用曹操与左慈斗智斗法的故事，是让传说变得更加有真实性，毕竟曹操在历史上是确有其人。这样把传说故事跟历史结合起来，是中国人长久以来的传统，可让故事更有说服力，也使其与现实生活息息相关，这也是许多的故事传说能流传至今的原因之一吧！

吹箫引凤飞上天——萧史成仙的由来

萧史是一位仙人，不知道他是什么时候得道成仙的，看容貌像是二十来岁的人。他善于吹箫，而且能让箫发出鸾凤和鸣的声音。萧史生得风度翩翩，潇洒英俊，真是一位地地道道的神仙。但他却混迹在人世间，谁也不知道他是仙人。秦穆公有个女儿名叫弄玉，也很会吹箫，穆公就把她嫁给了萧史。从此萧史就教弄玉吹箫学凤的鸣声。学了十几年，弄玉吹出的箫声就和真的凤凰的叫声一样，甚至把天上的凤凰也引下来了，停在他们的屋顶上。秦穆公专门为他们建造了一座凤凰台。萧史、弄玉就住在那里，好几年不吃不喝。有一天，弄玉乘上凤、萧史骑着龙，两人双双升空而去。秦国的人后来建了凤女祠，祠里还能常常听到箫声。现在山西洪州西山顶山，还有一个石屋，里面有萧史的仙坛，还有萧史本人的图像，不知是哪朝哪代留下的。

种玉的仙人——阳翁伯成仙的由来

阳翁伯是一位不大有名的神仙，他原本是卢龙人，对双亲特别孝敬。父母死后埋葬在无终山，山有80里高，上面没有水。阳翁伯在父母的坟旁盖了一间房守灵，白天黑夜的痛哭，感动了天神，天神在坟墓旁开出一条清泉。他就把水引向官道，供行人取用。有一次，有一个来泉边饮马的人送给阳翁伯一升白石子儿，让他种在地里，就会生出白玉来。阳翁伯把石子儿种下以后，果然生出白玉石，其中二尺长的白璧就有好几双。有一天，忽然有一个天界的仙童凌空而降，带领阳翁伯来到海上仙山，让他拜见群仙。并介绍说："这就是种玉的阳翁伯。"这时一位仙人说："你对待父母十分孝顺，感动了天神，把玉石的种子给了你，你果然种出了玉。你和你的妻子都应该成仙，现在这个宫就是你以后居住的地方。今后天帝会到这儿巡游视察，你可以用十块玉作为礼物，把它献给天帝。"说罢，让那仙童送阳翁伯回去。阳翁伯就把十块玉送给仙童。北平徐氏有个女儿，阳翁伯想向她求婚，让人去向徐氏说媒。徐氏对媒人说："让翁伯给我一对白璧作聘礼就可以了。"翁伯给了徐氏五对白璧，就娶了徐氏的女儿。过了几年，云中有龙降下来，阳翁伯夫妻就乘龙升天了。现在人们还把他们的屋宅叫"玉田坊"。阳翁伯成仙以后，他的子孙在田中立了个大石柱子记录他成仙的事。

书生变大鸟——王次仲成仙的由来

王次仲是古时的神仙。那时正是周朝末年战国时代，各国正互相征伐，策士们到处游说"合纵连横"策略的时候，王次仲正住在大夏山小夏山中。他认为当时通行的篆体字，写起来很费事而且用处不广，人们很难在短时期内学会使用篆字。现在天下这么纷乱，事

情繁杂，文字的普及是很重要的。王次仲就把篆体、籀体字变化成隶书，秦始皇统一天下之后，认为王次仲改革文字为统一大业立下了功勋，就请他到秦国来作官，但王次仲拒绝了。秦始皇很生气，又派了使者去传诏让王次仲入秦，并对使者说："我征服了各诸侯国，统一了天下，谁敢不臣服我！王次仲不过是一个书生，竟敢违抗天子的圣命，何等狂妄。这次你去召他，他如果再不来，就杀掉他，提他的头来见我，以正法纪，让他这种人再不敢傲慢抗上！"使者到了山里见到王次仲，宣示了秦始皇的诏命，王次仲立刻变成一只大鸟振翅飞去。使者又惊又怕跪在地上不住地磕头哀求说，"您这样做，叫我怎么回去向皇上交差啊，皇上非杀了我不可。请大仙可怜可怜我吧！"那大鸟在空中盘旋了半天，故意落下三根翎毛，使者只好拿着这三支羽毛回去向秦始皇复命。秦始皇向来爱好修道求仙的事，听使者说王次仲已经变成了神仙，挺悔恨的。王次仲变大鸟的地方叫"落翮山"，在现在的河北（古幽州），老百姓一直在祭祀他。

修道成仙的韦震——玉子的由来

玉子原名叫韦震，是南郡人，他少年时就爱读各种经书，周幽王曾召他作官，他不愿出山。他常常感叹说："人生在世上，过一天少一天，离生越远，离死却越来越近。有的人贪图荣华富贵，却不知道修身养性，大限临头就会气绝身亡。人死了，虽然位居王侯，金玉珍宝聚敛如山，其实和粪土有什么不同呢？看来只有得道成仙，才可以使生命无穷无尽。"于是他拜道学家桑子为师，学习了很多道家的法术，并把各种道家理论融汇贯通，自成一家，写了论述道术的文章一百多篇。他主要是论述养神藏气和修道的关系，对阴阳五行的道理也研究得很透彻，并运用五行的相生相克的奥秘来养性治病，消灾免祸。他能兴风掀毁房屋折断树木，也能兴雷播雨散布云雾。他能把木头瓦石作成活生生的龙、虎和牛、马、羊、狗、猪、鸡，还能把自己分成千百个人。他能在江海上行走，嘴里含

着水喷出去就能变成珍珠，珍珠绝不会再变成水珠。有时他一运气，可以不呼不吸，这时就举不起他推不动他，不能使他身子弯屈，弯屈后又不能使他伸直，可以一次闭气几十天一百多天纹丝不动。有时他和弟子们出行，他就把泥团成马，让弟子们闭上眼睛，泥马立刻变成高头大马，而且骑上就能日行千里。他还能口吐五色云气，云气有几丈高。看见空中的飞鸟，他用手一指，鸟儿就立刻掉下来。他在深潭里扔进一道神符就能把鱼鳖之类召上岸来。他能让弟子们抬眼看见千里之外的东西，但看的时间不太长。每当他进行藏神养气的修炼时，就用器皿盛上水，放在两肘之间，一吹气，水上立刻发出红色的光，光芒能升起一丈多高。用这施过法术的水治病，病如果在内脏，就把它喝下去，病如果在体外，只要用它洗洗就行，都能马上治好。后来进入甘肃崆峒山炼丹，白天升天成仙而去。

乘白鹤升天的老者——益州老父的由来

唐朝武则天当朝的末年，益州有一个老头，带着一把药壶在城里卖药，赚了钱就用来救济贫困的人，自己平常不吃东西，时常只喝一点清水。如此过了一年多，百姓们都很信赖他，凡是有病买到他的药的，没有治不好的。有时他独自在江边游玩，久久地凝神远望；又有时登高远望，一整天不说一句话。每当遇到有认识的人，他一定告诉人家说：“人的整个身体，就像一个国家。人的心就是帝王；心旁边排列的脏腑，就是宫内的辅臣；身体表面的九窍，就是宫外的臣子了。所以，心脏有了病，内外都不能救它，这又和国君在上面胡作非为，臣下不能纠正他有什么两样呢？只要想让身体没有病，必须先正他的心，不使心有胡乱的追求，不使心有狂妄的思想，不使心有过分的欲望，不使心迷乱糊涂，那么，心就要首先没有病。心首先没有病，那么，作为心脏的宫内辅臣的脏腑，即使有了病也不难医治，体外的九窍，也就没有得病的因素了。况且药也有君臣之分，还有‘佐’有‘使’。如果要治病，先使用‘君’，后使用‘臣’，然后使用‘佐’和‘使’，自然是恰当的。如果把‘佐’作用的药当作‘使’去使用，把‘使’药当‘佐’去使用，一点也起不到治病的作用，还会扰乱自己，病怎么能好呢？这又像治理国家。我用药，常常这样考虑。常常遇到有人的全身，心起不到心的作用，脏腑起不到脏腑的作用，致使九窍全都不正，全都受病，以至于让好医生见了就吓跑了，好药也起不了作用，还不知道自己治病治晚了。可悲啊！你们一定要记住！”忽然有一天，

他独自到锦州去，脱了衣服洗净了身子，伸手到药壶里只选了一丸药，自己吞了。他对众人说："我的罪期已经满了，现在要回到岛上去了。"顷刻间他变成一只白鹤飞走，衣服和药壶全都沉没到水里，人们寻找了很久也没找到。

仙人托梦唐玄宗——九天使者的由来

唐朝开元年间，唐玄宗梦见了神仙的仪仗队，千乘万骑会集在空中。有一个人穿着红色衣服，戴着金色帽子，从车上下来，拜见唐玄宗说："我是九天的采访使，到人间来巡察探访，想要在庐山的西北面盖一所地宫，木石基址已经有了，只是需要人力罢了。"唐玄宗就派中使到庐山西北去看，果然有基址在那里。过了两宿，又有几千根大木头莫名奇妙地被运来，不知是什么人所运来的。按照殿、堂、廊、宇的不同需要，分别弄来不同的木料，长短粗细都很适用。有人说，这些木头是以前九江王采伐的，打算建造宫殿，沉没在江州溢水岸边，其实是神仙运来供使用的。庙西的长廊，柱子架在空中，在大山涧的上面，它下面有奔流轰响的河水，深不可测，已经好多年了，从来没有危险发生。当初盖庙的时候，木材是一齐运来的，一天晚上就来了上万根，根根都有水痕。门殿廊宇的基石，是自然变化出来的，并不是人筑造的，曾经有五色的神光，照耀着要盖庙的地方，常常像白天一样。盖庙的时候，人们挥斧做工，一点不闲着，却谁也不疲倦，十来天就把庙盖了起来。完工的时候，中使梦见一个神仙对他说："赭垩、丹、绿各种颜料，庙北的地下就有，找一找就能找到，不必到很远的地方去找。"于是中使派人寻找，挖回来使用，一点也不缺。后来建昌渡有五百多名仙官，好像穿着道士服的人，都说要到使者庙来。现在那图像还存在。当初唐玄宗梦见神仙的那天，就找来了天台山的道士司马承祯，向他打听这事。司马承祯奏道："现在名山大川里供奉的神，都是把他们当做一方之主来祭祠的。太上老君担心他们作威作福而危害黎民百姓，分别派来上界的仙人，到名川岳监察他们。五岳有真君在那里，又有青城丈人为五岳之长。潜山的九天司命主管九天的生死簿籍；庐山九天使者执掌清微天、禹余天、大赤天等三天的令符，可弹劾所有的神仙。他们都是五岳的上司，何不各为他们盖上庙，用斋食犒赏他们呢？"唐玄宗听了他的话。这一年五岳三山都盖起了庙。

长生不老的仙人——柏叶仙人的由来

柏叶仙人原名叫田鸾，家住长安。他家世代做官，到有了田鸾的时候，家中很富。田鸾兄弟五六个，全都不到30岁就早死了。田鸾25五岁的时候，他母亲非常忧愁，他自己也很害怕。他曾经听说修道的人有长生不老的道术，于是他就进了华山。他打听寻找仙人，心情十分诚恳。当他走到山下几十里的地方，遇见一位道士从山里来，于是他就上前拜见，向道士打听长生的秘诀。道士抬头指着柏树说："这就是长生药啊！何必到更深更远的地方去！只问你自己意志如何罢了。"田鸾就进一步打听仙药的配方。道士说："柏叶长期不间断地服用，就能长生。"于是把柏叶晒干，加工成粉末服用，逐渐控制吃鱼肉，心志专一。田鸾服用了六七十天，没有别的效果，只觉得时时烦躁发热，但他坚持服用不间断。到两年多后，他就头痛发烧，全身生疮。他母亲哭泣着说："本来是为了延寿，现在反倒被药害死了。"但是田鸾坚决不放弃，还是照吃不误。到了七八年，发烧的病更厉害了。他的身上就像着火一般，别人不能接近他。谁都能闻到他身上的一股柏叶的气味。身上的疮全都溃烂，黄水流遍全身，干了像胶一样。母亲也认为他要死了。忽然有一天他自己说："身体今天像好一些，要洗个澡。"于是让人在屋里放了一大盆水，几个人把他抬到大盆里。自从有病以来，他睡眠很少，现在他忽然想睡，于是就让左右的人把门掩上，不要弄出声响惊扰他，他就泡在盆里睡着了。3天之后他才睡醒，叫人把他扶起来。他身上的那些疮，一扫而光。精神焕发，皮肤白净，眉毛胡须也变得黑中透绿。他突然觉得耳聪目明。他说："我睡觉的时候，梦见几个道士拿着旌节带领我去拜谒上清，见到自古以来所有的神仙，他们都互相说：'柏叶仙人到这儿来了！'于是就教给我仙术，把我的名字在玉牌上刻成金字，收藏在上清。他们对我说：'你暂且在人世间修行，以后有了位置就叫你来。后来就又领我回来。'"田鸾从此不再吃粮食，并不觉得饥渴。他隐居在嵩阳。到贞元年间，他已经123岁了，还总是很年轻的样子。忽然有一天他告诉门人，没病就死了，脸色没变，大概是尸解了。他临终的时候异香满室，空中有音乐的声音。这是他造访青都，赴神仙的约会去了。

陈应祈雨救民受人敬仰——清水祖师的由来

清水祖师，俗称为祖师公，在我国台湾地区有广大的信徒。其他地区，有人则称他为“黑面祖师”。在台湾的寺庙中，以三峡的清水祖师庙最有名。

相传清水祖师的俗名为陈应，有的人则称他为陈昭应。在宋仁宗期间，出生于福建省的永春县小姑乡。陈应因为家中穷闲，便从小以寺庙为家。刚入寺庙的时候，陈应是在大云院作杂役，常常无缘无故遭受他人欺负，等到年纪稍长，便决定独自前往高泰山，自行结庐社修行，谨守严格的戒律。但在山上苦思多年的他，自觉这样下去始终无法突破，心想如果没有好的师父教导，可能终究难成大业，所以改到大静山拜师学艺，投靠在明松禅师的门下。经过3年的修行，陈应终于悟道，打算回到原来的修炼之地：陈应在离开之前，明松禅师要他记住多行善事、广结善缘，这话给了他很大的启示，从此后便依循师教，到处帮人民治病，普度众生。

神宗元丰六年，福建清溪发生严重的旱灾，乡民到处求救无门。日子不但过不下去，可能连性命都将不保。乡民听说陈应的道行高深、法力无边，便派人到陈应修炼之处，请他下山为乡民祈雨。陈应听完乡民的请求，觉得应该尽点心力，于是下山到当地，举行一场祈雨祭典。在陈应祈雨施法不久后，只见天降甘霖，雨水甚是充沛，解除了当地干旱的危机，乡民的心情岂能用久旱逢甘霖等字形容！为了感谢陈应为乡民所做的事，乡民请他留下常住乡中，并建造一座精舍供养他；乡民请陈应替精舍命名，他看到舍前泉水清澈冷冽，因此取名为“清水岩”。陈应在清水岩修行期间，总共待了19年，在这些日子里他努力为乡民服务，比如募款造桥等。当时连漳州一带的居民，也十分地崇拜陈应，常常请他到乡镇上祈福。

陈应生前曾游历清溪乡南边的大山，对同行的人说：“这里是难得一见的圣地，几十年后，我将在这里现身。”到了宋高宗绍兴四年，山林因为雷电引起森林大火，火势延绵不绝，从早烧到晚都不曾停过，最后不知为何终于停止。大火熄灭后，乡民上山巡视灾情，结果在一处人烟稀少的石门处，发现门前摆有白菊一束，香炉一座，香炉还缓缓升起余烟，最神奇的是，像是有个仙人隐隐约约地端坐在那里。大家都认为是陈应显灵，于是就在石门处为他建造一座寺庙，取名为“清水别岩”，他的弟子并在当地为他安置舍利，陈应的神迹不断地显现，经过人们口耳相传，终于传到朝廷，当时的皇帝特地赐封他法号“昭应大师”。在台湾的清水祖师庙，至少有九十多处，证明台湾清水祖师香火的兴盛，其中以台北市祖师庙的香火为最盛，是清水祖师庙两大重要的庙宇之一。

台湾对于清水祖师，有个另外的称呼，称他为“黑面祖师”，关于这个称呼有一个小故事。相传清水祖师年幼便失去父母，由他的哥哥抚养长大，幼年的他就必须帮多病的大嫂煮饭做事，奇怪的是，从没见到他砍过柴，炉灶却能烧出熊熊烈火；有一天，他的大嫂偷偷地看他，究竟如何能够办到这事，她这么一瞧，发现祖师竟然将脚深入炉中当柴烧。他的大嫂吃惊地赶紧跑进厨房，却看见他整个人躲进火炉消失不见；因此人们看到他的时候，总会觉得他的脸黑黑的，便称他为黑面祖师。但台湾似乎不只有他这一位黑面神，像黑面妈祖就是另一位神明，俗称的黑面三妈也是以“黑面”著称。

姜子牙助周灭商——姜太公的由来

在《封神演义》中，姜太公是群神之首，所以在民间演化为极具权威的一位神仙。民间凡要驱邪避鬼，就写出“姜太公在此，诸神退位”，以此来祈求平安吉利。而这位姜太公在历史上的确有其原形。

姜子牙，名望，一名尚，字子牙，东海人，生于商朝末年，生逢乱世，遭遇曲折，一生充满浓厚的传奇色彩。相传姜子牙的祖先是贵族，在舜时为官，因功被封于吕（今河南南阳），所以也称为吕氏，名吕尚。后来家道中落，到姜子牙的时候已经沦为贫民了。为了能够维持生计，姜子牙年轻的时候曾在朝歌宰牛卖肉，又到孟津做过卖酒生意。虽然生活贫寒，但是他胸怀大志，孜孜不倦地探究古今政治演变和军事战争的成败得失，加之他从上流社会沦落下来，饱尝民间疾苦，终于锤炼成满腹经纶的一代奇才。

姜子牙晚年的时候，作为东方大国的殷商王朝已经开始走下坡路，社会黑暗无比，政治极度腐败，统治阶级内部、奴隶与贵族，以及各国、各部落之间的矛盾都异常尖锐。以纣王为首的贵族阶层骄奢淫逸，因此，大臣离心离德，诸侯中也时有背叛者。

当时，西部的周国由于西伯姬昌（后为周文王）倡行仁政，发展经济，实行勤俭立国和裕民政策，因而社会清明，人心安定，国势日强。

壮心不已的姜子牙，获悉姬昌为了治国兴邦，正在广求天下贤士，便毅然离开商

朝，来到渭水之滨的西周领地，栖身于磻溪，终日以垂钓为事，静观世态变化，待机出山。一天，姜尚在磻溪垂钓时，恰遇到此游猎的西伯姬昌，二人谈得十分投机。姬昌见姜尚学识渊博，通晓历史、时事，便向他请教治国兴邦的良策。姜尚当即提出了“三常”之说：“一曰君以举贤为常，二曰官以任贤为常，三曰士以敬贤为常。”意思是，要治国兴邦，必须以贤为本，重视发掘、使用人才。姬昌听后大喜，亲自把姜尚扶上车辇，一起回宫，拜为太师，称“太公望”。从此，英雄有了用武之地。

在辅佐周文王朝期间，姜子牙为强周灭商制定了一系列内外政策。对内促进生产发展，为灭商打下很好的经济基础。对外，表面上恭顺事殷以麻痹纣王，暗中争取邻国、逐步拉拢，瓦解殷商王朝的盟邦，以翦商羽翼，削弱和孤立殷商王朝。

在姜尚的积极谋划下，归附周文王的诸侯国和部落越来越多，逐步占领大部分殷商王朝的属地，出现“天下三分，其二归周”的局面，为最后消灭纣王创造了条件。周文王死后，武王姬发继位，拜姜尚为国师，尊称师尚父。姜子牙继续辅佐周国朝政。周武王对姜尚言听计从，时时慎于行赏，力求令行禁止，使西周政治愈益清明。而此时的殷商王朝政局更加昏暗，叛殷附周者日多。周朝逐渐羽翼丰满，国势日隆。

武王九年（约公元前1038年），为了探察诸侯是否会一起东讨商国，在姜子牙的统帅下，周军浩浩荡荡地开到孟津，在这里举行了历史上有名的“孟津之誓”，周武王发表了声讨商纣王的檄文。当时有八百诸侯会诸此地，显示了武王的声威。虽然当时许多诸侯都说“商纣可伐！”但是武王和姜子牙认为时机还不成熟。殷商王朝的统治还没有达到明显的土崩瓦解，如果兴师伐纣，一定会遭到顽强抵抗。这次行动，实际是灭商前的一次预演，在诸侯国间产生了很大影响，使更多的诸侯听命于周武王。

武王十一年（约前1036年），殷商统治核心发生内讧，大臣比干被杀，箕子被囚为奴，微子启惧祸出逃，太师、少师投降周武王。武王向姜子牙征询意见后，决定讨伐殷商，以姜子牙为主帅，统领兵车三百乘，猛士三千名，甲士四万五千人，以“吊民伐罪”为号召，联合诸侯各国出兵进取商都。

二月五日，周武王率领大军陈师牧野（商都朝歌七十里，今河南淇县南），与纣王的十七万大军展开决战。结果，商纣王的十几万大军当天就土崩瓦解了。纣王见大势已去，连夜仓皇逃走，随后于鹿台投火自焚。至此，殷商王朝宣告灭亡。

牧野之战之所以能大获全胜，多亏姜尚英明的组织指挥。在作战时机的把握上，选择在纣王麻痹松懈、众叛亲离之时；在力量的组织上，以“吊民伐罪”为号召，联合诸侯共同伐商；在作战指挥上，首先以兵车、猛士从正面突击，尔后以甲士猛烈冲杀，一举打乱商军阵势，取得胜利。

据传说，兵书《六韬》也是姜子牙所作，虽然后人考证该书系战国时人伪托的作品。但从现存的内容看，其反映的基本都是姜子牙的军事实践和他的韬略思想。

司马迁在《史记·齐太公世家》中，曾对姜子牙的谋略及其历史地位有一段概括性的评价："……其事多兵权与奇计，故后世之言涉及周之阴权，皆宗太公为本谋。"这就十分清楚地指出，姜尚一生足智多谋、善于用兵、工于奇计，难怪被历代兵家和谋略家奉为始祖。

第一战神——二郎神的由来

在《封神演义》中，二郎神杨戬是一个有三只眼、七十二变化，无所不能的神。可以毫不夸张地说，二郎神是我国神话中的第一战神，其能力与大闹天宫的孙悟空不相上下，这一点我们在《西游记》中可以看到，在天界对孙悟空的第二次大围剿时，就是二郎神把孙悟空追得四处躲避。

虽然二郎神是民间最熟悉的神，但也少有人知道他的出身来历。似乎一说起二郎神，就会想到杨戬杨二郎，头上三只眼，身后哮天犬，一柄三尖两刃刀，还有七十二般变化。其实，这只是《西游记》和《封神演义》中的二郎神，并不是民间所流传的二郎神，而且这两部书对二郎神的描述也不同。

《西游记》中的二郎神有姓无名，杨戬却是《封神演义》的独创，可又没有排行老二一说。而且《封神演义》里的杨戬是一位道士，《西游记》里的二郎神却是玉皇大帝的外甥。《封神演义》中的梅山七怪是杨戬降灭的妖怪，《西游记》中却成了包括自己在内的"七圣"。

如果真的追究起来，其实这两位二郎神都是假的。虽然宋朝民间非常盛行祭祀二郎神，但这个二郎神并不是杨戬，而是赵昱。赵昱据说是隋朝时的一位道士，后来被隋炀帝招聘为嘉州太守，在任期间曾斩蛟除害，所以被地方百姓奉为神明，死后还屡次显灵。北宋时期，就有关于赵昱显圣帮助官府平定叛乱的记载，于是朝廷大加表彰，封为"清源妙道真君"，连京城都建立了他的庙宇。这位赵昱排行老二，所以人称"二郎神"。

但是这位赵二郎怎么会变成杨二郎呢？从冯梦龙

根据宋代“杨戬馆客”的故事改写的《勘皮靴单证二郎神》（《醒世恒言》第十三卷），倒能看出一些眉目：宋徽宗有一位妃子韩夫人，为了养病，下放到大太监杨戬府中。病好之后，她到二郎神庙中还愿，见了唇红齿白的真君塑像，不禁想入非非。庙里的一个道士看透了韩夫人的芳心，便假扮二郎神的模样，夜夜跑到杨戬的府中和韩夫人鬼混。结果杨戬看出破绽，请了个有道行的老道，揭露了假二郎神。和童贯、蔡京、高俅并列，被当时人称为“宣和六贼”的杨戬，就这样和二郎神拉扯到一起，后来竟莫名其妙的连名字也借了过去。

但无论是赵昱或杨戬，他们一个是道士，一个是太监，怎么会变成明眸皓齿、玉带绣袍，一副贵公子的模样呢？原来，他们并不是真正二郎神的出身来历，真正的二郎神是二郎独健，也就是赫赫有名的毗沙门天王的三儿子，哪吒三太子的二哥。

据传说，在唐朝天宝年间，康居、大食等五国，合兵攻打唐朝管辖的安西（今新疆库车），安西守将急请救兵，但路途遥远，朝廷束手无策。于是唐明皇便请高僧不空作法，请毗沙门天王神兵援助。唐明皇见天空忽然出现神人率二三百神兵带甲立于道场。不空高僧说：“这就是毗沙门天王的儿子二郎独健。他将领兵前往增援，特来告辞。”

过了不久，安西果然传来捷报，说二郎在空中显圣，惊退了敌人，夜间又有神鼠把敌军弓弦兵械全部咬坏，不堪作战，只得仓皇逃走。从此，二郎独健和神鼠的名头大了起来，皇帝下旨，要各州县都建立天王庙，于是神鼠和二郎结了缘。在元朝的戏剧中，二郎神总带只小狗，到《西游记》中则成了哮天犬，这些都是由神鼠演化而来。二郎神的庙宇遍布全国，但道教的道士们可不愿意让胡神抢了自己的饭碗，于是他们就把道教的神附会上去，硬把二郎神的头衔挂到自家门下。

除了上述的二郎神出处以外，关于二郎神的出身传说还有很多。

1.二郎神是跟随大禹治水的功臣。上古时候，天下洪水泛滥，天帝命大禹率领众人治水。开始时，因为大禹没有治水的经验，所以总是劳而无功。后来经过高人指点，先驯服了一条“孽龙”，然后命令龙用尾巴划出许多条水道，把水导入大海，水患于是得到解决。屈原有诗曰：“应龙入海，何地何画。”说的正是这个事迹。“二”字古音近“孽”，龙又和“郎”的音相近，上古时期没有文字，所有事迹都是口耳相传，所以人们将“孽龙”传说成“二郎”。

2.二郎神是古蜀国治水功臣李冰的第二子，当时协助李冰修筑都江堰，因积劳成疾，升天化为神仙。现在都江堰的二郎神庙所祭祀的神就是他。该庙的二郎神像原为坐姿，右脚搁在左腿上，这就是“二郎腿”的起源。1970年，该庙修整，神像改为立姿，手把一支耒铲（古农具）。

3.二郎神与李冰和都江堰有关，但不是他的二儿子，而是他手下的两个副官，即“二侍郎”。因为神庙原名就叫做“二侍郎庙”，后来才被人们误称作“二郎神庙”。1974年，都江堰水中曾出土三个石像，一个是李冰，背有“某某太守李某”；另两个为“某某侍郎”，下款刻有“二侍郎庙”等模糊字样。

美猴王成仙——齐天大圣的由来

孙悟空，大家都知道是《西游记》中的人物，然而在道教的世界中，仍被尊称为神明，除称他美猴王外，一般都取他书中美号——齐天大圣。

传说，天地万物均有灵气，在花果山顶有颗仙石，吸收天地的灵气化成猴形。这石猴有着不同的性格，和超乎一般猴子的勇气，他深入水中找到水帘洞，在花果山称王。虽然日子过得逍遥又快乐，但石猴担心生命终将用尽，于是打定主意，告别所有的猴子猴孙，离开花果山找寻长生不老术。他翻山越岭、渡过五湖四海，来到一处仙地。途中遇到樵夫念着玄妙之理，他便连忙拜礼称师。樵夫对他说，自己不是神仙，真正的神仙是住在斜月三星洞。石猴终于找到祖师，祖师见他天性灵敏便收至门下，因他外形为猴故姓孙，俗名悟空。

孙悟空在仙洞经过数年，始终未学习仙法，这日祖师将他唤到跟前，问他说："道术的奇妙之处众多，且各有其法，不知你想学哪一门？"悟空回曰："全看老师的意思，弟子一定专心地学习听从。"祖师说："那我教你个'术'字门中的道术好吗？"悟空不懂便问说："那是什么样的一个道法？"祖师说："所谓的'术'字，是学些请仙送神、占卜问卦，能知道趋吉避凶的道理。"悟空听完后说："那可不可以长生不老？"祖师回答不能，悟空便说不学。

祖师继续问："那我教你'流'字门中的道术好吗？"悟空疑惑地说："所谓的'流'字门中是什么样的一个道术呢？"祖师说："'流'字门中之术，是像儒家、道家、阴阳家等九流之术，加上念佛一事。"悟空又问："那这项道术可不可以长生不老？"祖师说不能，悟空又直言"不学、不学"。后来祖师又列举"静"字门中之法、"动"字门中之法，悟空都因为太久或是像水中捞月而不学。祖师不耐烦地从坐台上跳下，手拿着戒尺，指着悟空说："你这不学，那也不学，究竟是要干嘛？"又在悟空的头上打了三下，然后气冲冲地走回屋内，并将门关上，留下一脸错愕的徒弟们。师兄弟们看到师父这

么的生气，争相指责悟空不明事理，好不容易师父要教你道法，却推三阻四，惹得师父大怒，看你以后怎么办。虽然师兄弟们都生气地指责悟空，悟空却一脸没事的样子，好像从未惹祸。原来悟空知道刚刚师父的三下，是给他的暗号，心中暗暗地高兴，不跟其他人争辩。

等到月色高升，其他的师兄弟都静坐入睡，孙悟空悄悄地来到师父的房门，发现门留了个缝隙，更加确定师父给他的暗语，于是推开房门来到师父的床边，只见师父熟睡得正甜，悟空不敢惊动师父便跪在床前，祖师恰好口中念着："不遇至人传妙诀，空言口困舌头干。"悟空回应师父的话："师父，弟子在此已经恭候多时。"祖师听出悟空的声音，便怒斥问道："你在这儿干什么？"悟空便将原委说了一遍，祖师心想这猴真是天地生成的，能打破我的暗语，便说："今天你有机缘，能解出我的盘中之理，我也高兴地教授你法术。"

后来祖师传授悟空七十二变，凭着悟空的聪明才智，很快地就学会了。有一天祖师考验悟空腾云驾雾之术，可惜孙悟空只能爬云，于是只传他腾云之法，即是筋斗云。然相聚自是有别，孙悟空后来离开师父，回到花果山，接下来展开他取经求道的历程。

孙悟空的师父，大家熟悉的都是唐三藏，其实真正教他仙法的，是故事中的祖师。故事中的各类门中之术，便是一种道教对其他学派的想法，而最伟大的道术都不在其中，所以悟空才要学七十二变。而孙悟空的金箍棒是哪来的？按照《西游记》的记载，是从东海龙宫偷来的。虽然《西游记》像是佛教取经的故事，但是故事中有许多的神明都是道教的神仙，已经是融合的民间思想。在现今的东南沿海及台湾，仍供奉有齐天大圣的神像，也有人向庙宇请出一尊神明，回家供奉以保平安。

仙人三试费长房——役使鬼神的由来

费长房是个生活在市集的人，他担任布阜的物资流通职位，所以对市集来往的人，都一清二楚。故事就从他在市集遇见一位仙人开始。

费长房生于河南，长大后在市集谋得一职，负责市集的一些问题处理。为了生活上的方便，费长房将住所搬至市集附近的一栋楼房，他常在闲暇之余，靠着阁楼的栏杆，从这个位置可获知市集最新的状况，久而久之成为习惯。这日，费长房依旧倚靠栏杆，若无其事地向下张望，突然瞥见一个身穿奇褛的老人，在市集的左侧角落，摆着卖药的摊位。原本这是平常的小事，不足以吸引费长房的目光，但让他目不转睛、匪夷所思的是——某天傍晚，街上行人寥寥无几，久久不见匆忙的路人，奇异的卖药老人跳入摊子前面的大壶，

久久不见爬出壶口，这入壶的举动，费长房观察好几天，渐渐地加重他的疑问，百思不得其解。为了解除疑惑，他鼓起勇气决心一探究竟，问个明白。费长房心想，如果莽撞地拜访恐怕吓着他，于是特地从地窖拿了一瓮好酒，送给卖药老人。老人收下后对他说了一句话：“明天在此处，我带你到仙境。”费长房不敢多语，隔天便依相约的时间出现，老人邀他入壶。

一入壶中，别有洞天之景。外表一个人高的大壶，壶里尽是些仙境之景，老人从屋里端出一盘盘美食佳肴，宴请费长房。席间一再嘱咐长房这事不可外泄，一旦透露天机，恐有祸招身。席上两人相言甚欢，酒杯将尽，老人便请长房到屋中再拿好酒。长房见屋内单单只有一樽小酒瓮，伸手想搬它。长房急得面红耳赤，它却丝毫没有移动的迹象。老人从门口看见这情况，亲自过来拿，轻轻松松地提起。说也奇怪，这瓮虽小，竟然能源源不绝地一倒再倒，让老人和长房能把酒言欢，享受人间天堂。席将终了，老人也只能难过地说：“我是天上的仙人，被贬下凡历劫，如今劫数已满，我将重返天庭。”此话一出，让长房过去求道的念头，再次兴起，便立即下拜老人，求收为门徒，然老人却问：“你能抛下家人的情感吗？”在长房犹豫不决时，老人像是猜透了他的心思，给了他一根竹竿，嘱咐他挂在床上，便传授他一套隐身术。之后竹竿化身为长房，家人误以为长房气断身亡，伤心欲绝地办理丧事。长房这才断绝俗事，专心地跟随老人修道。

虽然老人愿收他为徒，但修道之事并非儿戏，老人决心给他几个测验，看他是否真能悟得道中真理。老人先让长房独自身无防备地走在猛虎群中，又让他身躺草屋，放群蛇围绕四周。无论怎么考验，长房总是能够应付自如，且神色若定，老人见他对外在环境，能展现坚毅的定力，深觉眼光没有看错，心想此为可造之才。但是最后还是功亏一篑，因为长房仍无法通过最后一关——吞食粪便。老人失望地摇摇头，叹气说：“原以为你一定没问题，却仍无仙缘，只要心有喜好爱恶，便难超脱。”老人给长房一根竹竿后说：“这竹竿能送你回家，再给你一道符，作为送别之礼。”长房伤心地拜别老人，跨上竹竿，不到半个时辰，人已至家门。家人见而怪之，惊吓鬼魂灵现，长房一五一十地据实告知，又挖坟开棺才相信这段奇遇。长房虽求道失败，反学医救世，老人所赐的符，也帮长房驱逐不少厉鬼，甚至可请神助之。所以人们都称费长房为“役使鬼神”，并一直流传下来。

仙人具有神奇的法术，能施展各种本领，如化身的能力、来去异地等，从这篇故事我们可看到仙境的玄妙。早期的印象，仙境是在深山之中，凡人除非有段奇遇，否则难以到达，但长房所遇的仙人，却能在一只壶中，变化出一仙洞，壶中别有洞天，仙人的仙术更加扩大了神力，我们对神仙也更加崇拜。另外费长房的故事发展，跟后来八仙之中的韩湘子产生连结，认为费长房是韩湘子的前身。

据《列异传》记载，费长房之所以被称为役使鬼神，还有一段传说。一天，东海的

神君去见葛陂湖的神君，奸污了他夫人。于是，费长房下令将东海神君拘囚3年。这样一来，东海一带遭受了特大旱灾。费长房来到东海，见百姓们纷纷求雨，就命葛陂神君出来施展威力，随即就下了一场大雨。后来，百姓为了感谢费长房的恩德，就将他列入了神仙的行列之中。

北斗众星之母——斗姆的由来

在云南省巍山县城东南面约10公里处，有一座不算太高，峰峦起伏、绵延数十里的山，它就是巍宝山。巍宝山山势挺俊，满山古树葱茏，地涌青霞，花放异彩，是中国十四个道教名山之一。巍宝山顶有座凌空欲飞的殿阁，名叫“斗姆阁”，登斗姆阁，可观巍宝山全山胜景。斗姆阁里面供奉的斗姆是道教女神，也就是北斗众星之母。

据说北斗七星是同胞兄弟，他们还有两个嫡亲哥哥，都是道家尊神：一是天皇大帝，一是紫微大帝。他们兄弟9个，号称“九皇”。斗姆就是他们的母亲。

斗姆，又叫斗姥。斗，指的正是北斗众星；姆，即母也。道书《太上玄灵斗姆大圣元君本命延生心经》称，“斗姆为北斗众星之神”。她是古代的道教徒在星宿信仰中所幻化出来的一位女神。在巍宝山顶的这座斗姆阁里，斗姆像三眼四头六臂，六臂分别执有日、月、宝铃、金印、弓、戟等，显示其神通不凡。斗姆像旁立者为金童玉女。

斗姆的信仰源于古人的星宿崇拜，但由于她是北斗众星之母，母以子贵，名义上应该比群星更为尊贵，故被赋予极大的神通。道教将斗姆塑造成了泽被三界，泽润众生的大神。鼓吹人们只要虔诚奉侍斗姆，生活中的一切都会尽善尽美。

民间俗传农历九月初九（一说初五）为斗姆神的圣诞，在此前会在斗姆神殿举行相关的道教活动和民俗活动，祭斗姆以应其诞辰，冀其保佑。全国著名的斗姆殿，除云南巍宝山上的斗姆阁以外，还有北京白云观中元辰殿、成都青羊宫中的斗姆殿、泰山上的斗姆宫，以及辽宁千山上的斗娃宫等。

为人消灾增福的神仙——五斗星君的由来

在著名小说《西游记》中，王母娘娘举办蟠桃盛会时，邀请的各路真仙中，有一位“五斗星君”神。后来孙悟空大闹蟠桃宴，大闹天宫，亏得佛祖释迦如来法力无边，降住了孙悟空。玉皇大帝龙颜大悦，趁势办了个“安天大会”，宴请如来佛祖，其中作陪的也有五斗星君。看来，这五斗星君的级别还很不低，算得上是高级别的神仙。

五斗星君是道教敬奉的五位尊神，是星宿崇拜的人神化，即北斗星君、南斗星君、东斗星君、西斗星君和中斗星君的合称。五斗星君所属各宫及其职掌如下：

北斗有七星，被称为“七元”，主掌解厄延生。第一天枢星，为阳明贪狼星君，第二天璇星，为阴精巨门星君；第三天玑星，为真人禄存星君；第四天权星，为玄明文曲星君；第五天衡星，为丹元廉贞星君；第六开阳星，为北极武曲星君；第七摇光星，为天冲破军星君。

南斗有六星，被称为“六司”，主掌延寿度人。第一天府星，为司命星君；第二天相星，为司禄星君；第三天梁星，为延寿星君；第四天同星，为益算星君；第五天枢星，为度厄星君；第六天机星，为上生星君。

东斗有五星，主掌纪算护命。第一宫叫苍灵延生星君，第二宫叫陵延护命星君，第三宫叫开天集福星君，第四宫叫大明和阳星君，第五宫是尾极总监星君。

西斗有四星，主管纪命护身。第一宫白标星君，第二宫高元星君，第三宫皇灵星君，第四宫巨威星君。

中斗又称“大魁”，主掌保命，计有三宫。第一宫赫灵度世星君，第二宫斡化上圣星君，第三宫冲和玉德星君。

我国远古星辰崇拜中，即有群星朝北斗之说，道教承袭了这一说法，并加以敷衍演化，创造了五斗星君的说法，五斗皆与护命延寿有关。道书《度人经》称，北斗落死，南

斗上生，东斗主冥，西斗记名，中斗大魁，总监众灵。世人若能礼斗朝真即可消灾解厄，增福延年。

其实，除北斗、南斗是天体中实有的星宿外，其他三斗，不过是为了说明道教五方五行理论而凑成的。《灵宝经》说，天有五方，各有其神主之。所以，五斗星君的产生，亦与五方五帝、五方五老、五岳大帝之类相同。

南斗注生——南斗星君的由来

南斗为二十八宿之一的斗宿，本为星名，后道教引以为神名。对它的信仰，与日、月、北斗等自然崇拜一样起源于很久以前。秦朝时已有祭南斗的习俗。清代，无锡有一座南斗星君庙最有名气，康熙皇帝还御赐亲笔所写的“光耀南天”的匾额。

南斗一共有六颗星。它与北斗七星遥遥相对，故称“南斗”。《星经》上说“南斗六星，主天子寿命，亦宰相爵禄之位”。而每颗星又有其各自的职责，它们分别是“司命星君”“司禄星君”“延寿星君”“益算星君”“度厄星君”“上生星君”。俗有“南斗注生，北斗注死”的说法。

晋代干宝《搜神记》卷三载，管辂具有推算过去和预见未来的能力，他看到一位青年有早死相，不由得自言自语说：“真可怜。”青年听见，一个劲地追问。管辂说明原因后，青年十分惊恐，便回家带着父亲一起来请教解救的方法。管辂出于怜悯，告诉他们：“你们先准备一樽清酒，一块干鹿肉。收完小麦的干田南面有一棵桑树。卯日那天，桑树下必有两人下棋，你带上清酒和鹿肉去两人旁边侍候，杯里斟满酒，连同鹿肉悄悄放在地上。两人定会喝酒吃肉，酒喝干了再斟，直到全部喝完为止。那时，两人会发现你在旁边，并说三道四，但你决不可还嘴，默默地听着就是了，自然会有好处的。”

父子两人按照管辂的指点，把酒和干鹿肉准备停当。卯日那天，果然看见桑树下有两人在下棋。青年按管辂所说，把酒斟满，和鹿肉一起放在地上。两人酒也喝了，肉也吃了。这时坐在北侧的那位忽然发现了青年，于是大声喝问：“为何在这里妨碍我们下棋？”青年一言不发，忙不迭点头行礼。坐在南侧的那位说：“如今酒已喝光了，没别的法子呀！算了算了。”可北侧的那位不肯罢休。南侧的那位一面劝解，一面拿出记载寿命的册子来，把写有青年寿命19岁的数字打了一个颠倒，改成90岁，对青年说：“我把你的寿命延至90岁。”青年听罢大喜而归。管辂后来告诉那青年，北侧的那位男子就是北斗星，南侧的那位就是南斗星，南斗掌管人间的生，北斗掌管人间的死。历史上倒确有管辂这个人，《三国志·魏志》有关他的记载：其年四十八而死，并不长寿，可见《搜神记》里的这个故事完全是杜撰的。正是由于有了“南斗注生”的说法，所以后来专祀南斗的庙宇“南斗星君庙”，民间俗称为“延寿司”。

北斗注死——北斗星君的由来

当古人行走在伸手不见五指的深夜里时，很容易迷路，但他们可以通过仰观天空中的北斗七星辨别方向。对于中国广大地区来说，北斗七星常年可见。在壮丽的恒星天空中，它们像指路灯塔，似报时鸣钟，自古以来就是人们最熟悉的星星朋友。

北斗，俗称“北斗七星”，由天上七颗能见的星星组成，形似古代的斗，又居北方，故称“北斗”。

古人经过长期观察星空，发现北斗七星有以下三个特点：一是北斗七星中的天枢和天璇二星的连线永远指向北极星，而古人认为北极星居天之中而不动，为天帝的居所，因此，北斗七星是夜间指示方向的极好标志；二是北斗七星的斗柄在一年不同的季节里，指示不同的方向，春为东，夏为南，秋为西，冬为北，正好可用以区分季节；三是由于地球自转的原因，北斗每天都要旋转一周，夜间便可以利用斗柄离开初始位置的角度，来推算当时的时刻。

据《史记·天官书》称：“北斗七星，所谓‘旋、玑、玉衡、以齐七政’。斗为帝车，运于中央，临制四乡。分阴阳，建四时，均五行，移节度，定诸纪，皆系于斗。”据《索隐》引《尚书大传》，所谓“七政”指的是春、秋、冬、夏、天文、地理、人道，也就是说，自然界天地的运转、四时的变化、五行的分布，以及人间世事吉凶否泰皆由北斗七星决定，其后的纬书更对此作了发挥。

汉代以降，早期道教徒吸收了民间的北斗信仰，将其进一步人神化、社会化，并附以众多的社会职能。有的说，古代传说中的黄帝就是北斗神的儿子，有的说周武王即为北斗神。后世更有紫光夫人感莲花化生北斗七星的故事，在民间产生了一定的影响。据说，从前有一国王，其名周御，其妃名紫光夫人。一天，夫人于莲池中沐浴，忽感莲花九朵，化生九子。长子为天皇大帝，次子为紫微大帝，其余七子为贪狼、巨门，禄存、文曲，廉贞、武曲、破军七星。

道教徒在对北斗不断人格化的同时，又将其进一步神格化，奉为北斗真君，让北斗星专掌人间寿夭。

古人祭拜北斗，主要祭拜本命星君，其目的也就在于祈求北斗为之解厄延生。在古代，不仅一般老百姓笃信北斗及本命星君，而且，自从秦始皇建立北斗庙南斗庙，历代王朝都把祭祀北斗列为国家祭典，有的帝王还亲自祭拜。甚至在死后埋葬时，尸体也要摆出一副身体侧卧、双腿微曲如睡眠状的“北斗七星”式的姿势。如北京明十三陵在发掘时发现万历皇帝朱翊钧的尸体就是这样一副“北斗七星”式的姿势。“北斗七星”在古代被认为位于天空中心，在星宿中属紫微垣。紫微垣对应的是人间帝王，是帝星所在。所以北斗又被认为是天帝居住的地方。封建皇帝认为自己是上天派到人间的主宰。自称“真龙天子”，信奉“君权天授”“天人合一”的思想，视皇位为“天位”，并时刻把自己的行为与天联系在一起。基于这种思想观念，他们将死视为“升天”，所以皇帝一旦驾崩，也就意味着是到“北斗七星”上去住了。所以，万历皇帝的尸体摆出这么一副“北斗七星”式的姿势应该是不奇怪的。

除了帝王，一些大政治家、大军事家、大学问家，也加入了祭拜北斗的行列。在《三国演义》第一百三十回中，即有诸葛亮在帐中祈禳北斗，踏罡步斗，企望增寿十二年的描写。直到近代，还是有些人要去庙中祭祀北斗，祈求除灾获福，长生不老。这些都显示了人们借助北斗信仰而执著地追求长生的愿望。

和很多原本起源于自然事物的神一样，北斗星神在中国民间也找到了相应的英雄人物作为化身。在《封神演义》中，北斗星官被说成是武成王黄飞虎（后被封为东岳大帝）的三公子黄天祥，被彻底人格化。而赫赫有名的北宋杨家将中，也有一位被称为北斗星神的人物，那就是杨延昭。在历代关于杨家将的传说中，人们都以为杨延昭是杨业的第六子，故称“杨六郎”。但是据史书所载，杨延昭应为长子。这是怎么回事呢？这其实是因为当时辽人迷信，他们认为天上北斗七星中，第六颗星是专克辽国的，而杨延昭对于辽人很有威慑力，于是辽人就以为他是那第六颗星转世，称他为“杨六郎”。就这样以讹传讹，杨延昭就成为“杨六郎”了。

从战神到“和平使者”——太白金星的由来

《西游记》中的孙大圣得道成妖仙后，闹龙宫，打地府，逼得龙王、阎王告上天廷。玉帝大惊，打算派天兵天将前去收伏。这时班部中闪出太白金星奏道：“陛下慈恩，可将此猴招安。”玉帝听了十分高兴，就降诏命太白金星前去招安。

太白金星在《西游记》中是个仁厚善良的老神仙形象，身背天书，老态龙钟。职务是玉皇大帝钦派“特使”。这位和事佬是个很受人们欢迎的角色。他是自然界一个星体的人格化。

太白和金星，其实是一回事，指同一星体。太白即金星，又叫太白星，是太阳系中接近太阳的第二颗行星，也是各大行星中离地球最近的一个。我国古代把金星叫做太白星，又称亮星、启明星、长庚星。早晨出现在东方时叫“启明”，晚上出现在西方时叫“长庚”。

所以后来金星被人神化后，才有白帝子、太白金星之称。

金星为五曜之一。所谓五曜，指水、木、金、火、土五大行星，即东方岁星（木星）、南方荧惑（火星）、中央镇星（土星）、西方太白（金星）、北方辰星（水星）。《史记·天官书论》认为：“水、火、金、木、镇星，此五星者，天之五佐。”已把五星神化。五曜加上日、月，合称七曜。如再加上蚀星和慧星，合称九曜。如不计日、月，而加上月孛和紫气亦可称为九曜。如都算上，则称十一曜。星相家宣称日月和九曜在历法中不同的日子里，会分别为祟。因而在生活中，不同的日子就有种种禁忌。旧时的历书成为种种禁忌之集大成者。

金星被人格化以后，最初是以女性神的形象出现的。山西芮城永乐宫壁画中，即有日、月、五星等九曜神像。金星为女像，手抱琵琶。这是根据佛经、道经而来。唐代编译的《七曜神攘灾法》卷中，描绘的金星形象为：金真神是女人，穿黄衣，头戴鸡冠，手弹琵琶。

僧一行说：金星形如女人，头戴鸡冠。白练衣，弹弦。

到了明代，由于《西游记》等小说的广泛影响，以后的太白金星彻底被改造为老态龙钟的男性神仙，当初那位手弹琵琶、头戴鸡冠的女神仙太白金星，已鲜为人知了。

《西游记》中的太白金星早已为人们所熟识，但在上古时期，金星的形象恰恰相反，它不是什么和事佬，而是代表干戈兵事的战神象征。

因此，古代星相家、军事家常常观察太白金星的变化，来占卜国家的兵事活动。如三国时蜀魏间的一次战争，据《宋书·天文志》载：

魏明帝太和四年（230年）十一月壬戌。太白犯木星，占曰："太白犯五星，有大兵。犯列宿，为小兵。"太和五年三月，请葛亮以大众寇天水，遭大将军司马懿拒退之。

太白金星的这种神格到了后世发生了很大变化。

到了明代，太白金星被彻底改造为老态龙钟的男性神仙、慈善的"和平使者"，最初的"战神"身份已不复存在。神由人造，人们塑造神明和改造神明的力量是巨大的。

人头鸟身的女神——九天玄女的由来

在广东东部的汕头东麓海滨，有一座白花尖大庙。该庙规模宏伟，典雅别致，备受海内外游客赞赏。大庙奉祀的主神是九天娘娘，又名"九天玄女"，所以这座庙也称"九天娘娘庙"。

九天玄女，简称玄女，俗称九天娘娘，原为中国古代神话中的女神。在远古时代的神话中，该神并不是现在人们所看见的漂亮女性形象，而是一只长着人头的鸟。据传她是圣母元君弟子、黄帝之师，因辅助黄帝战胜蚩尤安定天下而得敕封为女神，后经道教进一步演化，被奉为女仙。道教历史上曾有两位玄女，一为常与素女并称、擅长房中术的玄女，二为擅长行军战阵之术的玄女，即为本文所说的九天玄女。传说她是商朝的始祖，精通兵法，所以就被尊为天上掌管各种天书和传授兵法的神。由于后来西王母被转化成女神之首，她也就成为受其领导的一位女神。

九天玄女被拉入道教神仙系列大概是在唐末五代。当时的道士杜光庭根据上述资料及民间传说，写成《九天玄女传》，收入《墉城集仙录》中。该书亦主述玄女向黄帝授符书以破蚩尤的故事，但明确将玄女作为道教神仙加以叙写。该传首句即为："九天玄女者，黄帝之师，圣母元君弟子也。"又说："王母遣使，披玄狐之裘，以符授帝曰：'精思告天，必有太上之应。'"当玄女下降，黄帝再拜受命时，玄女说："吾以太上之教，有疑可问也。"当黄帝告以求授战法之愿时，"玄女即授帝六甲六壬兵信之符，灵宝五符策使鬼神之书，制妖通灵五明之印"等，于是"遂灭蚩尤于绝辔之野，中冀之乡，分四冢以葬之。"经过如此叙写之后，九天玄女遂成为上古之女仙，而被纳入道教神谱中。

民间对九天玄女也有一定的信仰和崇拜。旧时中国不少地区都有玄女庙。古典小说名著《水浒传》中叙述了宋江被逼上了梁山，为了迎接家眷，在下山途中被官军追赶，仓皇之中藏进一座玄女庙，在九天娘娘的佑护下，不但躲过了官军的追捕，而且还得了三卷分别讲述"道"、"法"、"术"的天书。后来梁山好汉受了招安，宋江奉命率众征辽，面对辽军的"太乙混天象阵"，无计可施。正在愁闷，又是这位九天玄女娘娘鼎力相助，传授破阵之法，终于使宋军大获全胜。除了《水浒传》以外，在《三遂平妖传》、《女仙外史》、《薛仁贵征东》等古代小说中，九天玄女都充当了授予小说主角天书兵法的角色。

马王爷三只眼——灵官马元帅的由来

在道教诸神中，有几位三眼神将，都非常厉害。如二郎神杨戬、玉枢火府天将王灵官，都十分了得。此外，还有一位三只眼的神仙，即"灵官马元帅"。俗话说："马王爷三只眼。"至今还常听有人向对手示威道："叫你知道马王爷三只眼的厉害，"可见马王爷的的本事不一般。这"马王爷"就是灵官马元帅的俗称。

灵官马元帅又叫"三眼灵光""三眼灵耀""华光天王""花酒马灵官""马天君"等。

《三教源流搜神大全》卷5有一篇"灵官马元帅"的履历。我们看一下"马王爷"的源流到底如何。《三教源流搜神大全》说马王爷曾三次"显圣"。他本是如来身边的至妙吉祥，不知是菩萨，还是罗汉，因为毁了"焦火鬼坟"，违反了佛家慈悲为怀的教义，罚他下凡。于是以五团火花托胎于一马姓家，生下后三只眼，母亲就叫他"三眼灵光"。马灵光出生后三天就会打架，为除水孽杀了东海龙王，很像哪吒闹海。为报仇，偷走紫微大帝的金枪而被杀。于是，第一次"显圣"宣告结束。灵光又"寄灵"于火魔王公主为儿，出生后，左手有个"灵"字，右手有个"耀"字，故又名"灵耀"，开始了第二次"显灵"。他拜妙乐天尊为师，学得"风雷龙蛇首或鬼安民之术"，并得三角金砖。他神通广大，收500火鸦，降乌龙大王，斩扬子江龙。玉帝让他掌管南天事，并赐琼花宴。宴上金龙太子惹恼了灵耀，火烧南天门，大败天将，又下海大闹龙宫。后被逼得走投无路，只好投胎于鬼子母。第二次"显圣"结束。鬼子母有500个儿子，中国民间常把她称为"送子

观音”、“送子娘娘”。马王爷第三次“出世”后，为救母亲，入地狱，步灵台，过酆都，入鬼洞，战哪吒，窃仙桃，又像是孙悟空闹三界。不料，他又与齐天大圣大打一通，后来如来佛为他俩和解。玉帝看他是个将才，让他当了真武帝的部将。世间百姓对他极为虔诚，凡有“妻财子禄之祝，百叩百应”。

灵官马元帅的以上事迹，并不见于《佛经》《道藏》。据近人叶德辉考证，《三教源流搜神大全》应为元版《搜神广记》之异名。就是说，马王爷的故事至迟于元代就已在民间流行。明人余象斗根据《三教源流搜神大全》的内容，编了一部《五显灵官大帝华光天王传》，又名《南游记》。此书收入《四游记》中。余象斗把一篇500来字的履历表，演为一部四卷十八回近5万字的小说，增加了许多情节。妙祥因烧死独火鬼，被如来贬去马耳山娘娘腹中抽胎，并赐他第二只眼，所谓“天眼挪门，可见三界”。出生即为三眼灵光，为报父仇，杀死龙王。偷紫微大帝金枪被困而死，复投胎炎玄天王家而为“三眼灵耀”。大闹琼花会后，自号“华光天王”（《三教源流搜神大全》叙灵官马元帅三次“显圣”后，无此名号）。此后主要敷演华光救母的故事，闹天宫、闹人间、闹地狱，终于皈依佛教。于是华光永镇中界，万民求男生男、求女生女，买卖一本万利，读书人金榜题名，“感显应验，永受祭享”。

华光救母的故事，大概受了流传广泛的目连救母的影响，但情节更为热闹。有趣的是，书中还专有一回，讲“华光与铁扇公主成亲”的故事。

“花酒马灵官”的名目出于《北游记》。真武大帝收伏华光之时，喝道：“来者何人！不得无礼！”华光答道：“某乃在此名胜，好酒贪花，号作花酒马灵官是也。”但书中并未写他“好酒贪花”的风流韵事，即他与铁扇公主成亲之事，也是二人有“宿世之缘”故。总之，“花酒马灵官”并不像个“花花太岁”。

一些城隍庙中祀华光大帝，南方亦有许多主祀华光的华光庙。旧时，民间也有供奉华光大帝牌位的。照《华光天王传》和《北游记》的说法，华光乃“火星”，是“火之精、火之灵、火之阳”，玉帝曾封他为“火部兵马大元帅”之职，法宝除金砖外，尚有“风龙降火龙数条”及“火丹”，只有真武帝用北方壬癸之水，才将其制服。所以民间又视其为火神。道教把他的生日定为阴历九月二十八，可他八月初一就由天上下凡，如果八月初一这天下雨，那么一年的火灾就会少。因此，旧时南方旧历八九月间，街街巷巷，都要作“华光醮”，三四天不等。打醮的目的，是为了免除火灾，届时每家预备腊烛、冥钱、火炭、鸡毛，以及柴米油盐等，捆成一堆，放在门口。打醮的最后一天，五更时分，有一班人打着明锣从门口经过，把这些东西放在大筐内，再放进一只纸糊的大纸船里烧掉，叫做“送火灾”。打醮的日子，张灯结彩，迎神赛会，街坊邻众，齐往参拜，在娱神的气氛

中，倒也洋溢着娱人的欢乐情绪。

所以，南方华光庙的功用，倒像是北京和北方遍布的火神庙。有人又把华光与财神爷“五显神”混为一谈，故有不少老百姓又把他当成财神来叩拜了。

道教护法神将——王灵官的由来

王灵官是萨真人守坚的弟子，“青出于蓝而胜于蓝”，王灵官的本事和名气要比师父大多了。萨真人不过是沾了徒弟的光，挤进了有数的几座庙里。而王灵官同佛教的护法神将韦驮一样，在所有大大小小的道观里，神气活现又威风凛凛地站在重要位置上。大大小小的灵官庙更是遍布全国。

据说，王灵官本名王善，是湘阴城隍庙的城隍。萨真人得道后，路过湘阴，就住进了城隍庙。几天后，当地太守梦见城隍告诉他说：“有个姓萨的住在庙里，闹得我挺不方便，请替我把他赶走。”天一亮，太守带人来到庙里，马上把萨真人轰走了。萨真人怀恨在心，走不多远，见有人抬着一口猪到庙里还愿，他拿出一把香交给他们，说：“还完愿，替我烧烧香。”这些人如约办理，不料忽然来了一阵雷火，把城隍庙烧了个精光。萨真人出于报复心理，用法术把人家的“家”全毁了，闹得城隍老爷没地方安身，看来萨真人也是个肚量狭小之人。还有一种说法，萨真人路过此处时，见人用童男童女活祭本处庙神，大怒道：“此等邪神，即焚其庙！”说罢，雷火飞空，立焚此庙，人莫能救。这里的萨真人倒是个除恶惩邪的正人君子。

此后萨真人云游四方，遍行救济。十数年后，来到龙光府，正在江边洗手时，水中冒出一员神将，方脸膛，黄巾金甲，左手拽袖，右手执鞭，对萨真人说道：“我是先天大将火车灵官王，久值灵霄殿，奉玉帝之命庙食湘阴，以惩此方恶业。自真人烧我庙后，我便偷偷相随12年，伺机报仇。不想真人功行高，又将供职天廷，我愿为部将奉行法旨。”这里，又把王灵官说成本是玉帝的御前大将了。《明史·礼志》说得还算有些接近事实：“宋徽宗时，尝从萨守坚传符法”，又说“灵官受法萨守坚，萨复受法于林灵素，而林乃一诗士耳”。就是说，王灵官是宋徽宗时人，是宋朝著名道士林灵素的再传弟子。

王灵官的走运，归功于明朝永乐时的一个道士周思得。

永乐年间，杭州道士周思得来京，“以王元帅法显京师”。元帅者，世称灵官，26天将中，他居第一位。周思得在北京行灵官法，知祸福先，朱棣多次试探，都很灵验”。以至“招弭祓除，神鬼示，逆时雨，远皋疾”，无所不能。朱棣大喜，乃于禁城之西建天将庙及祖师殿，以奉拜萨真人和王灵官。明宣德年间，明宣宗改庙为观，称“火德观”，并封萨真人为崇恩真君、王灵官为隆恩真君，又在观内建崇恩殿、隆恩殿。成化年间，明宪宗进一步改观为宫，称“显灵宫”。四季为二神更换袍服，3年一小焚化，10年一大焚化，复换新袍服，珠玉锦绮，所费不惜。而且还规定，每年万寿圣节（皇帝生日）、正旦、冬至及二真君示现之日，皆遣官致祭。此时是王灵官最红火的时候。

据历史记载，永乐年间，有个世传的灵官藤像被明成祖朱棣得到，藤像分量很轻，朱棣就把它放在寝宫，“崇礼朝夕，如对宾客”。朱棣雄武有大略，征战一生。每次征战，都要带上灵官藤像，作为军中保护神。第五次出征漠北，打到金川河时，突然藤像重得抬不动了。成祖祷告，答曰：“上帝有界，止此也。”不久，朱棣果然重病，不能前行，终于病死返京途中。偶然巧合，附会为神明的“灵验”，在稗史笔记中不胜枚举。藤像作答，实属荒唐，但从中我们倒可看到灵官信仰的深远。

后起的道教为扩大影响，争夺信徒，就要与颇有实力的佛教相抗衡，同佛教一样，道教也造出众多冗杂的神明。佛教设置了某种职掌的佛神，道教也有相应的道神。佛教有个重要的护法神韦驮，被派到寺庙去镇守佛殿，道教便把灵官作为重要的护法神将，去镇守道观山门。佛教的经书最后一面，必有韦驮像；道教的经典最后一面，也常刻灵官图。

灵官一般被安置在山门后的灵官殿内，有的山门殿即是灵官殿。灵官殿相当于佛庙的天王殿。王灵官的形象也不尽相同，大多威武凶恶，红脸膛，额上还有一眼，三目圆睁，锯齿獠牙，虬须怒张，披甲执鞭，确有镇妖压魔气魄。也有些灵官像威武而不凶恶。灵官造像以北京白云观、天津娘娘宫、武汉长春观、苏州玄妙观以及武当山元和观等处最有名。天津娘娘宫灵官殿的王灵官像个火神爷，红脸，三目怒视，顶盔贯甲，左手持风火轮，右手拿单锏。因他是保护海神娘娘的护卫，人们就叫他“镇海神”。

在著名的湖北道教圣地武当山中，还有“五百灵官”之说。在天乙真庆宫内，环列着五百尊铜铸饰金的灵官像，各高尺许，神态各异。据《太和山志·圣迹》载：净乐国王太子（即后来的真武帝）在武当山修炼时，国王思念太子，令大臣率百众，至南岩“传启王命，部众忽僵仆不能举，同声告曰：愿从太子学道。”于是俱隐山中，太子成仙后，五百众皆登仙道。后人造五百灵官像供祀。当然，这与佛教五百罗汉之说虽各有不同，却也有类似之处。

由于王灵官曾被封为“玉枢火府天将”，人们又把他看成火神，有的灵官像就是一副火神爷模样，故有的火神庙也供灵官。

耐人寻味的是，灵官本为道教的神仙，是专门守护道观大门的。可有时却被佛教拉去，充当寺院的门官儿。如佛教圣地九华山金地藏肉身宝殿对面，即有一座灵官殿，原有王、马、赵三灵官，即王灵官王善、马灵官华光、赵灵官赵公明，现存王、马灵官，赵灵

官在“文革”期间被毁。此外，在灵宫殿后正天门以及甘露寺，祇园寺等处，都有灵官塑像。佛教圣地，竟请道教灵官来站岗守卫，这是怎么回事呢？

原来，事出有因。九华山灵官塑像的出现，是在金元之际。当时全真道的创立者王重阳，力主儒、释、道三教合一。他宣称“儒门释户道相通，三教从来一祖风”。又谓“释道从来是一家，两般形貌理无差”。所以，道家之神给佛家看门，倒也相安无事，没有引起什么纠葛。在庙观中，佛中有道，道中有佛，二教融合的事例，并不少见。

灵官塑像无观不在，有的灵官像两侧，还悬有一副联语：

三服能明天下事，一鞭惊醒世间人。

王灵官，道教一般说是宋徽宗时的王善，但也有说唐太宗时人王恶。据说力大无比，性情刚烈”，曾焚烧一江湖古庙，忽怪风大作，适值萨真人赶到，遂作法反风而灭妖。玉帝封他为豁洛王元帅，赐金印，掌监察之职。看来，此神是由王灵官附会衍生而来。

道教护法天将——三十六天将的由来

道书所列36天将并非虚指多数，而是有名有姓。36位的姓名为：蒋光、钟英、金游、殷郊、庞煜、刘吉、关羽、马胜、温琼、王善、康应、朱彦、吕魁、方角、耿通、邓郁光、辛汉臣、张元伯、陶元信、苟雷吉、毕宗远、赵公明、吴明远、李青天、梅天顺、熊光显、石远信、孔雷结、陈元远、林大华、周青元、纪雷刚、崔志旭、江飞捷、贺天祥，高克。

以上36天将，有的原是历史人物，如关羽，属忠孝义烈的代表，死后被封为神。有的原是道士，如王善，死后被神化，成为王灵官。更多的是传说中的人物，如泰山神温琼（又作瘟神）、财神赵公明（又作冥神、瘟神）。还有的是小说编造出来的历史人物，如太岁神殷郊，但其中一些天将的来历不甚明了。

在《北游记》中，玉帝所封真武祖师麾下36天将与上说有所不同。其名目为：水火龟蛇二将、赵元帅赵公明、显灵关元帅关羽、雷开苟毕二元帅、风轮周元帅广泽、尽忠张元帅张健、火德谢元帅汾仕荣、灵宫马元帅华光、管打不信道朱元帅朱彦夫、考较党元帅党归藉、仁圣康元帅康席、庞元帅庞乔、辟生高元帅高原、辟妖

辟邪雨元帅雨田、威灵瘟元帅雷琼、神雷石元帅石成、虎丘王高二元帅王铁高铜、先锋李元帅李伏龙、纠察副元帅副应、太岁厨元帅段高、猛烈铁元帅铁头、雷母朱佩娘、雷公酆都章元帅、月孛天君朱孛娘、豁洛王元帅王忠、杨元帅杨彪、刘天君刘俊、聪明二贤商委师旷、二太保任无别宁世夸、邓元帅邓成、辛元帅辛江、张元帅张安。

书中详细讲了真武祖师收伏这36天将的过程。另外，书中还开列了6位真君、元君，但早已超过了36位之数，书内亦无真武收伏这些神仙事。对此也不必认真，本来36天将的名目，就是明末书商余象斗根据一些道书和民间街谈巷语凑合而成，是谈不上什么“根据”的。

考查记录功劳的神仙——四值功曹的由来

四值功曹，是道教所信奉的值年、值月、值日、值时的四位小神。“功曹”本为人间的官吏名称。在汉朝是州郡长官的帮手，有功曹、功曹史，主要工作是考查记录功劳，掌管功劳簿。北齐以后叫功曹参军，到了唐朝，在府的还叫功曹参军，在州的则叫司功参军。道教在编织神仙天廷世界时，也给玉帝等大神配备了这一记功官。

在《西游记》中，孙悟空大闹蟠桃会，反出天宫后，玉帝大怒，即派四天王，协同李天王和哪吒太子，点二十八宿、九曜星官十二星辰、五方揭谛、四值功曹等，布下了一十八架天罗地网下界，来捉那妖猴。不过这场恶战四值功曹倒落了个轻闲，天兵天将被齐天大圣打得大败，哪有什么功劳可记?

四值功曹除了是记功官，还作守护神将。他们和护教伽蓝、六丁六甲、五方揭谛等，奉菩萨法旨，暗中保护唐僧。每当唐僧遭难，孙悟空又不在身边时，他们就成了唐僧的保镖。此外，他们又充当传令官。如第三十二回《平顶山功曹传令莲花洞木母逢灾》，就是值日功曹变了樵夫给唐僧师徒通风报信，让他们事先做个准备。四值功曹中以值日功曹最累，因为他每天值日当班司事，又叫当值功曹。古典小说中，写法师、道长作法请神时，动不动就是：“值日功曹何在？”还得随叫随到，怎能不累?

功曹本为书吏，道士们自然不会让他们闲着。他们宣称，凡是人间“上达天廷”的表文，焚烧后就是由四值功曹“呈送”的。如《金瓶梅》第三十九回，写西门庆在玉皇庙打醮，道观铺设许多文书符命，其中一道就是请功曹符使等神“捧奏三天门运递关文”。第六十六回，黄真人炼度荐亡时，斋坛上“金童扬烟，玉女散花，执幢捧节。监坛神将，三界符使，四直（值）功曹，城隍社令，土地祇迎，无不毕陈”。《红楼梦》第十三回，秦可卿死后大办丧事，僧道念经作法的宣坛上有榜文也书写着“恭请诸伽蓝、揭谛、功曹等神，圣恩普锡（赐），神威远镇”等语。

《金瓶梅》和《红楼梦》是明清时代社会生活的真实写照。道教和世俗对四值功曹的信奉，于此可见。

行风雷、制鬼神的天将——六丁六甲的由来

六丁六甲与二十八宿、四值功曹、三十六天罡、七十二地煞等，都是道教中常说的神将群。道士作法时，常用符篆召请他们“祈禳驱鬼”。道经中即有《灵宝六丁秘法》和《上清六甲祈祷秘法》。早在汉代，就有方士用六丁之法“占梦”。《后汉书·梁节王传》即载梁节王“数有恶梦，从官下忌自言能使六丁，善占梦”。他役使六丁的方法是，先斋戒，然后其神至，“可使致远方物，及知吉凶也”。后来衍变为六丁六甲。

六丁六甲是合称，包括十二位神。即六丁：丁卯、丁巳、丁未、丁酉、丁亥、丁丑，六甲：甲子、甲戌、甲申、甲午、甲辰、甲寅。《天上九霄雷霆玉经》说：“六丁玉女，六甲将军。”《续文献通考》说得更为明确：“丁卯等六丁，阴神玉女也。甲子等六甲，阳神玉男也。”道书上宣称，六丁六甲能“行风雷，制鬼神”。

六丁与六甲，名称全取于干支，应是值日神演化组合而成，这十二神最初是真武手下大将。宋代陆游《老学庵笔记》中，就谈到他亲眼见过抚州紫府真武殿“像旁设有六丁六甲神，而六丁皆为女子像”。据《真武本传妙经》记，六甲神将的名讳是：甲子水将李文思、甲戌土将李守通、甲申金将李守全，甲午火将李守左、甲辰风将李守进、甲寅木将李守迁。但这些名字与《三才图会》和《老君六甲符图》所记不同。后者所记名讳如下：

甲子神将王文卿，甲戌神将展子江，甲申神将扈文长。

甲午神将韦玉卿，甲辰神将孟非卿，甲寅神将明文章。

丁卯神将司马卿，丁丑神将赵子任，丁亥神将张文通。

丁酉神将臧文公，丁未神将石叔通，丁巳神将崔石卿。

六丁的大名，看起来实在不大像女性。六丁六甲虽为真武部将，可还得听玉帝调遣，所以他们常和二十八宿等，成群搭伙地到各处平息“叛乱”。可这十二位神将，除了性别

之外，很难让人记住她们和他们的名字。

作为宗教艺术品来说，六丁六甲神像也有塑得好的。武当山元和观内，有6尊精美的六甲神像，均为铜铸鎏金，各高6尺许，总重量有1万多斤。六甲的神态各异，造型巧绝，为明代所铸，具有很高的文物和艺术价值。

道教还有一种六甲符篆，用来“除恶驱鬼”。《云笈七签》卷14称：辟除恶鬼者，书六甲、六乙符持行。并呼甲寅，神鬼皆散走。

在旧小说和戏曲中，有“六甲天书”的说法。所谓“六甲天书”，是道教编撰的据称可以驱遣鬼神、呼风唤雨的法术秘书。著名历史小说《三国演义》第101回写诸葛亮与司马懿在陇上相持，孔明装神迷惑魏军，司马懿传令众军曰：“孔明善会齐门遁甲，能驱六丁六甲之神。此乃六甲天书内‘缩地’之法也。众军不可追之。”小说虽依据历史写成，但诸葛孔明已被小说家神化，他的一些“法术”，是后人强加的。

这种“六甲法”到底是什么名堂呢？历史作出了回答。北宋末靖康元年（1126年），金国大军围困京城汴京。当时城内守军很少，援军早已被遣散，形势十分危急。同知枢密院事孙傅，一天读丘浚《感事诗》，其中有“郭京杨适刘无忌”之句，一下心血来潮，就在城中找叫郭京的，果然让他找到了。这个郭京，是龙卫兵中的一个小卒。郭京称会施“六甲法”，可生擒金将退敌。

宋钦宗和孙傅等闻听大喜，授以官职，赐金帛数万。郭京所募“六甲神兵”，皆为市井无赖、地痞流氓。京城有一些人，看郭京一下子发了大财，眼红了起来，也自称“北斗神兵”、“天阙大将”，模仿郭京那一套，招兵买马，闹得汴京乌烟瘴气。郭京还吹牛说：“择日出兵三百，直袭击至阴山！”

但没等郭京去捣敌人的“老窝”，金军便开始攻城。郭京的“六甲神兵”本是乌合之众，一交战便稀里哗啦四散奔逃，在城楼“作法”的郭京见状不妙，大开城门，逃得无影无踪。金军乘机攻入城中，汴京失守。郭京的“六甲法”，加速了北宋王朝的灭亡。

掌管本命年的神仙——六十甲子神的由来

北京白云观中，有一座元辰殿，元者，善也。所谓“元辰”，是指吉利时日。这座元辰殿又称“60甲子殿”，供奉60甲子神。

元辰殿建于金章宗明昌元年（1190年），至今已有800余年历史。金时元辰殿原名称“瑞圣殿”，这是金章宗为自己的生母所建，为了奉祀太后本命之神。

中国古代传统的记时方法，是天干地支法。用10天干即甲、乙、丙、丁、戊、己、庚、辛、壬、癸与十二地支即子、丑、寅、卯、辰、巳、午、未、申、酉、戌、亥，循环相配，由甲子起至癸亥止，共得六十，用此计年，六十年为一周，称“六十甲子”。道教吸收民间流行的“本命”说法，提出“本命星”、“本命年”、“本命日”的理论。凡本

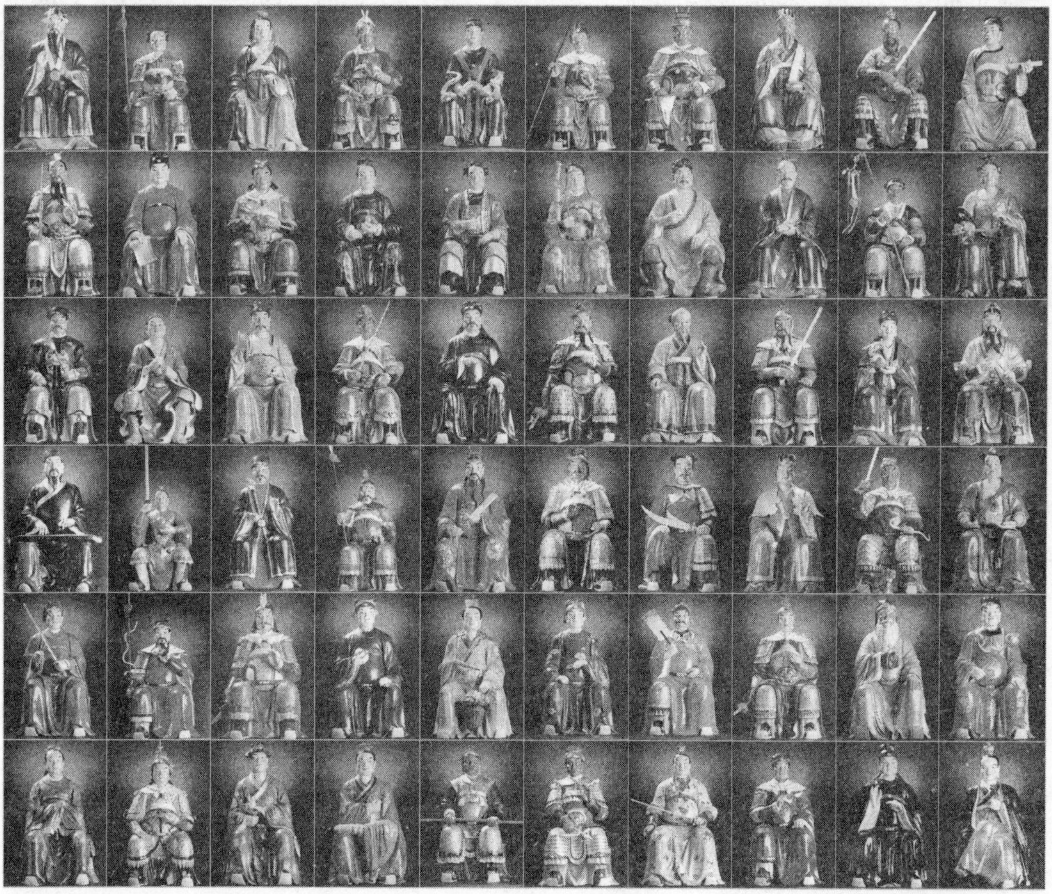

人的出生年在六十甲子干支之年，叫本命元辰，也叫本命年。如某人出生于辛巳年，那么辛巳即其本命元辰、本命年。本人的出生日在六十甲子的干支日，叫本命日。如某人生出于辛巳年丙子日，那他的本命年是辛巳，本命日是丙子。道教把六十甲子星宿神化，六十甲子成为60尊元辰星宿神。并把他们附会上人名，将其塑为文、武、长、幼，形态各异的60位神仙模样。如甲子太岁金辨大将军，面目清癯，五绺长髯，奇特的是二目中各长出一支小手，手心中各托有一目，身穿长袍。乙丑太岁陈材大将军，是位年轻公子模样，身着铠甲、手执长枪。

元辰殿中，中央为三目四首臂斗姆女神，斗姆两旁为“左辅”“右弼”二神，周围即60元辰像。旧时习俗，礼拜本命元辰之星宿神，乞求本命星保佑自己吉祥如意，一生顺利，这叫“求顺星”。

祈禳北斗、本命星，以求延寿，在古代十分盛行。《三国演义》第103回，就谈到五丈原诸葛亮禳星之事。孔明在帐中设下香花祭物，地上分布7盏大灯，外布49盏小灯，内安本命灯一盏。孔明在帐中披发仗剑，踏罡步斗，祈禳北斗，若7日内本命灯不灭，即可增寿12年。不料，大将魏延夜闯入帐中报告军情，将本命灯扑灭。诸葛亮弃剑叹道：“死生有命，不可得而禳也！”孔明禳星并不一定实有其事，但古人礼拜顺星却很普遍。

“本命”迷信习俗一直流传至今，民间还有把“本命年”叫做“槛儿年”的，度过本命年如同迈过一道槛儿一样。如生于龙年（戊辰年，1928年，1940年，1952年，1964年等）的人，在龙年时要加倍小心，谨慎从事，有的还要一整年系上红裤带，用来驱凶避邪，保佑平安。

60元辰在南方同样受到信奉，过去广州金花庙中，即有60元辰，称“当年太岁至德尊神”。

真武肚肠变龟蛇——龟蛇二将的由来

龟蛇本为真武之形象，真武大帝在明初大抖威风以后，一跃而为道教大神。一些经书并编演真武或金阙真尊化身，或为太始化身，甚至说他是玉皇大帝化身，“真武谓龟蛇”的说法不能再成立，遂衍化出龟蛇为真武帝二部将之说。

据说，商纣王勾结六大魔王即水魔、火魔、旱魔、蝗魔、瘟魔、妖魔，扰乱天下。玉皇大帝命真武帝帮助周武王伐纣除魔。真武帝披发裸足，金甲黑袍，仗降魔剑，统率甲丁神将，与六魔王大战。其中四魔王不敌逃遁。水、火二魔王自恃水火二气，变化成苍龟、巨蛇，真武施大威力，摄二魔于足下，二魔不能变动。龟蛇归顺，玉帝封苍龟为太玄水

精、黑灵尊神，巨蛇为太玄火精、赤灵尊神。其余四魔，也来拜服，真武帝都把他们收入部属。

龟、蛇二将因原身是水、火二魔王，故又作“水火二将”。在明代小说中，龟蛇二将尚有其他名目。《三宝太监西洋记通俗演义》第56回中，龟为皎陵圣水大元帅，原是真武老爷面前的花脚乌龟，后受封为将，长有12丈，浑身九宫八卦；蛇为丹陵圣火大元帅，原是真武老爷面前的赤练花蛇，后受封为将，长有36丈，浑身鳞甲。

关于龟蛇二将的来历，《北游记》中说得更有意思。真武在武当山修炼时，渐入仙道，但未去五脏之脏。妙乐天尊显神通，把两个瞌睡虫打在真武身上，真武帝睡去不醒。天尊即令一神将剖开真武帝的肚子，将其肚、肠取出，放到岩下，用石盖住。然后将一件衣衫放入腹中，用线缝合，将还魂丹放入真武帝口中。真武帝醒来，自觉身轻，杂念全除，遂成仙道。

再说那肚肠在岩下，因受了灵气，年深月久，肚成龟怪，肠成蛇怪。二怪在武当山为非作歹，真武帝前去降服，将剑指出丙丁火，龟属水，最怕真火；又用剑指出壬癸水，蛇属火，最怕真水。火烧水淹，二怪只得归顺。真武押着二怪上天廷，奏明此事。玉帝大悦，即封龟、蛇二怪为水、火二将，常随真武行法。至今，这个有趣的“真武肚肠变龟蛇”的传说在武当山地区还十分流行。

武当山的龟蛇二将，一为真武帝的“坐骑”像，是龟蛇的原形，最著称于世的是武当山金殿中真武像前的铜铸鎏金龟蛇二将。形象为蛇绕龟腹，翘首相戏，技艺精湛，造型极其生动，堪称古代珍贵文物。另一种为执旗捧剑的武将形象，龟蛇二将为铜铸鎏金，高六尺许，戴盔贯甲，衣带飘垂，威武庄严。北京故宫钦安殿中的龟蛇二将，极为精美。

道观守卫神——青龙白虎的由来

一些道观的山门内，一左一右有两位威武的神将塑像，左边是青龙神，叫孟章神君；右边是白虎神，叫监兵神君。他俩的职责是守卫道观山门，就像佛庙山门中的“哼哈二将”一样。

道教本有以青龙、白虎为护卫神的说法，而青龙、白虎的名目，则来源于古人对星

辰的崇拜。早在战国时期，我国就有了“二十八宿”和“四象”的说法。其中东方七宿——角、亢、氐、房、心、尾、箕，古人把它们想像为龙的形象，因位于东方，按阴阳五行给五方配五色之说，东方色青，故称“青龙”。青龙与白虎、朱雀、玄武合称“四象”，又称四方四神。这四方之神，在当时已被广泛用于军队阵列，以为保护神。军队行军的时候，“前朱雀而后玄武，左青龙而右白虎”，在旌旗上画上这四兽，用来标明前后左右之军阵，并可鼓舞士气，战无不胜。前人论及其作用时说：“如鸟之翔，如龟蛇之毒，龙腾虎奋，无能敌此四物。”

道教兴起后，把青龙、白虎、朱雀、玄武作为护卫神，以壮威仪。《抱扑子·杂应》中述老子《太上老君》形象时称：“左有十二青龙，右有二十六白虎，前有二十四朱雀，后有七十二玄武”，着实威风。以后，四兽被人格化，还给起了名字。青龙叫“孟章神君”，白虎叫“监名神君”，朱雀叫“陵光神君”，玄武叫“执明神君”。

后来，玄武（即真武）在同伴中脱颖而出，一步登天，跃居“大帝”高位而独显。老子出巡时，左右护卫的青龙、白虎出息不大，只当了道观的守门官，有时也给老子庙把守大门。宋朝时，岳阳地区的老子祠内，就有青龙、白虎二神像，替老子看门。

青龙、白虎二神君塑像，最精美者当首推武当山紫霄宫、五龙宫内的四尊。像高丈余，着铠持械，威严肃穆，神态鲜明，栩栩如生，是元代著名宗教雕塑家刘元一派的传世佳作，弥足珍贵。

伺候大神仙的小神仙——金童玉女的由来

古人有诗云：“金童擎紫药，玉女献青莲。”这金童玉女，据道教的说法，凡是神仙所住洞天福地，皆有得道的童男童女来伺候他们，叫金童玉女。玉女本来是指仙女，后来仙人的侍女也叫玉女。据说，汉武帝一次闲居承华殿，忽见一女子，穿着青衣。汉武帝大吃一惊，宫中女子从来没有这种打扮的，忙问她是谁？青衣女子回答说：“我乃玉女王子

登也，为西王母所使。”这是王母娘娘的侍女，来替她传递消息的。金童玉女的职责主要是替主子通报传达、端茶递水，相当于“小听差”。

神仙们虽说生活得逍遥自在，可还是不能没有人伺候，而且听差的越多越好。高级天神如三清之一的太上道君，身旁有金童玉女各30万人侍卫，共60万个听差的。真不知他怎么使唤！据说，头号天神元始天尊竟有灵童玉女九千万人！元始与太上道君相比，可谓大巫小巫了。

北方真武大帝的身旁，常塑有一金童、一玉女，二人捧册端宝。他俩的身份是听差加秘书。据说，金童、玉女是分掌威仪，书记三界中善恶功过的小神，权力还不小。这两位，在南方又俗称周公、桃花。

有趣的是，金童、玉女大量出现在宋元以来的大量戏剧中，成为神仙戏的重要角色。宋元时，即有南戏《金童玉女》传奇。元代贾仲明有《铁拐李度金童玉女》杂剧，戏演的是王母娘娘举办蟠桃会，金童玉女一念思凡，被谪下凡间，配为夫妇。后命铁拐李度脱二人归真。这是一出神仙道化剧。

《金童玉女娇红记》中说金童玉女因为思凡，被贬下人间。金童叫申纯，玉女叫娇娘，二人偶然相遇，互相爱慕，后几遇挫折，都得了相思病。跳神婆说二人是前生注定夫妻，故得以成亲。仙女董双成到来，说明二人是金童玉女下凡，业缘已满，理当升天。

影响很广的神话戏《张生煮海》，书生张羽与龙女琼莲最终成婚，二人也被说成是上界金童玉女临凡。后东华仙人来，接了二人归位。

至于金童玉女又是周公、桃花女的说法，源于元明戏曲和小说。桃花女故事在民间流传久远，元代已有杂剧《桃花女破法嫁周公》，此戏又名《智赚桃花女》、《破阴阳八卦桃花女》。戏的剧情是：算命人周公开业30年，从无差错，一天，有石婆婆前来算命，周公说她儿子石留柱在外必遭横死，石婆婆回家途中遇到桃花女，桃花女教禳解之法，救了石留柱。石婆婆找周公退卦钱，说他的卦不灵。周公又给仆人彭祖算命，断定他必死。彭祖路遇桃花女，桃花亦教他禳解之法，彭祖便依法祭拜北斗七星，得以延长寿命。彭祖见周公，周公知其不死原因，顿生妒意，请彭祖做媒，娶了桃花女为儿媳。

桃花女被娶进门后，周公费尽心思要害死她，但都被她破掉，反而差点害死了自己的女儿。周公再次加害桃花，又被她破了法，使周公一家死而复生。在周公复生后，真武大帝出场，说明周公与桃花女是金童玉女转世。两人业缘已满，应复归天位。《桃花女》的戏曲一直流传，直到近代有些剧种还有这一题材的剧目。

桃花女故事，也被吸收入小说中。如明代吴承恩所撰《西游记》中，第35回写孙悟空斗金角大王、银角大王时，有把银角大王装在宝葫芦里，口中不断向“桃花女先生”祝告的情节。清代道光年间，出现了无名氏编撰的《桃花女阴阳斗传》，共十六回。后又有《桃花女斗法奇书》、《桃花女阴阳斗异传奇》。小说博采世代里巷传说，突出了桃花女向“人之死生大数”舍命抗争的形象，在神魔小说中别具一格。

书中还叙述了桃花女与周公真武的瓜葛。真武玄天大帝在雪山修道时，用戒刀剖腹洗肠，昏迷了过去，把戒刀弃了。后戒刀修炼成一个阳体，刀鞘修炼成一个阴体。数百年后，王母诏刀鞘上天，管理桃花，即成桃花仙子。戒刀做了太上老君的童子后私自下凡，投胎商朝周姓诸侯，名周乾，后袭父职，人称周公。此时桃园仙子奉玉帝命下凡，做了任太公的女儿叫桃花女。书中详述了二人斗法事，最后被真武玄天大帝任命为周、桃二元帅。

小说中有不少内容，再现了古代婚嫁习俗，颇有民俗学价值。如花轿上绣八洞神仙，花轿要用杂色绸结成。空的宝瓶一对，内放五谷熨斗一个。花轿一到门，要男方家一人提着熨斗，绕轿3周，方才进门。大门二门要马鞍一个，方斗一个，新人下轿跨过马鞍，然后才拜天地。从大门到内堂要铺上彩毡，新人下轿，脚不能沾泥土。父亲要抱女儿上轿，并念道：“夫妻百年和好，子孙昌盛，福寿绵长，百无禁忌。”花轿走到男方大门时，女方家人取出柳弓一把，桃箭一枝，搭好箭，高声念道：“柳木弓，桃木箭！射左扇时，射右扇。丧门、吊客影无踪，一切凶神不见面！”念完，照定门上正中一箭！后世有些地区每逢不吉时年，大门上都挂上柳弓、桃箭，来源于此。桃花女所用镇破凶神恶煞的方法、器物，有些日后竟成了风俗，流传至今日。

另外，此后的京戏、弹词等扮演的桃花女节目，多受此书影响。

黄初平放羊成仙——黄大仙的由来

黄大仙，晋代丹溪人（今浙江义乌县境内），名黄初平或皇初平。他15岁时家里人让他去放羊，有一个道士见他善良本分，就把他带到金华山石室中教他学习道术。在那里四十多年，他过得自由自在，已不再想家。他哥哥黄初起到处寻找他，可是这么多年都没有找到。有一天，初起在街市上看到一个道士擅长算卦，就问他说：“我有一个弟弟名叫初平，让他去放羊，结果就不见了，到现在已经有四十多年了，不知道他现在生死如何？所在何地？请占卜指点。”那位道人说：“金华山中有一个放羊的小孩，姓黄名初平，是你弟弟不是？”初起听到后，又惊又喜，立即跟随这位道人去寻找，结果兄弟二人真的相见了。兄弟俩悲喜交集，初起就问弟弟说：“你放的羊都在哪里？”初平回答说：“就在附近山的东边。”初起起身去看，但没有见到羊，只见到有无数白色的石头，就回

来告诉初平说："山的东边没有见到羊。"初平说："羊在那里，只是哥哥不能看到罢了。"于是初平就和哥哥一起去寻找，并喊："羊起来！羊起来！"于是白石头都变成了羊站了起来，共有数万只。哥哥对弟弟的神仙道术很是羡慕，就问他自己是否能学到，初平告诉他只要专心研道修道，就能学会。于是初起离开了妻子儿女，留在初平身边，一起服用松脂、茯苓，共修道术，共研道法。到了五千天的时候，初起学到了很多道术，能坐着存在而站起来就消失，在太阳下行走没有影子，而且面色如孩童的一样嫩。后来兄弟俩一起回到了老家。但亲戚大多去世了，于是二人又回到了金华山。兄弟二人临走时把药方传授给了南伯逢。他们改黄姓为赤，初平改字为松子，初起改字为鲁班。传说那以后服用此药而成仙的有几十人。

对黄大仙的信仰在东南沿海地区十分普遍，随着华侨的外出，现今已传播海外，如东南亚和美国等。其寺庙以香港的黄大仙庙最为闻名，朝拜者云集，香火鼎盛。

住在河边的仙人——河上公的由来

河上公，不知道他的姓名。汉孝文帝时，他在河边搭了一个小草屋，常常研读老子的《道德经》。当时汉孝文帝喜好老子之道，下诏命所有王公大臣、州牧、在朝的执政官员都要诵读老子的经书，不通晓老子经书的，不能上朝。汉文帝对于经书中有些疑问的地方，但周围没有人懂，侍郎裴楷上奏说："陕州河上有人诵读老子《道德经》。"文帝立即下诏书派使者带着疑义去向河上公请问，河上公说："道尊德贵，不可在遥远的地方派人来询问。"

汉孝文帝得知后，就坐着车子来到河上公的住处，但河上公却在草屋中不出来。文帝派使者对他说："普天之下，没有不是帝王的国土，四海之内，没有人不是帝王的臣民。国中有道、天、地、王四大，王是其中之一。你虽有道，还是帝王的百姓，不肯自我屈就，怎么会高升呢？帝王能使人

富贵，也能使人贫贱。”过了一会儿，河上公拍了拍手坐着就跳起来，渐渐升向空中，离地有一百多尺高，然后停在空中。许久，他俯身回答文帝的话说：“我上不到天，中不连人，下不着地，算上什么百姓呢？您能使我富贵贫贱吗？”这时汉孝文帝大惊，才知河上公是神人，这才下车跪拜行礼谢罪，说：“我本无能，愧承先人基业，才能小责任大，经常担忧不能担当此重任。而我又有志于奉修道德，但经中有多处疑问不明白，还望仙人怜悯，给予指点迷津。”河上公立即把写在白绢上的《老子道德经章句》二卷授予他，对他说：“多加仔细研究，疑难之处自然会解开，我写这部经书以来，已有一千七百多年了，共传过三人，连你四个，不要把此经书给不合适的人看。”汉孝文帝跪拜地上接受经书。河上公说完话，就不见了。于是文帝在西山建筑高台眺望河上公，但再也没有见到。

一些议论者认为文帝虽崇尚大道，但内心并未纯信真诚，所以河上公显示神变来开悟引导文帝，意欲使他成道。因他曾在河边居住，所以号称河上公。

岳飞抗金受人敬仰被奉为神——武元帅的由来

岳飞，字鹏举，河南汤阴人，南宋时抗金名将，后被奸臣秦桧以“莫须有”的罪名害死。南宋孝宗时谥“武穆”，故又称“岳武穆”。宁宗时封“鄂王”。他的事迹家喻户晓。人们敬仰岳飞大义凛然的气节，赞颂他精忠报国的英雄业绩，更同情他含冤死于盛年，故永远怀念他，奉其为神，修庙祭祀。由于岳飞生前是抗金大元帅，所以，在他成神之后，民间仍称之为“岳元帅”。

旧时道士们在设坛驱妖降魔时，总要召请各路有法力的神明，而岳元帅就是其中最常见的一位。据《北京风俗类征》载：“东岳庙有72司，相传速报司之神岳武穆。凡负屈含冤，心迹不明的，都于此处设誓盟心，最有灵验。”而且民间还有岳飞是关羽转世之传说，故旧时北京有“双帝庙”祭祀两位英雄。明代时，祭祀岳飞之风很盛行，代宗景泰时特封赐庙额为“精忠”。入清后，关帝信仰较盛，而岳元帅崇拜有所衰减。

现在杭州有岳王庙和岳飞墓，其故乡河南汤阴也有宏大的庙宇，祭拜参观者络绎不绝。

父子二人皆得道，兄弟十洞封尊王——杨府侯王的由来

杨府侯王，姓杨名精义，安固县长芬西村人（今属浙江瑞安市碧山镇长芬村）。杨精义生于唐太宗贞观甲辰年（644年）5月18日辰时（有说是5月24日生）。夫人葛氏生子十人：国正、国天、国心、国顺、国猛、国勇、国刚、国强、国龙、国凤。他有子孙五十二人。唐高宗总章二年（669年），他中二甲进士，唐高宗仪凤二年（677年）官封都督大元帅。他65岁退隐后，在丘山上建一寺院“松古寺”，今为碧山寺，在寺中参悟玄机，修至道成，享108岁而羽化成仙。他的儿子国心、国顺、国强、国龙俱得中功名。独有七子国刚隐居白岩山白岩洞修道，月伴闲云，夜守孤灯，静坐修炼，至道大成。父子仙逝后，当时户部陈天佑等奏本其事，唐代宗广德元年（763年）颁诏追赠杨公为“太老仙翁正直真君”，葛氏夫人封为“太群夫人”，其子封为“十洞尊王”。故有“父子二人皆得道，兄弟十洞封尊王”之美名。宋太宗淳化元年敕封为“圣通文武德理良横福德显应真君”，后又加封“杨府侯王”。清咸丰六年（1856年），由于杨公显神圣威力，歼灭了海寇。清同治六年（1867年）加封“福佑王”。由于杨府侯王历代护国佑民，保国泰民安，因而深受群众信仰。

传说清朝末年，瑞安鲍田前池村靠近东海，这一带村民大都是务农捕鱼为业，有个姓池名叫东姆的渔民，父子三人扬帆出海时，在海口不远处忽遇狂风掀起恶浪，船被卷起一丈多高又落下来，帆杆被折断，立刻有沉舟海底葬身鱼腹的危险。父子们只是对空呼叫救命，呼喊杨老爷救命，船身满是积水，船头已沉落海里。忽然间风浪平息，杨府老爷熟悉的脸孔（因该村杨府庙里奉有杨府爷神像）出现在半空中。池东姆父子对空拜谢。风浪平息后，父子们还捕了几网鱼满载而归。贩卖了鱼后，池东姆父子立刻买了福礼，到杨府庙焚香点烛祭请叩拜，酬谢大恩。此奇事传扬开去后，杨府庙里香火更加旺盛了。

专管世人生死的神仙——太阴元君的由来

太阴元君，又称“太阴星君”或“太阴”，即为月神。溯其源，与中国古代对月亮的崇拜有关。

古人对月亮的崇拜，早在《尚书·尧典》中就有记载：日、月、星辰为天宗，山、河、海为地宗，天宗、地宗合为六宗。且六宗都有神灵，在古代，往往是祭日为主，祭月为辅，祭日于东，祭月为西。

关于月亮的神话传说有许多。据《归藏》曰：“昔嫦娥以西王母不死之药服之，遂奔月为月精。”《淮南子·览冥训》曰：“羿请不死之药于西王母，姮娥（羿妻）窃之奔月，是为蟾蜍，而为月精。”又据《五经通义》说：“月中有兔与蟾蜍何？月，阴也；蟾蜍，阳也，而与兔并；明阴系于阳也。”除了蟾蜍外，又有一只玉兔。传说白兔在月中捣药。到了唐代，又有吴刚伐桂之说。段成式《酉阳杂俎·天咫》曰：“月桂高五百丈，下有一人常斫之，树创随合。人姓吴名刚，西河人，学仙有过，谪令伐树。”于是月亮在人们的心目中已为神仙境界，其中有雄伟的月宫，美丽的嫦娥，可爱的白兔，高大的桂树。

据《灵宝无量度人上经大法》卷五十八称：太阴元君，亦称“太阴皇君”，全称“月宫黄华素曜元精圣后太阴元君”。或称“月宫太阴皇君孝道明王”，治洞阴结磷宫。太阴皇君，月宫之精。据《洞渊集》卷七称：“月宫太阴之精，皇后大臣之象。月中帝君、仙官、神吏万众，皆修结磷奔月之道。月为广寒洞阴之宫，自然化生青华紫桂之林，亦曰降林枝叶玉兰，神仙采食华食，寿同日月，升入玉清。月宫太阴帝君，下管五岳、四渎、五湖、四海、十二溪水府，并丰都罗山百司，常以三元日冥官僚佐皆诣月宫，校定世人生死罪福之事，呈进上帝诣之阴宫死籍，月魄常泛十华之彩，光莹万国，月名结磷。”

在中国民间，至今仍保留了在八月十五中秋节晚上拜月的风俗，此风俗大致形成于唐代。至清代，拜月仍是一项国家祀典。道教宫观如北京白云观在中秋节晚上要举行设坛祭月活动。

专管人间善恶的神仙——碧霞元君的由来

碧霞元君，全称为“东岳泰山天仙玉女碧霞元君”，民间俗称为“泰山奶奶”“泰山老奶奶”。

关于碧霞元君，其身世传说不一。有的说她为泰山神东岳大帝之女。汉时早有泰山神女的故事。汉代人们雕刻神女龙王爷，在泰山顶修建玉女池以奉祀。五代时殿堂倾塌，石像仆地，金童之像漫涣剥蚀，玉女像也沦落于泰山岳顶玉女池内。宋真宗东封泰山，在玉女池内洗手，一石人浮出水面，此为玉女像。宋真宗于是下令修整玉女池，用白玉石重雕玉女神像，命人建祠并更名为“昭真祠”，遣使致祭，号为“圣帝之女”，封“天仙玉女碧霞元君”。明朝时，将昭真祠更名为“灵应宫”，后又扩建，增大规模，为“碧霞宫”，赐号“碧霞元君”。

还有一种说法，碧霞元君为黄帝所遣之玉女。黄帝建岱岳观时，曾经派遣7位女子，云冠羽衣，前往泰山以迎西昆真人，玉女则为7位女子中修道而成仙者。

另一种说法是碧霞元君是汉代民女石玉叶，在泰山而修炼成仙。《玉女卷》曰：汉明帝时，西牛国孙宁府奉符县善士石守道妻金氏，中元七年甲子四月十八日子时生女，名玉叶，貌端而性颖，3岁解人伦，7岁辄闻法，尝礼西王母。14岁忽感母教，欲入山，得曹仙之指，入天空山黄花洞修焉。天空盖泰山，洞即石屋处也。山顶故有池，名玉女池，旁有玉女石像。

道教认为元君为应九气而生，受玉帝之命，证位天仙，统摄岳府之神兵天将，并照察人间一切善恶之事。相传碧霞元君神通广大，祷之则灵，能保佑农耕、经商、旅行、婚姻，能疗病救人，尤其能使妇女生子，儿童无恙。

碧霞元君的诞辰为四月十八日，一说农历三月十五日。

骊山女除暴安良被奉为神——骊山老母的由来

骊山老母，又称黎山老母或骊山姥。

据说，骊山老母生于商末周初时期的骊山，她本姓姜，嫁给戎胥为妻，因为她武艺高强，且得高人传授，精玄理兵法，除暴安良，受骊山先民崇拜，奉为神名。到了唐宋时期，被人尊称为“骊山老母”。

骊山，位于现陕西省境内。相传骊山老母曾在此山炼石补天，并于唐玄宗时在骊山之下向李荃传授《阴符经》秘义。

李筌，唐玄宗时陇西（今甘肃境内）人，自号达观子，自少喜好神仙之道，曾于嵩山少室山隐居多年。于虎口岩得《黄帝阴符经》。他抄读数千遍，竟不知晓其义理。遍历名山大川寻访师侣。后入秦地，在骊山下遇一老母，衣衫敝破，扶一拐杖，自语说：“火生于木，祸发必克。”李筌听后大吃一惊，就问老母是如何得知《阴符经》中的内容的。老母回答说：“吾受此经，已三元六周甲子矣。”于是坐在树下，为李筌讲说《阴符经》之玄义。现在《道藏》中所收载的《黄帝阴符经疏》三卷，相传就是骊山老母传授的。《阴符经》，大抵言天地阴阳运行变化，五行相生相克，制伏生杀，而天地、万物、人三者更相为盗。圣人当观天之道，执天之行，掌握天人暗合之机，使行为举动合乎天道自然，则养生治国皆行其宜，可以长久，亦可掌握宇宙，修炼成为神仙。

又传说李筌食用了骊山老母的麦饭后，从此不饥不渴，辟谷修道，成为仙人。据《云笈七签》卷七七载：“黑豆五斗，大麻子一斗五升，青州枣一斗。黑豆净水淘过，蒸一遍，曝干去皮。又蒸一遍，又曝令干。麻子以水浸去皮，共枣同入甑中蒸熟，取出，去枣核。三味一处烂捣。又再蒸一遍，团为拳大，又再蒸之。从初夜至夜半，令香熟，便去火。以物密盖之。经宿，曝干，捣罗为末。任性吃，以饱为度。遇渴，得吃新汲水、麻子汤、柏汤。第一服七日，三百日不饥。第二服四日，约二千日不饥，若人依法服之，故得神仙。”

悉达多修性成佛——如来佛的由来

在古典神魔小说《西游记》里，初出茅庐、神通广大的魔猴——孙悟空与法力无边的如来佛斗法，是一个饶有趣味的故事。读过《西游记》的都知道，孙悟空的翻筋斗一打十万八千里，但纵使他怎么卖力，也翻不出如来佛的手掌心，最后还给如来压在了五行山下。能将美猴王玩弄于手掌之上，这个如来佛确实了不得。

这个了不得的如来佛，就是佛教里的佛祖——释迦牟尼佛。如来是释迦牟尼佛的一个名号，“如”是“如实”的意思，“来”是“揭开”的意思，“如来”放在一起也就是如实地揭开事物的本来面目，把事物本身所蕴涵的真理展示出来。释迦牟尼一共有十大名号，除了“如来”以外，还有“世间解”、“天人师”、“世尊”等九个名号，其中“如来”和“世尊”最为常用。佛教称他是婆娑世界的主尊佛。

释迦牟尼（约公元前565～前485年），族姓乔达摩，名悉达多（意谓“吉祥”和“成就一切”），是古印度一个小国迦毗罗卫国的国王净饭王的太子。“牟尼”意为圣人，释迦牟尼意即释迦族的圣人。母亲名摩耶，是国王的表妹，结婚20年未生子女。摩耶夫人在一天夜里梦见一位神仙骑着白象，在音乐声中从天而降，夫人突然惊醒后怀孕。即将分娩时，按照当时印度的风俗，摩耶夫人回娘家去生产，但刚走到半路上，夫人便手攀无忧树，从右胁生出了太子。这就是“白象投胎”和“太子出生”的佛典。当时天乐鸣空，百花怒放，万兽欢腾，众鸟和唱。同时，天上出现了九条龙，口吐清泉为太子沐浴。这就是“九龙浴佛”的佛典。佛祖世尊诞生这一天是中国农历的四月初八，因此至今不少地方和寺庙在农历四月初八都要举行规模盛大的活动，庆祝浴佛节。

摩耶夫人在生下悉达多太子后的第七天便辞世，后来她的妹妹摩诃波阇波提嫁给净饭国王，从此，太子便由姨母摩诃波阇波提王妃抚养长大。太子7岁时开始学文习武，很有才华，父王在他17岁时就为他完了婚。成婚之后的一天，他出城郊游，先后遇见了佝偻老叟、命垂病患、出殡死尸等震慑人心的悲惨景象，这让他深刻醒悟到人生无法掌握的变异，原来一切是无常的，是苦的。最后，太子遇见一位仪容祥和的出家修行者，被他脱俗出尘的气质所感动，即刻决定踏上修行之路。

悉达多29岁时，在一个深夜吻别了妻子，带着马夫和五个随从离开了王宫。他剃去了头发，切断了和俗世的联系，朝向南方询道而去。他一路上走访了许多名师，仍然不得解法。于是他下决心在尼连河畔的伽耶毕波罗森林中苦苦修行，以求正果。他静坐沉思，身不着衣，不避风雨，每日仅食一麦或一麻，坚持不懈达六年之久，尝尽了各种严酷的折磨，身体已极度消瘦，但仍未修得正道。他终于理智地觉悟到，苦修并不能解脱人世间的苦难，于是毅然放弃了这种苦行，接受了牧女馈送的乳糜，恢复了体力。与悉达多一同修行的五人，误认为他思念王室生活而弃道，便离他而去。

悉达多太子站在尼连河边，将铁制的饭钵投入水中后，铁钵竟然浮出了水面，逆水漂行。太子便独自一人走到一棵枝叶繁茂的毕钵罗树下，拾了一些草叶铺了一个座位，面向东方，盘腿静坐。传闻，就在他深深思索时，蛰伏的魔王派遣诸魔女来引诱扰乱禅定中的悉达多，但是悉达多丝毫不为所惑；魔王又派遣众恶罗刹来胁迫悉达多，向他投掷各种利刃兵器，但这些刀刃也不能伤害悉达多。终于，在中国农历的十二月初八日凌晨，悉达多太子战胜了最后的烦恼，获得了彻底的觉悟，成为了大智慧的佛陀，这年他35岁，也有说是30岁。

佛经上说，释迦牟尼成佛后，在天神的规劝下，以大慈悲的心情，博大精深的智慧，不畏艰苦的精神，开始了40年不间断的弘扬佛法、教化众生的活动。他最初的说法，是到波罗奈城的鹿野苑，化度曾经服侍过他的五个随从，使得这五人成了释尊最早的弟子。这是佛教成立的标志，释迦也就成了佛教的创始者。三个月后，释迦超度耶会等54人出家。接着，他又随缘施法，度三迦叶等1000人出家。随后，释迦前去王舍城，教化频婆娑罗王，佛教被奉为国教，许多人都皈依了佛陀。数年以内，释尊的弟子越来越多，其中也包括他的父亲净饭王、养母摩诃波阇波提、夫人耶输陀罗、儿子罗睺罗以及他的弟弟、堂弟等。

释迦牟尼35岁得道成佛，传教45年，开讲三百余次法会，传教足迹遍布古印度各国。他80岁时，在去舍卫城的途中自感阳寿将尽，便选择拘尸那迦城娑罗双树林作为人灭的场所。弟子阿难遵照佛陀的指示，在两株娑罗树的中间铺敷尼师坛为床。佛陀头向北，面朝西，右胁而卧，安详闭目，在即将涅槃之时，佛陀又对比丘弟子作了最后一次教诲，嘱咐弟子们精进莫放逸，然后静静地进入了涅槃，这一天是中国农历二月十五。在释迦牟尼涅槃后，他创立的佛教通过他的弟子和信徒逐渐地向古印度境外传播开去。两千多年后的今天，佛教已成为世界三大主流宗教之一。

在佛教寺院的大雄宝殿（大雄，意谓“伟大的英雄”，是指佛有大力，能降伏“烦恼魔”、“死魔”等四魔），可以看到被供奉的佛陀佛像，常见的释迦佛一般有三种姿势，其一为成道相，盘腿打坐，左手横放在左脚上，名为“定印”，表禅定之意，右手直伸下垂，名“触地印”；其二为说法相，盘腿打坐，左手横放在左脚上，右手向上屈指呈环形，名为“说法印”；其三就是立像，左手下垂，右手屈臂向上伸，名为“旃檀佛像”，

下垂手势名“与愿印”，表示能满足众生愿望，上伸手势名“施无畏印”，表示能解除众生苦难。

专为众生除去痛苦的神仙——药师佛的由来

佛教寺院的大雄宝殿里有时供奉有三尊佛，其中一种名叫“三世佛”，即是在三个空间世界中存在的佛，中间一尊自然是娑婆世界释迦牟尼佛；左边的那一尊是东方净琉璃世界的药师琉璃光佛，形态为盘腿打坐，左手持一个内盛甘露的钵，右手以拇指和食指持药丸；右边那一尊为西方极乐世界的阿弥陀佛，形态也是盘腿打坐，双手叠置足上，掌中有一莲台，表示接引众生。

药师琉璃光佛，简称“药师佛”，又称“大医王佛”。在大雄宝殿里，他的身旁还站有两个胁侍，他们分别为日光遍照菩萨和月光遍照菩萨。日光菩萨居左，掌中持一日轮；月光菩萨居右，掌中持一月轮。这“一佛两菩萨”合称为“药师三尊”。由于他们主管东方净琉璃世界教务，故亦称“东方三圣”。佛教中按地域划分势力范围，横三世中，中有娑婆世界，西有极乐世界，东有净琉璃世界，药师佛就是佛教东方净琉璃世界的教主。

东方，在古人眼里是太阳升起的地方，象征着光明、幸福、生命和健康。佛教认为，凡俗人都是患有贪、嗔、痴三毒的病人，佛是医治这些疾病的医师。所以，并非只有“药师如来”才是药师。药师佛独得其名，是因为药师如来是一尊“现在佛”，他掌司着现世的利益，对众生所受的直接困苦有救治能力。据说药师佛在本行菩萨道时，曾经发过12大誓愿，要满足众生的一切愿望，拔除众生的一切痛苦。这12大誓愿分别是：

1.“相好俱足”，就是“我得到觉悟的时候，我身体的光明遍照世界，对于众生，我要使他们和我有相同的姿态”。

2.“光明照被”，就是“我得到觉悟的时候，我的身体像琉璃一样，明亮透彻，净无瑕垢，使所有众生都能知道自己的位置，顺利发挥作用”。

3.“所求满足”，就是“我得到觉悟的时候，因为有了智慧，能使众生自由自在，纵横自如”。

4.“安立大乘”，就是“我得到觉悟的时候，能把在邪道上的人都导向菩萨道，把在声闻乘和缘觉乘的人导向大乘”。

5.“俱戒清净”，就是“我得到觉悟的时候，能使众生不犯戒，并永不坠人地狱道、饿鬼道、畜牲道”。

6.“诸根俱足”，就是“我得到觉悟的时候，身体有残障的人听到我的名号后，一切障碍都会消失，身体得到健康”。

7.“除病安乐”，就是“我得到觉悟的时候，患有各种重病的人，听到我的名号后，诸病可以消除”。

8.“转女得佛”，就是“我得到觉悟的时候，如果有人厌弃自己是女人，只要一听到我的名号，她就可以转女成男，来世变成男性”。

9.“安立正见”，就是“我得到觉悟的时候，众生的一切烦恼都能解脱，可以获得正确的见解”。

10.“苦恼解脱”，就是“我得到觉悟的时候，由于王权受到灾难的人，都能以我的福力解脱一切苦恼”。

11.“饱食安乐”，就是“我得到觉悟的时候，因为饥饿造成种种恶业的人，我要用美食赐他享用，直到满足为止”。

12.“美衣满足”，就是“我得到觉悟的时候，因为贫穷没有衣服穿的人，我会赐给他衣服，及一切装饰用品”。

正是因为发了这12大誓愿，药师佛才得到人世间信男善女的普遍敬仰，尊号为“消灾延寿药师佛”。因其寺庙内有四角形石塔，石塔四面有佛像和代表佛像的梵字镌刻，所以也称为四方佛。

三世佛之一——阿弥陀佛的由来

众所周知，佛教寺庙的大雄宝殿里供奉的“三世佛”，中间那尊是释迦牟尼佛，左边那尊是药师琉璃光佛，右边那尊则为西方极乐世界的阿弥陀佛。阿弥陀佛简称“弥陀”，世称“西方妙善阿弥陀佛”，又称“阿弥陀佛如来”“甘露王”等，为佛教西方极乐世界的教主，接引芸芸众生往西方净土，所以又称为“接引佛”。由于他想往光明，能照亮世界，不受障碍，而且弥陀及在极乐世界的人的寿命是无穷尽的，因此，佛典《无量寿经》中记载阿弥陀佛有13个称号，如“无量光佛”“无边光佛”“无碍光佛”等。

《无量寿经》中说，弥陀成佛之前是一个国王，听佛说法后发愿修行，出家当了沙门，起名法藏，并发了48个愿，分为以下三类：

一为摄法身愿。法藏比丘发誓如果自己成佛，一定要庄严佛身，要寿命无量、光明无量等等。

二为摄净土愿。法藏比丘发誓如果自己成佛，一定要建立美妙乐土，此地万物光丽严净。

三为摄众生愿。法藏比丘发誓如果自己成佛，则众生只要一念自己的名号，愿意投生到自己的国土，都要接引他们。

法藏比丘还表示这48条愿只要有一条不实现，他就不成佛。后来，法藏比丘发的48个愿都成了现实，他终于成了寿命无量、光明无边、威力无边的佛，即“阿弥陀佛”。他建立起光明美妙的净土，无论是谁，只要一心一意地口念“阿弥陀佛”的名号，弥陀就会接引念佛者往生西方极乐世界。生活在这个西方极乐世界的人，没有寒冷、炎热、饥饿、劳苦、疾病、悲痛等种种苦恼，人们可以尽情地享受着诸种快乐，一切都能如愿以偿，任何欲念只要一从心中产生，就一定可以变成现实。

对于世上那些苦苦修行的出家人来说，这条道路简便易行，而结果又是如此美妙，于是他们便整天开口闭口“阿弥陀佛”，有的人一天竟能念上十万声。后来，佛教中形成了信仰专念“阿弥陀佛”而往生净土的“净土宗”。在中国民间信仰中，净土宗的信徒为数最多。

在佛教净土宗的一些寺庙里，阿弥陀佛被供奉在大雄宝殿里。他最常见的造像是盘腿打坐，双手叠置足上，掌中有一莲台，表示接引众生。在供奉“横三世佛”的殿中，阿弥陀佛居左侧。中为释佛，右为药师佛。在“三圣殿”中供奉的阿弥陀佛则居中，左胁侍为观世音菩萨，右胁侍为大势至菩萨。这一佛二菩萨合称为“西方三圣”。

我国俗话说：“家家弥陀佛，户户观世音”。《清嘉录》云：“（农历）十一月十七日，相传为弥陀降生，东土农人，候风占米价，若吹东南风，主米贵，西北风主米贱。谚云：风吹弥陀面，有米弗肯贱；风吹弥陀背，无米弗肯贵。”可见当时风俗已把阿弥陀佛视为民间保护神，有预测愿景的功能。旧时的中国，不论是都市城镇，还是穷乡僻壤，大街小巷随处都可以看到钉在树干或电线杆上的“阿弥陀佛”的铅版印记。人们在危难情急之时，下意识地总要念上一声“阿弥陀佛”的佛号。可见阿弥陀佛信仰在中国民间是十分普遍的。

大肚笑脸之佛——弥勒佛的由来

去过佛寺的人会发现，一进门首先看到的往往是一尊笑容可掬的胖大佛像，短脖圆头，两耳垂肩，慈眉善目，袒胸凸肚，箕踞于座，咧嘴而笑，他就是弥勒佛。

弥勒佛也是中国民间所熟悉的佛教神，中土佛教寺院中多供奉他的佛像，他在中国民众中的知名度仅次于观世音。弥勒，是梵文音译的略称，意为“慈氏”，这是他的姓，名叫阿逸多，为三世佛之一。据佛教的说法，弥勒出生于婆罗门家族，后成为释迦牟尼的弟子，未来将继释迦而降世成佛，广传佛法。其弟子成罗汉者，竟有数百千之众，可谓法力无边了。中国民间对于佛教中弥勒佛的出处、法力、行事等，并不太熟悉，但那笑容可掬的胖大和尚的形象，则是妇孺皆知的。

然而这一形象并非由印度传入的弥勒佛本来面貌。他的最初形象与此大相径庭。据《弥勒上生经》和《弥勒下生成佛经》等书说，古时印度有个名叫鸡头城的国家，土地肥沃，人口众多，街道整齐，当时有一位名叫修梵摩的大臣，是国王年少时的游伴。修梵摩容貌端正，长得不高不矮，不胖不瘦，不白不黑，中等身材，他有一貌如天仙的妻子，她身心健康，说话时口吐香味，身上不时散发出梅檀香味。当时弥勒在兜率天（兜率天是梵文Tusta的音译，意谓“妙足”“知足”，即“候补佛休养院”），观察到父母不老不少，乃倒着从母亲右胁出生，其母为之取名弥勒。弥勒出生时便相貌庄严，全身黄金色，年少时在家，不久便出家求道，其学道的地方就在离鸡头城不远的一棵龙华树下。弥勒端坐在树下，修成无上道果。

当弥勒成为佛祖的弟子、侍立佛侧听佛说法时，释迦牟尼便预言他将继承自己的佛位，成为未来娑婆世界的教主，故被人称为“当来下生弥勒佛”。弥勒成佛后，许多人前去听他说法，他要教那么多的弟子，忙得不亦乐乎，似不当如此闲逸。况且，他教导弟子，当知“十想”。这“十想”之中，就有“乐有苦想”“一切世间不可乐想”。他自己理应以身作则，不能一味地“乐哈哈”。

那么，人们熟知的弥勒佛的形象，是从哪里来的呢？原来，这副尊容来自我国

古代一个自称弥勒佛化身的和尚。佛家认为，佛菩萨有无数化身，在人间弘扬佛法，救苦救难。这一观念，被我国民间所接受。相传所谓的“布袋和尚”就是弥勒佛的化身。弥勒佛的形象，实在就是“布袋和尚”的形象。

据宋人庄季裕《鸡肋编》、元人袁桷《延祐四明志》等书说，唐末五代后梁时期，岳林寺（今浙江奉化）来了个容貌古怪，身体矮胖，双乳下垂，大腹便便，一天到晚笑嘻嘻的游方僧人，名叫契此。他常用一根木棍挑着个布袋，内装随身用具，四处化缘，人称“布袋和尚”。他见物即乞，语无伦次，随地寝卧，似癫似痴。但他却能预测天气，天将雨，即穿湿鞋，天转晴，即拖木屐。他还能预示吉凶，与人言祸福，十分灵验，并善于为人驱邪避灾。布袋和尚讲话做事也很奇特，一般人难以理解。如有人问他佛法大意是什么，他就放下布袋，叉手而立。别人不理解，再问，他背起布袋就走。其实布袋和尚是用哑语告诉人：佛法就是心上放下一切世俗的事情。他曾自己作歌自己唱道：“只个心心心是佛，十方世界最灵物，纵横妙用可怜生，一切不如心真实……万法何殊心何异，何劳更用寻经义。”这歌阐述了“心即是佛”的道理，也就是说，心里明白就行了，用不着苦读佛经。一天，布袋和尚端坐在岳林寺盘石上向人说偈：“弥勒真弥勒，化身千百亿，时时示时人，时人皆不识。”说罢即涅槃于石上，人们这才恍然大悟，原来布袋和尚就是弥勒佛的化身，不过是“世人不识”罢了。于是便根据布袋和尚的形象，塑造了“笑口常开、大肚能容”的慈祥、和蔼的弥勒佛塑像，布袋和尚也就心安理得地以弥勒佛的名义坐在寺庙里，人们入寺院拜佛，一进山门，未见到释迦牟尼佛之前，却须先要向这个胖乎乎的弥勒佛叩拜。

在许多寺庙中，弥勒佛寺或其像旁的对联最为吸引人们的注意。如“大肚能容，容天下难容之事；开口便笑，笑世间可笑之人”，劝世讽世，寓意深刻。又梁绍壬《两般秋雨庵随笔》卷二载某寺弥勒殿一联云：“年年扯空布袋，少米无柴，只剩得大肚宽肠，为告众檀越，信心时将何物布施？日日坐冷山门，接张待李，但见他欢天喜地，试问这头陀，得意处有甚么来由？”由于弥勒佛总是一副笑口常开的尊容，所以老百姓就常常将他视为吉祥的象征。民间还流传说，谁要摸一下弥勒佛的大肚皮，就能消灾除病，保佑平安。后来又出现了一种“五子戏弥勒”的塑像，弥勒身上还有几个大胖小子，爬上爬下地与他嬉戏，这也就是所谓的“多子弥勒”，这样，他又成为多子多福的象征。中国古代的商人讲究“和气生财”，于是他又成为商家信奉的财神爷，直到今天，一些餐厅、宾馆内都正面供奉着弥勒佛，表示要笑迎八方来客。

因为佛教经典中宣称弥勒佛最终要继承释迦牟尼的佛位，取而代之，所以，历史上农民造反常有托言弥勒下生者。近代民间的一些秘密宗教，如白莲教等，也常打出弥勒佛的旗号，借以吸引拥护者。

佛教七尊——七佛的由来

辽宁省义县城内东街有座闻名于世的奉国寺。庙中的大雄宝殿名气最大，建于九百多年前的辽代开泰年间。殿阔9间，进深5间，高6丈，是中国现存最大的两座殿堂之一，另一座是大同华严寺大雄宝殿。

奉国寺大雄宝殿，殿内佛坛上有七尊彩塑坐式大佛，高达3丈。每尊佛前，各有并立的两个胁侍，东西两头还各有一尊天王像。这些彩塑为辽代作品，难能传世。七尊大佛由东至西依次为：迦叶佛、拘楼孙佛、尸弃佛、毗婆尸佛、毗舍婆佛、拘那含佛、释迦牟尼佛。这就是佛教的“过去七佛”。《长阿含经》云：“七佛精进力，放光灭暗冥。各个坐树下，于中成正觉。”

大乘佛教认为，在无限的空间和时间里，每一世界、每一阶段都有佛教化众生，所以十方三世有无数的佛，最著名的如过去佛燃灯佛、现在佛释迦牟尼佛、未来佛弥勒佛，东方净琉璃世界的药师佛、西方极乐世界的阿弥陀佛等。七佛形象在我国早期石窟中比较常见。

奉国寺中七佛的顺序，是按年龄排列的，以毗婆尸佛为最尊，所以在正中间。他们在时间上的先后排列顺序应该是：1.毗婆尸佛、2.尸弃佛、3.毗舍婆佛、4.拘楼孙佛、5.拘那含佛、6.迦叶佛、7.释迦牟尼佛。佛教认为过去共有七佛，释迦牟尼是最后一位，在他之前还有先出世的六佛，其中前三佛是在过去劫中出世的，后四佛是在现在劫中出世的。

毗婆尸佛是过去七佛的第一佛。“毗婆尸”是梵文的音译，意思是“胜观”、“种种观”。所以毗婆尸佛就是“胜观佛”。佛书上说他是在九十一大劫之前成佛的。一大劫大约有128亿年，九十一大劫是一个惊人的天文数字。《长阿含经》说，毗婆尸佛“种刹利（即出身于刹帝利，是第二种姓，属于贵族），姓拘利若。父架头，母槃头波提。居般头波提城。坐波波罗树下，说法会，度人三十四万八千。”

尸弃佛是过去七佛的第二

佛。“尸弃”为梵文译音，意思是“最上”。所以尸弃佛就是“最上佛”。他是在过去第三十一劫时即三千九百六十八亿年前出生的。《阿含经》说，尸弃佛亦是种刹帝利，姓拘利若，父明相，母光耀。居光相城。尸弃佛“坐分陀利树下，说法三会，度人二十五万”。

毗舍婆佛是过去七佛的第三佛。“毗舍婆”意为“一切有”，所以毗舍婆佛即“一切有佛”。他是在过去第三十一劫尸弃佛之后出世的。毗舍婆也是种刹帝利种姓，姓拘利若。父名善灯，母叫称戒。住无喻城。他坐于娑罗树下，说法二会，度人一十三万。

过去第四佛是拘楼孙佛。“拘楼孙”意为“成就美妙”，他又可称“成就美妙佛”。他是现在贤劫一千佛的第一位，在现在贤劫人寿六万岁时出世。《长阿含经》载，拘楼孙出身于婆罗门（第一种姓）贵族，姓迦叶。父名礼得，母叫善枝。居安和城。拘楼孙“坐尸利沙树下，说法一会，度人四万”。

过去第五佛是拘那舍佛。“拘那舍”意为“金寂”，他又叫“金寂佛”。拘那舍在贤劫人寿四万岁时出世。他也是出身于婆罗门贵族，姓迦叶。父名大德，母名善胜。居清净城。他“坐乌暂婆罗门树下，说法一会，度人三万”。

过去第六佛是迦叶佛。“迦叶”的意思是“饮光”，他就是“饮光佛”。迦叶佛在现在贤劫出世，举行过一次说法集会。传说是释迦牟尼的前世之师，曾预言释迦必定成佛。他的塑像常骑一头狮子。这位迦叶与释迦佛的胁侍弟子迦叶是两码事。《长阿含经》称，迦叶出身于婆罗门贵族，姓迦叶。父名梵德，母叫财主。住波罗奈城。他“坐尼拘律树下，说法一会，度人二万”。

佛教把七佛说成是历代祖师，但除释迦牟尼佛外，都是佛教传说人物，在我国民间影响并不大。最著名的七佛造像在辽宁义县奉国寺和山西大同华严寺，也有的寺庙另建七佛殿供奉七佛，如四川成都北郊宝光寺七佛殿、峨眉山报国寺七佛殿、山西交城县玄中寺内的七佛殿也供奉七佛。

三千古佛的“班头”——燃灯佛的由来

燃灯佛，是梵文的意译，又译作“定光佛”。此佛为什么叫做燃灯佛呢？《智度论》卷九说，他“生时，一切身边如灯，故名然（通“燃”）灯太子。作佛亦名燃灯。”当初，释迦还是儒童时，见王家姑娘拿着一些青莲花，他就花了五百钱买了五枝，奉献给燃灯佛。有一次他跟着燃灯出门，看见地很泥泞，就脱下衣服铺在地上，请师父踩在上面走。燃灯看这孩子挺懂事，就说：“是后九十一劫，名贤动，汝当作佛，号释迦文如

来。”这个传说载于《瑞应经》卷上。

按着辈分，燃灯是释迦的启蒙老师，当然是过去佛。按“劫世”理论，生在过去世庄严劫。他预言九十一劫后，释迦接班成佛。释迦牟尼圆寂的时间是公元前五世纪，距今两千多年。燃灯是九十一劫前作的授记，按照前边说的最保守的推算方法（即一劫为四十三亿二千万年），师徒俩的那次谈话，至少是在三千九百亿年以前！那时，还根本就没有我们这个太阳系。（按现代科学研究证明，太阳的寿命至今已有五十亿年，地球的形成大约有四十六亿年，人类的出现不过三百万年。）

释迦牟尼，实有其人，而燃灯佛和弥勒佛，或是古人设想的一种超智能的宇宙人？世俗对这位“老子辈”的燃灯佛，并不大理会，倒是一些神魔小说家有兴趣，把他请进自己作品里“热闹”一番。《三宝太监西洋记》里，就让这位“三千古佛的班头”、“万万菩萨的领袖”——燃灯古佛，化为金碧峰长老（父母是玉帝前的金童、玉女化身），帮助三宝太监郑和擒妖伏怪，使西洋诸国归顺了明朝，年年纳贡，立了一等大功。在《封神榜》里，燃灯古佛却又变成了道门人物，叫燃灯道人。托塔天王的玲珑宝塔就是他赠送的礼品。后来燃灯道人率领众仙圣，帮助姜子牙破了敌人的七绝阵，要尽了威风。

大概是燃灯在佛国中辈分最高、法力最大，所以深受白莲教及后来的会道门的崇信。在白莲教编造的大量经书、宝卷中，“古佛”“燃灯”“真空老祖”名号比比皆是。经文、宝卷写得十分通俗上口，极易宣传、普及教义。试看两小段：“天上龙华日月星，地下龙华水火风，人身龙华精气神，三才配合天地人。初会龙华是燃灯，二会龙华释迦尊，三会龙华弥勒祖，龙华三会愿相逢。”“燃灯佛后有天真老祖接续传灯，释迦佛后有弥勒佛接续传灯，弥勒佛后有天真老祖接续传灯，天真向谁人接续？有三宗五派九杆一十八枝领袖头行、开言弟子，都会接续传灯。”所谓“传灯”，本指传佛法，这里实指接班，改朝换代，做个“开国之君”。

密宗至高无上的本尊——大日如来的由来

佛教有显、密之分。《大智度论》四说：“佛教有两种：一秘密，一现示。”即密

教与显教。密教是佛教中秘密教的略称，是相对显教而言的，又称“真言宗”、“金刚乘”。密教是公元七世纪左右印度大乘佛教、印度教与印度民间信仰的混合物。它以高度组织化的咒术、仪礼、俗信为其特征，宣扬口诵真言咒语——“口密”，手结印契（特定手势）——“身密”，心中观想佛尊——“意密”，三密同时相应便可获得神通，即身成佛。密宗仪轨十分复杂，对设坛、供养、诵咒、灌顶等，都有严格规定，需经导师秘密传授。

毗卢遮那佛为密宗所奉最高教主，是梵文的译音，即大日如来。“摩诃”意为“大”，“毗卢遮那”意为“日”，故称“大日”即大太阳。毗卢遮那又有“光明遍照”之义，故又称“遍照如来”。根据此佛的无量功德和法力，还被称作“最高显广眼藏如来”。

大日如来被称作“大日”用了比喻，据《大日经疏》卷十六称：

“所谓毗卢遮那吝。日也。如世间之日，能除一切暗冥。而生长一切万物。成一切众生事业。今法身如来（即大日如来）亦复如是。故以为喻也。”

大日如来虽如太阳一样，给世界带来光明，给众生带来生命，但更比太阳伟大：

“然世间日照具方向和限度，若照其外而不能及内，明在一边不至另一边。又惟在白昼不在黑夜。如来智慧日光则不如是，遍一切处作大光明。没有内外昼夜之别，世间之日不可比拟。”

但是，世间之物还有什么比太阳更伟大呢？密教只好把自己尊贵的教主称作“大日”“大太阳”，比太阳还伟大。

一般认为，大日如来与释迦牟尼是同一个佛，只是释迦牟尼是佛的“应身”，而大日如来是佛的“法身”即法身佛。但日本真言宗认为他们是两个不同的佛，释迦牟尼是显教教主，大日如来是密教教主。

据密教说法，密宗是由大日如来传授给金刚萨埵（二祖），金刚萨埵传予龙树（三祖），龙树传龙智（四祖），龙智传予金刚智（五祖）。金刚智是唐玄宗开元年间来华传授密宗的著名“开元三大士”之一，从此密教正式传入我国汉地。

密教认为教法来自大日如来，为密乘第一祖，因而最尊崇大日如来。密教寺庙神殿都以大日如来为中心加以崇拜。

密教教义中有“五佛五智”或“五智五身”的说法，据《菩提心论》称，大日如来具有五种智慧，为教化众生，化为五方五佛：中央大日如来佛，代表法界体性智；东方阿閦佛，代表大圆镜智（金刚智）；南方宝生佛，代表平等性智（灌顶智）；西方阿弥陀佛，代表妙观察智（莲华智）；北方不空成就佛，代表成所作智（羯磨智）。五智中以法界体性智（即理智具足，觉道圆满，达到佛我一致）最为重要，其他四智均为转识所生。

密宗认为，如果有了以上五种智慧，虽食肉、饮酒、男女事，也能达到"菩提"的最高智慧。但这种"智慧"须由师父直接传授才能得到。

一切烦恼皆不动——阿閦佛的由来

阿閦佛是梵文的音译，又作阿閦鞞。意译为"不动""无动""无嗔怒"等。

据说阿閦佛成佛前，受大日如来教化，立下了对众生永远不生嗔怒的誓愿，显示了他的大慈悲和永不为嗔恚所动的高尚境界。本来，无嗔怒就是一切佛门修习者最重要的心理基础。由嗔怒而生烦恼，而烦恼是"苦"的直接根源，是获菩提、得涅槃的大障碍，所以不嗔恚被列为佛教的重要戒律之一。

阿閦佛所倡导和身体力行的"不起嗔恚"的根本誓愿，也是六波罗蜜及断三毒而得解脱的根本修行之道。所谓六波罗蜜，又叫"六度""六到彼岸"，是佛教提出的从生死此岸到达涅槃彼岸的六种方法或途径，这六种途径是：布施、持戒、忍、精进、定、智慧。所谓三毒，又叫"三垢""三火"，是指贪、嗔、痴三种烦恼。贪、嗔、痴三毒被佛教看作是诸种烦恼中最能毒害众生的大害，是产生其他烦恼的根本，所以又称作"三不善根"，是"根本烦恼"。所以，要能做到无嗔无恚，而且不生嗔怒，即对一切人、一切事能看得十分明白，没有任何不满，根本不生气，自然也就没有了任何烦恼，得到了完全的解脱。不过，达到这种境界，在并不合理也不公平的世俗社会中，可实在太难了！但是，尽量做到淡泊功名利禄，对身外之物不必拼命追求，而使自己的精神生活充实一些，经常保持心境的宁静、心平气和，活得轻松一些，不也是一种"解脱"吗？

阿閦佛代表着大日如来五智中的第二智大圆镜智。此智慧以大圆镜为喻，是说其智体清净无染，显现世界万象如大圆镜。此智可觉悟人的本性，使之具有断绝世间烦恼而成就涅槃智慧的菩提心。

阿閦佛受大日如来的教化，于东方妙喜世界的七宝树下成佛，据《阿閦佛国经》称，此净土没有三恶道，一切人没有贪、嗔、痴三毒，皆行善事。没有邪说外道，衣食有芳香，住所皆七宝所成……无比殊胜。如有人勤持六度，发愿往生其国，死后便可转生此净土。

阿閦佛的塑像多为坐像，右手持梵函，左手作拳，全身黄金色。阿閦如来的手印为破魔印，即右手舒五指指地，左手以五指执衣角。据称此手印可灭诸魔恶鬼，一切烦恼皆不动。

阿閦佛的佛座为象座。象是印度的主要动物之一。印度教神话中提到象的地方很多，如财富女神罗其密四周围绕着象，智神耿乃希是象头人身，智力非凡，他是信徒们崇拜的神明之一。古代的印度还有象军，据说在步、车、马、象四兵种中，以象为第一，战斗力最强。象还是高贵的象征，印度的国王们都尊象。

象在佛教中也很受尊崇，认为它在所有动物中力量最大。象还被比喻为佛象。佛经中有个著名的“盲人摸象”的故事，在我国流传很广，被认为用来比喻有些人对事物了解不全面，固执一点，乱加揣测。但这个故事在佛教中最初是以象喻佛性，而以众盲人喻无明（即“惑”“愚痴”，指不懂佛教道理的世俗认识）众生。

总之，阿閦佛以象为宝座，表示其坚力无碍，能摧破一切嗔恚无明。

佛门大财神——宝生佛的由来

南方宝生佛为密宗五方佛之一，是梵文的意译，又作南方福德聚宝生如来、宝幢佛、宝相佛等。

宝生佛象征着大日如来五智中的第三智即平等性智。所谓“平等性智”，是说人们有八种认识作用的识体即“八识”：眼识、耳识、鼻识、舌识、身识、意识、末那识、阿赖耶识。第七识末那识是梵文的音译，意为“意”但不同于第六识“意识”，“意识”是有时中断的，而末那识却总是不停顿地思虑，通过此识中的精神因素，经过刻苦修行，便可转舍烦恼障种子而得“涅槃”果，转舍谬见的所知障种子而得“菩提”（智慧）果。这种由第七识末那识从有漏（烦恼）转为无漏（菩提、涅槃）时所得智慧，即平等性智。因而此智视世界万法平等无差别。宝生佛也代表着修行之德和福聚之德。他还是专司一切财宝的佛门大财神。

宝生如来住在南方欢喜世界，其身金色放大光明。宝生佛所结印是满愿印，可满足众生的一切愿望，即左手持衣角当心，右手仰掌。宝生佛还结另一种手印，左手为拳，右手开于外方，屈无名指与小指，中指与二指、大指剑立。修法时，修法者观想自身皆融成金色，并从顶上放金色光，现出无数金色菩萨，各位手中执如意宝珠。据说众生如遇此光，则所有祈求、愿望都能得到满足。宝生如来是一位最能满足众生愿求的慈悲大佛。

宝生佛有四位最亲近的随侍菩萨，分别在东南西北四方，他们是金刚宝菩萨、金刚光菩萨、金刚幢菩萨、金刚笑菩萨。

宝生佛的佛座为马座。佛教认为，世间尊贵吉祥的动物，以马为首。马有慧用，世以为宝。马能行于地、空，地为理，空为智，南方为理智其足之处，故以马为宝座。马还具有迅疾的神通，密宗的三密修法即手结印契（特定的手势）、口诵真言（咒语）、心观佛尊，据称可与佛的身、口、意相应，即身成佛。这种修行成佛十分迅速，而马之迅疾神速与之相似，也成为其迅疾修法的标志。所以，宝生佛以马为宝座也是含有深义的。

专司万法成就之德的佛——不空成就佛的由来

不空成就佛是五方佛之一。因为此佛不让他的妙业空虚，必能使其圆满成就，所以称作“不空成就”。不空成就佛又叫天鼓雷音佛、天鼓音佛、雷音王佛、微妙闻佛等。这是一位专司万法成就之德的佛，住在莲华世界。

在密教的五方五佛中，不空成就佛的位置在北方，象征的颜色是绿色。据密教经典《菩提心论》、《秘藏记》等称，大日如来有五种智慧，不空成就佛具有第五种智慧——成所作智。这是指眼、耳、鼻、舌、身等五识（又叫五根），从有漏（“漏”即漏泄、烦恼之异名）转无漏（断除三界烦恼之法）时所得之智。

佛教认为，因为烦恼业因，众生不断从“九疮门”——两眼、两耳、两鼻、一口、男女二根等九窍处流出“不净”，从而造成新的业因，如此流传，使众生“留住”三界，不能摆脱生死轮回。只有经过对佛教真理的觉悟，达到涅槃，才能彻底断绝三界烦恼，达到无漏，获得解脱。看来，这种智慧是很难得到的，是一种大功德、大成就。所以不空成就佛的“成就所智”，可以成就自利、利他的一切事业。

在密教图像里，不空成就佛的四方，还有四位亲近菩萨。前方为金刚业菩萨，专司如来事业之德，肉色，二手合掌扬顶上。右方是金刚护菩萨，此菩萨如甲胄之护身，专司大慈之铠、持身之德，青色，二手各舒头指，自余指屈，扬当腋侧。左方为金刚牙菩萨，此菩萨生有金刚牙，具有能咬啖一切怨敌之德，白色，二手作拳状，有的左手持莲花，上面有牙。后方是金刚拳菩萨，司结合之德，结成就一切之印契，青色，二手作拳，扬当心，手腕稍微屈垂。

不空成就佛的造像为金色，所作印契多为施无畏印，即左手执衣两角，右手展掌，竖其五指，当肩向外。这一印相，象征着不空成就佛拔济一切有情的功德。

摩尼创立摩尼教——摩尼佛的由来

1991年2月，联合国教科文组织“海上丝绸之路”综合考察团乘“和平”号轮船，从马可·波罗的故乡意大利威尼斯启航，抵达我国泉州进行考察活动。

他们一行来到泉州南门外13公里处的晋江县安海苏内村，看到华表山麓的一处草庵和庵中保存的一尊世界唯一留世的摩尼光佛像时，不禁惊喜过望。联合国官员迪安博士激动地向中外记者、学者宣布：这是海上丝绸之路考察活动的最大发现、最大成就，具有世界性和历史性的意义。

其实，这处草庵和这尊神像早已存在了八百多年，只是很少为外人特别是国外所知而已。

这处草庵最初建于宋代绍兴年间（1131～1162年），原为草构建筑，故称“草庵”。元初至正五年（1339年）改为单檐歇山式石构建筑。寺内依山岩浮刻摩尼光佛一尊，高1.52米。

摩尼佛盘坐莲花坛上，身披佛衣，百相雕刻得圆润丰满，慈善安详，散发披肩，双耳垂肩，两鬓有两绺长发，双腿趺坐，双手盯叠平置腿上，掌心向上。身后背光是一道道波状毫光。最奇妙的是，神像是利用岩石的天然石色雕成，脸略青，手淡红，全身灰白，平添了不少神异色彩。

从雕像的面相来看，是一位中国人的模样，但从打扮来看，与佛教的诸神不太一样，也不像道教的神仙，虽然至今当地及附近群众一直把他当作佛来顶礼膜拜，但实际上摩尼佛既不是佛也不是仙，而是另一宗教的教主和偶像。这一宗教就是摩尼教。

摩尼教是在3世纪时，由波斯（伊朗）人摩尼在25岁至30岁时所创立的一种宗教。也

译作牟尼教、末尼教，又称明教。摩尼教吸取了祆教（拜火教）、景教（基督教聂斯脱利派）、佛教和诺斯替教（一种神秘主义教派）的教义，改造成自己的教义，宣扬“二宗”“三际”理论。“二宗”即光明与黑暗，光明必然战胜黑暗。“三际”即三世，称善人死后可获幸福，恶人则坠地狱。摩尼自称是最后的“先知”，写了《二宗经》《三际经》《宣教书》等经书。

因摩尼教触犯了统治者的利益，所以摩尼遭波斯国王萨波尔一世的迫害和放逐，到东方各地传教，传说他还到过印度北部和我国西部。该教在3世纪到15世纪的一千多年间，曾在亚洲、非洲及欧洲许多地区流行，曾是古代历史中的一个世界性宗教，所到之处都产生过巨大影响。但15世纪以后逐渐衰亡了。

摩尼回国后，在瓦拉姆一世执政时，摩尼教被宣布为异端并予取缔。摩尼也被钉死在十字架上。摩尼虽死，但其创立的摩尼教仍在流传，他也被信徒作为偶像而崇拜。

摩尼教于唐朝武则天时，由水陆两路传入我国。由陆上“丝绸之路”而来者，流行于西北地区、中原及长江流域；由海上“丝绸之路”而来者，传播于东南沿海地区，而福州和泉州是最早传入的。1979年9月，因重建草庵前龙泉书院，建筑工人挖掘出几十片刻烧有“明教会”（即摩尼教）的黑釉瓷碗残片，是宋代瓷器。当时能以明教名义制作数量众多的食具，可见信徒之多。

明教与佛教追求来世的劝善说教不同，主张用斗争手段去争取好的生活，五代以后，常被作为组织农民起义的工具和精神武器。如后梁母乙、董乙起义，北宋方腊起义，南宋钟相、杨幺起义，元末的韩山童，刘福通、朱元璋起义，都是打着明教旗帜的。

朱元璋建立明朝后，对明教及其寺院严加封禁，摩尼教被迫转入地下活动。泉州草庵摩尼寺，幸得户部尚书郁新和、礼部尚书杨隆奏请保留，才幸存下来。到了清代，摩尼教已经绝迹，成为历史陈迹。

近年设在波斯的世界摩尼教研究会，就以晋江草庵寺中的摩尼光佛像作为会徽，显示了世界宗教文化界对这一宗教遗迹的高度重视。随着摩尼光佛知名度的不断提高，会有越来越多的海内外人士前来观瞻礼拜。

仗剑骑青狮的菩萨——文殊菩萨的由来

菩萨是佛教的高级职称，地位仅次于佛。其中文殊菩萨是较有名的一位。

文殊是外来语，全称“文殊师利”，是梵文的音译，又译作“曼殊室利”。因“文殊”为“妙”意，“师利”为“首”“德”“吉”等意，所以也译为“妙德”“妙首”“妙吉祥”。

文殊菩萨在寺庙大殿里，通常作为释迦佛的左胁侍，专司“智慧”，表“大智”，与司“理”的右胁侍普贤菩萨并列在佛的两旁。其塑像多为“非男非女相”，即模样不男不女，而更像女性。早期文殊画像有的唇上画有蝌蚪形小胡子，颇似美男子。宋以后，小胡子消失，面容秀丽，腰肢窈窕，胸部丰满，完全是一位美妇人形象。

文殊菩萨的坐骑为青狮，表示智慧威猛，手持宝剑，表示智慧锐利。狮子产于非洲和亚洲西部，在南亚诸国有许多以狮子为题材的民间故事。狮子以其威武勇猛，被誉为“兽中之王”，狮子后被佛教吸收利用，常以狮子比喻佛法威猛，能摧伏一切邪魔。释迦牟尼被佛教说成“人中狮子”，还称佛家说法声音震动世界，叫“狮子吼”。《传灯录》载：“释迦佛生时，一手指天，一手指地，作狮子吼云：‘天上天下，惟我独尊！’”所以，文殊菩萨所骑狮子，并非仅为一动物，而且含有寓意。《西游记》七十七回中，唐僧师徒在狮驼国受阻，原来是文殊菩萨的坐骑青狮，普贤菩萨的坐骑白象与如来的大鹏在此兴妖作怪，连孙悟空也奈何它们不得，最终还是劳这三位主人的大驾，收伏了三怪。这里的青狮成了狮精、魔头，形象不佳，一是吴承恩在开佛门的玩笑，二是故事情节的需要，佛祖在“考验”唐僧师徒对佛门的态度、立场到底如何。

密宗的文殊菩萨的造形，顶结五髻，以表大日如来之五智，又表童子天真之意。所以有一些经书称他“文殊师利童子”，还有人把五台山的五座主峰峰顶附会为文殊菩萨五髻的象征。

至于文殊的身世，众说纷纭，大致有以下几种。

1.本为佛，因助释迦牟尼教化众生，暂时现菩萨身。《菩萨处胎经·文殊身变化品》云：“本为能仁（即释迦）师，今及为弟子……我欲现佛身，二尊不并立”，为了佛门大业，文殊菩萨便屈尊释迦佛之下了。

2.文殊之三世，位皆为佛。《首楞严三昧经》卷下、《宝积经》卷六十等说，文殊过去为龙种上佛，又叫大身佛、神仙佛；现在为欢喜藏摩尼宝积佛，未来为普见佛。如此，同释迦一样，文殊菩萨也有所谓三世之说。

3.众佛之父母。《放钵经》云：“过去无央数诸佛，皆是文殊师利弟子，当来者亦是其威神力所致。譬如世间小儿有父母，文殊者，佛道中父母也。”

4.释迦牟尼的师祖。《法华经》说：“时有一菩萨名妙光。……八子皆以妙光为师，妙光教化之，使次第成佛。其最后之佛，名燃灯。其妙光，即文殊也。”燃灯佛为过去佛，是释迦的师父，那么文殊菩萨则为释迦的师祖了。

5.阿弥陀佛的三儿子。《悲华经》说：有转轮圣王，名无诤念（即阿弥陀佛），他有一千个儿子，老大是观世音，老二是大势至，老三名王象，即文殊菩萨。第八子是普贤菩萨。

6.妙庄王的大闺女。

7.释迦牟尼大弟子。《文殊师利涅槃经》称，文殊有大慈心，生于舍卫国一个婆罗门家庭，后投奔释迦牟尼处学道，成了释迦弟子。大乘则以文殊为智慧第一，并推为众菩萨之首。

第7种说法最为流行，成为通常说法。但文殊的“菩萨之首”的崇高地位，并未能多句永远保持住。观世音信仰流行以后，便取而代之，居为世俗心目中的第一菩萨。

五台山被佛教徒公认为文殊圣地是从唐代开始的。李渊起兵太原而得天下，建立唐朝后，便把太原府境内的五台山视为“龙兴之地”。唐太宗曾说：“五台山者，文殊閟宅，万圣幽栖，境系太原，实我祖宗植德之所。”唐时，五台山最盛时有佛寺三百余座，僧尼上万。直至民国时，全山尚有寺庙120余座，僧尼千余，不愧为佛教圣地。

五台文殊圣地历史悠久，文物荟萃，流传着许多有趣的传说。

五台山的显通寺内，有一座著名的铜殿，是明朝万历年间妙峰大师集全国十三省布施，以十万斤铜铸成。铜殿前下方两侧各有一高二丈余的十三层铜塔，西边一座铜塔底层的西南角，有一座小小铜庙，只有拇指大！庙内还有个更小的铜铸土地爷。据传，康熙帝来到五台山游览时，看到它特别小，便开玩笑说：“好大的土地！”不料，小“土地”一下跳到地上，立即跪地叩头：“谢主隆恩。”于是，它就被封为山西大土地爷。这个传说虽然今天已没人再信，但“好大土地”的名气却远近闻名，凡是到五台山游览的人，都要去拜访一下。

在塔院寺的东边有一文殊发塔，据称文殊菩萨显圣时遗留下的头发，藏在塔内。传说有一年设无遮大会斋，有个要饭的女人，拖带着两个孩子，身后还有一狗，挤上前去，对分饭的和尚说：“我有急事，先分给我吧。”和尚给了她三份，连两个孩子的都有了。这个女人又说：“狗是个活物，也该有一份。”和尚勉强又给了一份。谁知女人又道：“我腹内还有一子，应再给一份。”和尚发怒说：“你肚里孩子还没出生，就要分饭吃，也太

贪得无厌了！”女人争辩道：“众生平等，肚里的胎儿难道不是人吗？”说完从袖中取出一把剪子，剪下一把头发，放在桌上，念偈语道：“苦瓠连根苦，甜瓜彻蒂甜，是吾超三界，却被阿师嫌。”

那女子说完，腾空而起，现出文殊法相，两个孩子变成了两个童子，狗也变成了狮子。

辅助释迦，超度众生——普贤菩萨的由来

普贤菩萨的梵文又译为“遍吉”，意思是具备了完满足够的无量行愿，普现于一切佛刹的菩萨。

《第二菩萨经迹》说：“普贤菩萨，证穷法界，久成正觉，为辅助释迦，脱度众生，隐本垂迹，现菩萨相。其德无量无边，不可思议，今且曰‘普贤’二字，以示其概。”

普贤要将佛门推崇的“善”，普及到一切地方，可谓功德无量。这位大菩萨从名字到功能，都体现其行愿的悲切。

普贤的身世有以下几种说法。

1.普贤是诸佛之子。《华严经》说：“一切如来有长子，彼名号曰普贤。”比起文殊，普贤的辈分低多了。

2.阿弥陀佛的第八子。《第二菩萨经迹》和《悲华经》皆称：

有转轮圣王，名无诤念（即阿弥陀佛，本名无诤念）。王有千子，第一太子名不眴，即观世音菩萨，第二王子名尼摩；即势至菩萨，第三王子名王象，即文殊菩萨；第八王子名泯图，即普贤菩萨。

把释迦佛、弥陀佛的四位胁侍，说成是亲兄弟，都是弥勒的儿子，虽说一家人显得亲热，但总使人感到有“任人唯亲”之嫌。

3.是妙庄王的二女儿。《小乘经》说：“妙庄王三女，长文殊，次普贤，次观音，一子即地藏。”这是中国化的说法。

与文殊一样，“普贤身不可思议”。照佛教说法，佛或菩萨是没有什么性别之分的。唐以前普贤菩萨多为男身女相，宋以后多为女身女相。

普贤坐骑为六牙白象，但大自然中并未有什么六牙白象。佛教的六牙白象原为菩萨所化，以表威灵。所以普贤所骑象，与自然界之动物象完全不同，也是一种象征。

峨眉山最初被道士看中，成为道教的洞天福地。道教共有三十六洞天，峨眉山为第七洞天。传说广成子、吕洞宾、左慈、张三丰等，都曾在此修行过。有趣的是，中国四大民间传说之一《白蛇传》中的白蛇和青蛇，也被说成在此修炼成仙的。传说今万年寺下的白

龙洞，即白娘子当初修炼的洞府，在白龙洞正门深峡的石笋峰下的黑龙潭，传为小青修道之所。许仙被白蛇吓死过去以后，白蛇带着青蛇冒险来峨眉山盗仙草，救活了许仙。这个美丽动人的故事家喻户晓。

峨眉仙山后被和尚们看中，并且后来居上，逐渐把峨眉变成了四大佛山之一。最终还把道士们全部“送”下了山，峨眉几乎成了佛门的一统天下。

峨眉为什么成了普贤道场了呢？

这是借助于经书的记载。《华严经·菩萨住处品》说：西南方有处名光明山，从昔以来，诸菩萨众于中止住。现有菩萨，名曰贤胜（普贤），与其眷属3000人，常在其中而演说法。

佛家在此把“光明山”指为峨眉，因其山昼有“佛光”，夜有“圣灯”，一片光明。

《杂花经》亦称：“故我世尊等正觉而有方所，说经而有道场。普贤于道场等门化人天等众，现相于峨眉山中，密引世人，而通菩提觉性。”还有一种说法，东汉永平六年（63年），峨眉山隐士蒲公登山采药，遇一野鹿，足迹如莲花，蒲公“追之绝顶无踪”，忽见奇丽佛光。蒲公特请教西来的印僧宝掌。宝掌答曰：“此是普贤祥瑞，于末法中，守护如来，相见现相于此，化利一切众生。”

据载，从晋代起至清末1600余年间，峨眉山建有庵寺堂阁楼亭共170座。佛教鼎盛的明代中期，峨眉僧众达3000余人，每天晨钟暮鼓，此起彼伏，经久不息。

同武当山金顶一样，峨眉山的顶峰也因有一座铜殿（俗称“金殿”）而得名“金顶”。铜殿建于明代万历年间，后可惜毁于火，但金顶之名一直沿用下来。峨眉金顶最有名的奇观，要算“金顶佛光”了。

在晴朗无风、太阳斜射的午后，睹光台下满布云海。这时，人们站在台顶边缘，便可看见云海之上呈现出一个虚若明镜的彩色光环，好像佛顶上的宝光，自己的身影，正好映在宝光中间。这就是所谓“佛光”，佛教宣称此为普贤菩萨在向世俗显露自己“真相”，亦称“佛现”。据说第一个见到佛光的人，即是上文提到的汉代蒲公。这里是佛教圣地，当然要称“佛光”，若是道教中心，自然会称“道光”了。其实，这一奇观并非什么“佛光”或“道光”，而是大自然的一种折射光。

太阳的可见光是由七种色光组成的，云雾的构成是无数微小的水滴，阳光照在云雾表面，便会因衍射分解为赤、橙、黄、绿、青、蓝、紫七色，投到后面云层上，又反射回来，映入人们的眼帘，便是绚丽多彩的光环。光环中心的人影，则是阳光下的投影。雨后天晴，天际挂上的一道彩虹，也是同样道理，只是在地面，无法产生峨眉之巅、云海之上的奇观。“佛光”的出现，是阳光、云层和人体三者，同处四十五度斜线上时所产生的折

射现象，这种景观为他处所罕见，所以峨眉金顶佛光便显身价不凡了。旧时有些人千里迢迢地赶来这里，一见“佛光”出现，便认为菩萨是在接引自己，遂毫不犹豫地纵身跳去，自以为到了“极乐世界”，实际上白白断送了生命，睹光台又成了“舍身崖”。

“佛光”出现时，因每人眼中见到的光环，只能映照出自己的黑影，一人一个，互不干扰。人静影亦静，人动影亦动，人舞影亦舞，令人惊喜不已。抛开其宗教色彩和神秘感，能亲身领略这一大自然的奇观，倒也是一种极好的精神享受。

最具有同情心的神仙——观音菩萨的由来

在中国民间有句俗话：“家家观世音，户户弥陀佛。”可见阿弥陀佛和观世音菩萨两位神仙在中国深入人心。而在这两神仙当中，观世音菩萨更为人们所崇拜，是在中国影响最大、信仰最众的佛国神仙。

观世音，是梵文的意译，又译作“光世音”“观自在”“观世自在”。唐时因避太宗李世民名讳，略去“世”字，简称“观音”，一直沿用至今。

“观世音”，是我国佛经翻译家的一个创造，他们为何造出这么个令人费解的怪名字？原来，这是根据佛经的说法。

就是说，神通广大的观世音，在众生受苦受难时，称诵其名号，就会“观”到这个声音，立刻前往解救。“观世音”这个名称就显示出这位菩萨的大慈大悲和神通无边。声音不用听而“观”即知，是观世音的无尽法力，应该属于特异功能之类。

以眼“观”音，对世俗来说不可理解，但佛教中却有“六根互用”的一套理论，不但以眼可以“观”音，还可“观”香、“观”味等。所谓“六根”，即眼、耳、鼻、舌、身、意六种感官及其功能。“根”为“能生”之义，如“眼根”能识色，“耳根”能听声，“鼻根”能嗅香，“舌根”能尝味，“身根”有所触等。

佛教认为，“六根”即是生死之根，超脱生死，就要清除“六根”的污垢，修持布施、持戒等种种功德，以达到“六根清净”的境界。六根清净了，就能消除障碍，显发种种妙用。不但六根各自的功能大大增强，而且可以进而达到“六根互用”的高级境界。即六根中的任何一根都能代替其他诸根的作用。

“观自在”是唐玄奘所译。如《心经》云：“观自在菩萨行深般若波罗密多时，照见五蕴皆空，度一切苦厄。”关于“观自在”的含意有两层，一是表示大智慧，显示她能够完全“自在”地“观”察事理无碍的境界。二是表示大慈悲，菩萨应机赴感，寻声救苦，从心所欲，了无障碍。

观音菩萨如此之“神”，那么其来历又是如何呢？

观世音同许多菩萨一样，是信徒们塑造增饰出来的。其最初的原型是古印度的双马童神。

《梨俱吠陀》涉及了许多神，按重要性来说，第一位是大英雄战神因陀罗，其次是火神阿耆尼，再次是酒神苏摩，第四位即双马童神。

双马童，为梵文的意译。是婆罗门教、印度教崇拜的神明。他俩是孪生兄弟，是不可分离的一对美丽的青年天神。这一对兄弟强壮、灵巧、聪明、敏捷，嗜好蜜，皮肤也是蜜黄色的，头戴莲花冠。他们坐金色的三轮车，驾车的是马、牛或鸟、鹰、天鹅，车的速度比思想还要快。金车在黎明时出现，像太阳一样，一天就驶过了天空，掠过大地。其形象有时是一对并肩相连的小马。

双马童的主要功德是救苦救难，尤其能治病。他俩能使瞎子复明，残废复全，能使无奶的牛产奶，阉人的妻子生子，使老女得夫，沉船获救。他们曾使一位老人恢复健康，延长寿命，返老还童；又治好了一些病老残废，还主持婚姻，使不少人得到妻子。《梨俱吠陀》中还常常提到双马童救了一个落水者。那人沉溺在黑暗的大海中，只抱着一根木头，向双马童呼救，双马童便驾着百桨木船飞快地救他脱险。还有人被坏人绑起来，扔在水里挣扎了九天十夜，最后让双马童救活了。有些人掉在了黑洞洞的坑里，或落在满是火焰的坑里，叫天天不应叫地地不灵的时候，也是双马童来救援，让他们喝下清凉的饮料，脱离了险境。有的女人在战争中被砍掉了一条腿，双马童便给她安上了一条铁腿或铜腿。总之，被他们救助的人不计其数。双马童还能降妖伏怪。他们在当时的天竺（古印度）受到广泛的信奉。

显然，双马童是古印度人民特别是生活在水深火热中的下层百姓的一种美好寄托和慰藉。后来，大乘佛教受其影响，塑造了观世音菩萨的形象，大慈大悲的观世音继承了双马童的全部功德。

婆罗门教的善神双马童被佛教吸收后，形象也逐渐人格化。

另外，有的人说观音的前身是一位大太子。

佛教还把观世音说成是出身王家，属于金枝玉叶。《悲华经》称：

转轮圣王，名无诤念。王有4子。第一太子名不眴。即观世音菩萨；第二王子名尼摩。即大势至菩萨；第三王子名王象，即文殊菩萨；第八子名泯图，即普贤菩萨。

太子不眴立下宏愿，生大悲心，断绝众生诸苦及烦恼，使众生常住安乐，为此佛陀给他起名叫观世音。不眴的父王无诤念后来成佛，为西方安乐世界无量寿佛，即西方极乐世界的阿弥陀佛。不眴的弟弟尼摩也成为大势至菩萨。以故，父子3人成为“西方三圣”，观世音与其弟大势至成为父亲阿弥陀佛的左右胁侍。

另有佛经把这两位王子说成是莲花所化生。莲花是世间有名的观赏花卉，也是佛教的一种象征。据佛教传说，佛祖降生前出现八种祥瑞之相。百鸟齐鸣，鲜花盛开，池沼内突然长满大如车盖的美丽莲花。王后摩耶夫人受到感应退入后宫，这时，菩萨化作一头六牙白象来投胎。

早在佛教产生之前，婆罗门教即崇尚莲花，传说创造世界的大梵天就是坐在莲花上出生的。还宣称莲守一茎一花之节，花色红白与绿叶相间，这三色分别代表梵天（创造神）、湿婆（毁灭神）、毗湿奴（保护神）三大神，成为印度思想的象征。

莲花被佛教吸收后，成为佛陀的象征。在佛教艺术中，莲花形象早于佛陀造像，在早期佛教雕塑中常以莲花来表现佛陀。因而莲花与佛教关系极为密切。莲花本身所具有的出污泥而不染，洁身自好的不凡气质，被佛教引申为：现实世界整个是秽土污泥，肮脏不堪，但佛教可使人不受污染，超凡脱俗，达到清净无碍之境地，故以莲花为喻。

因而佛经中把观音菩萨说成莲花所化，也是很自然的了。

观音菩萨来到中国安家落户，是在距今1300多年前的三国时期，当时《无量寿经》已被传诵。东晋时期，我国开始盛行往生阿弥陀净土即西方极乐世界的信仰，并产生了佛教的重要宗派——净土宗。传为东晋高僧慧远等创立，宣称一心专念阿弥陀佛名号，死后即可“往生安乐国土”。唐初净土宗极为盛行，信仰者不可胜数。当时有连续诵念《弥陀经》十万至五十万遍者！有的人诵念“阿弥陀佛”名号，一天意念几万声甚至十万声！作为极乐世界第二大神的观音菩萨自然也受到广泛崇拜。

不过，对世俗来说，阿弥陀佛地位太高了，不敢与他直接对话。比较起来，观音菩萨要显得平易近人，而他“观”人“世”苦难之“音”，又似乎“随叫随到”，更令人感到可亲可敬可以信赖。唯一不足的是：观世音的性别多少使广大妇女信徒感到遗憾。

南北朝时期，佛教在中国大地迅速发展，信徒日众，其中出家的尼姑和在家的女居士人数骤增。不少上层妇女如北魏的灵太后等人，也笃信佛教，成为虔诚的佛教徒。这就使广大的善妇信女们产生了疑惑：佛国净土中的诸佛、菩萨和罗汉们皆为男性，难道女人就没有一点希望了吗？既然如此，女信徒何必非得皈依佛门？这样，势必会失去大批的妇女群众。道教在这一点上，就很圆满。在道教的神仙世界里，从上到下有以王母娘娘为首的一大批女神仙。

按说，菩萨早已脱离了人间凡胎，应无性别之分。但出于上面原因，再加上慈母之爱、女性之美，颇能打动凡心，又有道教的榜样，于是佛教只好打破清规，“随乡入俗”，向中国的世俗让步。历史证明，西天的各路神明要想在中国站住脚跟，就必须汉化、世俗化。因此，佛门必须塑造出一位女菩萨，以满足广大信徒（包括男信徒）的需要。

充当一位女菩萨，观世音最有条件。佛门把他塑造为大慈大悲的化身，并赋予他具有三十三变化身、救十二大难等超级功能。在其变化身中，即有一些女身。观世音为了说法需要可以变换性别，变换各种身份。后来为了广大善男信女的需要，观音不再亦男亦女，

而固定为一女性菩萨。这一改变深受世俗欢迎。比较而言，道教在塑造构饰女性神上，要比佛教高明一些。道教中女神众多，诸如王母、斗姆，各种老母、元君，天妃（妈祖），麻姑，紫姑，何仙姑，九天玄女，还有名目繁多的娘娘们，可谓品种齐全，应有尽有，可满足人们的各种需要。

佛教传入中国后渐被汉化，观世音经历了四百余年的沧桑，也逐渐异化，他的国籍、民族，乃至性别，全都按照中国人的意愿“脱胎换骨”了。观世音不但成了中国人，而且还当上了汉族的皇家公主。

关于观音的由来，还有一种说法。

妙庄王有三个女儿，名妙因、妙缘、妙善，妙善即后来得道的观音。三女都到了出嫁的年龄，庄王为她们择婿，大女、二女很高兴地答应了，但三女妙善死不同意，执意出家为尼。庄王大怒，把妙善赶出了王宫。后庄王得了重病，危在旦夕。此时妙善已修行得道，遂变化为一老僧进朝奏道：“非至亲手眼方可医得。”妙庄王只有自己的女儿是至亲，便动员大女二女做出“牺牲”，来救自己，但她俩如何肯献出手眼？老僧便告庄王道：“香山仙长济度生灵，求他一定能成。”

这位香山仙长即妙善修行而成。仙长来到王宫，自己断手剜眼献给庄王。庄王服之即愈，一见仙长没了手眼，十分痛心，吁叩天地，请求神明使仙长再长出手眼。少顷，仙长果然长出了手眼，并且一下子长出了一千只手、一千只眼，是为千手千眼观世音菩萨。香山仙长道出自己来历，与庄王畅叙父女之情，极其欢洽。妙善劝父王皈依佛门，修德行善，庄王高兴地答应了。

这是一个典型的宣传佛教教化的故事，而且其中还融会了浓厚的儒家孝道和道教的神仙思想，是儒释道三家合流的产物。

后来有人干脆把根本不存在的妙庄王说成是春秋时代的楚庄王，公主妙善以自己手眼救活父王后，庄王命在香山建寺，塑像“全手全眼”，但宦官误听，传旨为“千手千眼”，于是塑出了千手千眼观音（妙善）像。其实，佛教经典所说的千手千眼的来历，与上面的说法完全不同。千手千眼观世音为密宗六观音之一。

中国、日本的佛教徒根据《法华经·观世音菩萨普门品》所载的观音三十三身绘制了三十三观音菩萨的画像，即“三十三观音”。三十三观音像深受民间群众欢迎，这些步出寺庙走进民居的各式观音，至今还广有市场。三十三观音的名目如下：

杨柳观音、龙头观音、持经观音、圆光观音、游戏观音、白衣观音、莲卧观音、泷见观音、施药观音、鱼篮观音、德王观音、水月观音、一叶观音、青颈观音、威德观音、延命观音、众宝观音、岩头观音、能静观音、阿耨观音、阿么提观音、叶衣观音、琉璃观音、多罗尊观音、蛤蜊观音、六时观音、普慈观音、马郎妇观音、合掌观音、一如观音、不二观音、持莲观音、洒水观音。

在这里，我们把一些在民间影响比较广泛的简单介绍一下。

1.杨柳观音

杨柳观音庄严端肃，右手持杨柳，左手放于胸前，手掌向外，以杨柳枝替人消除病

灾，故又称药王观音。印度民间很早就有用某些植物的枝条净齿的习俗，这些枝条被称作“齿木”。在汉译佛经中，“齿木”往往被译作中国最常见的“杨枝”。用枝条刷牙并非印度一地，如今非洲的索马里、坦桑尼亚等国，仍用芦密等树枝刷牙。

因为“杨枝”是古代僧人必备的除垢洁齿之物，所以佛门中常常把它作为涤除尘垢烦恼，从而使心地清静的象征。《华严经·净行品》称：“手执杨枝，当愿众生。皆得妙法，究竟清净。”所以中国民间流传的杨柳观音，一手持杨枝，一手托净瓶，是表示观音以杨枝沾取瓶中甘露水，拂洒人间，消除众生的烦恼垢浊。在千手观音中，即有一手名“杨枝手”，专司除病消灾。《观音忏法》说：“我今具杨枝净水，惟愿大悲，哀怜慑受。”以后，“杨枝净水”成了观音化身的一种形象，为民间所最熟悉。

2.白衣观音

白衣观音又叫白处尊菩萨、白衣观自在母。其形象着白衣，左手执莲花，常盘坐于莲花上。“白”代表菩提，而菩提之心即菩萨之心。白衣观音被认为可以消灾延命，保家人平安。此外，妇女求儿、安产、育儿时，也都求拜白衣观音。

3.马郎妇观音

在三十三观音中，有一位风姿绰约、楚楚动人的马郎妇观音。说来令人难以置信，这位观音竟是专门救度淫荡男人脱离苦海的菩萨。

据载，唐元和十二年（817年），菩萨大慈悲，欲化陕右，示现为美女子。人求为配，美女子曰：“一夕能诵《普门品》者事之。”黎明，彻诵者二十辈。女曰：“一身岂能配众？可诵《金刚经》。”至旦，通者犹十数人。女复不然其请，更授之《法华经》七卷，约三日。至期，独马氏子能通。女令具礼成姻，客未散而女死。葬之数日，有老僧杖锡谒马氏，问女所由。马氏引之葬所，以锡拨之，尸已化，惟黄金锁子骨存焉。僧以锡（杖）挑骨，飞空而去。故有“马郎妇”之称。

《法华持验》所云与上略同，但指出“有美艳女子挈篮鬻鱼”，是位卖鱼姑娘。这就是所谓鱼篮观音、马郎妇观音或锁骨观音的来历。宋人叶廷硅在《海录碎事》卷十三说：释氏书：若有贤女马郎妇于金沙滩上施一切人淫，凡与交者，永绝其淫。死葬后，一梵僧来云：“求我侣。”掘开乃锁子骨。梵僧以杖挑起，升云而去。

马郎妇观音使男人们“永绝其淫”的绝招儿具体如何不得而知，但古代传奇小说中却有不少女人与男子交而取其精，可延年益寿的说法。苦了那些男子被弄得奄奄一息，确实“永绝其淫”了。不过这些女人大都是些狐妖鬼魅所变化，当然与观音慈悲度人不可同日

而语。

4.蛤蜊观音

此观音十分奇特，观音坐于蛤蜊之中，此蛤蜊观音源于我国，并不见于佛经。其来历与唐朝文宗皇帝有关。

相传唐文宗时，宫内御膳厨师煮鸡蛋，忽闻鼎中有声音。细听之，原是鸡蛋在鼎中呼唤观音菩萨拯救，凄怆至极。文宗初闻不信，后证实果有此事，叹道：“佛力广大！”遂下令今后不得用鸡蛋做菜。

某日唐文宗食蛤蜊，有擘而不开者，焚香祷告，突然看见观音菩萨显相。文宗召终南山惟政禅师询问，禅师曰：“此盖陛下信诚而致。经书上讲，应以此身得度者，即现此身而为说法。”文帝道：“菩萨虽现，但未闻说法。”禅师道：“陛下视此事寻常不寻常呢？信还是不信呢？”文宗说：“此是稀有之事，焉能不信？”禅师道：“大士已给您说完法了。”文宗闻听大悦，即下诏天下寺院立观音像。这一传说显示了观音的慈悲和法力。蛤蜊因与水产有关，所以蛤蜊观音备受渔民崇拜。

5.青颈观音

青颈观音以其脖子青黑色而得名。“青颈”之典出于古印度的湿婆神。湿婆与梵天、毗湿奴并称为印度教的三大主神。湿婆是印度教神话中宇宙间创造力量的化身，被称为“大天神”。他又是舞神，他用自己的舞蹈征服了一万个敌视他的苦行教徒。湿婆还是再生之神，他的形象是把象征男性生殖器的圆柱，立在女性生殖器中。湿婆同时又是破坏之神。湿婆还是个伟大的救世主，在众神搅动乳海时，他把搅出来的毒药全部吞下，否则这些毒药将会把宇宙烧掉。湿婆道行大，虽然保住了性命，但他的脖子却被烧青、身上被烧出半圈火带。

湿婆这种舍己救世的牺牲精神令人感动，这类传说中国也有。《四游记》中雷琼为救全体村民，喝下瘟药，后被玉帝封为“威灵瘟元帅”。在《三教源流搜神大全》卷五中则作温琼。温琼为道教著名护法神马、赵、温、关四大元帅之一。所以青颈观音也是舍己救人精神的化身，若供奉此尊神像，只要拜他，有助于修行、除病，可避免横祸，凡是恐怖厄难皆可脱离。

6.泷见观音

泷，指急流的水。泷见观音因其坐在岩石上观赏瀑布而得名，故又名“观瀑观音”。

据《法华经·观世音菩萨普门品》中讲，若有人受人陷害而被推入火坑中，此时只要念泷见观音的经文，火坑便可变成池塘。

泷见观音是历代画家最喜爱的绘画题材之一。

7.圆光观音

圆光观音的身后发出炽热的光焰，合掌安坐于岩上，所以称圆光观音。

据说圆光观音可救人免遭刀斧之苦。《妙法莲华经》卷二十五《观世音菩萨普门品》称：“或遭王难苦，临刑欲寿终；念彼观音力，刀寻段段坏，或囚禁枷锁，手足被扭械，

念彼观音力，释然得解脱。”

其他观音的种种特异功能主要有：施乐观音专门为众生解除苦痛，给予欢乐；能静观音在人们遭受到灾难时，可使人保持安静、沉着、脱离危险；延命观音可使人消除灾害，延命添寿；龙头观音可驱除蛇蝎毒虫，保护众生；阿耨观音在人们海上遇难时，可使风平浪静，海怪消失；一叶观音在发生大水灾时，可把遇险者救到安全地带；一如观音可制伏雷电冰雹；琉璃观音可使死者复活；洒水观音专门救助水难漂流者。

九华山的教主——地藏菩萨的由来

地藏菩萨，梵文音译为乞叉底药沙，地藏是梵文的意译。地是大地，藏是含藏、伏藏之义，佛法中名为藏，是库藏之意。地藏菩萨有种种功得，能引生一切功德，难行苦行，救渡众生，故名地藏。如前所述，四大菩萨中地藏菩萨主“大愿”，所以又称“大愿地藏”。据传地藏受佛祖释迦牟尼的嘱托，在释迦牟尼圆寂后，未来佛弥勒降世之前，担当起教化芸芸众生的重任；释迦牟尼还任命他做幽冥教主，即管理阴间。因为据《地藏十轮经》上说，他“安忍不动犹如大地，静虑深密犹如地藏”；另据《本愿经》上说，地藏菩萨能分身于百千亿条恒河沙粒那样多的世界里，在每一个世界里又化百千万亿身，每一身能度百千万亿人。所以，地藏就向佛祖发誓：“地狱未空，誓不成佛。”意思是说，直到地狱空无一鬼，再也没有一个“罪鬼”受苦，自己才愿成佛，故其美称便是“大愿菩萨”。佛教把众生世界中没有超脱生死轮回、没有获得解脱的凡庸者分为六类，统称为“六凡”，也称“六道”“六趣”等，具体是分为地狱、鬼、畜生、魔神、人、天。“六地藏”的说法，意思是每一层都有地藏的化身。在“六凡”的每一层，地藏以不同的形象显现，拯救众生。

传说地藏的前身是目犍连。目犍连是梵文的音译，意译为大蚕豆或是大萝卜，据说古印度仙人以此为食，后传为姓氏。他是佛祖释迦牟尼的十大弟子之一。其母多年一直食素，老年在兄弟劝说下开戒食荤，死后遂入地狱。有一天目犍连在禅定之后见母亲轮入地狱，立刻上前去寻找。当他到达第一重地狱时，其母已被解往第二重地狱；当他追到第二重地狱时，其母已被解往第三重地狱，就这样，直追到第十重地狱，才知道其母已投生为一条家犬。目犍连遂将这只家犬买回，事以母礼。死后，目犍连即成为地藏菩萨。中国民间广为流传的“目连救母”的故事，就是由此传说而来，在中国民间广受欢迎，还曾演为戏曲。据《目连经》说，当目犍连在地狱中见到他母亲时，其母已化为饿鬼，目犍连赶紧拿钵盛饭喂其母，但饭还未入口已化为炭火。佛祖告诉目犍连，必须在每年七月十五日以百味五果，置于盆中，供养十方鬼灵，超度众饿鬼，其母才能得到济渡，于是目犍连依佛祖之意行事，这就是盂兰盆会的来历。

民间还传说，在目犍连逝世一千多年以后，地藏菩萨降生于新罗国（朝鲜半岛）第七代国王之家，名金乔觉。这位王子看破红尘，抛弃富贵，出家削发为僧，法号地藏比丘。唐高宗时，24岁的地藏比丘航海来到中国，在九华山结庐苦修。后被当地人诸葛节等发现，见他孤坐石室，以观音土为饭食，十分钦佩其苦行精神。在得知他是新罗王子后，感到应尽地主之谊，于是发善心为他建造寺院。当时九华山为闵公所有，建寺要闵公出土地。闵公问地藏比丘要多少地，回答说要一袈裟地，闵公答应了，不料袈裟越扯越大，以致盖尽九华。地藏比丘居此山数十年，于唐玄宗开元年间某个农历七月三十日夜，召众诀别，盘腿坐化，时年99岁。其肉身不坏，徒众以缸殡殓，置入塔中。相传山上闻名遐迩的“月（肉）身宝殿”，就是地藏的成道处。后人遂以这一天作为地藏菩萨应化中国的涅槃日，每到此时便举行地藏法会，所以九华山的香火以七月最盛。从明代起，地藏比丘作为地藏菩萨的化身受到崇祀，九华山便成为地藏菩萨的圣地，佛事活动极盛。又为了纪念闵公的功德而在地藏菩萨像的右边立了闵公像，在左边立闵公的儿子道明法师像。

九华山在安徽省青阳县境西南二十公里处，面积一百多平方公里。原名九子山，该山险雄奇秀齐备，素有“东南第一山”之美称。古代不少文人骚客都到此参游，唐代诗人李白曾三上九子山，作诗赞美曰：“昔在九江上，遥望九华峰，天河挂绿水，绣出九芙蓉。”因而将九子山改名九华山。九华山早在公元401年就有了寺庙建筑，开始是道观，到唐代新罗国王子金乔觉到此结庐，广修佛寺时，九华山已有佛寺八百余座，佛像一万余尊，为佛寺和佛像的最多时期，故有“九华一千寺，撒在云雾中”的诗句。历经元、明、清的毁坏，现在九华山尚存大大小小五十余座佛寺，一千五百余尊佛像，仍居四大佛山之首。较著名的有化城寺、月（肉）身宝殿、祇园寺和百岁宫。

地藏比丘金乔觉圆寂的农历七月三十日，被称为地藏菩萨应化中国的涅槃日，民间以此为地藏菩萨的生日。每年此日，千百里内的信佛者均到九华山烧香拜佛，以作纪念，俗称“朝九华”。月（肉）身宝殿是信佛者朝谒九华圣地的主要场所，殿内有地藏王塑像。与其他菩萨的服饰不同的是，地藏菩萨是以出家人的形象出现的，他着僧装、披袈裟、左手持如意宝珠，右手持九锡宝杖。他的坐骑名“谛听”。“谛听”最大的能耐也和大地有关——它只需伏地一听便能辨别事物的真伪。相传人们只要用铜钱在它前额上擦几下，再系挂在小孩身上，可以避邪降福。

观世音的左胁侍——善财童子的由来

在一些著名大庙里，比如杭州的灵隐寺、上海的玉佛寺、苏州的西园寺里，有一宏伟的海岛塑像十分引人瞩目。这是一大组最热闹最漂亮的群像。一般塑在大雄宝殿的佛座板壁之后，面对后门。也有另建一殿单独供设的。

海岛上塑造了数十个乃至一百五六十个人物，栩栩如生，表现的多是“善财童子五十三参”故事，也有表现观音菩萨救八难之事。

海岛中央是观音的巨大塑像，她脚踏鳌鱼取“镇压”之意。据说人间地下有鳌鱼，鳌鱼一动，人间就会天翻地覆。故观音用脚踏之，将其镇压住，使人间得以平安。观音上面有地藏菩萨。最上边是释迦牟尼像，表现的是他在山间修道，过着苦行生活的情景。旁边有白猿和麋鹿因受感动而献果献乳，释迦牟尼吃后而得道。海岛上还有文殊、普贤、十八罗汉、日光菩萨等，有的还塑造了济公、托塔天王、二郎神，甚至唐僧、孙大圣、八戒、沙僧、红孩儿、黑熊精等《西游记》中的人物。

其中，最为醒目的，还要算是观音两边侍立的两个人物，左边的一位是男身，他就是“善财童子”，也是观世音的左胁侍。右边的一位是女身，是观音的右胁侍，叫“龙女”。

善财是个什么人物呢？他怎么会成为观音的左胁侍呢？善财，是梵文的意译，又叫善财童子，是佛教菩萨名。善财童子虽被绘成或塑成天真的孩童模样，但童子这一称谓并非是指小儿，不是“少年”“儿童”的含义，否则，为何文殊、宝积、月光等一些大菩萨也称为文殊师利童子、宝积童子、月光童子？原来佛门中称菩萨为“童子”另有含义。一是菩萨作为候补佛，将来要荣登佛位，就像王太子以后要继承王位。二是菩萨持戒清净，就像童子没有淫欲贪念，十分纯真。

据《大方广佛华严经·人法界品》讲，文殊菩萨住在福城东之庄严幢娑罗林中。当时，“福城长者子有五百童子，善财其一也。”这时的善财是尚未得道成菩萨的童子——孩童。他为何叫“善财”呢？经中称，善财童子诞生时，“五百宝器自然出现，又雨众宝及诸财物，一切库藏悉令充满。以此事故，父母亲属及善相师共呼此儿名曰‘善财’”。菩萨因是佛国高级神明，降生人间时（虽然这时还未修成菩萨）也必然不同凡响：无数财宝与之俱来，地上涌出许多宝器，天上降下无数财宝，像下雨一样，家里的库房一下子也都满满当当，应有尽有。这位福城长者老先生为何有如此福气，生了这样一位贵子？唐代高僧法藏在《华严经探玄记》卷十二做出了解答：

由此福报，财宝棺起，立善财名。即善为因，财为果。又生时宝观为财，后叹其行德为善。

认为是其前世的善德而修成的。佛教中的神话故事极多，无不用来宣传其教理、教义。

善财看破红尘，视财产如粪土，认为万物皆空，发誓修行成佛。

因为近水楼台，善财就向文殊菩萨请教佛法。文殊对他说：“求善知识（向良师求教），勿生废懈，见善知识，勿生厌足；于善知识所有教诲，皆应随顺；于善知识善巧方便，勿见过失。”并指示他到南方胜乐国去参问功德云和尚，向其求教。善财找到了功德云后，功德云又叫他去找善住和尚，善财参问善住后，善住又叫他去找弥迦长者……这样一个接一个地寻访下去，善财童子共参拜了五十三位良师，历尽了千辛万苦，以其一片至诚之心和不怕碰壁、不辞跋涉的行动经受住了考验。他从每一位良师那里都学习了一些东西，获得了各种解脱方法，懂得了菩萨的行为准则。这五十三位良师并非都是高级人士，其中有不少是身份一般的人士，甚至还有外道，也有一些女性。除菩萨、比丘（和尚）、比丘尼（尼姑）、居士、优婆夷（女居士）外，还有长者、仙人、王者、婆罗门、天神、地神、夜神、童女和船师等。

善财五十三参中参问三大士是重要内容。第二十七参是参拜普陀洛迦山的观音菩萨，观音告以“大悲行门”。第五十一参时来到海岸国毗卢阁楼庄严自在境界，弥勒为其广说菩提心，并预言善财不久具诸行，到佛功德岸。善财又来到文殊菩萨处，文殊使善财成就一切法门，具足无量大智。最后，善财在自在神通境界参访普贤，普贤抚摩善财头顶，于是他获得了“一切佛刹微尘数三昧门”，成就“菩萨行愿”。终于完成了五十三参，实现了成佛的愿望。这是大乘佛教用来向信徒宣传“即身成佛”的典型事例。

禅宗寺院观音菩萨左边置善财童子像，是取材其历访五十三位名师过程中，拜谒观音以受教化的故事。善财在普陀洛伽山得观音教化而示现为菩萨。为辅助观音普度众生，现童子身，为观音左胁侍。海岛群塑的右下角有渡船和小孩，表现善财去参拜观世音的情景：观音为试善财是否有诚意，便化身船夫，起大风浪，劝他回去。但善财决心渡海，毫不动摇，最后参拜了观世音。

在民间，因其名为“善财童子”，一些凡夫俗子、民妇村姑，从字面理解“善财”一定善于理财，善于招财，于是将其作为“招财童子”“送财童子”而顶礼膜拜。作为“童

子”，妇女们便虔诚礼拜，求其投胎而得贵子。让一位“万物皆空”的佛门大士来干这些事，显示了民间信仰的功利性。

在《西游记》中，善财童子被说成本是火云洞圣婴大王红孩儿，即铁扇公主与牛魔王的儿子。红孩儿几次设计捉了唐僧，但唐僧肉终于没能吃成，反被观音菩萨收伏，做了胁侍善财童子，闹得他母亲铁扇公主后来在火焰山，与孙悟空好打了一场。

观世音的右胁侍——龙女的由来

观世音菩萨的右胁侍是位女性，即龙女。龙女的得道，与善财大不相同，善财历尽千辛万苦，五十三参始得道，而龙女则是“快速成佛”。说来令人难以置信，龙女的成佛竟是以无价宝珠广修供养、供佛及僧而得！

龙女本是佛教护法天神——二十诸天之一娑竭罗龙的女儿。龙女极为聪慧，年方八岁时，偶听文殊菩萨在龙宫说法，顿然觉悟。遂至灵鹫山礼拜释迦，以龙身成就佛道。一天，智积菩萨与文殊菩萨议论女人成佛事。智积问文殊道：“佛经甚深微妙，世所希有。众生须勤加精进，苦苦修行才成。不过，有马上成佛的吗？”文殊答道：“有。娑羯龙王女儿刚八岁，悉能受持，深入禅定，了达诸法，于刹那顷，发菩提心，即能成佛。”智积大惑不解：“我见释迦如来经过无数劫难，受尽磨炼，坚韧不拔，好不容易才成正觉。我不信这小丫头顷刻之间，就能成佛！”

话未说完，龙女忽然出现在眼前，向智积行礼，已见其本领不凡。当时在场的舍利弗也很不平：“哼，你一个小丫头，怎能立即成佛？我决不相信。而且，女人身体垢秽，根本没资格成佛！”

龙女笑而不答，马上从怀中掏出一颗大宝珠，价值三千大千世界！龙女把宝珠献给文殊，文殊马上伸手拿了过来，十分高兴。龙女回头对智积和舍利弗说：“我献宝珠，世尊马上要下，这事快不快？”二位回答：“快极了。”龙女说：“你们看我成佛，也是这样快！”说罢，龙女当众忽然间变为男子。舍利弗和智积看得目瞪口呆，不过，当着文殊的面，也不敢说三道四。

龙女为辅助观世音普度众生，又现女身，做了观音的右胁侍。不过，龙女的名气和影响远不如善财大，她倒是沾了观音菩萨的光，同样享受人间的香火。

除这位“洋龙女”外，中国也有自己的龙女，即神话中的龙王女儿，因为江河湖海皆有龙王，所以龙女也不止一个。至少在唐代，龙女就被民间所奉祀。唐代诗人岑参曾写有《龙女祠》诗，诗中云：“龙女何处来，来时乘风雨。祠堂青林下，宛宛相如雨。蜀人竞祈思，捧酒仍击鼓。”据说唐明皇曾经梦见了龙女，有感而作《凌波曲》，可见龙女当时之影响。

唐代李朝威写了著名传奇小说《柳毅传》，使龙女故事广泛流传。小说写洞庭龙女远嫁泾河小龙为妻，备受虐待，牧羊于河边。应举下第路过这里的书生柳毅，为龙女传书。由于柳毅的帮助，龙女脱离了苦难。二人几经周折，终于结为夫妻。故事十分动人，影响很大。

元代尚仲贤即据此传奇故事，创作了杂剧《洞庭湖柳毅传书》。这一题材的古代戏曲还有不少，如元南戏《柳毅洞庭龙女》，明传奇《传书记》《龙绡记》《桔浦记》，清传奇《乘龙佳话》等。现代各剧种中，也有不少《柳毅传书》戏。

同样写龙女故事的，还有尚仲贤与同时的李好古各写了一出《张生煮海》。剧情如下：书生张羽一天在寺中月下弹琴，遇龙女琼莲出游，约他明年中秋海边相会。龙女说明真相，赠其银锅、铁杓、金钱，让张羽舀水入锅，置钱锅中火煮，告其锅内水减一分，海水干涸十丈，龙王受困，便会求和。于是张生来到沙门岛海边煮海，龙王无奈，最后同意张羽与龙女配婚，有情人终成眷属。

《柳毅传书》与《张生煮海》为元杂剧中写人与龙女婚姻的双璧，剧情浪漫，文字优美，深受欢迎。清代作家李渔有《蜃中楼》传奇，则是合此二者为一剧。

中国的龙女与观音身旁的那位右胁侍完全不同，没有丝毫布道者的气味，而是一位美丽善良、追求幸福爱情的姑娘。

修得道，功德圆满——十二圆觉的由来

十二圆觉造像今天还不少见，除杭州灵隐寺以外，在四川“石刻之乡”大足县，也有一处闻名遐迩的十二圆觉造像，即大佛湾圆觉洞。洞窟内主像为三身佛，位于正壁中部，三身佛的两侧壁前，各刻有6尊菩萨。这些造像为宋代作品，刻画细腻，造型优美，装饰性强。整个圆觉洞就是一件大型的石雕艺术珍品。洞中的十二个菩萨即十二圆觉，这窟“圆觉道场”，是佛经故事的形象化。

按照佛门说法，佛是“彻底觉悟者”，即达到了自觉、觉他和觉行圆满的最高境界；而菩萨则是“自觉觉他者”，即自己觉悟还要使众生觉悟。但菩萨还缺少佛所具有的“觉行圆满”，所以比佛还差着一级。但菩萨于未来可成就佛果，只要不懈努力达到“觉行圆满”——自觉、觉他而完美无缺了，即可成佛。据大乘佛教的说法，一切觉行圆满者都是佛，三世十方，到处有佛，不可胜数。至于菩萨，更是不计其数了。

菩萨之名虽多至不可胜记，但最为著名的有显教的四大菩萨（文殊、普贤、观音、地藏），密教的八大菩萨（文殊、普贤、观音、地藏、弥勒、虚空藏、金刚手、除盖障），还有十二圆觉菩萨、二十五圆觉菩萨等。十二圆觉也是密教崇奉的著名菩萨群体。

圆觉，有“圆满的觉性”之含义，所谓“修行得道，功德圆满”。其实就是指要断绝一切烦恼妄念，对世间一切事理大彻大悟，方能往清净佛国，即身成佛。据唐代僧人佛陀多罗所译《大方广圆觉修多罗了义经》（简称《圆觉经》）称：

十二位菩萨依次向世尊请求修行的法门，佛一一作了解答。由于十二菩萨请教的是大乘圆觉清净境界修行的法门——一种成佛之道，因而称之为十二圆觉菩萨。

这十二位圆觉的名称为（据《圆觉经》）：文殊师利菩萨、普贤菩萨、普眼菩萨、金刚藏菩萨、弥勒菩萨、清净慧菩萨、威德自在菩萨、辩音菩萨、净诸业障菩萨、普觉菩萨、圆觉菩萨、贤善首菩萨。

这十二位有望成佛的圆觉菩萨，其实不过是佛教教义概念化的产物，是一种象征，是佛门使教义形象化而设计的。不能把他们看得太“实”，甚至连《圆觉经》都有人怀疑是中国僧人造的伪经。

十二大圆觉中的前五位，尽管都是佛教传说人物，但总还是有“由来”的，佛典上载有他们的“履历”，而其他七位则完全是虚拟的。第一、二位文殊和普贤，是中国四大菩萨中的两位。第三位普眼菩萨，为观音菩萨之异名。佛经称其慈眼普观一切众生，谓之“普眼”。第四位金刚藏菩萨，为贤劫十六尊之一。佛教有三世三千佛的说法，即过去世庄严劫有一千佛出世，以燃灯佛为代表，称燃灯诸佛；现在世贤劫有一千佛出世，以释迦牟尼佛为代表，称释迦诸佛；未来世星宿劫也有一千佛出世，即弥勒诸佛。密教称贤劫十六尊（菩萨）为千佛中地位高级者，是护法佛，但相容一般为菩萨（将来成佛）。金刚藏为十六尊之一，有时现忿怒身，持金刚杵以伏恶魔，又称金刚藏王。他还是密教五方佛中东方阿閦佛的四位亲随之一。

剩下的几位菩萨，如前所说，是虚拟的“象征性”菩萨，他们的名称寓意是：

清净慧——脱离烦恼，六根清净，从而获得佛门智慧。

威德自在——有大威势，足以折伏恶魔；有大慈德，堪可救助众生。

辩音——擅长以音声宣传佛理，教益众生。

净诸业障——能够除掉种种阻碍自己“解脱”的恶因和恶果。

普觉——看透了生死苦乐，请佛指出修行之路。

圆觉——努力使自己觉行圆满，永断无明，即能成就佛道。

贤善首——按照佛的指示修行，既贤且善，成为上首菩萨，离成佛已近在咫尺了！

总之，可以把十二圆觉理解为得到佛祖“真传要道”，努力向修成圆满正果——成佛的目标迈进的十二位大菩萨。成就圆觉，也是佛家追求的目标。《红楼梦》的结尾，空空道人看到女娲补天未用之石（它幻形为人世的贾宝玉）经过一番下凡历劫之后，不禁对它点头叹道：“方知石兄下凡一次，磨出光明，修成圆觉，也可谓无复遗憾了！”这是作者对贾宝玉看破红尘、挣脱尘俗、出家修行成正果这一行为的赞赏与肯定。

一般的圆觉道场是以密教第一佛大日如来为主尊。四川宝顶山圆觉洞即据《圆觉经》内容雕造的。三佛前的供桌之前还雕有一位菩萨，面向主像，头略低垂，双手合十，跪于莲台之上。这位菩萨的衣饰面貌，与两侧壁的十二圆觉完全相同，表示他是十二大士的化身，是在轮流向佛请教修圆觉清净境界的法门。

《圆觉经》中十二圆觉菩萨的排列也有自己的道理，是一条可以解决人生痛苦烦恼、如何修行成佛的道路。

第一位大智文殊表智慧成就，悟道有了智慧，就要“行”，修菩萨行，于是便有第二位菩萨普贤的“大行”。但人世也很不易，必须手眼通天，千手千眼，这就是第三位菩萨普眼的本事。达到普眼菩萨的境界以后，修持才能达到第四位金刚藏菩萨颠扑不破的地步，既不为外界所迷惑，又可粉碎外界的邪魔歪道。台湾学者南怀瑾先生认为这四位为第一组。是直指人心，见性成佛。

再后是未来继承佛位的弥勒菩萨。

弥勒一下生便要现出家相成佛。但如何才能成佛呢？必须先要得到清净智慧（第六位清净慧菩萨），才能威德自在（第七位威在菩萨），有了道德的成就，自然解脱自在而威仪庄严。然后是辩音菩萨（第八位），辩才无碍，法音清净，就要深入经藏，才会智慧如海。除了多年积累以外，更要净诸业障（第九位），只有诸种业障除净以后，才能达到普觉、圆觉（第十位、第十一位）等妙二觉，最后成为贤善首菩萨（第十二位），就会即身成佛。

南怀瑾先生认为中间四位菩萨是第二组，是大乘渐修法门；后四位是第三组，是渐修法门的入手，而后到大彻大悟的境界。

十二圆觉造像最为精绝的，当属山西长子县法兴寺和山西隰县小西天（又叫千佛庵）的彩塑。法兴寺十二圆觉彩塑为北宋作品，迄今已有九百余年历史，小西天的十二圆觉为明代精品。本来，寺庙中的神像因受教义限制而有一定的格局。但法兴寺与小西天的圆觉大士们突破了这一局限，塑像皆为美丽动人的女性形象，面相俊秀，神态自然，颇富人间

生活气息。圆觉们分坐于束腰基座上，赤足蹬踏莲蒂，或正或侧，姿态优雅。头上无发冠，发髻外露，发型自前向后卷曲而竖起，发丝缕缕可见。真可谓形神兼备，光彩夺目，是我国古代艺术大师们的杰作。

佛的四大弟子——四大罗汉的由来

罗汉同佛、菩萨一样，也是“洋神仙”。罗汉是佛教名词，是梵文的音译——阿罗汉的简称。

佛教宣称，一个人因为修行的功夫不同，所以取得的成就也就有上下高低之分，每一种成就叫作一个“果位”。以追求自身解脱为主旨的小乘佛教，把果位分为四等。第一是“初果”，得了此果，在轮回转生时，就不会堕入“恶趣”，也就不会下地狱或托生为饿鬼、畜生之类。二是“二果”，得此果，轮回时就只转生一次。三叫“三果”，得了此果，就可不再回到“欲界”受苦，而能超生“天界”。四是“四果”，即阿罗汉果。获得此果，成就最高，达到了修行的最高境界，去除一切烦恼，圆满一切功德，永远不会再投胎转世而遭受“生死轮回”之苦。这就是“四果罗汉”，得此果位的人，就叫“阿罗汉”，简称“罗汉”，应受人天供养。阿罗汉有一个意思就是“应供”。

出家人经过刻苦努力，有望得到“罗汉果”，那么，在家的居士能否得到“罗汉果”而成为罗汉呢？佛教认为，可以。不过还得有个先决条件：就是居士成为阿罗汉的那一天，如果不当天出家，那就有死去的危险。即要是想当上罗汉，就得先当和尚。可这么一来，又有问题了。要是只追求自身解脱，以此为唯一目标，那么谁来弘扬佛法，光大佛教呢？

佛教说，只追求自身解脱，不过是“自己解放自己”，这是不够的。应该去到尘世间，弘扬佛教，苦海慈航，普度众生。

据佛经《弥勒下生经》《舍利弗问经》说，佛在即将“灭度”之际，特别指派了四位大弟子要“住世不涅槃，流通我法”。这四位住世的阿罗汉就是大迦叶比丘，君屠钵叹比丘、宾头卢比丘、罗怙罗（又作罗云，罗睺罗）比丘。比丘是古印度话，中国话就是“和尚”。这四大罗汉又称“四大声闻”。所谓“声闻”，最初指亲自听到佛的言教声音而觉悟而得果位者。这四位是正宗祖传，如来佛的嫡系。特别是罗怙罗比丘，是如来佛的亲生儿子，跟随父亲出家修行，后来成为“十大弟子”之一。

虽说四大罗汉出身不凡，地位高贵，但他们的画像、塑像却极少，并不流行。更多的罗汉像是十大弟子、十六罗汉、十八罗汉、五百罗汉和五百一十八罗汉等。

十六弟子受命传佛——十六罗汉的由来

十六罗汉的名称，最早见于典籍的是《大阿罗汉难提密多罗所说法住记》（简称《法住记》）。这部经书说，十六罗汉是佛祖释迦牟尼的弟子，他们在佛祖涅槃前受释迦牟尼的指令永住世间宣传佛法，受世人供养，济度众生。

在中国，十六罗汉后来改为十八罗汉。有在十六罗汉外加上《法住记》的作者和译者庆友、玄奘两位高僧为十八罗汉的，有加上庆友、宾头卢的，有加上布袋和尚、达摩初祖的。到清朝乾隆年间，出现了加上降龙罗汉和伏虎罗汉为十八罗汉的。因为降龙伏虎符合中国人的心理，所以这组十八罗汉最为中国人所接受。

佛教典籍中关于罗汉的生平和形象的资料不是很多，这就给中国的僧人和艺术家提供了理解、想象的创造空间，可以说罗汉的形象一到中国就生动活泼起来，名画名塑精品迭出。

十六罗汉的画像，早期最知名的是五代时期的画家、高僧贯休（852～913年）。据说贯休和尚梦里见到十六罗汉，依据梦境画出了著名的“十六罗汉图”。

罗汉形象共同的特点，都是出家的僧人相，我们将在此依据《法住记》所记载的名称和排列顺序简要介绍一下十六罗汉。

1.坐鹿罗汉

宾度罗跋啰惰阇，又音译为宾头卢颇罗堕、宾头卢突罗阇，简译为宾头卢或宾头。宾头卢是其名，颇罗堕（跋啰惰阇）是其姓，古印度婆罗门十八姓之一。《弥陀经疏》说宾头卢的意思为“不动”，颇罗堕的意思是捷疾、利根、重瞳。

据佛经记载，宾头卢原为拘舍弥城优填王（又译为优陀延王）的大臣，优填王因其精明勤恳，让他出家信奉佛法。经过长期刻苦的修行，宾头卢终于证得了罗汉。

宾头卢犯了错误，他在没有受戒的普通众人面前，妄自显示神通，他的这一行为受到了佛祖的呵责，罚他不许住在南赡部洲，让他迁到西牛货洲（旧译“西瞿耶尼洲、瞿陀尼洲”）。后来南赡部洲的佛弟子思念宾头卢，恳请佛祖让他回来，佛祖答应了弟子们的请求，让宾头卢回到南赡部洲，但是不许他超生天际，命令他永远住在南方的摩梨山，救度佛涅槃后的众生。

宾头卢的形象为白头发长眉毛，《杂阿含经》卷二十二说，阿育王见到宾头卢，他手举眉毛，头发皓白，所以有“长眉罗汉”的俗称。中国寺院的斋堂常供奉他的像。

又记载说，宾头卢放弃了大臣的职位，遁入深山修行。有了成绩后，他骑着鹿回到王宫，劝导优填国王出家。他向国王讲述佛理，用种种比喻说明由众生欲念所引来的种种烦恼，国王被他解说的佛理所感悟，把王位让给太子，跟着宾头卢一起出家修行，所以宾头卢又被称为“骑鹿罗汉”。但在寺院中，很少见到宾头卢骑鹿的形象。

2.喜庆罗汉

迦诺迦伐蹉，《法住记》说迦诺迦伐蹉与其眷属五百阿罗汉分住在北方迦湿弥罗国。《佛说阿罗汉具德经》说，迦诺迦伐蹉是“知一切善恶法之声闻”。所谓“声闻”，是指听闻佛陀言教的觉悟者。也就是说，迦诺迦伐蹉是佛陀在世时，直接听到佛陀言教，知道善恶本质的弟子。

佛教认为，世间众生之苦皆源于烦恼，由烦恼而做出诸多恶业。修行佛法之人进入禅定后，一心清净，万虑俱止，可以身心适悦。当真正进入禅定状态后，身心寂静，诸恶皆除，可以得到无比深妙的快乐，这就是迦诺迦伐蹉所说的善恶。

据说迦诺迦伐蹉是古印度的一位思辨家。有人问他什么叫“喜”？他回答说，由听觉、视觉、味觉和触觉所感到的快乐就是“喜”。又问他，什么叫“庆”？他回答，不由眼、耳、鼻、口、手所感觉的快乐就是“庆”。例如诚心向佛，心觉佛在，即感快乐。因为迦诺迦伐蹉的这个回答极具佛理，所以称他为“喜庆罗汉”。

迦诺迦伐蹉的意思是说，由眼耳鼻舌身所感觉的快乐是内心还不清净，万虑还没有断绝时候的感受，是初级的，所以叫“喜”。而断绝杂念后，不是直接由感觉器官所感觉，是在禅定的过程中从内心思想所得到的快乐是深层次的，值得庆贺，所以叫“庆”。

3.举钵罗汉

迦诺迦跋厘惰阇，迦诺迦是名，跋厘惰阇是姓。《法住记》说他与其眷属六百阿罗汉多分住在东胜身洲。

据说迦诺迦跋厘惰阇是云游的化缘和尚，他随身带一个铁钵，化缘的时候，举着铁钵向人求乞，在禅林中独具特点。他成为罗汉后，人称“举钵罗汉”。

4.托塔罗汉

苏频陀，《法住记》说苏频陀与其眷属七百阿罗汉多分住在北俱卢洲。

佛教故事说，佛祖释迦牟尼涅槃前，众弟子十分悲哀，想到佛祖去后，世界将失去护持，内心十分恐惧。佛祖预见到众弟子的情绪，安排十六位罗汉永住世间，驱逐邪恶，保护众生。苏频陀是佛祖确定十六罗汉中的第四位，他住在北俱卢洲。

佛祖涅槃后，南赡部洲人的寿命极短，只有十几岁的寿数，而且战乱不断，互相杀戮，佛法不能在众生中传续。苏频陀与其眷属一起来到南赡部洲，广说佛法以阻止刀兵，劝度无量众生信奉佛陀，重新兴盛佛教。于是战乱平息，百姓安居乐业，众生的寿命增至六万岁。从此，佛教在南赡部洲盛炽不熄，世世相传。

又据说，苏频陀为了纪念佛陀，以佛骨作为佛在身边的象征，特制作一塔藏佛骨，平时随身携带，托在手上，所以称为“托塔罗汉”。

5.静坐罗汉

诺距罗，有的写作“诺矩罗”。《法住记》说他与其眷属八百罗汉多分住在南赡部洲。

据说诺距罗是一位大力罗汉，他原本是一位武士。出家之后，他仍旧保持着当武士时的粗野习惯。为了适应佛门的戒规，他的师父要求他多多地静坐，体悟佛法。诺距罗在静坐中禅悟了佛法，证得罗汉果位，所以称他为“静坐罗汉”。

6.过江罗汉

跋陀罗，又译为“拔度罗”，意译为“贤者”，是佛陀的一名侍者。相传跋陀罗的母亲在跋陀罗树下临盆生下他，所以以树命名。

《法住记》说他与其眷属九百阿罗汉多分住在耽没罗洲。为了济度众生，跋陀罗常在众生中间活动。善男信女如果为四方僧人施舍，或者延请僧众到自己家中布施，或者到寺院布施衣、药以及各种用具，跋陀罗都会以普通僧人的模样去接受施舍，然后给予施主极大的福报。

又据《楞严经》说，跋陀罗在佛祖那里主管洗浴主事，所以寺院僧众的浴室中常供奉他的像。

据说，跋陀罗曾由印度乘船到东印度群岛的爪哇岛去传播佛法。相传东印度群岛（今印度尼西亚）的佛教是他最早传过去的，所以他被称为“过江罗汉”。

7.骑象罗汉

迦理迦是佛陀的一名侍者。《法住记》说他与其眷属千数阿罗汉多分住在僧迦荼洲。

据说迦理迦本是一位驯象师。象在佛教中是吉祥动物，是高贵的象征。象有大力，表征佛法堪能负重。白象身无杂色，表征佛法没有烦恼杂染。迦理迦修得罗汉后，被称为“骑象罗汉”。

8.笑狮罗汉

伐阁罗弗多罗，简称罗弗多，《法住记》说他与其眷属千一百阿罗汉多分住在钵刺拿洲。

据说罗弗多原来是一位猎人，射杀兽类无数。出家后戒杀，将得罗汉果位时，有两只小狮子走到他身边，感谢他戒除杀气，为兽类放开生路。罗弗多得道后，两只小狮常伴他嬉戏。所以称他为“笑狮罗汉”。

9.开心罗汉

戍博迦，《法住记》说戍博迦与其眷属九百阿罗汉多分住在香醉山中。

据说戍博迦原是中天竺国的太子，王位继承人。他的弟弟不服气，到处作乱，企图阻止他继承王位。戍博迦召见他的弟弟，对弟弟说，我心中只有佛，没有想当国王的欲望。弟弟不相信，戍博迦遂解开衣襟，果然心中有一尊佛。他的弟弟羞愧难当，从此不再作乱。

戍博迦证得罗汉果位后，被称为“开心罗汉”。

10.探手罗汉

据说半托迦的意思是“大路边生”。半托迦与第十六位罗汉“注荼半托迦”是兄弟二人，他们的母亲是贵族长者之女，因与家奴相爱，逃奔他国，临产前，允准回国。在归途中，兄弟二人出世，哥哥叫“半托迦”，弟弟名“注荼半托迦”，意思为“小路边生”。

兄聪明，弟愚钝，经过修炼，兄弟二人皆成为罗汉。

又据说半托迦常习惯于半盘腿打坐，打坐完毕后习惯于举起两臂，双手向上探起，长嘘一声，所以被称为“探手罗汉”。

11.沉思罗汉

罗睺罗，《法住记》中译为“罗怙罗”。在“五百罗汉”群像中，称为“具足仪尊者”。

罗睺罗是佛祖释迦牟尼的儿子。据佛经故事说，当释迦牟尼为悉达多太子的时候，他的夫人有了身孕。悉达多太子出家苦修，夫人担心丈夫的苦修生活，寝食不安，身体虚弱，一直不能生产。六年后，在释迦牟尼修成正果成道之夜，罗睺罗降生了。

罗睺罗15岁时出家为僧，成为佛陀的十大弟子之一。他学习佛经、戒律十分刻苦，不仅通晓佛理、戒律，而且完全按戒律的规定一丝不苟地修行，所以在佛祖的十大弟子中称为“密行第一”。据《法华经·入记品》的记载，佛祖曾预言，罗睺罗将修行成佛，佛号“蹈七宝华如来”。

又据说罗睺罗常常闭着眼睛沉思，汉语中“睺”的本意为半盲，大概是为了表现他的神态。罗睺罗在沉思中能知人所知，在行功法时能行人所不能行。他的沉思体现了他的智慧和功力，所以又称他为“沉思罗汉”。

12.挖耳罗汉

那伽犀那，意译为“龙军”。因为曾在舍竭国回答国王弥兰陀的发问，大阐佛法，被称为“那先比丘”。《法住记》说他与其眷属千二百阿罗汉多分住在半度坡山。

据说那伽犀那是一位论辩师，因论“耳根”而闻名古印度。所谓“耳根”是佛教理论中认识世界的六种根源之一。佛教理论讲六根清静，其中耳根清静为第一重要。那伽犀那是论述耳根最有成绩的佛门弟子，常以挖耳的形象以表示耳根清静，所以被称为“挖耳罗汉”。

13.布袋罗汉

因揭陀，《法住记》说因揭陀与其眷属千三百阿罗汉多分住在广胁山中。

据说因揭陀曾经是一位捉蛇人，他为了避免行人被

蛇咬，常携带布袋进山捉蛇。他捉住蛇后，拔去蛇的毒牙，然后放生于深山。因揭陀以这样的善心证得罗汉的果位，被称为“布袋罗汉”。

14.芭蕉罗汉

伐那婆斯，意译为“雨”。《法住记》说他与其眷属千四百阿罗汉多分住在可住山中。

据说伐那婆斯出生时，正下大雨，雨点打在芭蕉叶上噼啪作响，所以取名为“雨”（即“伐那婆斯”）。伐那婆斯出家后常在芭蕉树下修行用功，证得罗汉果位，所以被称为“芭蕉罗汉”。

15.长眉罗汉

阿氏多，《法住记》说阿氏多与其眷属千五百阿罗汉多分住在鹫峰山。

据说世间众生如遇灾难，可诚心发愿，设施舍大会，布置坐具、卧具，以衣服、药品、饮食施舍世间众僧。此时阿氏多及其眷属就会化作凡僧，不动声色地接受施舍，让施主得到无上果报，从而护持佛法，庇护有情众生。

阿氏多的特征是有两条长长的眉毛。据说他生来就有两条长眉毛，修行到老，头发全都脱落，而眉毛却越长越长。所以被称为“长眉罗汉”。

16.看门罗汉

注荼半托迦，即半托迦的弟弟，“小路边生”。《法住记》说他与其眷属千六百阿罗汉多分住在持轴山中。

据说注荼半托迦生性愚笨，他出去化缘，常用拳头敲打施主的门扇，以图引起施主的注意，但是遭到施主的厌恶。佛陀知道了这种情况，就赐予他一根锡杖，教他在化缘时摇动锡杖作声，施主听到锡杖的声音，果然开门布施。从此，锡杖就成了僧人行路、化缘的法器，所以注荼半托迦成为罗汉后被称为“看门罗汉”。

《法住记》中详细记载了十六罗汉的姓名和住处，此书由唐玄奘译出后，十六罗汉的影响逐渐广泛，根据书中的描述，后人绘出和塑造出了十六罗汉像。在一般的寺庙中都能看到他们的身影。

众人修成正果——五百罗汉的由来

由于罗汉在世俗中很受欢迎，队伍不断壮大，后来竟有五百罗汉之说。关于五百罗汉的来历也有不同的说法。

1.五百罗汉是跟随释迦牟尼听法传道的五百弟子。《法华经 · 五百弟子授记品》中说，佛曾为五百罗汉授记（为弟子预记未来成佛事）。

2.五百罗汉是参加第一次结集三藏或第四次结集三藏的五百比丘。《佛说五百弟子自说本起经》记载佛灭后，迦叶主持五百罗汉第一次结集事。南传佛教有五百罗汉第四次结集的说法。

3.五百罗汉是五百只大雁所化。《贤愚经》和《经律异相》说，佛在波罗捺国为四众说法，时空中有五百雁闻佛音声，爱乐之，来下世尊所。时有猎人设网捉住五百雁，并全部杀死。五百雁以闻法功德而得以生忉利天（即三十三天）。《报恩经》说：昔有国王欲得雁肉，使猎师捕雁。时有五百雁过虚空，雁王误落网中。猎师大喜，将取杀之，不忍杀雁王，放之使去。国王闻之断雁肉。尔时之王即今阿阇世王。雁王为佛。一雁为阿难。五百雁为五百罗汉也。

4.五百罗汉的前身是五百只蝙蝠。《大唐西域记》卷三记了这一佛教传说故事。一大枯树穴中住有五百蝙蝠，有一群商人在此停留，饥寒交迫，点火取暖，烧到枯树。一商人树下诵经，蝙蝠们“虽为火团，爱乐法音，忍而不去，于此命终”。后皆托生为人，普证正果，成为五百罗汉。

5.五百罗汉的前身是五百个强盗。在古印度侨萨里国里，有五百强盗占山为王，后与官军交战，全部被俘。五百强盗被挖下了双眼后，放逐到深山野林。他们绝望得狂奔乱跑，痛苦哭号。释迦听见，大发慈悲，吹去神药使他们复明，五百强盗遂皈依了佛教，成为佛门弟子。多年以后他们终于脱胎换骨，修得了正果。

此外还有一些其他说法。五百罗汉与十六罗汉不同，后者属实而前者

为虚。前两种说法还较合理，中间两种是把民间故事按到了佛祖头上，即所谓“佛本生故事”，最后一种则明显宣扬“放下屠刀，立地成佛”。

五百罗汉因是虚拟的，这“五百”之数原本也是个虚数，是指众多的意思。以上诸经中并未点明他们的名号。到了南宋有位高道素花了不少心血，将五百罗汉一一“落实”了，还刻了一通《江阴军乾明院五百罗汉名号碑》。以后罗汉堂中的五百罗汉名号，皆引用其名，当然，这些名号根本没有任何典据。只是高道素的附会之谈。

罗汉远比佛、菩萨接近人间，五百罗汉又声势浩大，热热闹闹，很受僧俗欢迎。各地庙寺纷纷建立罗汉堂。我国最著名的罗汉堂有北京的碧云寺，成都宝光寺，苏州西园寺，上海龙华寺，武汉归元寺，昆明筇竹寺和广州南化寺等。这些罗汉堂的塑像风格不一，各有特色。

有意思的是，因为罗汉人数众多，不好分辨，于是一些人也挤进了罗汉群，混迹其中，硬充“罗汉”。清康熙皇帝是个敬奉佛教的帝王，他在游镇江金山寺时，曾写诗道：“朕本西方一衲子，然何落到帝王家。”乾隆也是个敬佛的皇帝，他在位期间下令整理刊行了浩繁的佛教大藏经。这两位皇帝护法弘经，使佛教极一代之盛。佛教徒为报答皇恩，附会说他们是罗汉转世。四川新都宝光寺的罗汉堂内，康熙和乾隆被分别塑成第二百九十五阇夜多尊者和第三百六十直福德尊者。二位头戴风帽，肩披锦氅，身着龙袍，安然而座。这是按二帝的真容塑的，因康熙曾出过天花，于是这位阇夜多尊者的脸上有些麻子，但帝王长麻子也不同凡响，塑像上的麻子是五个一团，脸上像是布满了朵朵梅花。北京碧云寺罗汉堂中第四百四十四位叫“破邪见尊者”，塑像与众不同，十分奇特：顶盔贯甲，罩袍登靴，一副帝王戎装打扮。这座罗汉堂建于乾隆年间，这位帝王罗汉正是乾隆本人造像。

一般罗汉堂的罗汉造像多是泥塑贴金，或泥塑彩绘而成，但武汉汉阳归元寺的罗汉像却是“脱胎漆塑”，体轻质坚，金光灿烂，独具一格。1954年武汉大水，归元寺为水所淹，五百罗汉东倒西歪浮于水面。洪水过后，这些罗汉竟完好如初，丝毫没有损害。

云南昆明筇竹寺的五百罗汉像极其生动，完全不同于其他寺庙固定模式的泥胎木雕。就其形象看有长者，有青年，还有顽童（五蕴罗汉身上爬有五个小孩），有学者，有书生，有武士，有贫民，有小贩，还有樵夫，这些是当时现实生活中不同阶层人物的真实写照。至于那些长手罗汉、长脚罗汉、长眉罗汉、多目罗汉等形象，则是民间传说故事的再现。这位天才的雕塑家是四川人黎广修。因为根据禅宗的说法，佛法平等，人人皆可立地成佛。所以他把罗汉塑成世俗各界人物，而且黎广修还把支持重修筇竹寺的云贵总督、筇竹寺方丈梦佛长老、自己本人乃至几个高徒，全都塑进罗汉群里。这不能不令人佩服这位雕塑家的胆量和魄力。

在罗汉堂里，还有两位受欢迎的中国罗汉：济公和疯僧。按说罗汉都是佛祖的弟子，应为印度人，但以上这些中国的罗汉给呆板单调的罗汉堂输进了新鲜血液，增加了灵气。

专管人间不平事——济公活佛的由来

佛门中的罗汉名目众多，如十六罗汉、十八罗汉、五百罗汉等。这些“高级和尚”，数量众多，又是洋名字，人们很难一一记得他们。但也有例外，其中一位中国的罗汉，却是家喻户晓，妇孺皆知，他就是人们喜爱的济公。

济公在历史上实有其人。济公生于南宋绍兴十八年（1148年），卒于嘉定二年（1209年），活了61岁。济公是台州（今浙江临海）人，原名李心远，出家后法号“道济”。最初是在浙江杭州灵隐寺出家，后移住净慈寺，于此寺亡故。其为人“狂而疏，介而洁”。由于他不守戒律，嗜好酒肉，举止如疯如狂，又被称为“济癫僧”。在有关他的大量民间传说中，济公是个见义勇为、专管人间不平，又神通广大的传奇人物。他智斗秦丞相（秦桧及其后人），惩治嘲弄贪官污吏；他路见不平，定要拔刀相助，而他的行动又多以嬉笑幽默的形式表现出来，是一位济困扶危而不修边幅的奇特高僧。百姓们并不称他道济师父，而尊称他为“济公”“济公活佛”“活菩萨”。佛教徒们则把他神化，说是“降龙罗汉”转世。济公与高高在上、不食人间烟火的佛、菩萨不同，在不合理，不公平的时代，他是受苦受难者的朋友和救星。

杭州有一个著名风景区虎跑泉。虎跑泉被誉为“天下第三泉”，与西湖龙井茶叶，合为“西湖双绝”。风景幽美秀丽的虎跑，有不少佛教建筑，其中的济公殿、济祖塔院最为著名。济公殿是供奉济公的，济祖塔院有二层楼高，是济公和尚的葬骨处。在灵隐寺对面，为著名的飞来峰，此山玲珑剔透，怪石林立，其中洞穴很多。有名的青林洞（又名金光洞）中，洞穴曲折，山石多变，这里至今留有“济公床”“济公桌”等。相传当年济公在灵隐寺出家时，常偷偷躲到这里烧狗肉吃，喝醉了酒就在石床上呼呼睡去。有趣的传说，引得无数游人在这里遐想联翩，流连忘返。

济公的经历不寻常，他的塑像也很奇特。在罗汉堂中，济公不大遵守“纪律”，他并不排列在罗汉们的队伍中。如北京碧云寺中的罗汉堂，你不注意是找不到济公的，因为他蹲在了房梁上。照民间的说法，这是因为他去罗汉堂“报到”去晚了，只好“屈尊”在此。在江南一些大庙里，济公常常站在过道里。他的塑像都是身穿破僧衣，手拿一把破扇子，面部表情塑造得极为生动，眼睛十分传神，无论从哪个角度看，都像在盯着你看。从三面观察，竟有三种不同表情。由左面看，他愁容满面，所谓“愁眉苦脸”；从右面看，他笑容满面，所谓“春风满面”；再看正面，他半边脸哭、半边脸笑，所谓“半嗔半喜”“哭笑不得”“啼笑皆非”。高超的塑像，正是济公幽默性格的真实写照。济公造像以四川新都宝光寺、苏州西园戒幢律寺等处最为著名。

有关济公的小说，最早为明代的《红倩难济颠》，但传本已佚。明隆庆年间，沈孟柈撰有《钱塘渔隐济颠禅师语录》一卷。明清之际，无名氏（“天花藏主人”）编撰了《醉菩提全传》，又名《济颠大师玩世奇迹》，二十回。清初王梦吉撰有《鞠头陀新本济公全传》三十六则。后清代郭小亭作《济公传》（全称《评演济公传》）二百四十回，是济公传说故事的集大成之作。演济公的戏剧也很多，清代有《醉菩提》传奇。京剧中也有《济公活佛》，又名《济公传》，全套共十八本，连台演出。济公的单本戏也有很多，大都取材于长篇小说《济公传》。

解放后，动画片《济公斗蟋蟀》和电视连续剧《济公》的播放，受到广大人民群众尤其青少年的欢迎，在国外也产生了一定影响。但这时的济公已失去了不少宗教的味道，而多了一些游侠色彩。

台湾同胞对济公也很欢迎，除了济公庙外，还有一些慈生济世堂，奉祀济公。1988年7月，台湾丰原县的慈生济世堂信徒，万里迢迢，专程到杭州净慈寺进香拜济公。来大陆前，他们特用檀香木雕了一尊济公像，奉回大陆“接香”。在后院济公大殿，海峡两岸的济公神像，齐供于同一香案，两岸信徒合掌诵经，同颂济公。

疯僧扫秦，惩恶扬善——风波和尚的由来

在佛教圣地安徽九华山中，有一著名寺院“旃檀禅林”，前殿为两层佛殿，下层供布袋和尚，上层供西方三圣——阿弥陀佛、观音、大势至。后殿为韦驮殿，有护法韦驮，有趣的是，殿前还有两尊小小的雕像，一个是济公，一手拿着薄如纸片的小酒盅，一手摇着破芭蕉扇，笑盈盈，手舞足蹈，好似酒醉归来，逍遥自在。另一个是赤脚行走的和尚，手挥拂尘，左肋下夹着一把扫帚。这就是南宋的“疯僧”，又叫“风波和尚”。

风波和尚以“疯僧扫秦”的佳话而流传于世。近人所编《西湖古今佳话》载此传说云：

宋丞相秦桧与张俊等诬害岳飞而既置之狱。意犹未决。乃进香灵隐。求签于神前。

及廊，遇疯僧。左右恶其犯导。欲执之。僧大笑曰：“阿瞒（指曹操）固一世之雄也，而今安在哉？”桧奇其语，提而询之。僧曰：“前因后果，天理昭彰，忠奸自见，善恶有报。相公身居宰辅，独手可以擎天。奈何杀栋梁之臣！国家安危。岂不一计耶？”桧曰：“何谓栋梁？”僧正色曰：“岳飞耳！”

桧踌躇不语，僧狂笑曰：“愚矣哉，尚不悟耶？然悔不及矣！”言讫。以所执敝帚扫桧之面，扬长而去，瞬息不见。侍从皆惊愕。

桧神魂丧失。半晌，登舆行归，而谋诸其妻王氏。氏叱曰：“山野狂僧，胡不扑杀此獠？”并取炉炭于东窗下书六字曰：“缚虎易。纵虎难。”桧恍然，遂害武穆（岳飞）于风波亭。

疯僧扫秦事在民间影响很大，与岳飞同时的洪迈在其所撰《夷坚志》中，即记有此事。宋元间还出现以此题材编演的杂剧多种，如《秦太师东窗事犯》《地藏王证东窗事犯》（简称《东窗事犯》）等。剧情写的是，岳飞、岳云等被秦桧害死后，地藏王化身为即疯僧，在灵隐寺等秦桧来烧香时，警告他说，东窗事发了。何宗立奉秦桧命捉拿呆行者，疯僧已不见，留诗一首，有“家住东南第一山”之语。何宗立得卖卦先生等指引，见到地藏王，地藏王令何见秦桧鬼魂，他披枷带锁并请何宗立传话给王氏，说东窗事发了。二十年后，何宗立回到京城，参见宋孝宗，奏明出差原因与经过，并奏明岳飞已升天，秦桧已下地狱。孝宗于是祭奠了岳飞。

元代金人杰还撰有《东窗事犯》小说。今昆曲有《扫秦》一剧，即演此事。在清初钱彩所撰《说岳全传》第七十回《灵隐寺进香疯僧游戏众安桥行刺义士捐躯》中，即详述疯僧事。

疯僧与济公作为一对“奇僧”而引人注目，二位常常被同时供奉，一“疯”一“颠”，相映成趣。如四川成都北郊的宝光寺罗汉堂中，观音塑像的两侧，分别有疯僧和济公的立像。疯僧左手拿着破扫帚，右手执吹火筒，蓬头垢面，破衣百结，口歪嘴斜，手残脚跛，但两眼炯炯，十分有神。在杭州灵隐寺大雄宝殿佛祖背后的大型彩塑“五十三参”中，众多的神像中，也有手拿破扇的济公和手执敝帚、身黑如墨的疯僧。

秦桧之流永远跪在了岳飞的墓前，被亿万人民唾骂，遗臭万年，而那位敢于“扫秦”、伸张正义的疯僧或风波和尚，却被后人尊为罗汉，跻身于神圣的佛门殿堂之中，分享着人间的香火。

专门护持佛法的神仙——二十诸天的由来

在山西大同市西，有一处宏伟的辽金建筑群，即闻名于世的大同华严寺。大雄宝殿建在4米多高的台基上，坐西面东，与一般寺庙的方位不同，这与当年契丹人“信鬼拜日”的特殊习尚有关。殿堂雕甍高耸，巍峨壮观，此殿为中国辽金佛寺中最大的殿堂，也是中国现存两座最大的殿宇之一。

大雄宝殿内供奉五方佛，金妆彩绘，为明代作品。在五方佛前方左右两侧砖台上，有明代彩塑二十诸天神像端然肃立，各个身躯前倾15度，以示对佛的尊敬。他们表情不一，各具神态，塑造十分精美。这是明塑二十诸天中之佼佼者。

明绘二十诸天最著名者，当属北京西郊的法海寺壁画。

法海寺中有500余年前的九铺明代壁画。这队以诸天为主联翩结伍的礼佛图，绘于大殿左右两壁上，画面泽飞彩舞，缤纷照人。众多人物，形神各异：或雍容华贵，或威风凛凛，或赤膊刚健，或甲胄鲜明。加之采取“叠晕”烘染画法，用了“描金”和朱砂、石青、石黄等重色，把环境渲染得云烟缥缈、庄严肃穆。游人至此，无不屏息静观，叹为精绝。那么，“诸天”是什么神呢？“诸天”即二十天，又叫二十诸天。为佛教护法神。二十天本是印度神话中罚恶护善的二十位天神的神名。佛教采用其说，用为护持佛法的神。这二十诸天的名称是：

大梵天王、帝释天尊、多闻天王、持国天王、增长天王、广目天王、金刚密迹、大自在天、散脂大将、大辩才天、大功德天、韦驮天神、坚牢地神、菩提树神、鬼子母神、摩利支天、日宫天子、月宫天子、娑羯龙王、阎魔罗王。

以上诸神总称二十诸天。

到了明代，有人又增入了4位天神，使诸天的队伍扩大“二十四天”，但其中后3位却是道教神明。第21位：紧那罗。这位是天龙八部之一。第22位：紫微大帝。第23位：东岳大帝。第24位：雷神。供奉二十四诸天的寺庙并不少，如昆明的圆通宝殿、山西大同的善化

寺、山西五台山金阁寺等。这也显示了佛道二教的某些借用和融合。

如今南方有些寺院，尚有举行“供天”仪式的。二十诸天除塑像和壁画外，在寺庙内举行的佛教仪式“水陆道场”时悬挂的水陆画中，也有诸天像。水陆道场是一种所谓“超度”水陆一切鬼魂，普济六道众生的法会。据称凡被佛法超度过的怨鬼、孤魂，都可以免罪、升天，故后世盛行不衰。而伴随着水陆道场所用的描绘神佛天将、天堂地狱、因果报应的水陆画，也发展起来。留传至今的山西宝宁寺和北京法源寺水陆画，都极珍贵。

古印度三大神之首——大梵天王的由来

大梵天王是梵文的意译。他是由印度教和婆罗门教的“梵”的观念衍化而来。“梵”的意思是“清净”“离欲”，被说成是不生不灭、无所不在的最高实体，是永恒的、无限的。梵天即宇宙的最高主宰、创世主。又叫大梵天。他与保护神毗湿奴、破坏神湿婆并称为婆罗门教、印度教的三大神，并为三大神之首。

据成书相当于我国秦汉之际、婆罗门教法典《摩奴法典》和古印度史诗《摩诃婆罗多》等所记古印度神话说，宇宙出自漂流在混沌中的梵卵，梵天本是梵卵中的金胎，在茫茫混沌中漂流了一年后，用意念的神力将卵壳破为两半，一半为天，一半为地，天地间出现了气体空间，以后又出现了水、火、土、气等要素，再以后出现了众神、星辰、时间、高山、平原、河流，出现了人、语言、情欲、愤怒、欢乐、忏悔，最后梵天自身也一分为二，一半为男、一半为女，他还创造了一切生物和妖魔。一切秩序都受梵天的控制，他自身就是一切存在的化身。

梵天的生命超过其他一切神的生命。他的一天等于人间世界存在的全部时间，所以他活上100梵天年，就等于31×10^{13}年，地球的寿命大约有100亿年，就是说相当于地球从生成到毁灭要经历3万多次！这真是无法想像的遥遥无期的漫长岁月。

梵天的形象是红色，有须，坐在莲花座上。他原有5个头，后被另一大神湿婆砍掉了一个。剩下的四个脑袋面向四方。有4个身子、8只手，分别拿着吠陀经、权杖、盛着恒河水的水碗、莲花、珠项链和弓等。他的坐骑是一只天鹅，或是7只天鹅拉的车子。梵天住在须弥山的最高峰。

印度社会中独有的极不公平的种姓制度，也是当初统治阶级利用梵天神话，而找到“理论”根据的。

公元前14世纪，雅利安人征服并占领了印度，从此，印度开始向阶级社会过渡，社会上出现了等级分化。大约3000年前，印度产生了种姓制度，即把人分为4个不同等级：1.婆罗门，即僧侣等，为第一种姓，地位最高，从事文化教育和祭祀。2.刹帝利，即由部落首领和贵族组成的武士阶层。为第二种姓，地位次于婆罗门，从事行政管理和打仗。3.吠舍，即平民，为第三种姓，经营商业贸易。4.首陀罗，即被雅利安人征服的土著居民，为第四种姓，地位最低，从事农业及各种体力和手工业劳动等。

雅利安人建立的国家中，婆罗门教占统治地位，他们创造出大神造物主梵天后，为了鼓吹种姓制度的合理性，又借梵天名义编造了一种神话：梵天在创造世界时，用口生出了掌握神权的婆罗门，用双臂生出了掌握军政大权的刹帝利，用双腿生出了专事农、牧、工商的吠舍，最后用肮脏的脚造出了首陀罗。因此，四种种姓生来就是不平等的，而且永远也不可能平等；只有不平等，才能保证社会的安宁。于是这套理论就为不平等的社会披上了“合理”的“神圣”外衣。

大梵天虽为古印度三大神之首，著名的十八部《往世书》排在第一部的即是《梵天往世书》，但他在三大神中的地位却最低。大梵天既然是个创造宇宙万物之神，那么一切魔鬼、灾难、恶人之类，也是他所创造的，而他除了能创造的功能外，没有任何降伏恶魔的本事。这样一来，他既是伟大的造物主，又是“万恶之源”，故其崇拜者并不多。说来可怜，如今在印度，崇祀他的庙宇只有一座，在拉贾斯坦邦。佛教产生后，梵天被吸收，充当护法神，当上了释迦佛祖的右胁侍，手持白拂尘。他又是色界初禅天之王，称“大梵天王”。是佛教天部护法神中重要的一位。

大梵天王造像有二臂像和四臂像。前者为一面双臂，手持莲花、拂尘。也有三面双臂像。四臂像则有四面，海面各有三目，手持莲花、澡瓶、拂尘等，还有一手作施无畏手印。佛教传入中国后，梵天与其他佛教诸神一样渐被汉化，在中国寺庙中其形象多为中年帝王形象，手持莲花。在水陆画中，大梵天王为雍容华贵的地道的中国帝王模样，身后有辅臣簇拥。

众神之王——帝释天的由来

帝释天又称“帝释”“天帝释”，为梵文的意译，音译为“释迦提桓因陀罗”。其中“释迦”的意思是“能”，是其姓，“提桓”意为“天”，“因陀罗”意为“帝”，合起

来即“能天帝”、“天帝”。帝释原为古印度吠陀神话中的一位大神。

吠陀神话是印度上古神话，主要保存在印度最古老的文献《梨俱吠陀》中。《梨俱吠陀》的成书时间大约在公元前2000年至前1500年。这个时期，游牧民族雅利安人侵入印度，他们征服土著居民后，在印度河和恒河两河流域定居下来。他们崇尚祭祀，祭礼时要吟诵许多颂神的赞美诗。《梨俱吠陀》便是这些颂神诗的汇编，另外还有一些祭词和咒语。《梨俱吠陀》后来成为婆罗门教、印度教的重要经典。帝释是《梨俱吠陀》中的主神，称他统治一切，被尊为“世界大王”。

佛教产生于公元前五六世纪，它是与婆罗门教相对抗的宗教派别。早期佛教反对婆罗门教的种姓至上、祭祀至上和天神至上。但佛教并不否认天神的存在，它把天神作为一切众生的一个组成部分。所以，一些吠陀神祇、婆罗门教神祇也被佛教吸收，但他们的身份和神性有了很大变化，大多成了佛教护法神，地位也比原来低了许多。

帝释成为佛教护法神后，被安排作了忉利天之主，居住在须弥山顶之善见城。须弥山本为印度神话中的山名，这是一座巨大无比的金山，是宇宙的中心，是日月星辰赖以转动的轴心。须弥山的说法也被佛教沿用。传说须弥山山高相当于地球到月亮距离的3倍，或者相当于200多个地球摞起来的高度。

须弥山顶中央为帝释所住的帝释天，四方又各有八天，共33天。据《俱舍论》卷十一称，须弥山顶的四角各有一峰，上居金刚手夜叉来为此天站岗守卫。山顶上有座天宫叫“善见”，是帝释的住处。须弥山的四面山腰为四天王天，住着四大天王（中国民间俗称四大金刚），周围又有七香海、七金山，再外环绕着咸海，咸海四周即四大部洲。

照佛教说法，任何行善积德之人，皆可转生到帝释天。帝释天以人间百日为一日，寿长1000岁，即合人间10万岁。《佛本生经》中就有一些乐善好施者，死后转生为帝释天的故事。佛教传说，释迦牟尼本人在前生的轮回中就曾30多次转生为帝释天。

佛经《杂尼迦耶·天杂品》说，帝释天的前生是个叫摩伽的婆罗门，故他又叫“摩伽婆”，帝释天前生聪明智慧，一瞬间能考虑千种事，这种了不起的超常本领，被誉为“千眼”。

帝释天当上了欲界忉利天众神之王，王宫的设备自然也极其富丽堂皇，他的白色华盖据说直径有300里大，真不知小神们如何打起这把巨大的凉伞来！他身边的侍女也多得不得了，有2500万天女陪伴。帝释天是天上和人间的道德维护者。如果天神违犯天规，他便予以惩罚；要是人间出现暴君，他也会去除暴安良。

在佛教神话中，帝释天的最重要的职责是保护佛祖、佛法和出家人。在释迦诞生和出城时，帝释天与梵天等神出现，向幼年、青年佛陀行礼。佛陀在菩提树下修道时，恶魔向他进攻，扰乱他的禅思。帝释天吹响贝螺，保护佛陀。佛陀解除瘟疫时，他从旁协助驱逐恶鬼。佛陀生病时，他持钵侍候。佛陀涅槃时，他又显身，悲哀地念诵颂诗。他还保护佛陀的遗骨舍利子。

帝释天的形象为头戴宝冠，身上装饰种种璎珞，手持杖或杵。在中国的寺庙里，帝释天为一般少年帝王像，而且是男人女相。在水陆画中，帝释天则完全变成了一副中国后妃模样。

佛教护法天神——大自在天的由来

大自在天是梵文的意译，音译为摩醯首罗。即湿婆。湿婆是印度教神话中的主神之一，湿婆的意思是“幸福”，“带来幸福”。他是毁灭神，与创造神梵天、保护神毗湿奴合为婆罗门教、印度教的三大主神。

梵天虽为三大神之首，但他并无降魔和保护百姓的能力，于是人们又创造出了能降魔的毁灭之神湿婆和能赐福的保佑之神毗湿奴。在《往世书》神话中记有许多湿婆的神话，他在《往世书》里占有突出地位。

这位大神仙有3只眼睛，使用一柄三股叉，头上有一弯新月作装饰，颈上缠着一条蛇，骑一头大白牛。他是苦行之神，终年住在喜马拉雅山上，妻子是雪山神女。他又是舞蹈之神，创造了刚、柔两种舞蹈。他还有极大的降魔能力。

湿婆也并不是完全禁欲的出家人，他有爱妻，还有两个儿子。一个叫塞建陀，是一位长有6头、12臂，骑着一只孔雀的战神，担当天神军队统帅。塞建陀后来也随同佛教诸神来到中国，即著名护法神将韦驮。另一个儿子是象头神伽涅沙。这个象头神至今还受到印度人民的敬奉，在求事业顺利时要向他礼拜。

印度教认为“毁灭”又有“再生”之意，故表示生殖能力的男性生殖器“林伽”，被认为是他的象征，很受信徒崇拜。印度密教中的湿婆教内即有性力派、林伽派。

湿婆被吸收为佛教护法天神后，称他为“大自在天”，住在色界之顶，是三千大千世界之主。他的模样被描绘为有5个头，3只眼，4只手，手中分别持三股叉、神螺、水罐、鼓，头上有一弯新月作装饰，坐骑是一头大白牛。

巡行世间，赏罚善恶——散脂大将的由来

散脂大将是梵文的音译，又译作“散脂修摩”“散支”“半支迦”等，意思是密神。

散脂大将是北方毗沙门天王的八大夜叉将之一。著名的八大夜叉将为：宝贤大将、满贤大将、散脂大将、众听大将、应念大将、大满大将、无比大将和密严大将。佛教中有四大天王各有二十八部众鬼帅神将的说法，散脂大将的地位最高，他统帅二十八部众，巡行世间，赏罚善恶。散脂大将本领超众，大慈大悲的观音菩萨也请他来做护卫，成为千手观音的二十八部众之一。关于散脂大将的来历有两种说法。

一说他是鬼子母的二儿子。《陀罗尼集经》说“鬼子母有三男，长子名为唯奢文，次子名为散脂大将，三子名为摩尼跋陀。”

一说散脂大将是鬼子母的丈夫。《毗奈耶杂事》卷三十一说，散脂与鬼子母曾经指腹为婚，长大后二人成了亲，还生了500个儿子。

散脂大将为金刚神将模样，手持铁矛。在水陆画中，散脂大将为一威风凛凛的武将形象。

主管智慧福德的天神——辩才天的由来

辩才天又叫大辩才天、大辩才功德天，还称美音天、妙音天。这是一位主管智慧福德的天神。她聪明而有辩才，所谓“辩才”是指她具有巧说法义的才能。她的嗓音甜美，歌声嘹亮，故称“美音天”、“妙音天”。

佛教宣称若供养此天神，则可获得福运与智慧。《最胜王经·大辩才天女》云：

若人欲得最上智，应当一心持此法。增长福智请功德，必定成就勿生疑。若求财者得多财，求名称者得名称，求出离者得解脱，必定成就勿生疑。

关于辩才天的性别有的佛经说男，有的说女，但以女性为多。她有个令人生畏的弟弟——阎罗王，常穿一身青色丝衣。因为她是阎王爷的大姐，所以长相也不同凡响，她长有两副面孔，一副是大美人，一副是丑八怪，以供不同场合使用。她那一双利眼最厉害，谁见了都会胆颤心惊。

大辩才天的造像有两种：一是八臂像，八手分别持有弓、箭、刀、槊、斧、杵、轮和绢索。一是二臂像，两臂作弹琵琶状。

吉祥天女——大功德天的由来

大功德天，即吉祥天女。大功德天本是婆罗门教、印度教所信奉之神，后被佛教吸收为护法神。

大功德天是婆罗门教、印度教的吉祥女神、幸福女神。佛教传说她的父亲是龙王德叉迦，母亲是鬼子母，又是毗沙门天王之妹，因毗沙门兼任婆罗门的财神，所以她也是财富女神。又因她功德圆满，并有大功德于众，所以还是位大功德神。吉祥天女长得十分漂亮，她又是一位美丽女神。

关于她的来历，有几种说法。除说她是龙王女儿外，有的印度神话还说她是印度教的一位智者、七大仙人之一苾力瞿的女儿。有的还说在天神和阿修罗搅乳海时，吉祥天女坐于莲上手持莲花出世，所认又得了个“乳海之女”的名字。还有的神话把她说成是三大神之一“救世者”毗湿奴的夫人。

吉祥天女在中国寺庙中，形象端庄美丽，后妃装束，两只手（或四只手），一手持莲花，一手洒金钱，有两只白象伴护，这是吉祥的象征。她的座骑除莲花以外，还有金翅鸟和猫头鹰。

大地神女——坚牢地神的由来

坚牢地神又叫“地天”、“大地神女”。

地天的职责是保护土地及地上的一切植物，免受灾害。佛陀曾对她说：“汝大神力，诸神莫及。阎浮（即佛教所称世人居住的南赡部洲）土地，悉蒙汝护，乃至草木谷米从地有，皆由汝力。若未来世中依《地藏本愿经》修行者，依汝神力拥护之，勿令一切灾害及不如意事闻于耳。”坚牢地神的这些功能有点像中国的后土娘娘，而且两位还都是女性，但也有的寺庙把坚牢地神塑造为男性。坚牢地神的另一大功劳是曾替释迦牟尼作证。佛教传说，在佛祖与魔王辩论时，坚牢地神助了释迦一臂之力，从而大败魔王，成为功劳显著、名副其实的护法神。

据《大日经疏》卷四载，释迦牟尼初坐道场时，魔王唯恐释迦牟尼得道后会使自己的势力毁灭，于是率领魔军、魔女，向释迦轮番进攻诱惑，软硬兼施，但全都失败。魔王终于恼羞成怒，对释迦狂吼道：“我所作之业，汝已为证，汝之福业谁当为证？”释迦即垂无畏手指地，表示自己的一切福业大地即可作证。这时，大地轰然震动，坚牢地神从地中涌出半个身子向佛陀顶礼致敬，并大声唱言：“我是证明！”魔王见释迦牟尼有了个“人证”，只好带着部下灰溜溜地退走了，释迦牟尼得道成佛。

佛教的最早护法神——菩提树神的由来

菩提树神就是守护菩提树之天女。菩提树本非一自然树种，完全是由于释迦牟尼的本事而得名。所谓“菩提”，是佛教名词，是梵文的音译，意为“觉”、“智”。指对佛教“真理”的觉和悟，旧译为“道”，指通向佛教涅　之路。凡是断绝世间烦恼而成就“涅　”之智慧，即“无上智慧”，就称“菩提”。其实就是佛教的所谓的“大彻大悟”。所以菩提树也可以叫作“觉悟树”、“成道树”。

传说释迦牟尼在此树下不吃不喝，敷上别人送给他的吉祥草，开始打坐，进行冥思苦想。释迦曾发誓说：如不成佛，绝不起来。于是在树下坐了整整七天七夜，其间有风雨之时，树神即用枝叶为其挡风遮雨。释迦终于战胜了魔王及其部众的挑战，当最后一夜的黑暗迎着晨曦消失之后，他豁然开朗，看到了生死轮回的永无穷尽和苦恼，逆观了十二因缘，终于明心见性，大智彻悟，成佛了。

释迦牟尼在此树下得道成佛，此树也理所当然地成了“神树”、“圣树”，那位护树的天女自然也就成了“树神”。此树也就被说成是“觉悟树”、“成道树”，梵文则叫成“菩提树”。那位天女则被称为“菩提树神”。菩提树神在释迦成佛之前，即守护在他身旁，应该算是佛教最早的护法神。

菩提树本名荜钵罗树，为常绿乔木，叶子卵形，茎干黄白色，树籽儿可作念珠。原产印度，据说南朝梁时和尚智药从印度移植到中国，在我国云南和广东有种植。释迦成道处叫“菩提伽耶”，意思是“证成正觉处”，在今天印度东北部比哈尔邦加雅城南十一公里处。此处现存的菩提树传说是原树的曾孙，枝繁叶茂，浓荫蔽日。树下还有象征草座的石刻金刚座。传说佛成道离开草座，向北，东西行绕树，一步一莲花，计十八莲花。南方佛教国家的和尚常焚香散花，绕树作礼，大概也是出自此处吧。

母夜叉弃恶从善——鬼子母的由来

鬼子母为佛教二十即护法神之一。但从其名字来看，使人觉得这位女性天神似非善类，鬼子母，鬼子之母也。确实，这个鬼子母本是个专吃人的恶神——母夜叉，后得释迦牟尼感召而皈依佛教，“放下屠刀，立地成佛”，由恶神而成善神。

鬼子母的名为“诃梨帝母”，“诃利帝母”是梵文的音译，又意译为“暴恶母”，“欢喜母”。“暴恶”名符其实，佛经《毗奈耶杂事》卷三十一说她“既取我男女充食，则是恶贼夜叉”。以食人为生，称其为暴恶母，理所当然。至于“欢喜母”，说此女出生时，“容貌端严，见者爱乐”，众夜叉都很欢喜，大伙儿一商量，就给她起名叫“欢喜”。又因其为五百鬼子之母，故俗称“鬼子母”。在佛经上，她又被称作“诃梨帝夜叉女”。所谓“夜叉”，意思是“能啖鬼”，“捷疾鬼”，有时作为一种恶魔出现，传入中国以后，成为恶鬼的代称。民间常称一些凶恶的女人为“母夜叉”。《水浒传》中的“母夜叉”孙二娘卖过一阵子人肉包子，她的形象不言而喻。不过，诃梨帝母这位母夜叉，模样却极为秀丽。

这么一位漂亮的女神，当初为何靠吃人为生呢？

在《佛说鬼子母经》、《大夜叉女欢喜母并爱子成就法》、《毗奈耶杂事》等经书中，记载了诃梨帝母的成神传说：

往昔王舍城中有独觉佛出世。为设大会。有五百人各饰身共诣芳园。途中遇怀妊牧牛女持酪浆来，劝同赴园，女喜之舞蹈，遂堕胎儿。诸人等舍之赴园内。女独止而懊恼，便以酪浆买五百庵没罗果，见独觉佛来女旁，顶礼而供养之。发一恶愿曰：“我欲来世生王舍城中，尽食人子。”

由此恶愿舍彼身，后生为王舍城娑多夜叉长女，与健陀罗国半叉罗夜叉长子半支迦夜叉结婚，生五百儿。恃其豪强日日食王舍城男女。

佛以方便隐鬼女一子。鬼女悲叹求之，知在佛边。佛曰：“汝有五百子，尚怜一子，况余人只有一二耶？”乃教化之授五戒，为邬波斯迦（即优婆夷，指受五戒的在家女居士，佛教女信徒）。鬼女曰：“今后无儿可食者。”佛曰：“勿忧。于我声闻弟子每食次呼汝及儿名，皆使饱食。汝于我法中勤心拥护伽蓝及僧尼。”鬼女及儿皆欢喜。

这是一个典型的劝恶从善的佛教故事。佛祖略施小技，即使恶魔欢喜皈依，不过是在宣扬“佛法无边，回头是岸”。

鬼子母因有痛失爱子的深切体会，在儿子失而复得并皈依佛教后，鬼子母便发誓保护小儿，成为妇女儿童的保护神。后又将鬼子母与妇女生育联系起来，如同中国的送子娘娘。佛教密宗专有“诃利帝母法”，为祈祷妇女顺利生产而修之密法，在妇女产时修此法，称诃利帝母法会。修法时念《诃利帝母真言经》。

古代印度寺庙对鬼子母奉祀颇盛，常在门屋处或食厨边供养鬼子母以求福。鬼子母传到中国后，多与其他十九天排列在大雄宝殿佛祖的两侧，作为拱卫天神。但中国百姓却爱将其视为送子娘娘、送子观音来单独礼拜，对她的身世是不大了解的。著名的大足石刻北山122号窟即诃利帝母窟。

窟中所雕鬼子母，完全被汉化，是一古代贵妇人的形象：头戴凤冠，身着敞袖圆领宝衣，脚穿云头鞋，坐于中式龙头椅上。左手抱一小孩，右手放在膝上。左右侍女各一。窟左壁刻一肥胖乳娘，抱一小儿，敞胸哺乳。全窟共刻小儿九个，有站有坐，或伸臂或屈腿，天真烂漫，栩栩如生。

这座“诃利帝母窟”名叫“送子殿”。

本来按照佛教说法，人生在世就是痛苦，所谓“苦海无边”。修行的目的是为了求得解脱，即跳出“天道轮回”，不生不死。主张不生，即不能要子嗣，这与中国传统的儒家忠孝思想相违背。因此从汉至唐，儒、释之间曾多次进行激烈论争。有时论争的结果对佛教很不利，佛教徒为了摆脱困境，便对儒家的忠孝等观点作了一些让步，吸收了儒家的一些说法，出现了某种程度的儒释合流，以至后来的儒释道三教合一。于是佛教中出现了掌管人间生育的菩萨，鬼子母即为其一。

世界的保护神——日宫天子的由来

日宫天子源于印度古代神话中的太阳神。古印度的太阳神叫苏利耶，在婆罗门教、印度教最古老的经典《梨俱吠陀》中，就有10首献给太阳神苏利耶的颂诗。

苏利耶的人格化特征还不大明显，人们大多把他看成是一只眼睛，他俯视人间，明

辨善恶，目光如电。他生于东方，在歌声中离开天门，去巡行天地，划分白天和黑夜。太阳神倾泻光明，照亮世界，驱逐黑暗、疾病和敌人。苏利耶用甘露治疗世人的病痛。苏利耶还是擎天柱，天要靠他来支撑。人们向他求财、求福、求寿、求子。在以后的神话后，太阳神苏利耶逐渐成为世界的保护神之一。

苏利耶被吸收为佛教护法神后，被称作日天、日天子、日宫天子。异名宝光天子、宝意天子。佛经中称其为观音菩萨之化身，住在太阳中，太阳中有其宫殿——日宫，日宫规模其大无比。日宫天子形象为肉红色脸膛，左右手各拿一枝莲花，乘坐四马大车，也有的手捧日轮，骑三至八匹马。

在水陆道场所用的水陆画中，日宫天子为头戴冕旒，双手捧圭的男性帝王形象。

佛教护法神——月宫天子的由来

月宫天子又叫月天子、月天、大白光神、野兔形神、宝吉祥等。

月宫天子住在月宫中，这座月宫据佛经讲是个正方形建筑，共有七重垣墙，为七宝所成。这座宫殿纯以天银天青玻璃而相间错。有意思的是，在这座月宫天子的大宫殿中，有一大辇，是青琉璃做成。此辇高达十六由旬（即250公里），宽八由旬（即125公里）月宫天子与诸天女在此辇中随意而行，这样奇大无比的玉辇，不知如何推动？因为日天已被说成是阿弥陀佛左胁侍观音菩萨的化身，于是月天又被说成是阿弥陀佛右胁侍大势至菩萨的化身了。故称其为“宝吉祥”“宝吉祥天”。至于月天又叫“野兔形神”，则与古代传说有关。古印度人同我国旧俗相同，也认为月中有兔，其实是月中暗影与兔子侧影相似而形成的神话传说。

月宫天子的形象本为男性，肉白色脸膛，手持之杖，上有半月形，乘坐三鹅拉的

车。佛教还给他配了个妃子——月天妃，也是肉白色脸，手持青莲花。大概要与日天配对儿，汉化寺庙中也有将月宫天子作为女性塑像的。

护法神将——四大天王的由来

佛教王国里名气最大的神将，恐怕要属四大天王了，四大天王俗称“四大金刚”。他们四位在天王殿中享受供奉。说起四大天王的来历，需要先了解佛教的宇宙空间观念。

佛教吸取印度古代神话传说和古印度教中关于“天”的种种说法，提出“三界”说。三界即欲界、色界、无色界，世间一切“有情众生”皆在三界中“轮回”不已。只有达到涅槃境界成佛，才能超脱三界之外，生入不生不灭的西方净土“极乐世界”。三界中欲界为最低一界，人类社会居此界，地狱、饿鬼、畜生居此界，诸天神亦居此界。不过，天神住在此界天上，天有六重，即“六欲天”，第一重叫“四天王天”，离人世最近。这里就是四大天王的住处。

佛经说，四大天王就在著名的须弥山山腰，那里耸立着一座犍陀罗山，此山有四山峰，称须陀四宝山，高三百三十六万里。四天王的任务是各护一方世界，即佛教说的须弥山四方的东胜神洲、南赡部洲（中国在此洲）、西牛贺洲、北俱卢洲。故四大天王又称“护世四天王”。四天王各有九十一子，辅佐四天王守护空间十方，即东、西、南、北、东南、西南、东北、西北以及上、下。四大天王手下又各有八位大将，帮助管理所属各处山河、森林以及地方上的小神。众大将中居首位的是韦驮，专门保护出家人，因此备受僧尼尊崇。

四大天王的名称及形象为：

东方持国天王，名多罗吒，身白色，穿甲胄，手持琵琶。“多罗吒”是梵文的音译，意译“持国”。“持国”意为慈悲为怀，保护众生。他住须弥山黄金埵，是主乐神，故手持瑟琶，表明他要用音乐来使众生皈依佛教。

南方增长天王，名毗琉璃，身青色，穿甲胄，手握宝剑。“毗璃璃”是梵文的音译，意为“增长”。“增长”指能传令众生，增长善根，护持佛法。他住须弥山琉璃埵，手杖宝剑，为的是保护佛法，不受侵犯。

西方广目天王，名毗留博叉，身白色，穿甲胄，手中缠一龙。“毗留博叉”是梵文的音译，意译即“广目”。“广目”意为能以净天眼随时观察

世界，护持人民。他住须弥山白云埵，为群龙领袖，故手缠一龙，看到有人不信佛教，就将其捉来，使其皈依佛教。

北方多闻天王，名毗沙门，身绿色，穿甲胄，右手持宝伞，左手握神鼠——银鼠。“毗沙门”，为梵文音译，意译即“多闻”。“多闻”比喻福、德之名闻于四方。他住须弥山水晶埵，手持宝伞，用以制服魔众，保护人民财富。

四大天王中最得意者是北方多闻天王毗沙门。他是古印度教的一位天神，又名施财天，在印度古神话中他既是北方的守护神，又是财富之神，是一位“大财神爷”，所以北天多闻天王在四天王中信徒最多。敦煌壁画中的毗沙门画像，在他渡海布道之际，常常散下金钱财宝。

传说，天宝元年（742年），安西城（今新疆库车县）被蕃兵围困，传书请求救援。但安西路遥，短时间救兵难到，唐明皇即让不空和尚请北方毗沙门天王神兵救援。于是天王金身在城北门楼上出现，大放光明。同时有“银鼠”咬断敌军弓弦，三五百神兵身穿金甲，击鼓声震三百里，地动山崩。蕃兵大惧，望风而逃。唐玄宗闻奏大悦，敕令诸道节度，所在州府于城西北隅各置天王象供养，佛寺中也设别院安置。

其实，毗沙门天王在唐代轰动一时，出了大风头，是得力于不空和尚的大力宣扬，不空所译《毗沙门仪轨》尾题即记载了上面的传说。此事虽属无稽之谈，但唐玄宗宁肯信其有，并以此标榜自己得天王相助，遂下令“诸道州府城西北及营寨并设其像”供养，佛寺也在别院安置。此后，毗沙门天王又被军旅视为保护神，在城楼、军营皆建有天王庙、天王堂，甚至在军旗上也画上天王形象。以至当时世俗文身，也常刺天王象，认为可得“神力”。

毗沙门天王在宋代极其显赫，天王庙在诸军寨中皆建有。这使人想起《水浒传》第二十八回《武松威镇安平寨施恩义夺快活林》一回中，武松在牢城营中天王堂前举起四五百斤石墩的壮举，以及第九回林冲被发配沧州后，在牢城营内看管天王堂的凄凉情景。毗沙门天王信仰至元明时已渐衰，取而代之的是中国化的托塔李天王了。在神魔小说《封神演义》里，四大天王被彻底汉化。书中说，四大天王本为商朝佳梦关的魔家四将，奉命抵抗周武王大军。拿琵琶的叫魔礼海，拨动琴弦，能使周军尸横遍野。拿宝剑的叫魔礼青，“人逢此刃，四肢成为齑粉”。拿锦囊的（而不是龙或宝索）叫魔礼寿，囊中藏有花狐貂。花狐貂两胁生翅，一旦放出，能“食尽世人”。拿宝幡的叫魔礼红，手中之幡名“混元伞”，此伞撑开，“天昏地暗，

日月无光”。这哥儿四个因助纣为虐，最终都送了命。死后被姜子牙奉命封为“四大天王”，守护佛地。

在《西游记》中，四大天王被玉皇大帝派去镇守南天门；如来佛所居灵山胜境，雷音宝刹之前，另有四大金刚把守。

四大天王在中国寺庙里，不但形象被彻底汉化，皆为中国古代武将打扮，而且将四神赋予中国式的寓意。《封神演义》述姜子牙奉太上元始之命，敕封魔家四兄弟道：“今特敕封尔为四大天王之职，辅弼西方教典，立地水火风之相，护国安民，掌风调雨顺之权。永修厥职，毋忝新纶。

增长天王魔礼青，青光宝剑一口，职风。广目天王魔礼红，掌碧玉琵琶一面，职调。多闻天王魔礼海，掌管混元珍珠伞，职雨。持国天王魔礼寿，掌紫金龙花狐貂，职顺。

其中广目与持国二天王的法宝与通行说法正好相反。

清翟灏《通俗编》谓，寺内四大金刚各执一物，所谓“风调雨顺”四字。执剑者，风也；执琵琶者，调也；执伞者，雨也；执龙者，顺也。风调雨顺，则又暗示着“五谷丰登”、“天下太平”。横眉怒目、凶猛威武的佛教护法天神，却被中国老百姓们赋予了十分美好的理想寄托，表现了我们民族的一种传统心理。

只要有寺庙，就一定有四大天王像。他们都被安置在天王殿中，殿中央为笑和尚弥勒佛，四大天王分列两旁。天王像大多威武凛然，其中以杭州灵隐寺的四大天王像最为精绝，造型优美，色彩斑斓，表情动人，极其传神，令人赞叹不已。

佛门护法神将——哼哈二将的由来

佛寺的大门称为“山门”，山门一般有三个，象征着“三解脱门”，即空门、无相门、无作门。这三个门经常建成殿堂式，叫做“三门殿”。侍立在山门两侧的，是两个威风凛凛的金刚力士。金则力士又叫密迹金刚、秘密主，是手持金刚杵给佛担任警卫的夜叉神的总头目。民间称之为“哼哈二将”。

古代云冈、龙门、麦积山石窟，都只有一尊金刚力士雕像，只有隋代宝山大住圣窟入口两壁，刻有那罗衍神王与迦毗罗神王两像，左像执槊，右像执杵。现今寺门左右的金刚力士像，皆为面貌雄伟、现愤怒相，手执金刚杵，肢体均呈紧张之状。左右不同之处在于：左像怒颜张口，金刚杵作势打物；右像忿颜闭口，金刚杵拄地，怒目圆睁而已。

由于左像张口，右像闭唇，从而衍生出对“二王”的不同解释：左像开口发“阿”的声音，右像闭口呈“吽”的发音状，而“阿”与“吽”都是佛教的陀罗尼咒语。《大日经

疏》云“阿，是吐声权，一心舒遍，弥论法界；‘吽’是吸声条末，蜷缩坐刹，摄藏一念。”“恒沙万德，莫不包括此二音两字。”

人们并不十分了解“阿”“吽”字音的含义，在流传过程中就逐渐将二音转读成“哼”“哈”之音。在《封神演义》中更是将错就错，附会出“哼哈二将”的传奇故事：“哼哈二将”，一位叫郑伦，一位叫陈奇。郑伦原为商纣王的部将，拜昆仑度厄真人为师。真人传给他窍中二气，将鼻一哼，响如钟声，并喷出两道白光，吸人魂魄。其后被周营擒获改邪归正，最终战死。陈奇也是纣王的部将，曾受异人秘传，养成腹中一道黄气，张口一哈，黄气喷出，见之者魂魄自散，后来被哪吒刺死。在姜子牙封神时，敕封郑伦、陈奇镇守西释山门，宣布教化、保护法宝，这就是民间所流传的“哼哈二将”。

到了近代，有些佛寺的山门殿就塑有“哼哈二将”塑像，民间还将“哼哈二将”作为门神看待。其实，我们从佛教经典中可以知道，原本是没有“哼哈二将”这一名称的，他们的诞生纯属人们的附会虚构。

天兵天将的统帅——托塔李天王的由来

民间十分熟识的托塔李天王，是由佛教四大天王中北方多闻天王即毗沙门天王“分化”出来的。

毗沙门天王在四大天王中最有名，影响当然也最大。除了手持伞、鼠、蛇、龙的形象外，还流行一种一手握剑，一手托塔的毗沙门天王像。唐人卢弘正在《兴唐寺毗沙门天王记》中描绘其形象为：右扼吴钩，左持宝塔，其旨将以摧群庸，护佛事。

这种“托塔天王图”，十分流行，不但“图像于旗章”，而且成为许多著名画家的创作题材。据清代学者俞樾在《茶香室三钞》中考证，早在六朝时就有“托塔天王图”。历代著名的天王图多不胜举，如隋朝展子虔的《授塔天王图》，唐朝吴道子的《请塔天王图》，唐朝范琼的《降塔天王图》，朱繇的《捧塔天王图》，早在南朝刘宋时的陆探微的

《托塔天王图》等。

至于毗沙门天王与塔的来历，也很有意思。宋人董逌在《广川画跋》有“北天王象后题辨”云：“昔余得内典（佛经），说四天王所执器，皆自报应中出。北天毗沙国王，也尝兵斗不利，三逃于塔侧，方免其困。时愿力所全，得无碍报，回乡则变相所成，画者得以据之。”这就是说，塔曾救过毗沙门，故宝塔已成为天王护身的宝物了。

大凡外国神鬼传入中国，都被改造，有一些是洋为中用，有一些是土洋结合。毗沙门天王也逐渐被汉化，由托塔“洋天王”而成为“托塔李天王”。成书于明代、流传很广的《封神演义》已把天王汉化得很彻底了。说是陈塘关有一总兵官叫李靖，拜度厄真人为师，有三个儿子：金吒、木吒和哪吒。哪吒闹海，打死龙王三太子，又射死碧云童子，后被迫剜肠剔骨，剖腹自尽。太乙真人使其莲花化身，于是哪吒找父亲李靖算账，李靖不敌，被逼得上天无路，入地无门，危急之时遇燃灯道人，祭起玲珑宝塔，将哪吒罩在塔内，塔内大火熊熊，将哪吒烧服。燃灯道人遂将宝塔送给李靖，此后成为“托塔天王李靖”。在《西游记》里，李靖又成了玉皇大帝的重臣，当上了天兵天将的总司令，每次讨伐齐天大圣，都由他带队，而哪吒成了他的先锋官。至于宝塔，又说是如来所赐，名称更为动听——“玲珑剔透舍利子如意黄金宝塔”，塔上层层有佛，艳艳光明，唤哪吒以佛为父，解释了冤仇。总之是“佛法无边，回头是岸”。

李靖，在历史上实有其人。他是唐初大将，陕西人。李靖精通兵法，常为其舅韩擒虎所称道。唐太宗时，他当过兵部尚书、尚书右仆射等高官。李靖死后，配享武成王（姜太公）庙，为十哲之一。宋刻《武经七书》中，有《唐太宗李文公问对》三卷，是武学中的经典性课本。唐人小说《续玄怪录》中，有李靖代龙行雨的故事。李靖在唐末就已被神化，成为神明，五代时被封为灵显王。

到了明代，《西游记》《封神演义》夸大其事，托塔天王李靖完全脱离了毗沙门天王，而成为中国式的、妇孺皆知的总率百万天兵的天王了。

三太子的传说——哪吒的由来

在《封神演义》和《西游记》中都有一个手提火尖枪，臂套乾坤圈，脚踏风火轮，腰系混天绫的神仙，他就是在民间十分有名的哪吒。哪吒在佛教中是护法神，在道教中是镇守天门的神。

关于哪吒这位神仙的由来，民间盛传下面的故事。

李哪吒，唐代李靖的第三个儿子，前身是玉皇大帝驾前的大罗神仙，曾大闹龙宫、杀死石矶娘娘母子，因知错便将肉身还给父母，后来借莲花复活，成为天界之神。

李靖原是驻守边疆的大臣，曾学过一些道法，他另外两个儿子——金吒、木吒也各自到深山学道，哪吒是他第三个儿子。相传哪吒刚出生时是一颗肉球，肉球到处地飞，李靖心想这是哪来的妖怪，一气之下，便拿着刀劈向肉球，这才看到肉球里面有个小孩。小孩从肉球中跳出，他身穿红色的肚兜，右手拿着乾坤圈，据说他生下五天就会跑跳，长得就跟一般少年相同。

有一天，哪吒在家里闷久了，跟母亲撒娇说要到海边玩，夫人没有法子，答应了他的要求。哪吒在海边蹦蹦跳跳地玩耍，累了流下一身的汗，于是在东海口洗澡。这一洗可不得了，他身上的两件宝物，在海中引起汹涌波涛，也惊动了海底的东海龙宫。龙宫从未有这样的震动，龙王便派巡海的夜叉前往查看，谁知一出海面便给哪吒用乾坤圈一击毙命。龙王心想，谁家的小毛孩竟敢在老虎的嘴上拔毛，便派龙王三太子点些兵马，冲出海面前往迎战。一阵天地变色的战斗后，龙王三太子仍不敌哪吒的宝物，被打死在海岸，哪吒还

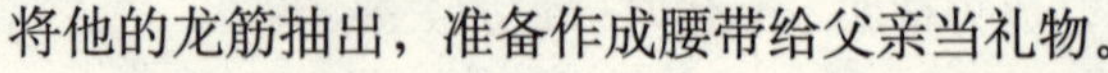

将他的龙筋抽出，准备作成腰带给父亲当礼物。

战乱中有伤兵回报战况，龙王一听大怒，亲自率领群将迎战，哪吒却毫无惧色，来一个杀一个，来两个杀一双，用他的两个宝物就将龙王的兵马杀个片甲不留，龙王则负伤逃回龙宫。龙王虽身负重伤，却想起这次龙宫死伤如此惨重，觉得心有不甘，一肚子的怨气难伸，决定上告云霄宝殿，请玉帝替他做主。正当龙王前往云霄殿，却给哪吒瞧见，用身上的混天绫捆住龙王，最后一枪刺死，掉入海中。哪吒

高兴地大拍双手，准备返回家中，经过南天门时，发现有个神坛，神坛上摆个神弓，好玩地随手一拉，弓里的箭向着西南直飞，瞬间消失无踪。谁晓得这一箭却又闯下大祸，射死石机娘娘的儿子，石机娘娘心中大恼，带着兵器找哪吒索命。连龙王都不是哪吒的敌手，石机娘娘虽率领群仙，却也节节败退，最后也惨死化为石头原形。

哪吒心满意足地返回家中，准备向父亲献上战果。没想到李靖一看到他，便破口大骂说："你这孽障，还不知道闯下大祸，我们即将有灭门的可能。"哪吒不知有何过错，一问之下，才知道事情的严重性，便跟父母说："一人做事一人当，我绝不会连累家人。"说完夺走父亲的宝刀，往自己的身上砍，接着倒地身亡。母亲想阻止也来不及，只能抱着尸体大哭，李靖也忍不住地伤心，却只好帮儿子安排后事。

肉身虽亡，灵魂不死，哪吒的灵魂在人间游荡到西方，西方的世尊认为错不致死，于是取来莲花数百，加上金丹放置中间，口中念着咒语，哪吒便借莲花重生。重生后的哪吒，知错能改，在人间广做善事，收服妖魔，听说孙悟空大闹天宫的时候，哪吒还曾帮李靖捉拿它。

在台湾的民间信仰中，哪吒三太子是无人不知无人不晓的，其实哪吒的故事源自佛经，并非中国传统所有，但在道教的世界里，渐渐地吸收这位佛教的神明，并让他跟道教的世界结合，像故事中的人物有许多都是中国的神仙人物，呈现中国民间信仰的包容力。另外哪吒的父亲有托塔天王的称号，是因为上天担心哪吒又作乱，便赐给他一座九层玲珑宝塔，塔里面有些炼熬之苦，哪吒曾被父亲收服在宝塔中。因此后来李靖成仙后，人们就称他为"托塔天王"。

在中国的民间信仰中，哪吒是玉皇大帝驾前负责统帅神兵神将，镇压邪鬼，后来奉玉旨降世为李靖第三子，俗称"太子爷"。在《封神演义》中，哪吒是作者刻画得最为鲜明的形象之一。

在《封神演义》第十二回、第十三回中，作者详细叙述了哪吒的出生、历劫、死亡及再生，极为精彩。

在民间传说中，哪吒三太子是正义的化身。他有血有肉，有胆有识，在家是孝子，居官为忠臣，而且能以牺牲小我、完成大我的情操，济人之急，扶人之危，是青少年的典范，是信仰者的重心。因此，他得到人们的广泛喜爱。但是人们喜爱哪吒的原因并不仅仅是这些，还在于哪吒的形象本身就是一个孩子，而其所作所为却超越了一个孩子所能做的，对众多的读者而言，孩子的形象往往是最容易打动他们内心的。

在小说中，哪吒虽然被塑造成一个成熟的小孩，但是他并没有变成一个刻板的小大人，反而还不时地有他的童心闪现。例如：小说中有这样一个情节，哪吒同邓婵玉对阵时，被邓婵玉的五光石打得鼻青脸肿，回到营里，黄天化取笑他："为将之道，身临战场，务要眼观四处，耳听八方。"把哪吒气得不得了。不想第二天黄天化迎战邓婵玉也被打伤了，黄天化回来后哪吒就以牙还牙说："为将要眼观四处，耳听八方，你如何也失手与她。"在这部神魔斗法的小说中，这一对话极其富有人性色彩。在凶险无比的战场上，

两个天真烂漫的孩子战败之后，居然还有心情来斗嘴。

哪吒这一艺术形象不仅在小说中光彩照人，就是在戏曲中，哪吒的故事也占有重要地位。例如：元杂剧《二郎神醉射锁魔镜》里的正末即是哪吒，该剧主要描写其英勇事迹。在台湾戏曲中，封神故事早已是民间剧本的重要来源。哪吒这一形象，也在演变过程中由佛教神而变成道教神，在台湾等地区也逐渐变成护婴、交通业的保护神，香火鼎盛。因其形象年幼、精力旺盛，因此深受人们喜爱。

护佛神将——韦驮的由来

韦驮又称为韦驮菩萨，是世人比较熟悉的护法神。韦驮最显著的位置在天王殿大肚弥勒佛的后背，身披盔甲，手执降魔杵，这就是世人所称的韦驮菩萨。

正像佛教天国里许多神明一样，韦驮也被赋予了许多神异。据说，韦驮是南方增长天王手下的八个将领之一，四大天王部下各有八大将，合为三十二将。韦驮居三十二将之首。韦驮的显赫，出现在佛教经传中。唐代和尚道宣说他曾与“天人”会谈，说及南方天王有一部将——韦将军，是“诸天之子，主领鬼神，如来欲入涅槃，佛弟子（韦将军）护持赡部遗法”。韦驮亲受释迦法旨，要在南赡部洲（佛经中的所谓四大部洲之一，中国在此洲），保护出家人，护持佛法。

韦驮像为何被供奉于天王殿弥勒之背，面对大雄宝殿呢？

原来，这与他擒贼护佛立有大功有关。韦驮是佛国中的“神行太保”，以善走如飞著称。在无比美妙的“极乐世界”中，竟也有一些鸡鸣狗盗之徒。佛教传说，在如来涅槃时，竟有个“捷疾鬼”偷走了佛的两颗牙齿，韦驮急起直追，最后抓获窃贼，夺回佛牙。于是，韦驮担起保护释迦坟墓，打退掘坟盗骨之敌的重任。当初，古印度的佛庙，并非像后来我国专门供奉偶像的殿堂，而是附属于释迦牟尼坟院（又称塔院）的祠堂。因而，古印度佛庙中的塔，皆建于山门之内，大雄宝殿之前。换句话说，寺庙即是释迦的坟院，塔是释迦的坟墓，大雄宝殿是释迦墓后的享堂。

需要指出的是，塔在许多人的眼中，不过是一种佛教艺术，如今成为名胜古迹。而塔最初的功用是用来藏佛舍利的，称舍利塔，具有坟的性质。释迦牟尼被火化后，其舍利被八国国王分得，并建塔供奉，这是最早的佛塔。后来，塔除埋高僧的舍利、骨灰之外，还珍藏佛经及各种法物，故又称“支提”“宝塔”。

最早的佛庙建筑，是以塔为中轴线的主体，其他建筑则散在四周。古印度的方塔（即释迦的坟墓），即建在大雄宝殿前面的中央处。所以，将韦驮像供于山门背面，执金刚杵横眉怒目，警惕地注视着大雄宝殿之前的方塔，乃取守护释迦灵塔之意。

佛教传入中国以后，寺庙建筑逐渐发生变更，寺庙成为专供佛像的享堂，中轴线以殿堂为主体而建塔在附近了，称作“塔院”“塔林”。附有“塔林”的寺庙必为著名大寺，如北京潭柘寺、山东长清灵岩寺、河南嵩山少林寺等即是。后来，在大雄宝殿前面虽然已无灵塔，但韦驮站立天王殿背面的制度并没有改变，一直保留至今。

韦驮是中国佛教徒造就的，所以他是地道的中国武将打扮。韦驮像金盔金甲，年轻英俊，威风凛凛，手执金钢杵。塑像颇像赵云、马超一类勇将。一般有两种姿势：一种是双手合十，横杵于腕上，直挺挺站立，一种是一只手握杵拄地，另一只手叉腰。关于这两种姿势，其中还有点奥妙！“合掌捧杵者，为接待寺，凡游方释子到寺，皆蒙供养。按其杵据地者则否，可一望而知也。”（《铸鼎余闻》卷四）行脚僧们只要看见寺内韦驮像是双手合掌捧杵的，那就是表示热烈欢迎，尽可大摇大摆走进去白吃白住。若是握杵拄地的，似应斟酌，韦驮怕是不大欢迎啊！

佛教护法神——天龙八部的由来

许多人都喜欢读香港作家金庸先生写的一部武侠小说《天龙八部》，“天龙八部”之名即出于佛经。金庸先生说，“天龙八部”是佛界里的八种“神道精怪”。其实，他们是佛教从古印度的婆罗门教和其他外教中收纳进来充当佛陀护卫的杂牌护法神军，又称“八部众”，因为是以“天众”和“龙众”为首，所以称为“天龙八部”。许多大乘佛经叙述佛祖向诸菩萨、比丘等说法时，通常都有天龙八部参与听法。如《法华经·提婆达多品》里说：“天龙八部、人与非人，皆遥见彼龙女成佛”，天龙八部都属于“非人”。他们是天、龙、夜叉、干闼婆、阿修罗、迦楼罗、紧那罗、摩呼罗迦。

天，即二十诸天以及其他天神。在佛教中，天神并没有超脱生死轮回，仍有堕入恶道的可能，因为他们仍和人、畜生处在同一个大的等级上，只不过比人能享受到更大、更长的福报而已。佛教认为一切事物无常，天神的寿命终了之后，也是要死的。天神临死之

前有五种征状：衣裳垢腻、头上花萎、身体臭秽、腋下汗出、不乐本座（第五个征状或说是“玉女离散”），这就是所谓“天人五衰”，是天神最大的悲哀。天众里的天神，著名的有如大梵天、帝释天、四大天王、阎王等，其中帝释是众天神的领袖，一般供奉在大雄宝殿的两侧。

龙，即职掌兴云布雨的龙王。佛经中的龙，和我国的传说中的龙大致上差不多，不过没有脚，有的大蟒蛇也称为“龙”。事实上，中国人对于龙和龙王的观念，主要是从佛经里来的。作为佛教护法神的龙众，有八大龙王、十六龙王等。龙王之中，有一位叫做沙娑罗龙王，他的幼女就是8岁时到释迦牟尼说法的灵鹫山前，转为男身，现成佛之相的龙女。

“夜叉”，是佛经中的一种鬼神，“夜叉”的本义是能吃鬼的神，又有敏捷、勇健、轻灵、秘密等意思。《维摩经》里说：“夜叉有三种：1、在地，2、在空虚，3、天夜叉也。”有“夜叉八大将”“十六大夜叉将”等。由于夜叉出身于贵父贱母的家庭，因而具有善恶两面性，能飞善跑，还能遁行。既要吃人，又要护法、保护众生。因为佛教常宣传他恶的一面，故中国民间不喜夜叉，往往称相貌丑陋又凶恶霸道的女人为“母夜叉”，这反映了佛教宣传的影响。

干闼婆是一种不吃酒肉、只寻香气作为滋养的香音神，多达六千多位，和紧那罗一起侍奉帝释天。紧那罗唱歌，干闼婆则奏乐。他们在佛陀面前弹琴唱赞歌时，“三千世界皆为震动”，中国佛教中著名的“飞天”就是干闼婆的形象。“干闼婆”在梵语中又是“变幻莫测”的意思，魔术师也叫“干闼婆”，海市蜃楼则叫做“干闼婆城”。因为香气和音乐都是缥缈隐约，难以捉摸的。早在唐代时，我国民间艺术家就用奇特的想象力，在甘肃敦煌莫高窟里创造了许多用飘带乘风飞舞表示飞翔的著名的“飞天”艺术形象。

阿修罗又称“阿须罗”“阿苏罗”，有容貌丑陋之义，原为古印度神话中的一种恶神，后被佛教收为护法神。据说阿修罗这种神很特别，男的极丑陋，而女的又极漂亮。因为阿修罗有美女而无美好食物，帝释则有美食而无美女，因此，阿修罗王常常带领部下和帝释战斗，总是打得天翻地覆。大战的结果，阿修罗王往往被打败，上天下地，无处可逃，于是化身潜入藕的丝孔之中。阿修罗王性子暴躁、执拗而善妒。当释迦牟尼说法，说“四念处”，阿修罗王也说法，说“五念处”；释迦牟尼说法“三十七道品”，阿修罗王偏又多一品，“说三十八道品”。阿修罗疑心病很重，《大智度论》卷三十五里说：“阿修罗其心不端，故常疑于佛，谓佛助天。佛为说‘五众’，谓有六众，不为说一；若说‘四谛’，谓有五谛，不说一事。”“五众”即“五蕴”，五蕴、四谛都是佛法中的基本观念。阿修罗听佛说法，疑心佛偏袒帝释，故意少说了一样。在中国许多石窟的门两侧，

都雕有阿修罗的造像，一般都是三头六臂，双手持日月刀。

迦楼罗是一只巨大的金翅鸟，它的双翅展开竟有336万里，翅上还有种种庄严宝色，头上有一个大瘤，是如意珠。此鸟鸣声悲苦，以龙为食，它每天要吃一条大龙及五百条小龙，直到诸龙吐毒，无法再吃，于是上下翻飞七次，飞到金刚轮山顶上命终。在云冈石窟中有它的造像，在唐代壁画中，它已化为头戴鸟冠的猛士了。在《西游记》中，它是佛祖的护法神，《说岳全传》则干脆让它转世投胎变成了岳飞，说是有一天如来佛祖正在讲经法，众佛洗耳恭听，突然一个女土蝠放了一个响屁，引起大哗。如来头上的护法神大鹏金翅鸟大怒，飞下来一嘴将其啄死。后来大鹏金翅鸟来到东土投胎为岳飞，而那个土蝠也投胎为秦桧的老婆王氏，这二人西天已结仇，东土又结怨。当然这里已充满了因果报应的迷信色彩。

紧那罗是“二十四诸天”中新增补的天神。因其头上长角，又叫“人非人”。紧那罗是奏法乐的天神，他与干闼婆一道，奉侍帝释天。普陀山的普济寺中所塑紧那罗形象为马面和鹿面，半裸体，持乐器。在早期佛教雕塑中，紧那罗和干闼婆常在佛陀上方出现，作飞行状。

摩呼罗迦即大蟒神，是以胸腹行走的神。普济寺中摩呼罗迦的塑像为头顶一条蛇的贵族，或是蛇面，手持笙或腰系花鼓，手持鼓槌。

天龙八部之一——紧那罗王的由来

随着《少林寺》《南北少林》等以少林寺为招牌的一大批武打功夫片涌入影视界，少林寺的大名也响彻全球，少林寺似乎成了中国武术的源头和代表，少林寺也理所当然地成为了国内外的武术爱好者所向往的武林胜地。

与一般寺庙不同的是，少林寺既是佛教禅宗的祖庭，又是少林功夫的发源地；一寺兼具佛、武，确实古今罕见。寺内的许多古迹皆与佛、武有关。其中著名的紧那罗殿，即与所谓“棍仙”有关。

紧那罗殿为少林寺所独有。殿内供奉紧那罗王，共有三尊神像，模样十分奇特：蓬着头发，浓眉杏眼，袒胸赤脚，身穿单裤手握烧火棍，样子一点也不像神，倒是一副地道的武林人物。这三位分别为紧那罗王的持法法身、护法法身和妙法法身。法身头顶塑有一缕袅袅青烟，烟雾上面有赤脚而立的观音像。

紧那罗被少林僧徒尊为少林寺的护法伽蓝，又叫他“二辈爷”。“一辈爷”是指被李世民敕封为大将军的昙宗和尚。这位“二辈爷”又被少林尊为棍仙，称其为“山门显武第

一人”。寺内白衣殿壁画上记载了有关他的传说。

据说，元代至正十一年（1351年）三月二十六日，一队红巾军突然包围了少林寺。寺内武僧出来阻挡，都大败而归。群僧束手无策时，忽然从厨房内跑出一个烧火和尚，一看，正是十多年前从偃师县许家屯来的那个长年蓬头赤脚，只知干活的“火头军”。只见烧火和尚挺身而出，抡棍陷敌阵，声如吼，动如闪，却敌于一霎间。之后他自称紧那罗王，飞仙而去。

据地方史志《嵩书》《登封县志》及《少林寺志》等皆载有元末红巾军围少林寺，遭少林武僧抗击而退却事。在白衣殿内，少林僧徒还绘制了《紧那罗王御红巾》的巨幅彩色壁画，并编写了《紧那罗王兵法十五篇》。寺内还有不少形态各异的各种铁制、铜制的紧那罗王像。有名的达摩亭内达摩祖师的佛龛背后，就雄立着一尊手持大棍，威风凛凛的紧那罗王铁像。直到如今，紧那罗王御红巾的故事还在少林寺中流传着，尤其是武僧们对紧那罗王更是崇拜。

不过，紧那罗王的本来面目根本就不是什么战神，而是一个歌神、一个乐神。紧那罗，为佛教天神“天龙八部”之一。《文句二》说其“似人而有一角，故曰‘人非人’，天帝法乐神，居十宝山”。紧那罗又称“音乐天”，其“神迹”相当简单：

真陀罗，古作紧那罗，音乐天也。有微妙音响，能作歌舞。男则马首人身能歌。女则相貌端正能舞。次此天女，多与干闼婆天（亦为天龙八部之一，香音神）为妻室也。

看来紧那罗还有男女之分，男性其貌不扬，长着个马头。女相则相貌端庄，有一副绝妙的好嗓子。据说有五百仙人在山中修禅，当时紧那罗女正于雪山天池中洗澡，洗得畅快，不禁唱起歌来，迷人的歌喉，唱得五百仙人慌了神儿，“即失禅定，心醉狂逸，不能自持，譬如大风吹诸林树”。看来五百仙人的禅定功夫也差点，只闻其音未见其人，即“心醉狂逸，不能自持”，可见紧那罗女歌声的魅力。

又据《智度论》说，有五百仙人腾云驾雾，在空中飞行，好不逍遥得意。忽然传来了紧那罗女的歌声，大仙们顿时骨软筋麻，如醉如痴，忘乎所以，道术一下失灵，“皆失神足”，纷纷从空中栽落尘埃。此番情景倒也奇特。

至于少林寺所传紧那罗王化为火头军大战红巾军的故事，该是一位武艺高强的烧火和尚在冒名顶替。只是这种冒名已走了样，完全是中国式的紧那罗王了。

佛教中的鬼神——夜叉的由来

夜叉，对中国民众来说很熟悉，它不但是地狱中的鬼卒，还是四海龙王的巡逻兵——巡海夜叉。夜叉形象凶恶而不祥，所以《红楼梦》中的贾琏，背地里大骂自己的老婆王熙凤是“夜叉星”。至今人们还把一些凶恶厉害的女人叫作“母老虎”或“母夜叉”。看来，夜叉的名声确实不太好。

可就是这个背有恶名的夜叉，却是佛教的护法神“天龙八部”之中的一部。其实，夜叉并非汉话，而是外国话，是梵文的音译，意思是“能啖鬼”、“捷疾鬼”等。音译又作“阅叉”“夜叉”“夜乞叉”。这种吃人害人的恶鬼竟被佛教吸收为护法神，实在有些奇怪，这似乎与佛陀救人度人的主旨大相径庭，抑或因其勇健轻捷，能腾空地行，有如《封神榜》里的雷震子、土行孙，佛门难道看中了他的武艺？

佛教中的夜叉还真不少，北方毗沙门天王就率领夜叉八大将，以护众生界，并各有姓名。《陀罗尼集经》卷三还有十六大夜叉将的说法，并每一大夜叉将，手下各有七千小夜叉，总共十几万夜叉！地狱迷信流行以后，夜叉又以阴间小鬼的身份，充当起各地狱中施行刑法的鬼卒来。

佛教中的恶鬼——罗刹的由来

罗刹也是古印度话，为梵文的音译，又译作“罗刹娑”“罗叉娑”等。意思是“暴恶”“可畏”。原为印度神话中的恶魔，数量很大，最早见于古印度诗集《梨俱吠陀》。

据说罗刹本是印度古代土著民族名称，雅利安人征服印度后，诬蔑罗刹族人凶恶可怕，于是罗刹成了“可恶”的同义词。看来，“罗刹”这一名称，也是民族侵略、种族压迫的产物，征服者咒骂被征服民族为“野蛮人”、“恶魔”，全球尽然。

罗刹由部族民众演变为“恶鬼”以后，在《梨俱吠陀》中，被说成可以变成多种形象，如犬、秃鹫、鸟等动物形，还可变成兄弟、妻子、丈夫等人形，为非作歹，残害人命。它们常以人肉、马肉、牛乳为食。罗刹后被佛教吸收，但其恶鬼本性并未改变，“罗刹，此云恶鬼也。食人血肉，或飞空，或地行，捷疾可畏也。”

罗刹还有男女之分，男罗刹为黑身、朱发，绿眼，一副恶鬼模样。女罗刹，又叫罗刹女，却是绝色美女。《西游记》中牛魔王的老婆铁扇公主，就是个罗刹女。佛教中的罗刹女也很多，有八大罗刹女、十大罗刹女、十二大罗刹女等，还有五百罗刹女之说。五百罗刹女的佛教传说很有意思。

据说锡兰岛上曾有一大铁城，五百罗刹女住在铁城中。她们等商人路过此处时，便变为美女，持香花、奏音乐，出迎慰问，诱入铁城，在举行欢迎宴会之后，全部关入铁牢中，然后再慢慢“消受”他们。

有个大商人的儿子叫僧伽罗，他与五百个商人经商路过这里，也被诱入铁城。这五百商人倒是没有马上被吃掉，反而与五百罗刹女分别配上对，每对还都生了一子。可这些女人此时已厌烦了五百商人，打算换换新口味，便准备将他们打入铁牢。僧伽罗预感不妙，偷偷来到铁牢，由前一批吃剩下的商人口中探得真相。

僧伽罗把真相告诉众人，大家决定一齐潜逃。五百罗刹女觉察后，都来追赶，赶上后以女色相诱，商人们禁不住诱惑，全和罗刹女们返回。只有僧伽罗不为所动，罗刹女王亲至其面前，纵极媚惑，诱请返回。僧伽罗把她赶走，并返回家乡。

罗刹女王在国王面前告了僧伽罗一状，并以美色迷住了国王，被纳为妾。国王不听僧伽罗的劝谏，罗刹女王遂召五百鬼女，将国王及宫中所有人吃个精光，然后溜之大吉。群臣见状大惊，商议后共推僧伽罗为王。僧伽罗为铲除妖孽，率兵攻打铁城，罗刹女们又施展起妖媚惑众的伎俩，僧伽罗王令士兵们“口诵神咒，身备武威”，把罗刹女们打得死的死，逃的逃。于是僧伽罗毁掉铁城、铁牢，救出商人们，重新修建了城池，建立了国家，叫“僧伽罗国”（意为狮子国，即锡兰，今斯里兰卡）。

据说，这位僧伽罗大商人，就是释迦如来的化身。

佛教护戒神——戒神的由来

俗人出家为僧，又叫度僧。“度”是使人“脱离尘俗”和“出离生死”之意，因出家为僧尼必须剃去须发，故又称“剃度”。剃除须发后，要穿上僧尼衣服，此即所谓“落发染衣”。削发之后，寺院还要为这些初入佛门的出家人举行隆重的受戒仪式。受戒仪式必须要在特定的地点进行。

大的寺院在庙中都有戒台，最著名的是“中国三大戒坛”，即北京戒台寺、福建泉州开元寺和浙江杭州台庆寺。其中北京戒台寺居三大戒坛之首，被誉为“天下第一坛”。戒台寺历史悠久，创建于1300多年前的唐代武德年间，依山势顺坡而建。戒坛殿在寺庙的最后一座院落。大殿正中就是举世闻名的“天下第一坛”。戒台为汉白玉筑高台，平面呈正方形，高一丈有余，共有三层，每层戒台都有须弥座，三层戒台合起来象征佛教徒崇拜的圣地——须弥山。每层石台四面都镌有纹饰和石龛洞，雕刻精美，为明代原物。

在每层须弥座的束腰处，都雕刻出许多小佛龛，上层28个，中层36个，下层49个，总计113个。在每个小佛龛里，都有一位小神，这就是所谓“戒神”了。戒神是护戒之神。他们原本都是妖魔，因受如来佛教化而皈依了佛门，侍奉三尊（释迦牟尼佛、药师佛、阿弥陀佛），保护天下出家人，因而被封为戒神。那一排排戒神，体态面容各有不同：有面目狰狞、两臂生翅的大夜叉；有半人半妖、怒目圆睁的罗刹；有威风凛凛、顶盔贯甲的将军；也有飘飘欲仙、容光焕发的圣母；还有道貌岸然、展卷凝思的书生等。

受戒仪式十分隆重，坐在中间的是：戒和尚（授戒的主师）、羯磨师（主持授戒仪式）、教授师（对受戒者教授威仪作法），这是所谓“三师”；还有七位老僧分列两侧，称“尊证和尚”，是见证人，是谓“七证”；合起来叫“三师七证”。有些佛徒还要举行“烧痂”仪式，是在出家落发的佛徒头上点燃几个塔形残香头，让其燃烧至熄灭，以表示“愿以肉身作香，燃点敬佛”的无比诚心。烧痂俗称烧香疤。在和尚头上所见的“疤点”，就是“烧痂”后留下的痕迹。由于各人发心的不同，而

有一、二、三、六、九、十二个痂点的差别，越多表示越虔诚。戒台寺戒坛传授的是戒律中最高级的“菩萨戒”，头顶要烧十二个痂点。

新出家的僧人受戒后，寺院发给“度牒”即合格僧人身份证，上面写明受戒日期和“三师七证”的法名。受戒后的僧尼可以拿着度牒，随意到各地寺庙云游化缘或向世人讲经传法，最易受到欢迎和热情接待。

佛家寺院里的护法神——伽蓝的由来

伽蓝是“僧伽蓝”的略称，为梵文的音译，也译作“僧伽罗摩”，意思是“众园”，也就是“僧园”“僧院”。原指修建僧舍的基地，后转而为包括土地、建筑物在内的寺院的总称。“伽蓝”之说，始见后魏杨衒之所撰《洛阳伽蓝记》，其《序》中说：“表里凡有一千余寺。今日寮廓钟声罕闻，恐后世无传，故撰斯记。然寺数众多不可遍写，今之所录上大伽蓝。”范祥雍注：“僧众所住园为伽蓝，故以称僧寺。”后来则是指寺院里的护法神。

大雄宝殿的两旁常常建有东西配殿，西配殿是祖师殿，东配殿就是伽蓝殿。伽蓝殿正中供奉波斯匿王，左边是祇陀太子，右边是给孤独长者。这三位都是最早护持佛法建立伽蓝的善士。据传，早先古印度舍卫城的须达多，人称给孤独长者，他为了请释迦牟尼到舍卫城教化，同佛的弟子舍利弗一同为释迦牟选择居住的地方。他们选定舍卫国太子祇陀的花园，祇陀索要高价，给孤独长者如数拿出，这种诚意感动了祇陀，两人决定共同请佛来住。这座园林便称“胜林给孤独园”，又称“祇园精舍”，这是佛教最早的寺院。伽蓝殿供奉波斯匿王等三人，正是表示佛教对他们护持佛法的功德的感激和崇敬。

伽蓝天殿和伽蓝三尊在佛地中出现后，伽蓝神的队伍就不断地扩大，后来数量达到十八位之多。据《七佛教》《释氏要览》等书记载，他们是美音、梵音、天鼓、叹妙、叹美、摩妙、轩音、师子、妙叹、梵响、摩妙、佛听、叹务、广目、妙眼、彻听、彻视、遍视。伽蓝神虽然也是佛教的护法神，但多为印度神话传说中的小神，比起四大天王、哼哈二将、韦驮等，地位要低一些。

佛教传入中国后，除了上述十八位伽蓝神以外，又增添了许多中国老百姓熟知的古代著名人物作为伽蓝神。他们与印度伽蓝同室而居，互不打扰，如宋代文学家苏东坡，还有元代慧感夫人、明代的书法家祝允明。其中最有名的当属关羽了，关羽是中国民间老百姓最为熟知的传奇人物，是三国时的蜀汉大将。他一生赤胆忠心、义薄云天，死后成为神仙，一向为民间所崇信，其庙宇遍布全国各地。佛、道两教也都争着将他收入自己的神仙队伍里，道教将他封为“关圣帝君”，宋徽宗崇宁元年追封“忠惠公”，宣和五年封为“义勇武安王”，明万历三十三年，又加封“三界伏魔大帝神威远震天尊关圣帝君”。

在佛教中，关羽的加盟还有一段传说。据《佛祖统记》卷六载，隋朝开皇十二年十二月，天台宗创始人、天台山国清寺高僧智凯来到湖北荆州，想在当阳玉泉山建寺。这座山原本有个大力鬼王盘踞山中。智凯来到玉泉山建寺，自然就侵犯了该神的地盘，该神便使出种种怪异，恐吓智凯，但智凯不为异相所惑，安然入定，以大恒心、大定力抗拒诸妖魔的侵扰。这样一直闹腾了十七天，智凯毫无惧色。有一天夜里，云散月朗，天气清肃，只见有两个威仪如帝王的人出现在院子里，长者美髯而丰厚，少者冠帽而秀发，二人来到智凯座前，自称是关羽、关平父子，死后主此山，因慕大师法力广大，定力深厚，愿以此山舍给大师作道场，并且永远护卫佛法。智凯同意，遂在寺院建成后为关羽授五戒。关羽就这样被佛教收编成护寺队伍中的一名神祇了。在中国的禅林道院中，十之八九有关羽作伽蓝神。如在杭州灵隐寺里，在十八伽蓝神旁又加塑了关羽的神像，于是护法伽蓝变成了十九个。

掌管阴间之王——阎罗王的由来

在长江上游的重庆有一座驰名中外的名山，被称作“幽都”，这就是被中国民间老百姓世传为“鬼城”的丰都。《丰都县志》记载，相传汉代道教信徒王方平、阴长生在名山修炼成仙，后来，这里成为道教“三十六洞天”“七十二福地”之一。信徒将传说中的阴、王二人之姓联缀附会成“阴间之王”，遂讹传此山为阴间之王所居，即为“鬼都”，而名山上最大的古建筑群——天子殿，它的主人就是阴曹地府最高统治者阎罗王。名山虽然属于道教的风水宝地，但山上的主宰阎罗王却是佛教里的一个神仙。

阎罗王，简称“阎王”，是梵文的音译，意译为“缚”，缚有罪之人也。他原本也是一位护法神，为二十诸天之一。阎罗王在古印度神话中就是一位掌管阴间之王，在印度古诗集《梨俱吠陀》中即已出现。传说早先创造万物的始祖梵天的儿子达刹与大梵天的女儿毗里尼结为夫妻，生下女儿阿底提，阿底提的儿子毗婆萨婆与侄女菩拉尼尤结为夫妇生下

双胞胎女儿阎密、儿子阎摩。这对兄妹开辟了通往地府之路，死者的灵魂都是沿着这条道路去阴间，兄妹二人为阴间之主，管理着阴间地狱，兄治男犯，妹治女犯。在梵文中，“阎王”有“双王”的意思。另有一种说法，谓阎罗的前身为毗沙国王，据说，阎罗王原为毗沙国王，常与维陀如生王交战，因兵力不敌，而宣誓愿为地狱主，专治有罪之人。他的大臣十八个，分管十八层地狱，兵卒号称百万，均为头上长角的地狱小鬼。

佛教传入中国后，阎王的形象逐渐汉化，最终由中国佛教徒创造出“十殿阎王”代替了阎摩和阎密，或者可以说，阎王兄妹在中国的事务就由“十殿阎王”代行了。十殿阎王，他们的整个官僚体制实际上是人世间的统治系统在阴间的翻版，是人间的官职在阴间的延伸，各殿阎罗俱有名有姓，甚至有生辰日期，这正是佛教汉化的典型例子。十殿阎罗在民间的影响很大，大约自唐末五代时期开始流行，以致后来连道教也沿用了这一套冥府神仙系统。

中国民间传说常有刚直不阿之士去地狱轮流担任阎罗王之说，民间传说包拯“日断人间，夜断阴间”，在阳间他是开封知府；在阴间他又是一位著名的阎王爷。在古代公案小说《三侠五义》中，包公巧扮阎罗王，审清了“狸猫换太子”一案。在传统戏《铡判官》中，他又下到阴间，亲自处斩了营私舞弊的判官。其他的著名清官范仲淹、寇准、韩擒虎等都曾被“送去”主持阴曹地府。从这些阎罗王的人选可以看出，人们盼望恶人遭报应，但现实生活中又无力惩治恶人，无处伸张正义，只得寄希望于阴间阎罗王的铁面无私和赏罚分明了。正如过去有一副对联中所说的那样：“森森地狱分清世上是非，威威阎罗明察人间善恶。”

以阎罗王为主体的中国民间鬼文化，千百年来对于老百姓的影响是很广泛而深刻的，而“鬼城”丰都的存在和发展，就为人世间申冤无望的平民百姓提供了一个满足心理需求的现实场所。民俗学家们认为，远古时的峡江一带生存环境极为险恶，人们对自己生命的把握能力差，巫术盛行，普遍形成了对鬼神的崇信，王方平、阴长生二人对巫术进行了宗教的提炼，丰都就成了这种文化的载体。每年旧历三月初三的香会，四方香客云集小小的名山，烛光映天，香烟缭绕，钟鼓齐鸣，诵经之声传播数里之外，更增添了“鬼城”里阎罗王这位阴间里最高统治者的神气。

日断阳间事，夜判阴间案的崔府君——判官的由来

崔府君，单名珏，是河北都城县人氏。根据《列仙传》记载，因为他聪明教慧、神机果断，所以能够白天审理阳间事物，晚上则到阴间处理鬼事，宋真宗封他为“护国齐西王”。

相传在彭县有一对夫妻，结婚多年唯一的遗憾是膝下无子，听人们说遥远的衡山有一间神庙，拜过的人都说十分的灵验，求什么得什么，夫妻俩讨论一个晚上后，便决定前往衡山求子。两人在前往衡山的途中，有一天夜里，夫妻二人做了同样一个梦，他们梦见有个仙童，端着一个大理石的盒子，放在两人面前，并对他们说：“天帝念你们膝下无子，特地送给一个礼物，请你们收下。”当场打开盒子一瞧，里面有两颗晶莹剔透的美玉，像是最美味的水果，两人便各自吞下一颗，刹那之间也就醒来。两人按照行程拜完神庙，回到故乡的时候，妻子便发现自已怀有身孕，经过怀胎十月，在六月六日这天生下一个儿子。想起梦境中的暗示，故取名为珏。崔珏从小的时候，便能够日读千字，故又名为子玉。在太宗当政年间，崔珏顺利地考取进士，担任县令一职。因为他办案料事如神，再难破的案件，到了他的手里总是能迎刃而解，故人们尊称他为崔府君。

相传崔珏不只是处理阳间的事物，到了夜晚更化身为阴间的县令，到阴府断案，所以在他的县内，不论是白天或是夜晚，都是井然有序，呈现一片安居乐业的景象。平常崔府君会因为需要而颁布公告，有次他贴出一则公告，要所有的县民在五月十五后暂时地停止狩猎，等过了一段时间后，他会另行颁布解除的日期。但是总有那种爱冒风险的人，有个猎人心想，我偷偷地上山打猎也没人知道，谁知老天有眼，正当他猎到一只兔子，准备高高兴兴地下山时，当场被衙役抓到，送到官府审问。崔府君端坐大殿上，看着底下的犯人问：“明明宣布停止狩猎，而你却明知故犯，该当何罪？现在给你两种选择，一个是当场处罚，另一个是到阴

间受罚，你要作哪个选择？”猎人心想：“当场处罚的结果可想而知，况且阴间的事又有谁知道，反正都是要受罚，不如选择阴间。”他将决定告诉崔府君后，便被当场释放，还得意洋洋地回家了。

夜里，猎人才刚上床不久，突然梦见有一个小鬼，将他抓到阴府受审，又听到一声怒喝：“你该当何罪！”他一抬头，发现崔府君身穿官服，在殿堂一一地宣读犯人的罪状，并列举将受的惩罚。等轮到他的时候，崔府君特地说：“你还记得我吗？当时在阳间判决，你选择在阴间受罚，就让我再确定一下你的罪行。”崔府君将行刑的罪状一一诉讼，并作了处罚的判决后，便要小鬼把猎人装进一副棺材，送回他的房中，小鬼又浩浩荡荡地离去。他睁开双眼，才发现是梦。然听说从此以后，每个晚上猎人都到阴间受刑，这时候猎人对当时的决定后悔万分。因为这个事件，人们便知道，崔府君白天要审理阳间的案件，夜晚则化为阴间的判官，于是又称他为崔判官。

崔判官不只是能处理阴阳两界的案件，甚至一些特殊的事件，大家也都会请他出面解决。有一次崔府君接获百姓的报告，说有一只猛虎伤人，崔府君马上派人贴张符篆在山神庙的门口。过不了多久，有只大虎咬着符到县衙投案，请崔府君为它定罪。当崔府君一一细数罪状之时，老虎已经一头撞死在石阶上。之后崔府君担任滏阳县令时，也曾为人民除掉大蛇。崔府君林林总总的事迹，让人不得不称他为仙吏。

冥间地府神灵——十殿阎王的由来

十殿阎王，又称“十殿阎罗”“十地阎君”，为冥间地府神灵。道教将冥府分为十殿，各有一王主管，所以称“十殿阎王”。

据载，十殿阎王名称和职掌如下：

第一殿，秦广王蒋，二月初一诞辰。专司人间生死寿夭，统管幽冥吉凶。善人寿终，接引超生。功过两半者，交送第十殿发放，仍投人世，男转为女，女转为男。恶多善少者押赴殿右高台，名曰孽镜台，令人观照其阳世之事，随即批解第二殿，发狱受苦。

第二殿，楚江王历，三月初一诞辰。司掌剥衣亭寒冰地狱，另设十六小地狱。凡在阳间伤人肢体，奸盗杀生者，推入此地狱，或到十六小地狱受苦，期满转押第三殿加刑发落。

第三殿，宋帝王余，二月初八诞辰。掌管黑绳大地狱，另设十六小地狱。凡阳世杵逆尊长、教唆兴讼者，推入此狱或发落到小狱受苦，期满押至第四殿。

第四殿，五官王吕，二月十八日诞辰。司掌剥戮血池地狱，另设十六小狱。凡世人抗粮赖租、交易欺诈者，推入此狱，另再发小狱受苦，期满押至第五殿。

第五殿，阎王天子包，正月初八诞辰。前本居第一殿，固怜屈死，屡放还阳伸雪，降调此殿，司掌叫唤大地狱并十六诛心小地狱。凡解至此殿者，押赴望乡台，令人闻见世上本家因罪遭殃各事，随即推入此狱，再发诛心小狱，钩心饲蛇。期满发至第六殿。

第六殿，卞城王毕，三月初八诞辰。司掌叫唤大地狱及枉死城，另设十六小狱。凡世人怨天尤地，对北溺便涕泣者，推入此狱，再发小狱受苦。期满转第七殿。

第七殿，泰山王董，三月二十七日诞辰。司掌碓磨肉酱地狱，另设十六小狱。凡阳间取骸合药，离人至戚者，发入此狱，再发入小狱受苦。期满押解第八殿。

第八殿，都市王黄，四月初一诞辰。司掌热恼闷锅地狱，另设十六小狱。凡在世不孝，使父母翁姑愁闷烦恼者，掷入此狱，再交各小狱加刑。受尽苦楚，解交第十殿，改头换面，永为畜类。

第九殿，平等王陆，四月初八诞辰。司掌酆都城铁网阿鼻地狱，另设十六小狱。凡阳间杀人放火，斩绞正法者，解到本殿，用空心铜柱使其手足相抱，烫烬心肝，然后发到阿鼻地狱受刑，直到被害者个个投生，方准提出，解交第十殿发生六道。六道即天道、地道、人道、魔道、地狱道、畜生道。

第十殿，转轮王薛，四月十七日诞辰。专司各殿解到的鬼魂，分善恶、核定等级，发四大部洲投生。男女寿夭、富贵贫贱，逐名详细开列清单，每月汇总通知第一殿注册。凡有作孽极恶之鬼，着令更变胎卵湿化，朝生暮死。罪满之后，再复人生，投胎蛮夷之地。凡发往投生者，先令押交孟婆神，灌迷饮汤，使其忘却前生之事。

总之，冥府十殿说也从侧面说明了道教的善恶报应、因果关系的教义。人不仅阳间要受到善恶报应，善有善报，恶有恶报。而且死后在阴间冥府也逃脱不了，善人死后早得超生，恶人死后永留冥间，受酷刑；受艰苦，受磨难，不得超生。这也从反面说明了道教引人为善的教义思想。

阴间的勾魂鬼——黑无常、白无常的由来

一看到“无常”这两个字，人们首先会想到，这是一个形容词，是变幻不定的意思。最早用这个形容词的是荀子：“趋舍无定，谓之无常。”现在人们也常说“人生无常”、“世事无常”。佛教认为，世间一切有为法生灭迁流而不常住。一切有为法皆由因缘而生，依生、住、异、灭四相，于刹那间生灭，而为本无今有、今有后无，故总称“无常”。《六祖坛经》里说：“生死事大，无常迅速。”《无常经》里也说：“未曾有一事不被无常吞。”佛教认为，世上的一切生灭无常，虽年百岁，犹若刹那。犹如东逝之长波，似西垂之残照，击石之星火，骤隙之迅驹，风里之微灯，草头之朝露，临崖之朽树，烁目之电光，是不能永恒的。

佛教《十王经》里称：“阎魔法王遣阎魔卒，一名夺魂鬼，二名夺精鬼，三名缚魄鬼，即缚三魂至门关树下。”以上“三鬼”即专门勾魂的无常使者。后来，大概是受到佛教这种“人生无常、死生有命”消极思想的影响，在中国民间的迷信传说中，无常也就成为阎罗王帐下勾摄人间生魂的“勾魂鬼”的名字。在“鬼城”丰都里，就有一座无常殿，内殿供奉着专管山上猛兽，保护人畜安全的山神——保山大王、无常和无常娘娘等像，以及狰狞恐怖、专司捉拿坏人的鸡脚鬼、鹰将、蛇将塑像。

无常在阴司里职位虽然不高，但在民间迷信里影响却不小，因为谁要“见”了他就要马上死亡。古人有诗云：“一朝若也无常至，剑树刀山不放伊。”由此可见无常鬼的厉害，也就能理解为什么民间要把无常描绘成一副披发高帽、口吐长舌的可憎形象了。但这可怕的无常鬼出现得较晚，最初的勾魂使者大都幻化成普通的人间小吏，并不使人感到恐怖。汉代有这么一个故事，有一次周式到东海郡去，路上碰到一官差，持一卷书，请求搭乘他的船。行十余里，官差对周式说：“我去拜访一个人，这卷文书先存放在船上，千万不要打开。”吏去后，周式好奇，打开偷看，上面全是将死之

人的名字，最后也有他周式的名字。官差回来发现后，十分生气，周式叩头流血求饶。良久，官差说："感谢你老远搭乘我，但文书上的名字不能除掉。你回家后三年不准出家门，可免一死。不要对人说起此事。"周式回家后果然足不出户，如此二年有余，家人感到奇怪。后来邻人去世，周父逼他前去吊唁。周式无奈，才出门就遇到以前的那个官差，官差说："我受你连累挨鞭子抽打，叫你三年不要出门，可你今天出了门，我也没有办法，三天后我来取你。"三天后果然来要他的命，周式便死去了。这个故事中的勾魂者非但不可怕，而且还很好说话，很有人情味，但以后的勾魂使者则鬼味越来越浓，样子越来越怕人。

在中国迷信里，无常则有"黑无常"和"白无常"两种，通常人们并称为"无常二爷"。黑无常青衣青帽，狞目切齿，相貌凶恶，高帽上写着"见吾死哉"或"你也来也"，使人胆战心惊。这位无常爷六亲不认，手提铁链，专门捉拿人世间作恶的亡魂。而白无常则是白衣白帽，慈眉善目，满面笑容，高帽上写着"见吾生财"或"一见有喜"，让人感到亲切可近。他手摇蒲扇，专门迎接行善积德的亡魂归地府。据说白无常喜欢拿活人开心，他看不起胆小鬼，谁要看见他逃跑，他就紧追不放，一边追一边怪叫，逃跑的人往往被吓破胆而死掉。如果是一个胆大的人，见了他自然就不必逃走，可以跟他做鬼脸，打手势，他也跟着你做鬼脸打手势，这时如向他扔砖头或烂泥，他就会拿起挂在脖子上的金元宝、银元宝向对方扔去，直到扔光为止。白无常会因为自己输光财宝而跑掉，他会一面奔跑，一面地唉声叹气，而这时不怕鬼的就可以大发横财了。这就是白无常高帽子上"见吾生财"四个字的来历。